Aprende Machine Learning en Español

Teoría + Práctica Python

Juan Ignacio Bagnato

Aprende Machine Learning en Español

Teoría + Práctica Python

Juan Ignacio Bagnato

ISBN 978-84-09-25816-1

¡Tuitea sobre el libro!

Por favor ayuda a Juan Ignacio Bagnato hablando sobre el libro en Twitter!

El hashtag sugerido para este libro es #aprendeML.

Descubre lo que otra gente dice sobre el libro haciendo clic en este enlace para buscar el hashtag en Twitter:

#aprendeML

A mis padres Angel y Graciela, que siempre me dieron las herramientas para poder formarme y me enseñaron que lo importante es el camino.

Índice general

Nota Inicial

Si has adquirido ó descargado este ejemplar, primero que nada **quiero agradecerte**.

Este libro es un trabajo de gran ilusión y esfuerzo para mi. Ten en cuenta que lo fui construyendo en mis tiempos libres, entre el trabajo, cursar un master, cuidar de mis 4 hijos pequeños y *una Pandemia* de contexto.

Escribir un artículo lleva desde la idea inicial en mi cabeza a investigar e informarme bien de cada tema, crear un ejercicio original en código Python, recopilar el conjunto de datos, testear, crear las gráficas y redactar el texto! (y alguna cosilla más: editar, revisar, corregir, enlazar, difundir, pull-push...)

Todos los artículos son versiones corregidas, actualizadas y mejoradas de los originales publicados hasta julio 2020 que podrás encontrar en el blog Aprende Machine Learning[1]

Espero que sigas en contacto conmigo y si el libro es de tu agrado lo compartas con amigos!

Repositorio

El código completo y las Jupyter Notebooks las podrás ver y descargar desde mi repositorio Github[2]

Tu opinión

Todos los comentarios para mejorar el libro son bienvenidos, por lo que eres libre de enviarme sugerencias ó correcciones por las vías que ofrece LeanPub[3] ó por Twitter en @jbagnato[4] ó por el formulario de contacto del blog[5]

[1] https://www.aprendemachinelearning.com/
[2] https://github.com/jbagnato/machine-learning/
[3] https://leanpub.com/aprendeml/email_author/new
[4] https://twitter.com/jbagnato
[5] https://www.aprendemachinelearning.com/contacto/

¿Qué es el Machine Learning?

Veamos algunas definiciones existentes sobre Machine Learning para intentar dar comprensión a esta revolucionaria materia.

Definiendo Machine Learning

El Machine Learning -traducido al Español como Aprendizaje Automático ó Aprendizaje de máquinas- es un subcampo de la Inteligencia Artificial que busca resolver el "cómo construir programas de computadora que mejoran automáticamente adquiriendo experiencia".

Esta definición implica que el programa que se crea con ML no necesita que el programador indique explícitamente las reglas que debe seguir para lograr su tarea si no que este mejora automáticamente.

En los últimos años han surgido grandes volúmenes de datos de diversas fuentes públicas -big data- y el Aprendizaje Automático relacionado al campo estadístico consiste en extraer y reconocer patrones y tendencias para comprender qué nos dicen los datos. Para ello, se vale de algoritmos que pueden procesar Gygas y/o Terabytes en tiempos razonables y obtener información útil.

Una Definición Técnica

Podemos encontrar la siguiente definición técnica sobre Aprendizaje Automático:

> A computer program is said to learn from experience E with respect to some class of tasks T and performance measure P, if its performance at tasks in T, as measured by P, improves with experience E.

La experiencia E hace referencia a grandes volúmenes de datos recolectados (Big Data) para la toma de decisiones T y la forma de medir su desempeño P para comprobar que esos algoritmos mejoran con la adquisición de más experiencia.

Diagrama de Venn

Drew Conway creó un simpático diagrama de Venn en el que inerrelaciona diversos campos. Aquí copio su versión al Español:

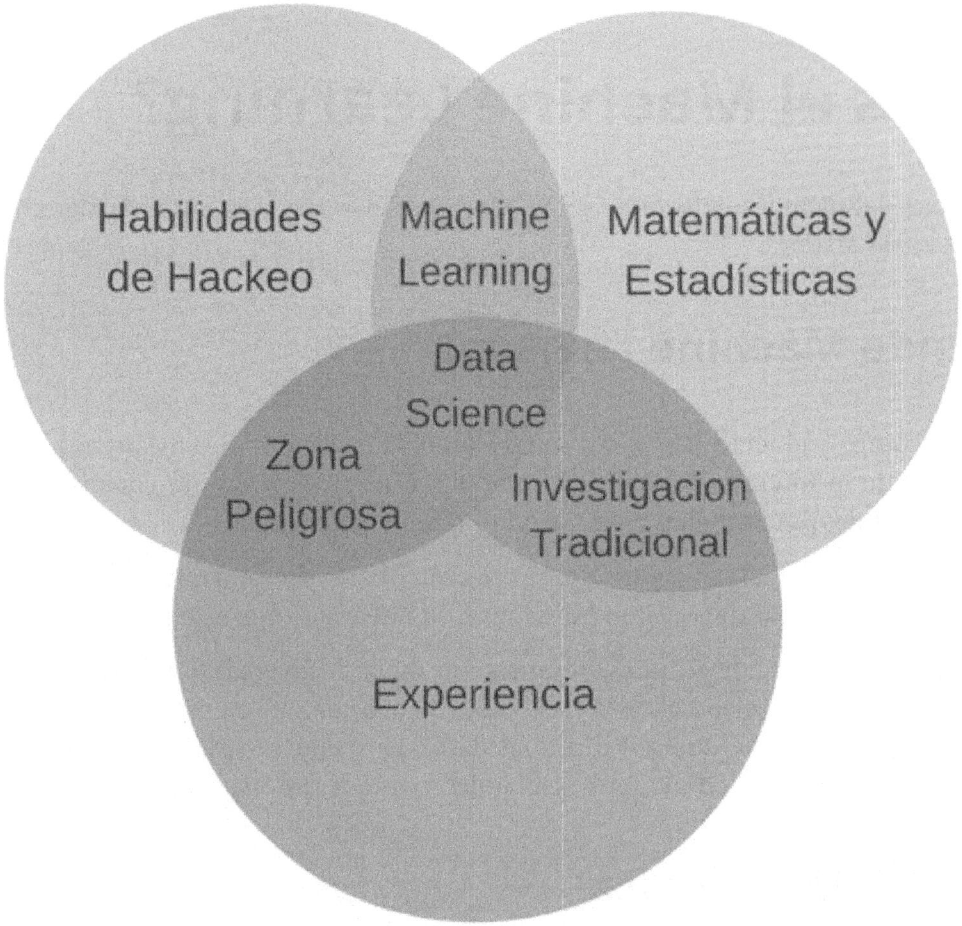

Diagrama de Venn

En esta aproximación al ML, podemos ver que es una intersección entre conocimientos de Matemáticas y Estadística con Habilidades de Hackeo del programador.

Aproximación para programadores

Los programadores sabemos que los algoritmos de búsqueda pueden tomar mucho tiempo en concluir y que cuanto mayor sea el espacio de búsqueda crecerán exponencialmente las posibilidades de combinación de una respuesta óptima, haciendo que los tiempos de respuesta tiendan al infinito o que tomen más tiempo de lo que un ser humano pueda tolerar (por quedarse sin vida o por impaciencia).

Para poder resolver este tipo de situaciones surgen soluciones de tipo heurísticas que intentan dar «intuición» al camino correcto a tomar para resolver un problema. Estos logran buenos resultados en tiempos menores de procesamiento pero muchas veces su intuición es arbitraria y pueden fallar.

Los algoritmos de ML intentan utilizar menos recursos computacionales para «entrenar» grandes volúmenes de datos e ir aprendiendo por sí mismos. Podemos dividir el ML en 2 grandes categorías: Aprendizaje Supervisado o Aprendizaje No Supervisado. Hay una tercer categoría llamada "Aprendizaje por Refuerzo" pero no será tratada en este libro.

Entre los Algoritmos más utilizados en Inteligencia Artificial encontramos:

- Arboles de Decisión
- Regresión Lineal
- Regresión Logística
- k Nearest Neighbor
- PCA / Principal Component Analysis
- SVM
- Gaussian Naive Bayes
- K-Means
- Redes Neuronales Artificiales
- Aprendizaje Profundo ó Deep Learning

Una mención especial a las Redes Neuronales Artificiales

Una mención distintiva merecen las "RNAs" ya que son algoritmos que imitan al comportamiento de las neuronas humanas y su capacidad de sinápsis para la obtención de resultados, interrelacionando diversas capas de neuronas para darle mayor poder de aprendizaje.

Aunque este código existe desde hace más de 70 años, en la última década han evolucionado notoriamente (en paralelo a la mayor capacidad tecnológica de procesamiento, memoria RAM y disco, la nube, etc.) y están logrando impresionantes resultados para analizar textos y síntesis de voz, traducción automática de idiomas, procesamiento de lenguaje natural, visión artificial, análisis de riesgo, clasificación y predicción y la creación de motores de recomendación.

Resumen

El Machine Learning es una nueva herramienta clave que posibilitará el desarrollo de un futuro mejor para la humanidad brindando inteligencia a robots, coches y hogares. Las Smart Cities, el IOT (Internet of things) ya se está volviendo una realidad y también las aplicaciones de Machine Learning en asistentes como Siri, las recomendaciones de Netflix o sistemas de navegación autónoma en drones. Para los ingenieros o informáticos es una disciplina fundamental para modelar, construir y transitar este nuevo futuro.

Instalar el Ambiente de Desarrollo Python

Para programar tu propia Máquina de Inteligencia Artificial necesitarás tener listo tu ambiente de desarrollo local, en tu computadora de escritorio o portátil. En este capítulo explicaremos una manera sencilla de obtener Python y las librerías necesarias para programar como un Científico de Datos y poder utilizar los algoritmos más conocidos de Machine Learning.

¿Por qué instalar Python y Anaconda en mi ordenador?

Python es un lenguaje sencillo, rápido y liviano y es ideal para aprender, experimentar, practicar y trabajar con machine learning, redes neuronales y aprendizaje profundo.

Utilizaremos la Suite gratuita de Anaconda que nos facilitará la tarea de instalar el ambiente e incluye las Jupyter Notebooks, que es una aplicación web que nos ayudará a hacer ejercicios paso a paso en Machine Learning, visualizacion de datos y escribir comentarios tal como si se tratase de un cuaderno de notas de la universidad.

Esta Suite es multiplataforma y se puede utilizar en Windows, Linux y Macintosh.

Agenda

Nuestra agenda de hoy incluye:

1. Descargar Anaconda
2. Instalar Anaconda
3. Iniciar y Actualizar Anaconda
4. Actualizar paquete scikit-learn
5. Instalar Librerías para Deep Learning

Comencemos!

1. Descargar Anaconda

Veamos como descargar Anaconda a nuestro disco y obtener esta suite científica de Python

Nos dirigimos a la Home de Anaconda e iremos a la sección de Download[6] (descargas)

Elegimos nuestra plataforma: Windows, Mac o Linux

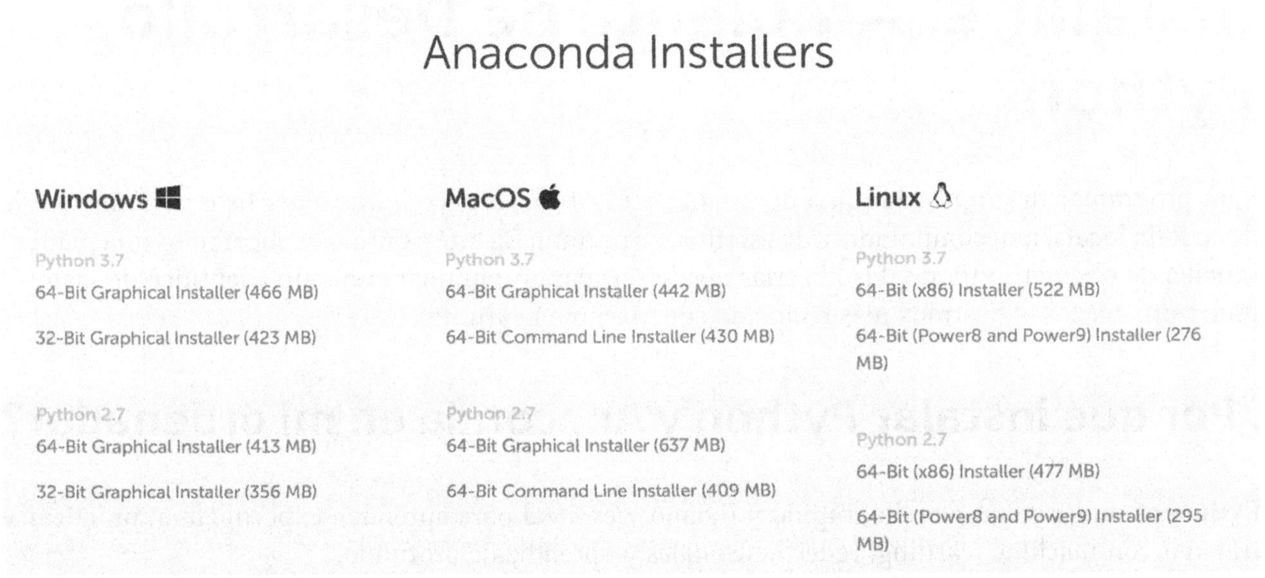

> Atención: Elegir la versión de Python 3.7 (y no la de 2.7) y seleccionar el instalador Gráfico (Graphical Installer)

Con esto guardaremos en nuestro disco duro unos 460MB (según sistema operativo) y obtendremos un archivo con el nombre similar a Anaconda3-7.1.10-MacOSX-x86_64.pkg

2. Instalar Anaconda

En este paso instalaremos la app en nuestro sistema. (Deberá tener permisos de Administrador si instala para todos los usuarios).

Ejecutamos el archivo que descargamos haciendo doble click.

Se abrirá un Típico Wizard de instalación.

Seguiremos los pasos, podemos seleccionar instalación sólo para nuestro usuario, seleccionar la ruta en disco donde instalaremos y listo.

Al instalarse el tamaño total podrá superar 1Gb en disco.

3. Iniciar y Actualizar Anaconda

En este paso comprobaremos que se haya instalado correctamente y verificaremos tener la versión más reciente.

[6]https://www.anaconda.com/products/individual#download

Anaconda viene con una suite de herramientas gráficas llamada Anaconda Navigator. Iniciemos la aplicación y veremos una pantalla como esta:

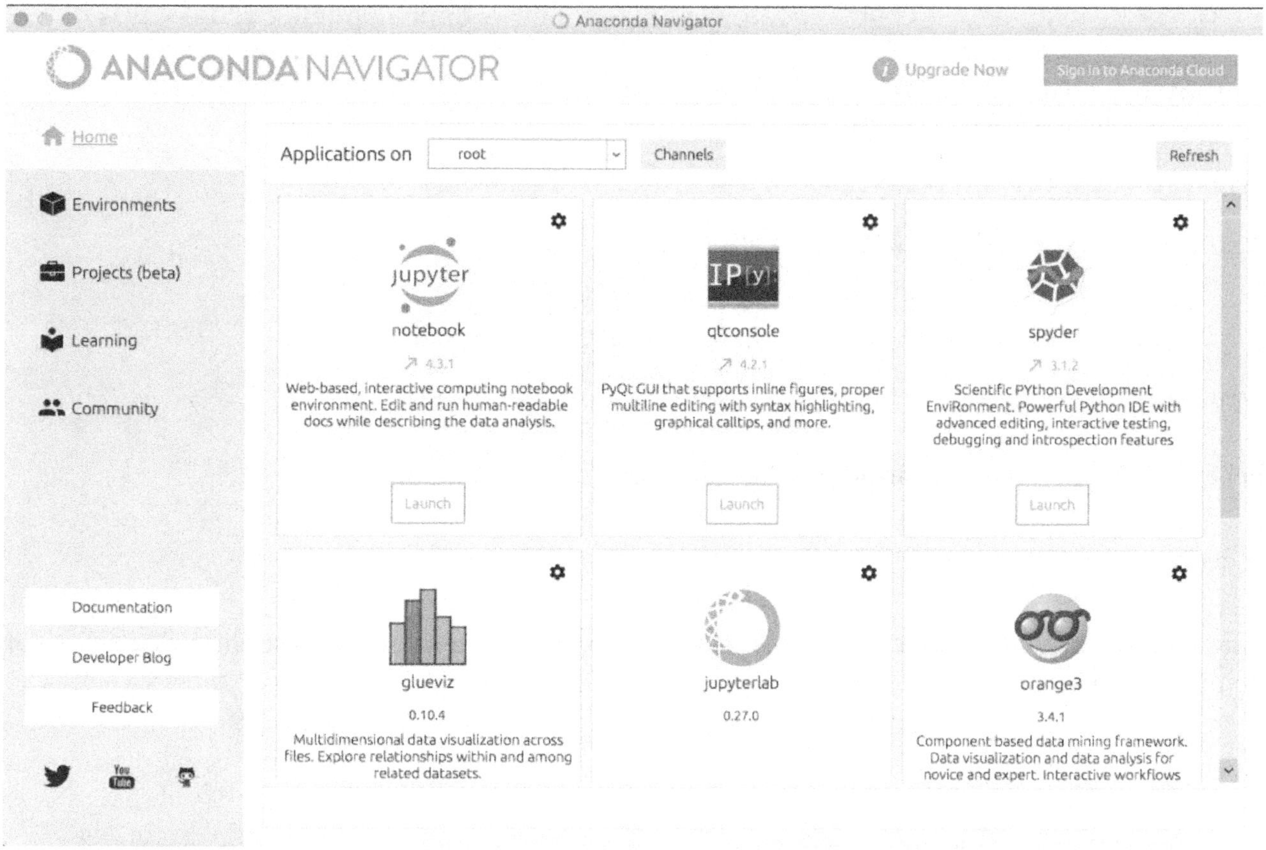

Entre otros íconos vemos que podemos lanzar las Jupyter Notebooks!.

Para comprobar la instalación abrimos una Terminal de Mac/Linux/Ubuntu o la Línea de Comandos de Windows.

Escribimos

```
$ conda -V
```

y obtenemos la versión

```
conda 4.3.30
```

luego tipeamos

```
$ python -V
```

y verificamos la versión de Python de nuestro sistema.

Para asegurarnos de tener la versión más reciente de la suite ejecutaremos

```
$ conda update conda
```

```
jbagnato — conda update conda — conda — conda update conda — 80×12
~ conda update conda
Fetching package metadata ............
Solving package specifications: .

Package plan for installation in environment /anaconda:

The following packages will be UPDATED:

    conda:   4.3.30-py27h407ed3a_0 --> 4.5.0-py27_0
    pycosat: 0.6.1-py27_1          --> 0.6.3-py27h6c51c7e_0

Proceed ([y]/n)?
```

debemos poner 'y' para confirmar y se descargarán. Luego ejecutamos

```
$ conda update anaconda
```

Para confirmar que todo funciona bien, crearemos un archivo de texto para escribir un breve script de python. Nombra al archivo versiones.py y su contenido será:

```
# scipy
import scipy
print('scipy: %s' % scipy.__version__)
# numpy
import numpy
print('numpy: %s' % numpy.__version__)
# matplotlib
import matplotlib
print('matplotlib: %s' % matplotlib.__version__)
# pandas
import pandas
print('pandas: %s' % pandas.__version__)
# statsmodels
import statsmodels
print('statsmodels: %s' % statsmodels.__version__)
# scikit-learn
import sklearn
print('sklearn: %s' % sklearn.__version__)
```

En la linea de comandos, en el mismo directorio donde está el archivo escribiremos:

```
$ python versiones.py
```

y deberemos ver una salida similar a esta:

```
scipy: 0.18.1
numpy: 1.12.1
matplotlib: 1.5.3
pandas: 0.19.2
statsmodels: 0.8.0
sklearn: 0.18.1
```

4. Actualizar libreria scikit-learn

En este paso actualizaremos la librería más usada para Machine Learning en python llamada Scikit-Learn

En la Terminal escribiremos

```
$ conda update scikit-learn
```

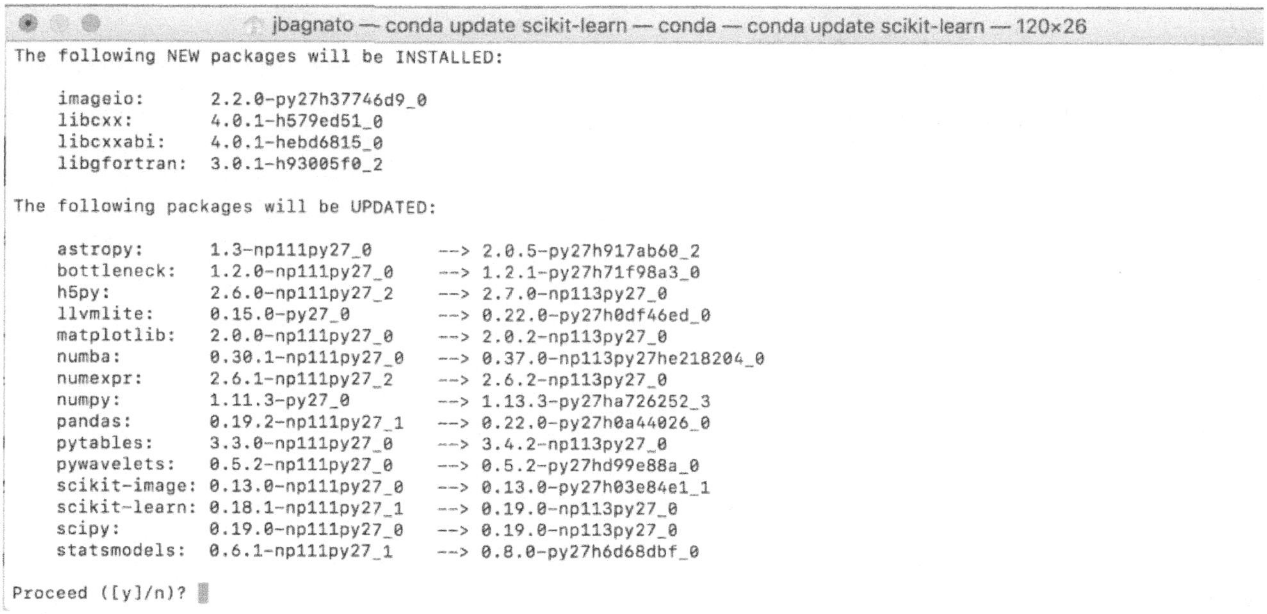

Deberemos confirmar la actualización poniendo 'y' en la terminal.

Podemos volver a verificar que todo es correcto ejecutando

```
$ python versiones.py
```

5. Instalar librerías para Deep Learning

En este paso instalaremos las librerías utilizadas para Aprendizaje profundo. Específicamente serán keras y la famosa y querida Tensorflow de Google.

Para ello ejecutaremos en nuestra línea de comandos

```
$ conda install -c conda-forge tensorflow
```

```
$ pip install keras
```

Y crearemos un nuevo script para probar que se instalaron correctamente. Le llamaremos versiones_-deep.py y tendrá las siguientes lineas:

```
# tensorflow
import tensorflow
print('tensorflow: %s' % tensorflow.__version__)
# keras
import keras
print('keras: %s' % keras.__version__)
```

Ejecutamos en línea de comandos

```
$ python versiones_deep.py
```

en la terminal veremos la salida:

```
tensorflow: 1.0.1
Using TensorFlow backend.
keras: 2.0.2
```

Ya tenemos nuestro ambiente de desarrollo preparado para el combate.

Resumen

Para nuestra carrera en Machine Learning y el perfeccionamiento como Data Scientist necesitamos un buen entorno en el que programar y cacharrear -lease, probar cosas y divertirse-. Para ello contamos con la suite de herramientas gratuitas de Anaconda que nos ofrece un entorno amable y sencillo en el que crear nuestras máquinas en código Python.

Otros artículos de interés (en inglés)

Usar Anaconda Navigator[7]
Instalar Pip[8]
Instalar Tensorflow[9]
Instalación de Keras[10]

---

[7]https://docs.anaconda.com/anaconda/navigator/
[8]https://recursospython.com/guias-y-manuales/instalacion-y-utilizacion-de-pip-en-windows-linux-y-os-x/
[9]https://www.tensorflow.org/install/
[10]https://keras.io/#installation

Análisis Exploratorio de Datos

Veremos de qué se trata el EDA, este paso inicial tan importante y necesario para comenzar un proyecto de Machine Learning. Aprendamos en qué consiste el EDA y qué técnicas utilizar. Veremos un ejemplo práctico y la manipulación de datos con Python utilizando la librería *Pandas* para analizar y Visualizar la información en pocos minutos.

¿Qué es el EDA?

EDA es la sigla en inglés para *Exploratory Data Analysis* y consiste en una de las primeras tareas que tiene que desempeñar el Científico de Datos. Es cuando revisamos por primera vez los datos que nos llegan, por ejemplo un archivo CSV y deberemos intentar comprender "¿de qué se trata?", vislumbrar posibles patrones y reconocer distribuciones estadísticas que puedan ser útiles en el futuro.

Lo ideal es que **tengamos un objetivo** que nos hayan "adjuntado" con los datos, que indique lo que se quiere conseguir a partir de ellos. Por ejemplo, nos pasan un excel y nos dicen *"Queremos predecir ventas[11] a 30 días"*, ó *"Clasificar[12] casos malignos/benignos de una enfermedad"*, *"Queremos identificar audiencias[13] que van a realizar re-compra de un producto"*, *"queremos hacer pronóstico[14] de fidelización/abandonos de clientes"*, *"Quiero detectar casos de fraude[15] en mi sistema en tiempo real"*.

EDA deconstruido

Al llegar un archivo, lo primero que deberíamos hacer es intentar responder:

- ¿Cuántos registros hay?
  - ¿Son pocos?
  - ¿Son muchos y no tenemos Capacidad (CPU+RAM) suficiente para procesarlo?
  - ¿Están todas las filas completas ó tenemos campos con valores nulos?
  - En caso que haya demasiados nulos: ¿Queda el resto de información inútil?
- ¿Qué datos son discretos y cuáles continuos?
- Muchas veces sirve distinguir el tipo de datos: texto, int, double, float
- Si es un problema de tipo supervisado:

[11] https://www.aprendemachinelearning.com/pronostico-de-ventas-redes-neuronales-python-embeddings/
[12] https://www.aprendemachinelearning.com/arbol-de-decision-en-python-clasificacion-y-prediccion/
[13] https://www.aprendemachinelearning.com/k-means-en-python-paso-a-paso/
[14] https://www.aprendemachinelearning.com/regresion-logistica-con-python-paso-a-paso/
[15] https://www.aprendemachinelearning.com/clasificacion-con-datos-desbalanceados/

- ¿Cuál es la columna de "salida"? ¿binaria, multiclase?
- ¿Esta balanceado el conjunto salida?

- ¿Cuales parecen ser features importantes? ¿Cuales podemos descartar?
- ¿Siguen alguna distribución?
- ¿Hay correlación entre features (características)?
- En problemas de NLP[16] es frecuente que existan categorías repetidas ó mal tipeadas, ó con mayusculas/minúsculas, singular y plural, por ejemplo "Abogado" y "Abogadas", "avogado" pertenecerían todos a un mismo conjunto.
- ¿Estamos ante un problema dependiente del tiempo? Es decir un TimeSeries[17].
- Si fuera un problema de Visión Artificial[18]: ¿Tenemos suficientes muestras de cada clase y variedad, para poder hacer generalizar un modelo de Machine Learning?
- ¿Cuales son los Outliers[19]? (unos pocos datos aislados que difieren drásticamente del resto y "contaminan" ó desvían las distribuciones)
  - Podemos eliminarlos? es importante conservarlos?
  - son errores de carga o son reales?
- ¿Tenemos posible sesgo de datos? (por ejemplo perjudicar a clases minoritarias[20] por no incluirlas y que el modelo de ML discrimine en sus predicciones)

Puede ocurrir que tengamos set de datos incompletos y debamos pedir a nuestro cliente/proveedor ó interesado que nos brinde mayor información de los campos, que aporte más conocimiento ó que corrija campos.

También puede ocurrir que nos pasen múltiples fuentes de datos, por ejemplo un csv, un excel y el acceso a una base de datos. Entonces tendremos que hacer un paso previo de unificación de datos.

¿Qué sacamos del EDA?

El EDA será entonces una primer aproximación a los datos, ATENCIóN, si estamos mas o menos bien preparados y suponiendo una muestra de datos "suficiente", puede que en "unas horas" tengamos ya varias conclusiones como por ejemplo:

- Esto que quiere hacer el cliente CON ESTOS DATOS es una locura imposible!
- No tenemos datos suficientes ó son de muy mala calidad, pedir más al cliente.
- Un modelo de tipo Arbol[21] es lo más recomendado usar
  - (reemplazar Arbol, por el tipo de modelo que hayamos descubierto como mejor opción!)
- No hace falta usar Machine Learning para resolver lo que pide el cliente. (ESTO ES MUY IMPORTANTE!)

---

[16]https://www.aprendemachinelearning.com/procesamiento-del-lenguaje-natural-nlp/
[17]https://www.aprendemachinelearning.com/pronostico-de-series-temporales-con-redes-neuronales-en-python/
[18]https://www.aprendemachinelearning.com/como-funcionan-las-convolutional-neural-networks-vision-por-ordenador/
[19]https://www.aprendemachinelearning.com/deteccion-de-outliers-en-python-anomalia/
[20]https://www.aprendemachinelearning.com/clasificacion-con-datos-desbalanceados/
[21]https://www.aprendemachinelearning.com/arbol-de-decision-en-python-clasificacion-y-prediccion/

- Es todo tan aleatorio que no habrá manera de detectar patrones.
- Hay datos suficientes y de buena calidad como para seguir a la próxima etapa.

A estas alturas podemos saber si nos están pidiendo algo viable ó si necesitamos más datos para comenzar.

Repito: el EDA debe tomar horas, ó puede que un día, pero la idea es poder sacar algunas conclusiones **rápidas** para contestar al cliente si podemos seguir o no con su propuesta.

Luego del EDA, suponiendo que seguimos adelante podemos tomarnos más tiempo y analizar en mayor detalle los datos y avanzar a nuevas etapas para aplicar modelos de Machine Learning[22].

Técnicas para EDA

Vamos a lo práctico!, ¿Que herramientas tenemos hoy en día? La verdad es que como cada conjunto de datos suele ser único, el EDA se hace bastante "a mano", pero podemos seguir unos pasos ordenados para acercarnos a ese objetivo que nos pide el cliente en pocas horas.

A nivel programación y como vamos a utilizar Python, encontramos a la conocida librería Pandas, que nos ayudará a manipular datos, leer y transformarlos.

Otra de las técnicas que más nos ayudaran en el EDA es la visualización de datos (que también podemos hacer con Pandas, matplotlib y/o Plotly).

Finalmente podemos decir que nuestra Intuición -basada en Experiencia previa, no en corazonadas- y nuestro conocimiento de casos similares también nos pueden aportar pistas para saber si estamos ante datos de buena calidad. Por ejemplo si alguien quiere hacer reconocimiento de imágenes de tornillos y tiene 25 imágenes y con mala resolución podremos decir que no tenemos muestras suficientes -dado nuestro conocimiento previo de este campo-.

Vamos a la práctica!

Un EDA de pocos minutos con Pandas

Vamos a hacer un ejemplo en pandas de un EDA bastante sencillo pero con fines educativos.

Vamos a leer un csv directamente desde una URL de GitHub que contiene información geográfica básica de los países del mundo y vamos a jugar un poco con esos datos.

[22]https://www.aprendemachinelearning.com/7-pasos-machine-learning-construir-maquina/

```
import pandas as pd
import numpy as np
import matplotlib.pyplot as plt
import statsmodels.api as sm

url = 'https://raw.githubusercontent.com/lorey/list-of-countries/master/csv/countrie\
s.csv'
df = pd.read_csv(url, sep=";")
print(df.head(5))
```

```
  alpha_2 alpha_3     area            capital continent currency_code  \
0      AD     AND    468.0   Andorra la Vella        EU           EUR
1      AE     ARE  82880.0          Abu Dhabi        AS           AED
2      AF     AFG 647500.0              Kabul        AS           AFN
3      AG     ATG    443.0         St. John's       NaN           XCD
4      AI     AIA    102.0         The Valley       NaN           XCD

  currency_name eqivalent_fips_code fips  geoname_id            languages  \
0          Euro                 NaN   AN     3041565                   ca
1        Dirham                 NaN   AE      290557  ar-AE,fa,en,hi,ur
2       Afghani                 NaN   AF     1149361  fa-AF,ps,uz-AF,tk
3        Dollar                 NaN   AC     3576396                en-AG
4        Dollar                 NaN   AV     3573511                en-AI

                   name        neighbours  numeric   phone  population  \
0               Andorra             ES,FR       20     376       84000
1  United Arab Emirates             SA,OM      784     971     4975593
2           Afghanistan TM,CN,IR,TJ,PK,UZ        4      93    29121286
3   Antigua and Barbuda               NaN       28  +1-268       86754
4              Anguilla               NaN      660  +1-264       13254

  postal_code_format postal_code_regex  tld
0              AD###  ^(?:AD)*(\d{3})$  .ad
1                NaN               NaN  .ae
2                NaN               NaN  .af
3                NaN               NaN  .ag
4                NaN               NaN  .ai
```

Veamos los datos básicos que nos brinda pandas:
Cantidad y nombre de columnas

```
print('Cantidad de Filas y columnas:',df.shape)
print('Nombre columnas:',df.columns)
```

```
Cantidad de Filas y columnas: (252, 19)
Nombre columnas: Index(['alpha_2', 'alpha_3', 'area', 'capital', 'continent', 'currency_code',
       'currency_name', 'eqivalent_fips_code', 'fips', 'geoname_id',
       'languages', 'name', 'neighbours', 'numeric', 'phone', 'population',
       'postal_code_format', 'postal_code_regex', 'tld'],
      dtype='object')
```

Columnas, nulos y tipo de datos

```
df.info()
```

```
<class 'pandas.core.frame.DataFrame'>
RangeIndex: 252 entries, 0 to 251
Data columns (total 19 columns):
alpha_2                251 non-null object
alpha_3                252 non-null object
area                   252 non-null float64
capital                246 non-null object
continent              210 non-null object
currency_code          251 non-null object
currency_name          251 non-null object
eqivalent_fips_code    1 non-null object
fips                   249 non-null object
geoname_id             252 non-null int64
languages              249 non-null object
name                   252 non-null object
neighbours             165 non-null object
numeric                252 non-null int64
phone                  247 non-null object
population             252 non-null int64
postal_code_format     154 non-null object
postal_code_regex      152 non-null object
tld                    250 non-null object
dtypes: float64(1), int64(3), object(15)
memory usage: 37.5+ KB
```

En esta salida vemos las columnas, el total de filas y la cantidad de filas sin nulos. También los tipos de datos.

Descripción estadística de los datos numéricos

```
df.describe()
```

	area	geoname_id	numeric	population
count	2.520000e+02	2.520000e+02	252.000000	2.520000e+02
mean	5.952879e+05	2.427870e+06	434.309524	2.727679e+07
std	1.904818e+06	1.632093e+06	254.663139	1.164127e+08
min	0.000000e+00	4.951800e+04	0.000000	0.000000e+00
25%	1.098000e+03	1.163774e+06	217.000000	1.879528e+05
50%	6.489450e+04	2.367967e+06	436.000000	4.268583e+06
75%	3.622245e+05	3.478296e+06	652.500000	1.536688e+07
max	1.710000e+07	8.505033e+06	894.000000	1.330044e+09

Pandas filtra las features numéricas y calcula datos estadísticos que pueden ser útiles: cantidad, media, desvío estándar, valores máximo y mínimo.

Verifiquemos si hay correlación entre los datos

```
corr = df.set_index('alpha_3').corr()
sm.graphics.plot_corr(corr, xnames=list(corr.columns))
plt.show()
```

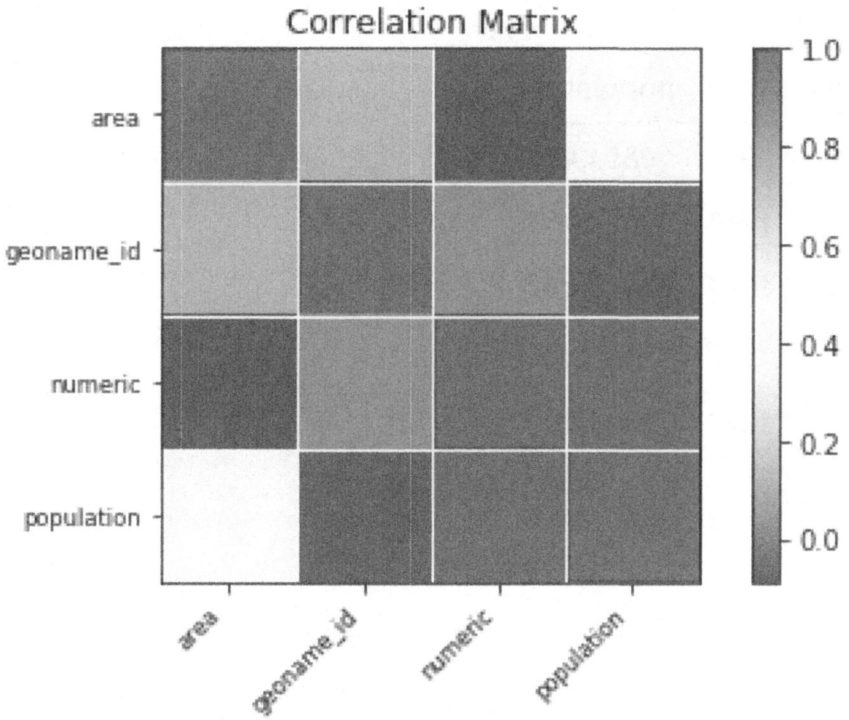

En este caso vemos baja correlación entre las variables. Dependiendo del algoritmo que utilicemos podría ser una buena decisión eliminar features que tuvieran alta correlación.

Cargamos un segundo archivo csv para ahondar en el crecimiento de la población en los últimos años, filtramos a España y visualizamos.

```
url = 'https://raw.githubusercontent.com/DrueStaples/Population_Growth/master/countr\
ies.csv'
df_pop = pd.read_csv(url)
print(df_pop.head(5))
df_pop_es = df_pop[df_pop["country"] == 'Spain' ]
print(df_pop_es.head())
df_pop_es.drop(['country'],axis=1)['population'].plot(kind='bar')
```

```
       country  year  population
0  Afghanistan  1952     8425333
1  Afghanistan  1957     9240934
2  Afghanistan  1962    10267083
3  Afghanistan  1967    11537966
4  Afghanistan  1972    13079460
```

	country	year	population
1416	Spain	1952	28549870
1417	Spain	1957	29841614
1418	Spain	1962	31158061
1419	Spain	1967	32850275
1420	Spain	1972	34513161

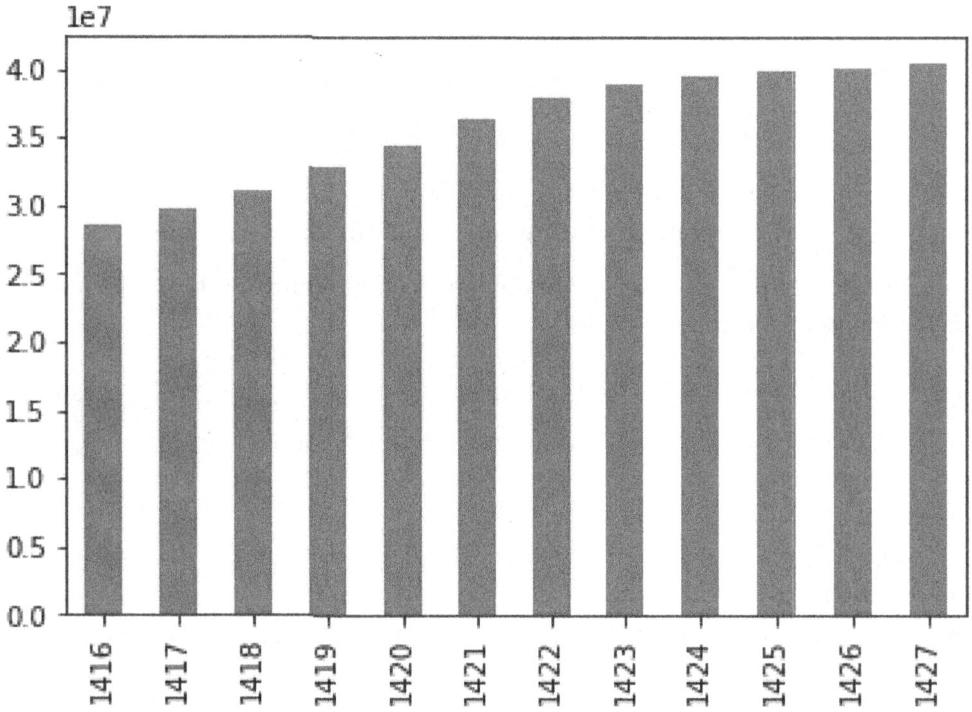

Crecimiento de la Población de España. El eje x no está establecido y aparece un id de fila.

Hagamos la comparativa con otro país, por ejemplo con el crecimiento poblacional en Argentina.

```
df_pop_ar = df_pop[(df_pop["country"] == 'Argentina')]

anios = df_pop_es['year'].unique()
pop_ar = df_pop_ar['population'].values
pop_es = df_pop_es['population'].values

df_plot = pd.DataFrame({'Argentina': pop_ar, 'Spain': pop_es},
                       index=anios)
df_plot.plot(kind='bar')
```

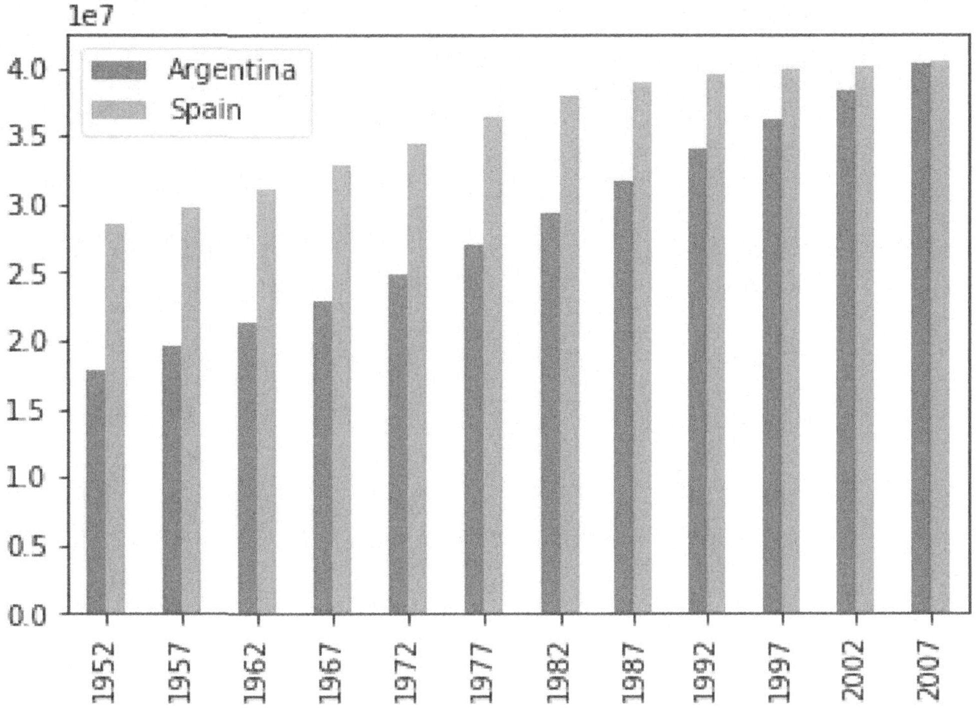

Gráfica comparativa de crecimiento poblacional entre España y Argentina entre los años 1952 al 2007.

Ahora filtremos todos los paises hispano-hablantes.

```
df_espanol = df.replace(np.nan, '', regex=True)
df_espanol = df_espanol[ df_espanol['languages'].str.contains('es') ]
df_espanol
```

	alpha_2	alpha_3	area	capital	continent	currency_code	currency_name	eqivalent_fips_code	fips	geoname_id	languages	name	
9	AR	ARG	2766890.0	Buenos Aires	SA	ARS	Peso		AR	3865483	es-AR,en,it,de,fr,gn	Argentina	
13	AW	ABW	193.0	Oranjestad		AWG	Guilder		AA	3577279	nl-AW,es,en	Aruba	
28	BO	BOL	1098580.0	Sucre	SA	BOB	Boliviano		BL	3923057	es-BO,qu,ay	Bolivia	
30	BR	BRA	8511965.0	Brasilia	SA	BRL	Real		BR	3469034	pt-BR,es,en,fr	Brazil	SR,
36	BZ	BLZ	22966.0	Belmopan		BZD	Dollar		BH	3582678	en-BZ,es	Belize	
45	CL	CHL	756950.0	Santiago	SA	CLP	Peso		CI	3895114	es-CL	Chile	
48	CO	COL	1138910.0	Bogota	SA	COP	Peso		CO	3686110	es-CO	Colombia	
49	CR	CRI	51100.0	San Jose		CRC	Colon		CS	3624060	es-CR,en	Costa Rica	
50	CU	CUB	110860.0	Havana		CUP	Peso		CU	3562981	es-CU	Cuba	
60	DO	DOM	48730.0	Santo Domingo		DOP	Peso		DR	3508796	es-DO	Dominican Republic	
62	EC	ECU	283560.0	Quito	SA	USD	Dollar		EC	3658394	es-EC	Ecuador	
67	ES	ESP	504782.0	Madrid	EU	EUR	Euro		SP	2510769	es-ES,ca,gl,eu,oc	Spain	

Visualizamos...

```
df_espanol.set_index('alpha_3')[['population','area']].plot(kind='bar',rot=65,figsiz\
e=(20,10))
```

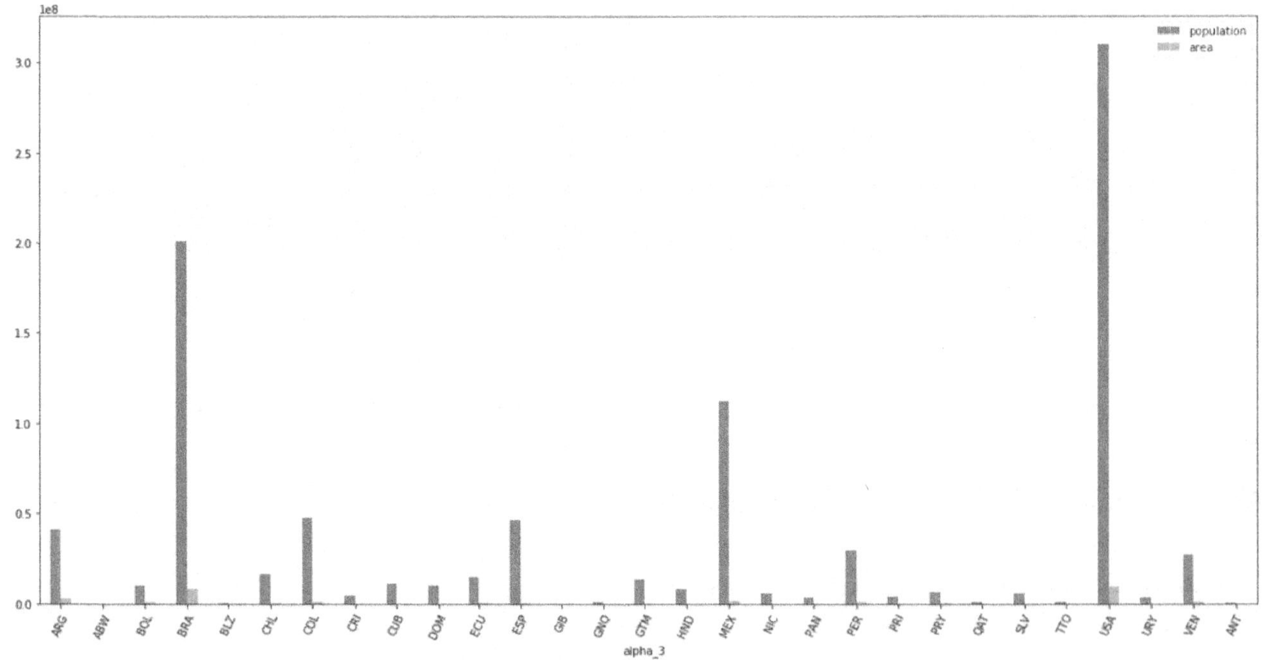

Vamos a hacer **detección de Outliers**[23], en este caso definimos como límite superior (e inferior) la media más (menos) *"2 veces la desviación estándar"* que muchas veces es tomada como máximos de tolerancia.

[23]https://www.aprendemachinelearning.com/deteccion-de-outliers-en-python-anomalia/

```
anomalies = []

# Funcion ejemplo para detección de outliers
def find_anomalies(data):
    # Set upper and lower limit to 2 standard deviation
    data_std = data.std()
    data_mean = data.mean()
    anomaly_cut_off = data_std * 2
    lower_limit  = data_mean - anomaly_cut_off
    upper_limit = data_mean + anomaly_cut_off
    print(lower_limit.iloc[0])
    print(upper_limit.iloc[0])

    # Generate outliers
    for index, row in data.iterrows():
        outlier = row # # obtener primer columna
        if (outlier.iloc[0] > upper_limit.iloc[0]) or (outlier.iloc[0] < lower_limit\
.iloc[0]):
            anomalies.append(index)
    return anomalies

find_anomalies(df_espanol.set_index('alpha_3')[['population']])
```

Detectamos como outliers a Brasil y a USA. Los eliminamos y graficamos ordenado por población de menor a mayor.

```
# Quitemos BRA y USA por ser outliers y volvamos a graficar:
df_espanol.drop([30,233], inplace=True)
df_espanol.set_index('alpha_3')[['population','area']].sort_values(["population"]).p\
lot(kind='bar',rot=65,figsize=(20,10))
```

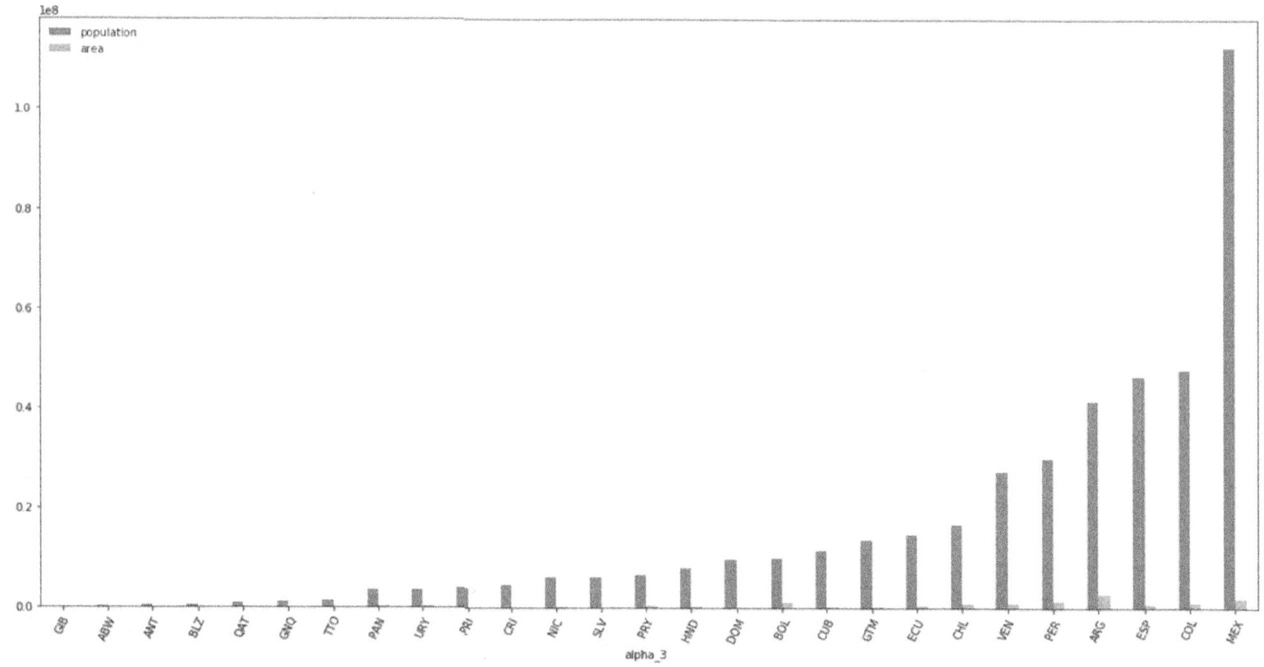

Así queda nuestra gráfica sin outliers :)

En pocos minutos hemos podido responder: cuántos datos tenemos, si hay nulos, los tipos de datos (entero, float, string), su correlación, hicimos visualizaciones, comparativas, manipulación de datos, detección de outliers y volver a graficar. ¿No está nada mal, no?

Más cosas! (que se suelen hacer):

Otras pruebas y gráficas que se suelen hacer son:

- Si hay datos categóricos, agruparlos, contabilizarlos y ver su relación con las clases de salida.
- Gráficas de distribución en el tiempo, por ejemplo si tuviéramos ventas, para tener una primera impresión sobre su estacionalidad.
- Rankings del tipo "10 productos más vendidos" ó "10 ítems con más referencias por usuario".
- Calcular importancia de Features y descartar las menos útiles.

Resumen

Vimos un repaso sobre qué es y cómo lograr hacer un Análisis Exploratorio de Datos en pocos minutos. Su importancia es sobre todo la de darnos un vistazo sobre la calidad de datos que tenemos y hasta puede determinar la continuidad o no de un proyecto.

Siempre dependerá de los datos que tengamos, en cantidad y calidad y por supuesto nunca deberemos dejar de tener en vista **EL OBJETIVO**, el propósito que buscamos lograr. Siempre debemos apuntar a lograr eso con nuestras acciones.

Como resultado del EDA si determinamos continuar, pasaremos a una etapa en la que ya preprocesaremos los datos pensando en la entrada a un modelo (ó modelos!) de Machine Learning.

Recursos

Puedes descargar la notebook relacionada con este artículo desde aquí:

- Descargar notebook ejemplo EDA para Machine Learning[24] (GitHub)

BONUS track: Notebook sobre manipulación de datos con Pandas

Como adicional te dejo una notebook con los Casos más comunes de uso de Manipulación de datos con Pandas!

- Descargar Notebook Educativa sobre uso de Panda[25]s

Más Recursos

Estos son otros artículos relacionados que pueden ser de tu interés:

- EDA House Prices Data (python)[26]
- ML project in Python[27]
- EDA example in Python[28]
- EDA Tutorial[29]

[24]https://github.com/jbagnato/machine-learning/blob/master/Ejercicio_EDA.ipynb
[25]https://github.com/jbagnato/machine-learning/blob/master/Manipulacion_datos_pandas.ipynb
[26]https://www.hackerearth.com/practice/machine-learning/machine-learning-projects/python-project/tutorial/
[27]https://machinelearningmastery.com/machine-learning-in-python-step-by-step/
[28]https://www.activestate.com/blog/exploratory-data-analysis-using-python/?utm_campaign=exploratory-data-analysis-blog&utm_medium=referral&utm_source=kdnuggets&utm_content=2019-08-07-kdnuggets-article
[29]https://www.datacamp.com/community/tutorials/exploratory-data-analysis-python

Regresión Lineal con Python

¿Qué es la regresión lineal?

La regresión lineal[30] es un algoritmo[31] de aprendizaje supervisado[32] que se utiliza en Machine Learning y en estadística. En su versión más sencilla, lo que haremos es "dibujar una recta" que *nos indicará la tendencia* de un conjunto de datos continuos (si fueran discretos, utilizaríamos Regresión Logística[33]). En estadísticas, *regresión lineal es una aproximación para modelar la relación entre una variable escalar dependiente "y" y una o mas variables explicativas nombradas con "X".*

Recordemos rápidamente la fórmula de la recta:

$$Y = mX + b$$

Donde Y es el resultado, X es la variable, m la pendiente (o coeficiente) de la recta y b la constante o también conocida como el "punto de corte con el eje Y" en la gráfica (cuando X=0)

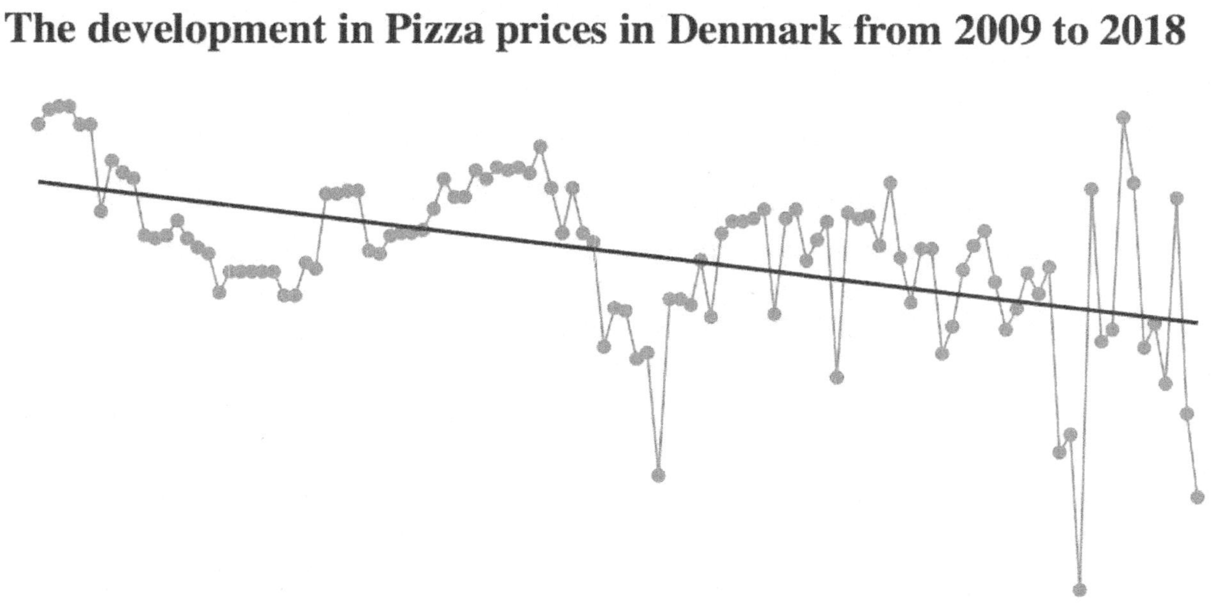

Aqui vemos un ejemplo donde vemos datos recabados sobre los precios de las pizzas en Dinamarca (los puntos en rojo) y la linea negra es la tendencia. Esa es la línea de regresión que buscamos que el algoritmo aprenda y calcule sólo.

[30]https://es.wikipedia.org/wiki/Regresi%C3%B3n_lineal
[31]http://www.aprendemachinelearning.com/principales-algoritmos-usados-en-machine-learning/
[32]http://www.aprendemachinelearning.com/aplicaciones-del-machine-learning/#supervisado
[33]http://www.aprendemachinelearning.com/regresion-logistica-con-python-paso-a-paso/

¿Cómo funciona el algoritmo de regresión lineal en Machine Learning?

Recordemos que los algoritmos de Machine Learning Supervisados[34], aprenden por sí mismos y -en este caso- a obtener automáticamente esa "recta" que buscamos con la tendencia de predicción. Para hacerlo se mide el error con respecto a los puntos de entrada y el valor "Y" de salida real. El algoritmo deberá minimizar el coste de una función de error cuadrático[35] y esos coeficientes corresponderán con la recta óptima. Hay diversos métodos para conseguir minimizar el coste. Lo más común es utilizar una versión vectorial y la llamada Ecuación Normal[36] que nos dará un resultado directo.

NOTA: cuando hablo de "recta" es en el caso particular de regresión lineal simple. Si hubiera más variables, hay que generalizar el término.

Un Ejercicio Práctico

En este ejemplo cargaremos un archivo .csv de entrada[37] obtenido por webscraping[38] que contiene diversas URLs a artículos sobre Machine Learning de algunos sitios muy importantes como Techcrunch[39] o KDnuggets[40] y como características de entrada -las columnas- tendremos:

- **Title**: titulo del artículo
- **url**: ruta al artículo
- **Word count**: la cantidad de palabras del artículo,
- **# of Links**: los enlaces externos que contiene,
- **# of comments**: cantidad de comentarios,
- **# Images video**: suma de imágenes (o videos),
- **Elapsed days**: la cantidad de días transcurridos (al momento de crear el archivo)
- **# Shares**: nuestra columna de salida que será la "cantidad de veces que se compartió el artículo".

A partir de las características de un artículo de machine learning intentaremos predecir, cuantas veces será compartido en Redes Sociales. Haremos una primer predicción de regresión lineal simple[41] -con una sola variable predictora- para poder graficar en 2 dimensiones (ejes X e Y) y luego un ejemplo de **regresión Lineal Múltiple**, en la que utilizaremos 3 dimensiones (X,Y,Z) y predicciones.

NOTA: el archivo .csv contiene mitad de datos reales, y otra mitad los generados de manera aleatoria, por lo que las predicciones que obtendremos no serán reales.

[34]http://www.aprendemachinelearning.com/aplicaciones-del-machine-learning/#supervisado
[35]https://es.wikipedia.org/wiki/Error_cuadr%C3%A1tico_medio
[36]https://en.wikipedia.org/wiki/Linear_least_squares_(mathematics)#Derivation_of_the_normal_equations
[37]http://www.aprendemachinelearning.com/articulos_ml/
[38]http://www.aprendemachinelearning.com/ejemplo-web-scraping-python-ibex35-bolsa-valores/
[39]https://techcrunch.com/tag/machine-learning/
[40]https://www.kdnuggets.com
[41]https://en.wikipedia.org/wiki/Simple_linear_regression

Requerimientos para hacer el Ejercicio

Para realizar este ejercicio, crearemos una Jupyter notebook[42] con código Python y la librería Scikit-Learn muy utilizada en Data Science. Recomendamos utilizar la suite de Anaconda[43].
Podrás descargar los archivos de entrada csv[44] o visualizar la notebook online[45].

Predecir cuántas veces será compartido un artículo de Machine Learning.

Regresión lineal simple en Python (con 1 variable)

Aqui vamos con nuestra notebook! Comencemos por importar las librerías que utilizaremos:

```
# Imports necesarios
import numpy as np
import pandas as pd
import seaborn as sb
import matplotlib.pyplot as plt
%matplotlib inline
from mpl_toolkits.mplot3d import Axes3D
from matplotlib import cm
plt.rcParams['figure.figsize'] = (16, 9)
plt.style.use('ggplot')
from sklearn import linear_model
from sklearn.metrics import mean_squared_error, r2_score
```

Leemos el archivo csv y lo cargamos como un dataset de Pandas. Y vemos su tamaño.

```
#cargamos los datos de entrada
data = pd.read_csv("articulos_ml.csv")
#veamos cuantas dimensiones y registros contiene
data.shape
```

Nos devuelve (161,8) Veamos esas primeras filas:

[42]http://data-speaks.luca-d3.com/2018/03/python-para-todos-2-jupyternotebook.html
[43]https://www.anaconda.com/download/
[44]http://www.aprendemachinelearning.com/articulos_ml/
[45]https://github.com/jbagnato/machine-learning/blob/master/Ejercicio_Regresion_Lineal.ipynb

```
#son 161 registros con 8 columnas. Veamos los primeros registros
data.head()
```

	Title	url	Word count	# of Links	# of comments	# Images video	Elapsed days	# Shares
0	What is Machine Learning and how do we use it ...	https://blog.signals.network/what-is-machine-l...	1888	1	2.0	2	34	200000
1	10 Companies Using Machine Learning in Cool Ways	NaN	1742	9	NaN	9	5	25000
2	How Artificial Intelligence Is Revolutionizing...	NaN	962	6	0.0	1	10	42000
3	Dbrain and the Blockchain of Artificial Intell...	NaN	1221	3	NaN	2	68	200000
4	Nasa finds entire solar system filled with eig...	NaN	2039	1	104.0	4	131	200000

[46]

Se ven algunos campos con valores NaN (nulos) por ejemplo algunas urls o en comentarios. Veamos algunas estadísticas básicas de nuestros datos de entrada:

```
# Ahora veamos algunas estadísticas de nuestros datos
data.describe()
```

	Word count	# of Links	# of comments	# Images video	Elapsed days	# Shares
count	161.000000	161.000000	129.000000	161.000000	161.000000	161.000000
mean	1808.260870	9.739130	8.782946	3.670807	98.124224	27948.347826
std	1141.919385	47.271625	13.142822	3.418290	114.337535	43408.006839
min	250.000000	0.000000	0.000000	1.000000	1.000000	0.000000
25%	990.000000	3.000000	2.000000	1.000000	31.000000	2800.000000
50%	1674.000000	5.000000	6.000000	3.000000	62.000000	16458.000000
75%	2369.000000	7.000000	12.000000	5.000000	124.000000	35691.000000
max	8401.000000	600.000000	104.000000	22.000000	1002.000000	350000.000000

[47]

Aqui vemos que la media de palabras en los artículos es de 1808. El artículo más corto tiene 250 palabras y el más extenso 8401. Intentaremos ver con nuestra relación lineal, si hay una correlación entre la cantidad de palabras del texto y la cantidad de Shares obtenidos. Hacemos una visualización en general de los datos de entrada:

```
# Visualizamos rápidamente las caraterísticas de entrada
data.drop(['Title','url', 'Elapsed days'],1).hist()
plt.show()
```

[46] http://www.aprendemachinelearning.com/wp-content/uploads/2018/05/reg_lineal_filas_iniciales.png
[47] http://www.aprendemachinelearning.com/wp-content/uploads/2018/05/reg_lineal_stats_base.png

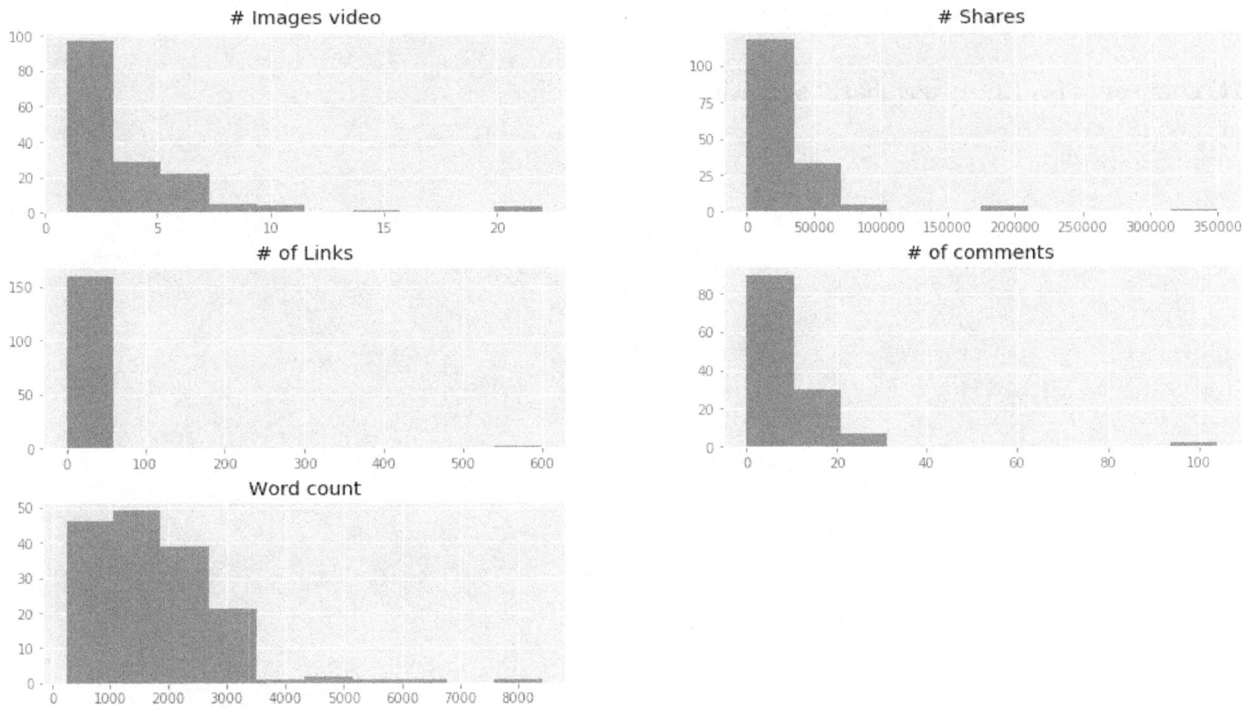

[48]

En estas gráficas vemos entre qué valores se concentran la mayoría de registros. Vamos a filtrar los datos de cantidad de palabras para quedarnos con los registros con menos de 3500 palabras y también con los que tengan Cantidad de compartidos menor a 80000. Lo gratificaremos pintando en azul los puntos con menos de 1808 palabras (la media) y en naranja los que tengan más.

```
# Vamos a RECORTAR los datos en la zona donde se concentran más los puntos
# esto es en el eje X: entre 0 y 3.500
# y en el eje Y: entre 0 y 80.000
filtered_data = data[(data['Word count'] <= 3500) & (data['# Shares'] <= 80000)]

colores=['orange','blue']
tamanios=[30,60]

f1 = filtered_data['Word count'].values
f2 = filtered_data['# Shares'].values

# Vamos a pintar en colores los puntos por debajo y por encima de la media de Cantid\
ad de Palabras
asignar=[]
for index, row in filtered_data.iterrows():
    if(row['Word count']>1808):
        asignar.append(colores[0])
    else:
```

[48]http://www.aprendemachinelearning.com/wp-content/uploads/2018/05/reg_lin_visualiza_entradas.png

```
        asignar.append(colores[1])

plt.scatter(f1, f2, c=asignar, s=tamanios[0])
plt.show()
```

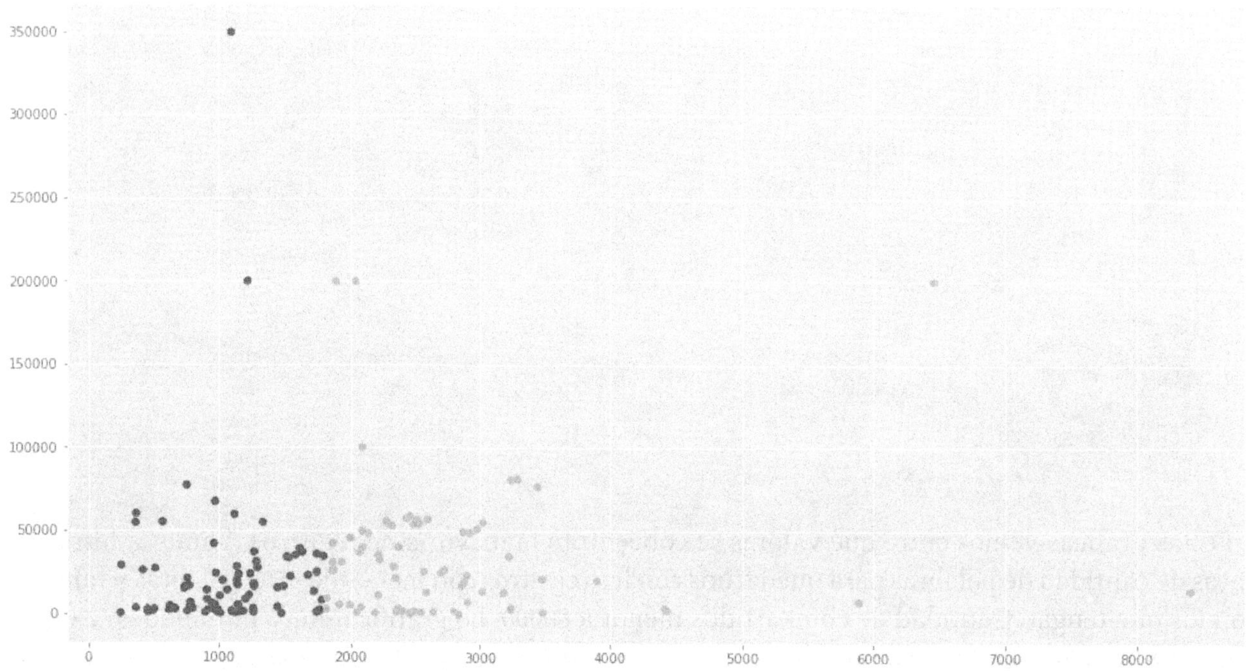

[49]

Regresión Lineal con Python y SKLearn

Vamos a crear nuestros datos de entrada por el momento sólo Word Count y como etiquetas los # Shares. Creamos el objeto LinearRegression y lo hacemos "encajar" (entrenar) con el método fit(). Finalmente imprimimos los coeficientes y puntajes obtenidos.

```
# Asignamos nuestra variable de entrada X para entrenamiento y las etiquetas Y.
dataX =filtered_data[["Word count"]]
X_train = np.array(dataX)
y_train = filtered_data['# Shares'].values

# Creamos el objeto de Regresión Linear
regr = linear_model.LinearRegression()

# Entrenamos nuestro modelo
regr.fit(X_train, y_train)
```

[49]http://www.aprendemachinelearning.com/wp-content/uploads/2018/05/reg_lineal_grafica_pal_vs_shares.png

```python

# Hacemos las predicciones que en definitiva una línea (en este caso, al ser 2D)
y_pred = regr.predict(X_train)

# Veamos los coeficienetes obtenidos, En nuestro caso, serán la Tangente
print('Coefficients: \n', regr.coef_)
# Este es el valor donde corta el eje Y (en X=0)
print('Independent term: \n', regr.intercept_)
# Error Cuadrado Medio
print("Mean squared error: %.2f" % mean_squared_error(y_train, y_pred))
# Puntaje de Varianza. El mejor puntaje es un 1.0
print('Variance score: %.2f' % r2_score(y_train, y_pred))
```

```
Coefficients: [5.69765366]
Independent term: 11200.303223074163
Mean squared error: 372888728.34
Variance score: 0.06
```

De la ecuación de la recta y = mX + b nuestra pendiente "m" es el coeficiente 5,69 y el término independiente "b" es 11200. Tenemos un Error Cuadrático medio enorme... por lo que en realidad este modelo no será muy bueno prediciendo ;) Pero estamos aprendiendo a usarlo, que es lo que nos importa ahora :) Esto también se ve reflejado en el puntaje de Varianza que debería ser cercano a 1.0.

Visualicemos la Recta

Veamos la recta que obtuvimos:

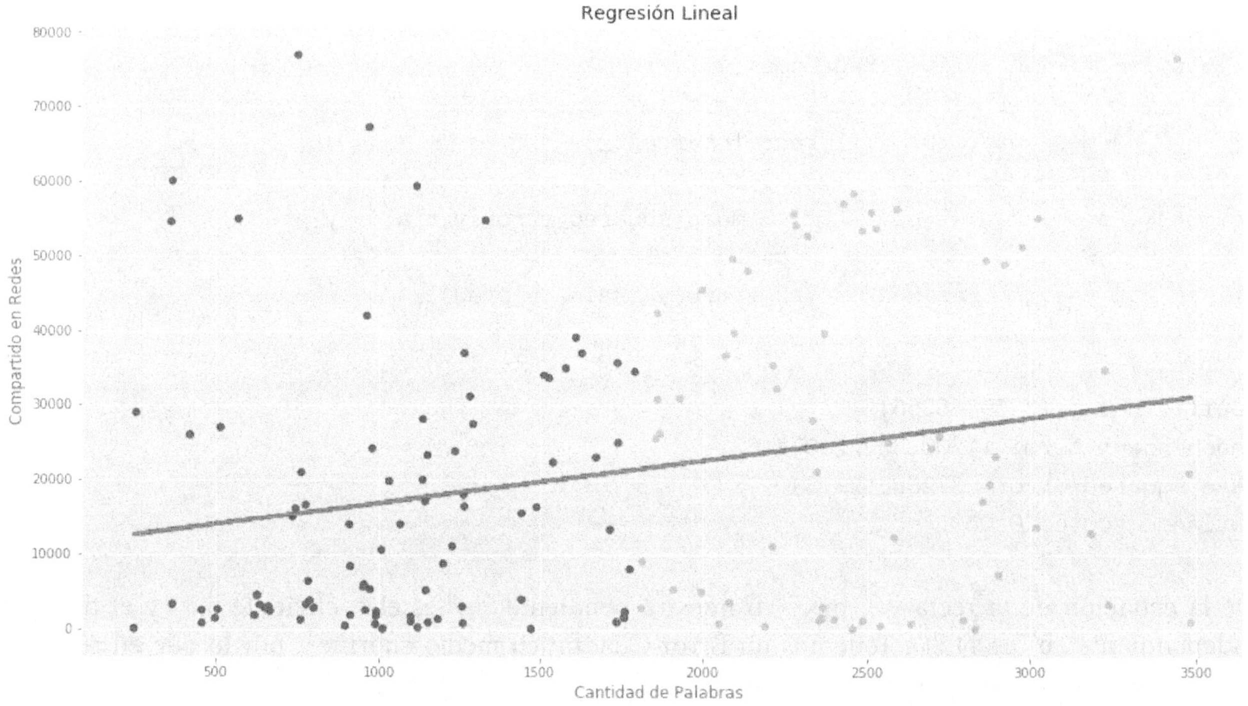

[50]

Predicción en regresión lineal simple

Vamos a intentar probar nuestro algoritmo, suponiendo que quisiéramos predecir cuántos "compartir" obtendrá un articulo sobre ML de 2000 palabras.

```
#Vamos a comprobar:
# Quiero predecir cuántos "Shares" voy a obtener por un artículo con 2.000 palabras,
# según nuestro modelo, hacemos:
y_Dosmil = regr.predict([[2000]])
print(int(y_Dosmil))
```

Nos devuelve una predicción de 22595 "Shares" para un artículo de 2000 palabras.

[50]http://www.aprendemachinelearning.com/wp-content/uploads/2018/05/reg_lineal_recta_1_variable.png

Regresión Lineal Múltiple en Python

(o "Regresión con Múltiples Variables")

Vamos a extender el ejercicio utilizando más de una variable de entrada para el modelo. Esto le da **mayor poder** al algoritmo de Machine Learning, pues de esta manera podremos obtener predicciones más complejas. Nuestra "ecuación de la Recta", ahora pasa a ser:

Y = b + m1 X1 + m2 X2 + ... + m(n) X(n)

(y deja de ser una recta) **En nuestro caso, utilizaremos 2 "variables predictivas" para poder graficar en 3D**, pero recordar que *para mejores predicciones podemos utilizar más de 2 entradas* y prescindir del gráfico. Nuestra primer variable seguirá siendo la **cantidad de palabras** y la segunda variable la crearemos artificialmente y será **la suma de 3 columnas de entrada**: la cantidad de enlaces, comentarios y cantidad de imágenes. Vamos a programar!

```
#Vamos a intentar mejorar el Modelo, con una dimensión más:
# Para poder graficar en 3D, haremos una variable nueva que será la suma de los enla\
ces, comentarios e imágenes
suma = (filtered_data["# of Links"] + filtered_data['# of comments'].fillna(0) + fil\
tered_data['# Images video'])

dataX2 =  pd.DataFrame()
dataX2["Word count"] = filtered_data["Word count"]
dataX2["suma"] = suma
XY_train = np.array(dataX2)
z_train = filtered_data['# Shares'].values
```

Ya tenemos nuestras 2 variables de entrada en XY_train y **nuestra variable de salida pasa de ser "Y" a ser el eje "Z"**. Creamos un nuevo objeto de Regresión lineal con SKLearn pero esta vez tendrá las dos dimensiones que entrenar: las que contiene XY_train. Al igual que antes, imprimimos los coeficientes y puntajes obtenidos:

```
# Creamos un nuevo objeto de Regresión Lineal
regr2 = linear_model.LinearRegression()

# Entrenamos el modelo, esta vez, con 2 dimensiones
# obtendremos 2 coeficientes, para graficar un plano
regr2.fit(XY_train, z_train)

# Hacemos la predicción con la que tendremos puntos sobre el plano hallado
z_pred = regr2.predict(XY_train)

# Los coeficientes
print('Coefficients: \n', regr2.coef_)
# Error cuadrático medio
print("Mean squared error: %.2f" % mean_squared_error(z_train, z_pred))
# Evaluamos el puntaje de varianza (siendo 1.0 el mejor posible)
print('Variance score: %.2f' % r2_score(z_train, z_pred))
```

```
Coefficients: [ 6.63216324 -483.40753769]
Mean squared error: 352122816.48
Variance score: 0.11
```

Como vemos, obtenemos 2 coeficientes (cada uno correspondiente a nuestras 2 variables predictivas), pues ahora lo que graficamos no será una linea si no, **un plano en 3 Dimensiones**. El error obtenido sigue siendo grande, aunque algo mejor que el anterior y el puntaje de Varianza mejora casi el doble del anterior (aunque sigue siendo muy malo, muy lejos del 1).

Visualizar un plano en 3 Dimensiones en Python

Graficaremos nuestros puntos de las características de entrada en color azul y los puntos proyectados en el plano en rojo. Recordemos que en esta gráfica, el eje Z corresponde a la “altura” y representa la cantidad de Shares que obtendremos.

```
fig = plt.figure()
ax = Axes3D(fig)

# Creamos una malla, sobre la cual graficaremos el plano
xx, yy = np.meshgrid(np.linspace(0, 3500, num=10), np.linspace(0, 60, num=10))

# calculamos los valores del plano para los puntos x e y
nuevoX = (regr2.coef_[0] * xx)
nuevoY = (regr2.coef_[1] * yy)

# calculamos los correspondientes valores para z. Debemos sumar el punto de intercep\
ción
z = (nuevoX + nuevoY + regr2.intercept_)

# Graficamos el plano
ax.plot_surface(xx, yy, z, alpha=0.2, cmap='hot')

# Graficamos en azul los puntos en 3D
ax.scatter(XY_train[:, 0], XY_train[:, 1], z_train, c='blue',s=30)

# Graficamos en rojo, los puntos que
ax.scatter(XY_train[:, 0], XY_train[:, 1], z_pred, c='red',s=40)

# con esto situamos la "camara" con la que visualizamos
ax.view_init(elev=30., azim=65)

ax.set_xlabel('Cantidad de Palabras')
ax.set_ylabel('Cantidad de Enlaces,Comentarios e Imagenes')
ax.set_zlabel('Compartido en Redes')
ax.set_title('Regresión Lineal con Múltiples Variables')
```

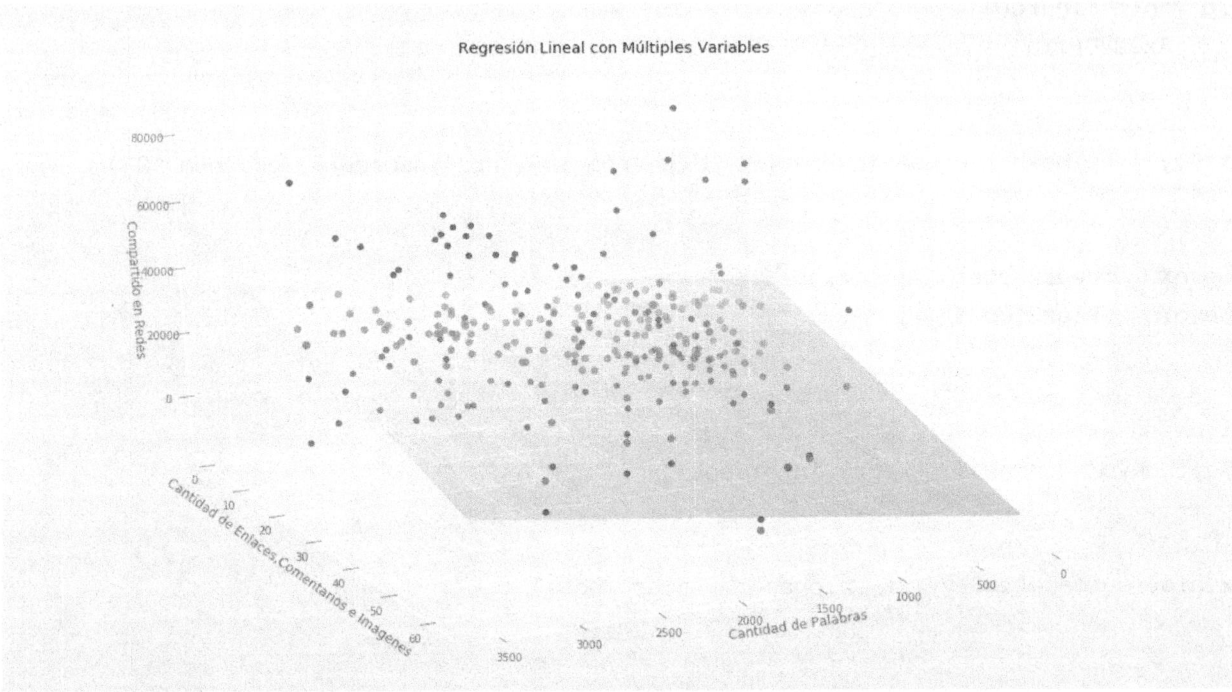

[51]

Podemos rotar el gráfico para apreciar el plano desde diversos ángulos modificando el valor del parámetro **azim** en *view_init con números de 0 a 360.*

Predicción con el modelo de Mútiples Variables

Veamos ahora, que predicción tendremos para un artículo de 2000 palabras, con 10 enlaces, 4 comentarios y 6 imágenes.

```
# Si quiero predecir cuántos "Shares" voy a obtener por un artículo con:
# 2000 palabras y con enlaces: 10, comentarios: 4, imagenes: 6

z_Dosmil = regr2.predict([[2000, 10+4+6]])
print(int(z_Dosmil))
```

Esta predicción nos da 20518 y probablemente sea un poco mejor que nuestra predicción anterior con 1 variables.

Resumen

Hemos visto cómo utilizar SKLearn en Python para crear modelos de Regresión Lineal con 1 o múltiples variables. En nuestro ejercicio no tuvimos una gran confianza en las predicciónes. Por

[51]http://www.aprendemachinelearning.com/wp-content/uploads/2018/05/regresion_lineal_3d_plano.png

ejemplo en nuestro primer modelo, con 2000 palabras nos predice que podemos tener 22595 pero el margen de error haciendo raíz del error cuartico medio es más menos 19310. Es decir que escribiendo un artículo de 2000 palabras lo mismo tenemos 3285 Shares que 41905. En este caso usamos este modelo para aprender a usarlo y habrá que ver en otros casos en los que sí nos brinde predicciones acertadas. Para mejorar nuestro modelo, deberíamos utilizar más dimensiones y encontrar datos de entrada mejores.
Atención: también es posible, que no exista ninguna relación fuerte entre nuestras variables de entrada y el éxito en Shares del artículo...

Recursos y enlaces

- Descarga la Jupyter Notebook[52] y el archivo de entrada csv[53]
- ó puedes visualizar online[54]
- o ver y descargar desde mi cuenta github[55]

Otros enlaces con Artículos sobre Regresión Lineal (en Inglés)

- Introduction to Linear Regression using python[56]
- Linear Regression using Python SkLearn[57]
- Linear Regression Detailed View[58]
- How do you solve a linear regression problem in python[59]
- Python tutorial on LinearRegression with Batch Gradient Descent[60]

[52]http://www.aprendemachinelearning.com/ejercicio_regresion_lineal/
[53]http://www.aprendemachinelearning.com/articulos_ml/
[54]https://github.com/jbagnato/machine-learning/blob/master/Ejercicio_Regresion_Lineal.ipynb
[55]https://github.com/jbagnato/machine-learning
[56]https://aktechthoughts.wordpress.com/2018/03/26/introduction-to-linear-regression-using-python/
[57]https://dzone.com/articles/linear-regression-using-python-scikit-learn
[58]https://towardsdatascience.com/linear-regression-detailed-view-ea73175f6e86
[59]http://lineardata.net/how-do-you-solve-a-linear-regression-machine-learning-problem-in-python/
[60]http://ozzieliu.com/2016/02/09/gradient-descent-tutorial/

Regresión Logística

Introducción

Utilizaremos algoritmos de Machine Learning en Python para resolver un problema de Regresión Logística[61]. A partir de un conjunto de datos de entrada (características), nuestra **salida será discreta** (y no continua) por eso utilizamos Regresión Logística (y no Regresión Lineal[62]). La Regresión Logística es un Algoritmo Supervisado[63] y se utiliza para clasificación[64].

Vamos a clasificar problemas con dos posibles estados "SI/NO": **binario** o un número finito de "etiquetas" o "clases": **múltiple**.

Algunos Ejemplos de Regresión Logística son:

- Clasificar si el correo que llega es Spam o No es Spam.
- Dados unos resultados clínicos de un tumor clasificar en "Benigno" o "Maligno".
- El texto de un artículo a analizar es: Entretenimiento, Deportes, Política ó Ciencia.
- A partir de historial bancario conceder un crédito o no.

Confiaremos en la implementación del paquete Scikit-learn de Python para ponerlo en práctica.

Ejercicio de Regresión Logística en Python

Para el ejercicio he creado un archivo csv[65] con datos de entrada a modo de ejemplo para clasificar si el usuario que visita un sitio web usa como sistema operativo Windows, Macintosh o Linux. Nuestra información de entrada son 4 características que tomé de una web que utiliza Google Analytics y son:

- Duración de la visita en Segundos
- Cantidad de Páginas Vistas durante la Sesión
- Cantidad de Acciones del usuario (click, scroll, uso de checkbox, etc)
- Suma del Valor de las acciones (cada acción lleva asociada una valoración de importancia)

[61] https://en.wikipedia.org/wiki/Logistic_regression
[62] http://www.aprendemachinelearning.com/regresion-lineal-en-espanol-con-python/
[63] http://www.aprendemachinelearning.com/aplicaciones-del-machine-learning/#supervisado
[64] http://www.aprendemachinelearning.com/principales-algoritmos-usados-en-machine-learning/
[65] http://www.aprendemachinelearning.com/wp-content/uploads/2017/11/usuarios_win_mac_lin.csv

Como la salida es discreta, asignaremos los siguientes valores a las etiquetas:
0 - Windows
1 - Macintosh
2 - Linux
La muestra es pequeña: son 170 registros para poder comprender el ejercicio, pero recordemos que para conseguir buenos resultados siempre es mejor contar con un número abundante de datos que darán mayor exactitud a las predicciones.

Regresión Logística con SKLearn:

Identificar Sistema Operativo de los usuarios

Para comenzar hacemos los Import necesarios con los paquetes que utilizaremos en el Ejercicio.

```
import pandas as pd
import numpy as np
from sklearn import linear_model
from sklearn import model_selection
from sklearn.metrics import classification_report
from sklearn.metrics import confusion_matrix
from sklearn.metrics import accuracy_score
import matplotlib.pyplot as plt
import seaborn as sb
%matplotlib inline
```

Leemos el archivo csv (por sencillez, se considera que estará en el mismo directorio que el archivo de notebook .ipynb) y lo asignamos mediante Pandas a la variable **dataframe**. Mediante el método dataframe.head() vemos en pantalla los 5 primeros registros.

```
dataframe = pd.read_csv(r"usuarios_win_mac_lin.csv")
dataframe.head()
```

	duracion	paginas	acciones	valor	clase
0	7.0	2	4	8	2
1	21.0	2	6	6	2
2	57.0	2	4	4	2
3	101.0	3	6	12	2
4	109.0	2	6	12	2

A continuación llamamos al método dataframe.describe() que nos dará algo de información estadística básica de nuestro set de datos. La Media, el desvío estándar, valores mínimo y máximo de cada característica.

```
dataframe.describe()
```

	duracion	paginas	acciones	valor	clase
count	170.000000	170.000000	170.000000	170.000000	170.000000
mean	111.075729	2.041176	8.723529	32.676471	0.752941
std	202.453200	1.500911	9.136054	44.751993	0.841327
min	1.000000	1.000000	1.000000	1.000000	0.000000
25%	11.000000	1.000000	3.000000	8.000000	0.000000
50%	13.000000	2.000000	6.000000	20.000000	0.000000
75%	108.000000	2.000000	10.000000	36.000000	2.000000
max	898.000000	9.000000	63.000000	378.000000	2.000000

Luego analizaremos cuantos resultados tenemos de cada tipo usando la función groupby y vemos que tenemos 86 usuarios "Clase 0", es decir Windows, 40 usuarios Mac y 44 de Linux.

```
print(dataframe.groupby('clase').size())
```

```
clase
0    86
1    40
2    44
dtype: int64
```

Visualización de Datos

Antes de empezar a procesar el conjunto de datos, vamos a hacer unas visualizaciones que muchas veces nos pueden ayudar a comprender mejor las características de la información con la que trabajamos y su correlación. Primero visualizamos en formato de historial los cuatro Features de entrada con nombres "duración", "páginas","acciones" y "valor" podemos ver gráficamente entre qué valores se comprenden sus mínimos y máximos y en qué intervalos concentran la mayor densidad de registros.

```
dataframe.drop(['clase'],1).hist()
plt.show()
```

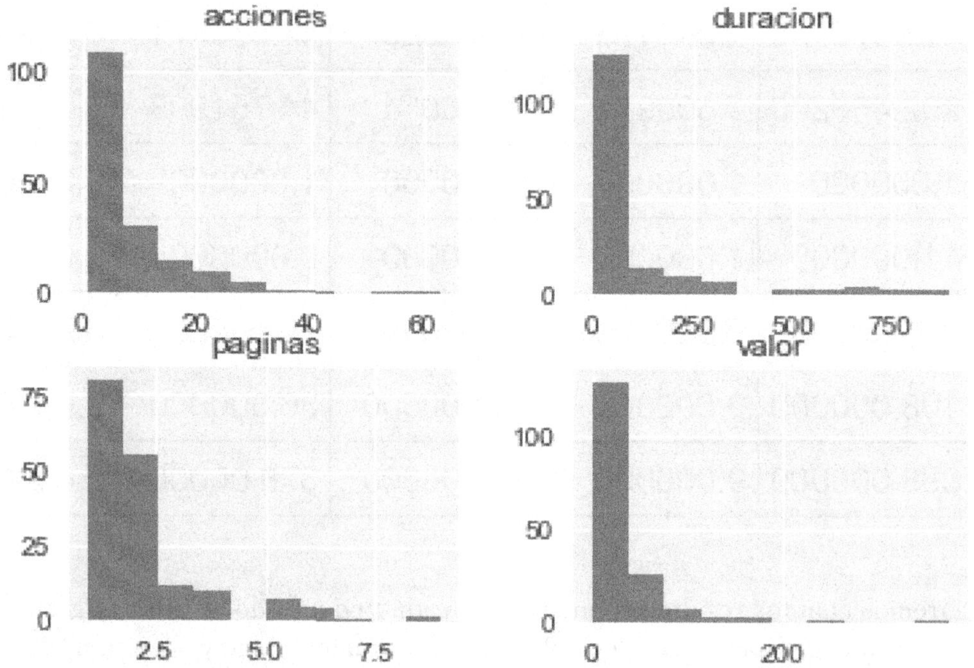

Y también podemos interrelacionar las entradas de a pares, para ver como se concentran linealmente las salidas de usuarios por colores: Sistema Operativo Windows en azul, Macintosh en verde y Linux en rojo.

```
sb.pairplot(dataframe.dropna(), hue='clase',size=4,vars=["duracion", "paginas","acci\
ones","valor"],kind='reg')
```

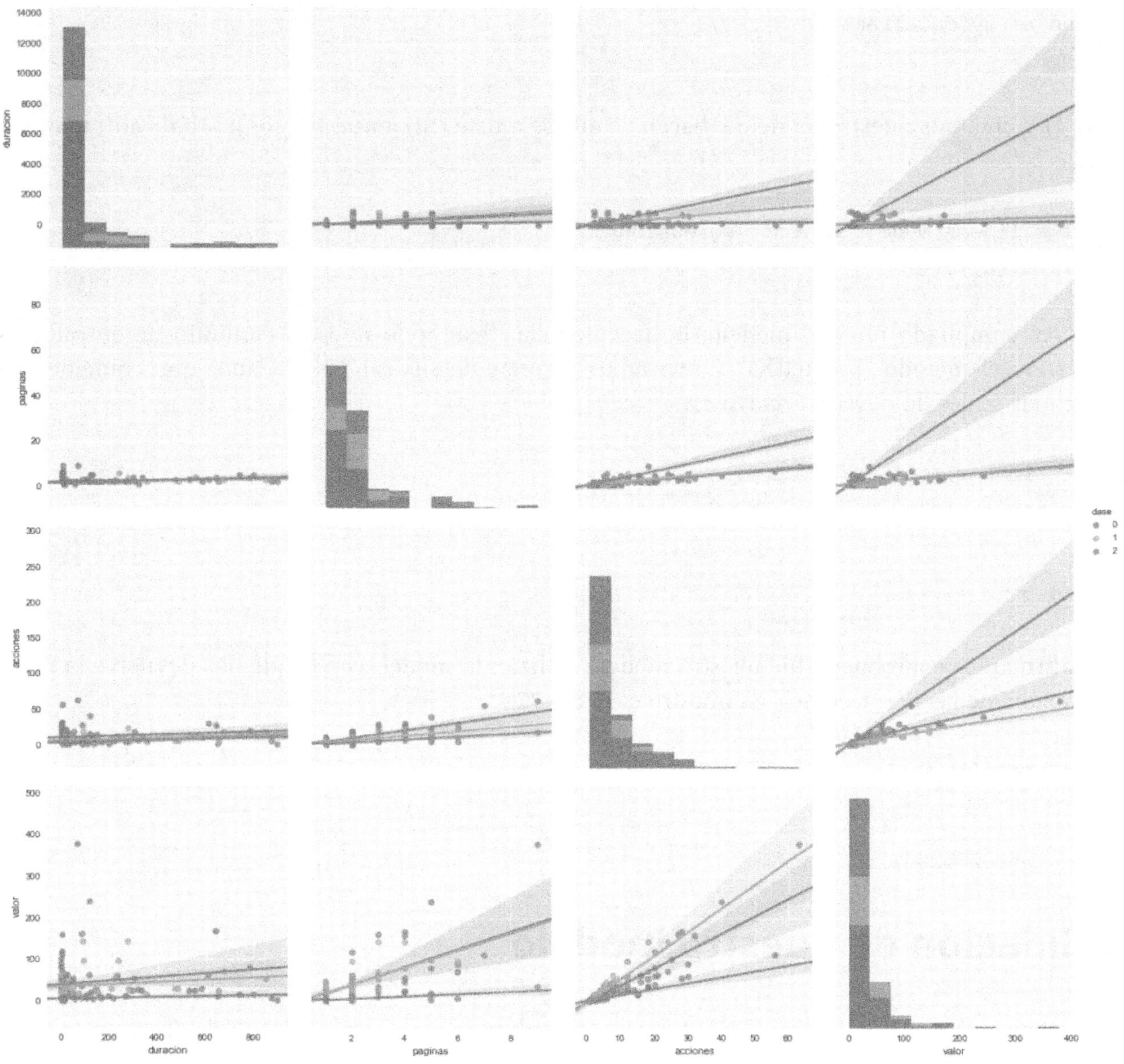

Creamos el Modelo de Regresión Logística

Ahora cargamos las variables de las 4 columnas de entrada en X excluyendo la columna "clase" con el método drop(). En cambio agregamos la columna "clase" en la variable y. Ejecutamos X.shape para comprobar la dimensión de nuestra matriz con datos de entrada de 170 registros por 4 columnas.

```
X = np.array(dataframe.drop(['clase'],1))
y = np.array(dataframe['clase'])
X.shape
```

(170, 4) Y creamos nuestro modelo y hacemos que se ajuste (fit) a nuestro conjunto de entradas X y salidas 'y'.

```
model = linear_model.LogisticRegression()
model.fit(X,y)
```

Una vez compilado nuestro modelo, le hacemos clasificar todo nuestro conjunto de entradas X utilizando el método "predict(X)" y revisamos algunas de sus salidas y vemos que coincide con las salidas reales de nuestro archivo csv.

```
predictions = model.predict(X)
print(predictions)[0:5]
```

```
[2 2 2 2 2]
```

Y confirmamos cuan bueno fue nuestro modelo utilizando model.score() que nos devuelve la precisión media de las predicciones, en nuestro caso del 77%.

```
model.score(X,y)
```

```
0.77647058823529413
```

Validación de nuestro modelo

Una buena práctica en Machine Learning es la de subdividir nuestro conjunto de datos de entrada en un set de entrenamiento y otro para validar el modelo (que no se utiliza durante el entrenamiento y por lo tanto la máquina desconoce). Esto evitará problemas en los que nuestro algoritmo pueda fallar por "sobregeneralizar" el conocimiento[66]. Para ello, dividimos nuestros datos de entrada en forma aleatoria (mezclados) utilizando 80% de registros para entrenamiento y 20% para testear.

[66]http://www.aprendemachinelearning.com/que-es-overfitting-y-underfitting-y-como-solucionarlo/

```
validation_size = 0.20
seed = 7
X_train, X_validation, Y_train, Y_validation = model_selection.train_test_split(X, y\
, test_size=validation_size, random_state=seed)
```

Volvemos a compilar nuestro modelo de Regresión Logística pero esta vez sólo con 80% de los datos de entrada y calculamos el nuevo scoring que ahora nos da 74%.

```
name='Logistic Regression'
kfold = model_selection.KFold(n_splits=10, random_state=seed)
cv_results = model_selection.cross_val_score(model, X_train, Y_train, cv=kfold, scor\
ing='accuracy')
msg = "%s: %f (%f)" % (name, cv_results.mean(), cv_results.std())
print(msg)
```

```
Logistic Regression: 0.743407 (0.115752)
```

Y ahora hacemos las predicciones -en realidad clasificación- utilizando nuestro "test set", es decir del subconjunto que habíamos apartado. En este caso vemos que los aciertos fueron del 85% pero hay que tener en cuenta que el tamaño de datos era pequeño.

```
    predictions = model.predict(X_validation)
    print(accuracy_score(Y_validation, predictions))
```

```
0.852941176471
```

Finalmente vemos en pantalla la "matriz de confusión" donde muestra cuantos resultados equivocados tuvo de cada clase (los que no están en la diagonal), por ejemplo predijo 3 usuarios que eran Mac como usuarios de Windows y predijo a 2 usuarios Linux que realmente eran de Windows.

Reporte de Resultados del Modelo

```
print(confusion_matrix(Y_validation, predictions))
```

```
[[16  0  2]
 [ 3  3  0]
 [ 0  0 10]]
```

También podemos ver el reporte de clasificación con nuestro conjunto de Test. En nuestro caso vemos que se utilizaron como "soporte" 18 registros windows, 6 de mac y 10 de Linux (total de 34 registros). Podemos ver la precisión con que se acertaron cada una de las clases y vemos que por ejemplo de Macintosh tuvo 3 aciertos y 3 fallos (0.5 recall). La valoración que de aqui nos conviene tener en cuenta es la de F1-score[67], que tiene en cuenta la precisión y recall. El promedio de F1 es de 84% lo cual no está nada mal.

```
print(classification_report(Y_validation, predictions))
```

```
             precision    recall  f1-score   support

          0       0.84      0.89      0.86        18
          1       1.00      0.50      0.67         6
          2       0.83      1.00      0.91        10

avg / total       0.87      0.85      0.84        34
```

Clasificación de nuevos valores

Como último ejercicio, vamos a inventar los datos de entrada de navegación de un usuario ficticio que tiene estos valores:

- Tiempo Duración: 10
- Paginas visitadas: 3
- Acciones al navegar: 5
- Valoración: 9

Lo probamos en nuestro modelo y vemos que lo clasifica como un usuario tipo 2, es decir, de Linux.

```
X_new = pd.DataFrame({'duracion': [10], 'paginas': [3], 'acciones': [5], 'valor': [9\
]})
model.predict(X_new)
```

[67] https://en.wikipedia.org/wiki/F1_score

```
array([2])
```

Los invito a jugar y variar estos valores para obtener usuarios de tipo Windows o Macintosh.

Resumen

Durante este artículo vimos cómo crear un modelo de Regresión Logística en Python para poder clasificar el Sistema Operativo de usuarios a partir de sus características de navegación en un sitio web. Este ejemplo se podrá extender a otro tipos de tareas que pueden surgir durante nuestro trabajo en el que deberemos clasificar resultados en valores discretos. Si tuviéramos que predecir valores continuos, deberemos aplicar Regresión Lineal[68].
Recuerda descargar los archivos para realizar el Ejercicio:

- Archivo de Entrada csv[69] (su nombre es usuarios_win_mac_lin.csv)
- Notebook Jupyter Python[70] (clic derecho y "descargar archivo como...")
- OPCIÓN 2: Se puede ver online en Jupyter Notebook Viewer[71]
- OPCIÓN 3: Se puede visualizar y descargar el Notebook[72] y el csv[73] desde mi cuenta de Github[74]

---

[68]http://www.aprendemachinelearning.com/regresion-lineal-en-espanol-con-python/
[69]http://www.aprendemachinelearning.com/wp-content/uploads/2017/11/usuarios_win_mac_lin.csv
[70]http://www.aprendemachinelearning.com/wp-content/uploads/2017/11/Regresion_logistica.ipynb
[71]http://nbviewer.jupyter.org/github/jbagnato/machine-learning/blob/master/Regresion_logistica.ipynb
[72]https://github.com/jbagnato/machine-learning/blob/master/Regresion_logistica.ipynb
[73]https://github.com/jbagnato/machine-learning/blob/master/usuarios_win_mac_lin.csv
[74]https://github.com/jbagnato/machine-learning

Arbol de Decisión

En este capítulo describiremos en qué consisten y cómo funcionan los árboles de decisión utilizados en Aprendizaje Automático[75] y nos centraremos en un divertido ejemplo en Python en el que analizaremos a los cantantes y bandas que lograron un puesto número uno en las listas de Billboard Hot 100[76] e intentaremos predecir quién será el próximo Ed Sheeran[77] a fuerza de Inteligencia Artificial.
Realizaremos Gráficas que nos ayudarán a visualizar los datos de entrada y un grafo para interpretar el árbol que crearemos con el paquete Scikit-Learn. Comencemos!

¿Qué es un árbol de decisión?

Los arboles de decisión son representaciones gráficas de posibles soluciones a una decisión basadas en ciertas condiciones, es uno de los algoritmos deaprendizaje supervisado[78] más utilizados en machine learning[79] y pueden realizar tareas de clasificación o regresión (acrónimo del inglés CART[80]).

La comprensión de su funcionamiento suele ser simple y a la vez muy potente. Utilizamos mentalmente estructuras de árbol de decisión constantemente en nuestra vida diaria sin darnos cuenta:
¿Llueve? ⇒ lleva paraguas.
¿Soleado? ⇒ lleva gafas de sol.
¿estoy cansado? ⇒ toma café.
Son Decisiones del tipo **IF THIS, THEN THAT**

Los árboles de decisión *tienen un primer nodo llamado raíz* (root) y luego se descomponen el resto de atributos de entrada en dos ramas (podrían ser más, pero no nos meteremos en eso ahora) planteando una condición que puede ser cierta o falsa. **Se bifurca cada nodo en 2 y vuelven a subdividirse hasta llegar a las hojas que son los nodos finales** y que equivalen a respuestas a la solución: Si/No, Comprar/Vender, o lo que sea que estemos clasificando. Otro ejemplo son los populares juegos de adivinanza:

1. ¿Animal ó vegetal? -Animal
2. ¿Tiene cuatro patas? -Si
3. ¿Hace guau? -Si
4. -Es un perro!

[75]http://www.aprendemachinelearning.com/que-es-machine-learning/
[76]https://www.billboard.com/charts/hot-100
[77]https://www.billboard.com/music/ed-sheeran
[78]http://www.aprendemachinelearning.com/aplicaciones-del-machine-learning/#supervisado
[79]http://www.aprendemachinelearning.com/principales-algoritmos-usados-en-machine-learning/
[80]https://en.wikipedia.org/wiki/Classification_and_regression_tree

¿Qué necesidad hay de usar el Algoritmo de Arbol?

Supongamos que tenemos atributos como Género con valores "hombre ó mujer" y edad en rangos: "menor de 18 ó mayor de 18" para tomar una decisión. Podríamos crear un árbol en el que dividamos primero por género y luego subdividir por edad. Ó **podría ser al revés**: primero por edad y luego por género. El algoritmo es quien *analizando los datos y las salidas -por eso es supervisado!-* decidirá la mejor forma de hacer las divisiones (*splits*) entre nodos. Tendrá en cuenta de qué manera lograr una predicción (clasificación ó regresión) con mayor probabilidad de acierto. Parece sencillo, no? Pensemos que si tenemos 10 atributos de entrada cada uno con 2 o más valores posibles, **las combinaciones para decidir el mejor árbol serían cientos ó miles**... Esto ya no es un trabajo para hacer artesanalmente. Y ahí es donde este algoritmo cobra importancia, pues él nos devolverá el árbol óptimo para la **toma de decisión más acertada desde un punto de vista probabilístico**.

¿Cómo funciona un árbol de decisión?

Para obtener el árbol óptimo y valorar cada subdivisión entre todos los árboles posibles y conseguir el nodo raiz y los subsiguientes, el algoritmo **deberá medir de alguna manera las predicciones logradas** y valorarlas para comparar de entre todas y obtener la mejor. Para medir y valorar, utiliza diversas funciones, siendo las más conocidas y usadas los "Indice gini[81]" y "Ganancia de información[82]" que utiliza la denominada "entropía[83]". La división de nodos continuará hasta que **lleguemos a la profundidad máxima** posible del árbol ó **se limiten los nodos a una cantidad mínima** de muestras en cada hoja. A continuación describiremos muy brevemente cada una de las estrategias nombradas:

Indice Gini:

Se utiliza para atributos con valores continuos (precio de una casa). Esta función de coste mide el "grado de impureza" de los nodos, es decir, **cuán desordenados o mezclados quedan los nodos una vez divididos**. *Deberemos minimizar ese GINI index.*

Ganancia de información:

Se utiliza para atributos categóricos (como en hombre/mujer). Este criterio intenta estimar la información que aporta cada atributo basado en la "teoría de la información[84]". Para medir la aleatoriedad de incertidumbre de un valor aleatorio de una variable "X" se define la Entropia[85]. Al obtener la medida de entropía de cada atributo, podemos calcular la ganancia de información del árbol. *Deberemos maximizar esa ganancia.*

[81] https://en.wikipedia.org/wiki/Decision_tree_learning#Gini_impurity
[82] https://en.wikipedia.org/wiki/Information_gain_in_decision_trees
[83] https://es.wikipedia.org/wiki/Entrop%C3%ADa_(informaci%C3%B3n)
[84] https://es.wikipedia.org/wiki/Teor%C3%ADa_de_la_informaci%C3%B3n
[85] https://es.wikipedia.org/wiki/Entrop%C3%ADa_(informaci%C3%B3n)

Arbol de Decisión con Scikit-Learn paso a paso

Para este ejercicio me propuse crear un set de datos original e intentar que sea divertido a la vez que explique de forma clara el funcionamiento del árbol.

Predicción del "Billboard 100": ¿Qué artista llegará al número uno del ranking?

A partir de atributos de cantantes y de un histórico de canciones que alcanzaron entrar al Billboard 100 (U.S.) en 2013 y 2014 crearemos un árbol que nos permita intentar predecir si un nuevo cantante podrá llegar a número uno.

Obtención de los datos de entrada

Utilicé un código python para hacer webscraping[86] de una web pública "Ultimate Music Database" con información histórica del Billboard que obtuve de este artículo: "Analyzing billboard 100[87]". Luego completé atributos utilizando la API de Deezer[88] (duración de las canciones), la API de Gracenote[89] (género y ritmo de las canciones). Finalmente agregué varias fechas de nacimiento de artistas utilizando la Wikipedia que no había conseguido con la Ultimate Music Database. Algunos artistas quedaron sin completar su fecha de nacimiento y con valor 0. Veremos como superar este obstáculo tratando los datos. Para empezar importemos las librerías que utilizaremos y revisemos sus atributos de entrada:

```
# Imports
import numpy as np
import pandas as pd
import seaborn as sb
import matplotlib.pyplot as plt
%matplotlib inline
plt.rcParams['figure.figsize'] = (16, 9)
plt.style.use('ggplot')
from sklearn import tree
from sklearn.metrics import accuracy_score
from sklearn.model_selection import KFold
from sklearn.model_selection import cross_val_score
from IPython.display import Image as PImage
```

[86]http://www.aprendemachinelearning.com/ejemplo-web-scraping-python-ibex35-bolsa-valores/
[87]http://mikekling.com/analyzing-the-billboard-hot-100/
[88]https://developers.deezer.com/api
[89]https://developer.gracenote.com/web-api

```
from subprocess import check_call
from PIL import Image, ImageDraw, ImageFont
```

Si te falta alguna de ellas, recuerda que puedes instalarla con el entorno Anaconda o con la herramienta Pip. Para este ejercicio recuerda instalar Pillow para graficar con: "pip install Pillow" en tu terminal.

Análisis Exploratorio Inicial

Ahora veamos cuantas columnas y registros tenemos:

```
artists_billboard.shape
```

Esto nos devuelve (635,11) es decir que tenemos 11 columnas (features) y 635 filas de datos. Vamos a echar un ojo a los primeros registros para tener una mejor idea del contenido:

```
artists_billboard.head()
```

	id	title	artist	mood	tempo	genre	artist_type	chart_date	durationSeg	top	anioNacimiento
0	0	Small Town Throwdown	BRANTLEY GILBERT featuring JUSTIN MOORE & THOM...	Brooding	Medium Tempo	Traditional	Male	20140628	191.0	0	1975.0
1	1	Bang Bang	JESSIE J, ARIANA GRANDE & NICKI MINAJ	Energizing	Medium Tempo	Pop	Female	20140816	368.0	0	1989.0
2	2	Timber	PITBULL featuring KE$HA	Excited	Medium Tempo	Urban	Mixed	20140118	223.0	1	1993.0
3	3	Sweater Weather	THE NEIGHBOURHOOD	Brooding	Medium Tempo	Alternative & Punk	Male	20140104	206.0	0	1989.0
4	4	Automatic	MIRANDA LAMBERT	Yearning	Medium Tempo	Traditional	Female	20140301	232.0	0	0.0

[90]

Vemos que tenemos: Titulo de la canción, artista, "mood" ó *estado de ánimo* de esa canción, tempo, género, Tipo de artista, fecha en que apareció en el billboard (por ejemplo 20140628 equivale al 28 de junio de 2014), la columna TOP será nuestra etiqueta, en la que aparece 1 si llegó al número uno de Billboard ó 0 si no lo alcanzó y el anio de Nacimiento del artista. Vemos que muchas de las columnas contienen información categórica. La columna *durationSeg* contiene la duración en segundos de la canción, siendo un valor continuo pero que nos convendrá pasar a categórico más adelante. Vamos a realizar algunas visualizaciones para comprender mejor nuestros datos. Primero, agrupemos registros para ver cuántos **alcanzaron el número uno y cuantos no**:

```
artists_billboard.groupby('top').size()
```

[90] http://www.aprendemachinelearning.com/wp-content/uploads/2018/04/billboard_dataset_head.png

nos devuelve: top 0 494 1 141 Es decir que tenemos 494 canciones que no alcanzaron la cima y a 141 que alcanzaron el número uno. Esto quiere decir que *tenemos una cantidad DESBALANCEADA*[91] *de etiquetas con 1 y 0.* **Lo tendremos en cuenta al momento de crear el árbol.**
Visualizamos esta diferencia:

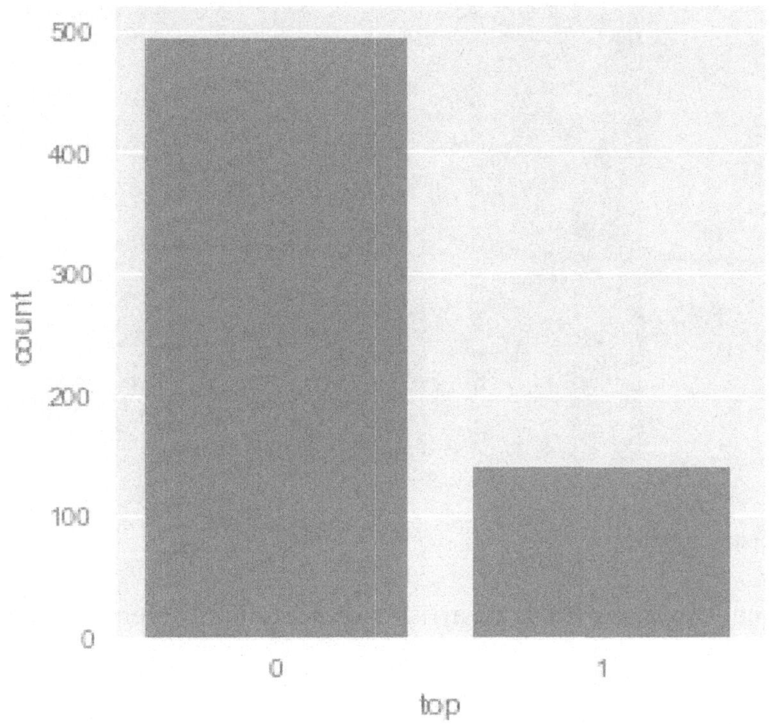

Nuestras etiquetas que indican 0-No llego al Top y 1-Llego al número uno Billboard están desbalanceadas.
Deberemos resolver este inconveniente

Veamos cuántos registros hay de tipo de artista, "mood", tempo y género de las canciones:

```
sb.factorplot('artist_type',data=artists_billboard,kind="count")
```

[91]http://www.aprendemachinelearning.com/clasificacion-con-datos-desbalanceados/

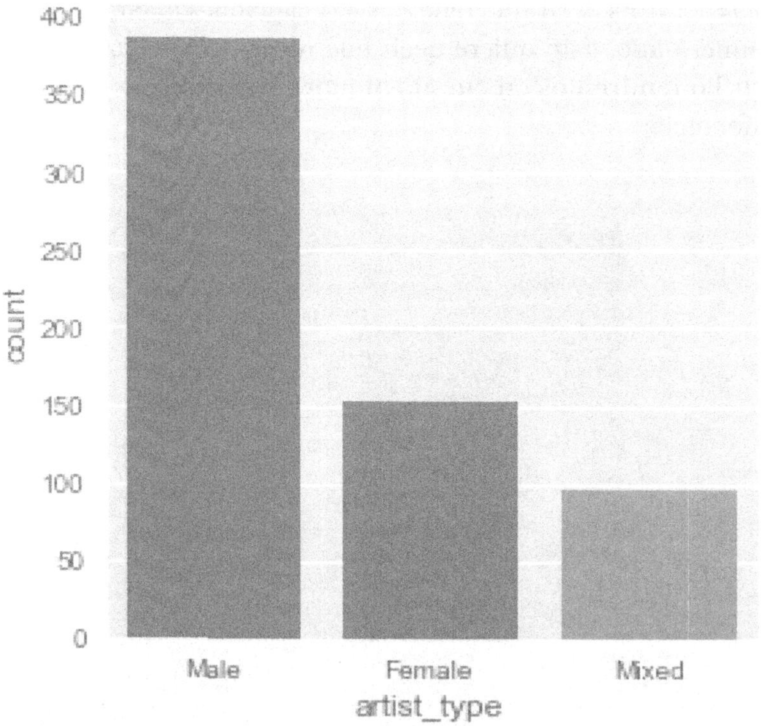

Aqui vemos que tenemos más del doble de artistas masculinos que femeninos y unos 100 registros de canciones mixtas

```
sb.factorplot('mood',data=artists_billboard,kind="count", aspect=3)
```

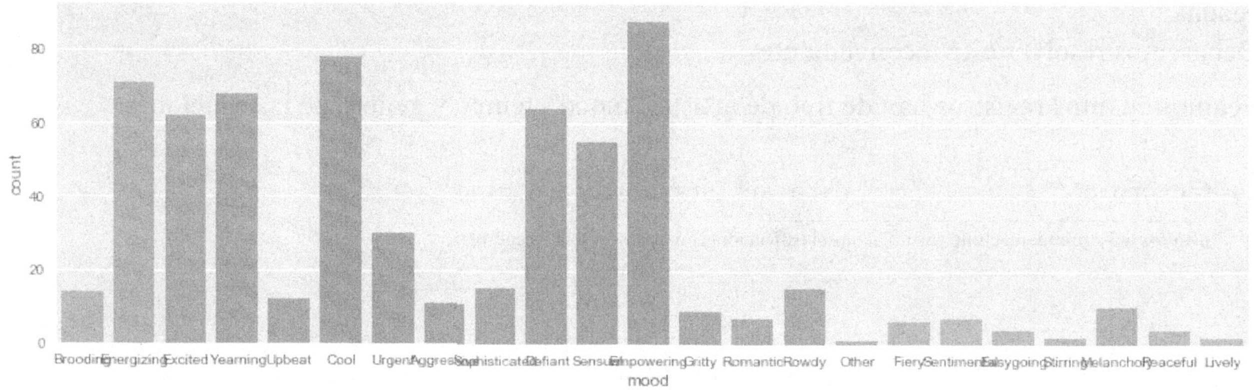

Vemos que de 23 tipos de Mood, destacan 7 con picos altos. Además notamos que algunos estados de ánimo son similares.

```
sb.factorplot('tempo',data=artists_billboard,hue='top',kind="count")
```

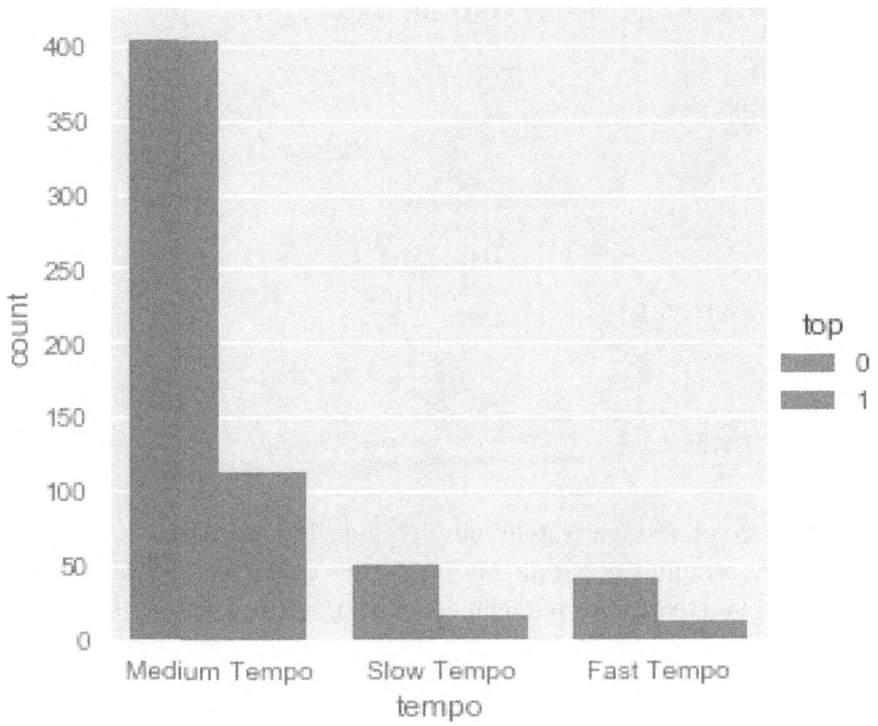

En esta gráfica vemos que hay 3 tipos de Tempo: Medium, Slow y Fast. Evidentemente predominan los tiempos Medium y también es donde encontramos más canciones que hayan alcanzado el Top 1 (en azul)

```
sb.factorplot('genre',data=artists_billboard,kind="count", aspect=3)
```

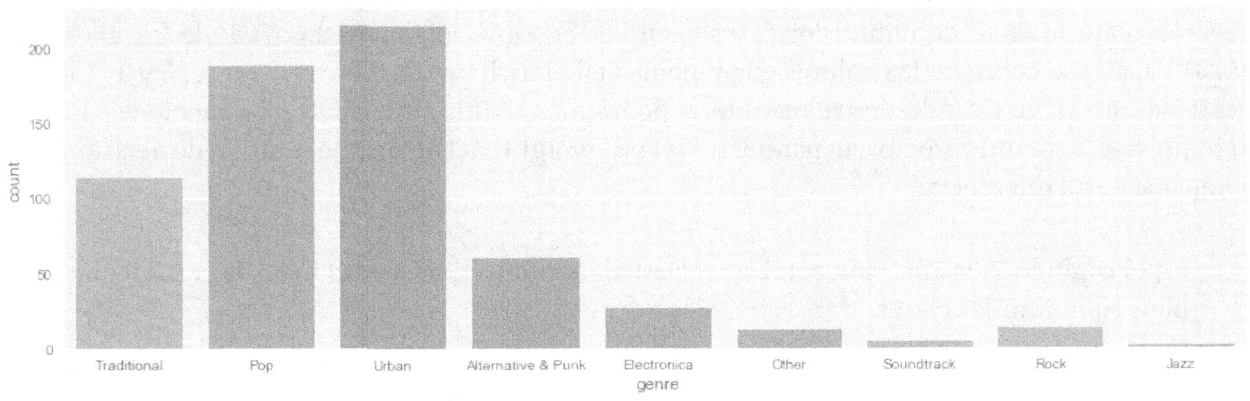

Entre los géneros musicales destacan Urban y Pop, seguidos de Tradicional.
Veamos ahora qué pasa al visualizar los años de nacimiento de los artistas:

```
sb.factorplot('anioNacimiento',data=artists_billboard,kind="count", aspect=3)
```

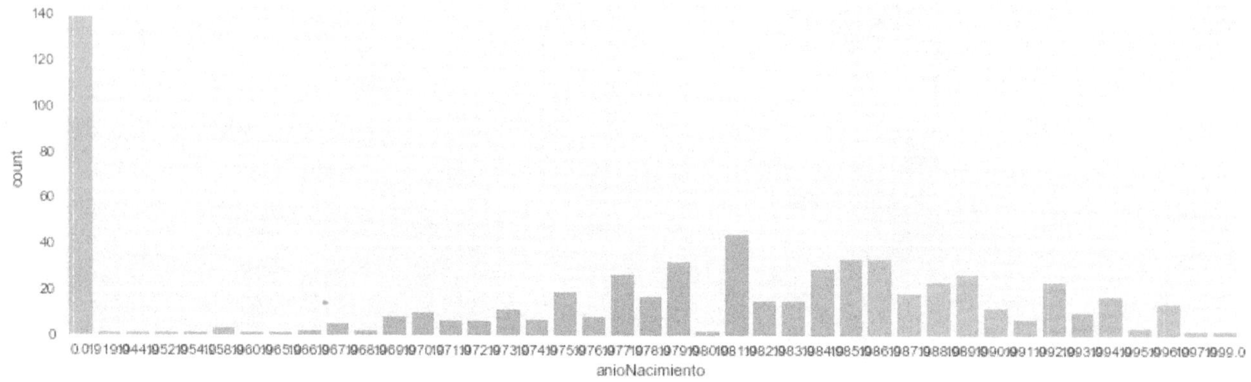

Aqui notamos algo raro: en el año "cero" tenemos cerca de 140 registros…
Como se ve en la gráfica tenemos cerca de 140 canciones de las cuales **desconocemos el año de nacimiento del artista**. El resto de años parecen concentrarse entre 1979 y 1994 (a ojo). Más adelante trataremos estos registros.

Balanceo de Datos: Pocos artistas llegan al número uno

Como dijimos antes, no tenemos "equilibrio" en la cantidad de etiquetas top y "no-top" de las canciones. Esto se debe a que en el transcurso de un año, **apenas unas 5 o 6 canciones logran el primer puesto** y se mantienen durante varias semanas en ese puesto. Cuando inicialmente extraje las canciones, utilicé 2014 y 2015 y tenía apenas a 11 canciones en el top de Billboard y 494 que no llegaron. Para intentar equilibrar los casos positivos agregué solamente los TOP de los años 2004 al 2013. Con eso conseguí los valores que tenemos en el archivo csv: son 494 "no-top" y 141 top. A pesar de esto sigue estando desbalanceado, y podríamos seguir agregando sólo canciones TOP de años previos, pero utilizaremos un parámetro (**class_weight**) del algoritmo de árbol de decisión para compensar esta diferencia.

> En el capítulo "Clasificación con Datos Desbalanceados"[92] te cuento todas las estrategias para equilibrar las clases.

Visualicemos los top y no top de acuerdo a sus fechas en los Charts:

[92]http://www.aprendemachinelearning.com/clasificacion-con-datos-desbalanceados/

```
f1 = artists_billboard['chart_date'].values
f2 = artists_billboard['durationSeg'].values

colores=['orange','blue'] # si no estaban declarados previamente
tamanios=[60,40] # si no estaban declarados previamente

asignar=[]
asignar2=[]
for index, row in artists_billboard.iterrows():
    asignar.append(colores[row['top']])
    asignar2.append(tamanios[row['top']])

plt.scatter(f1, f2, c=asignar, s=asignar2)
plt.axis([20030101,20160101,0,600])
plt.show()
```

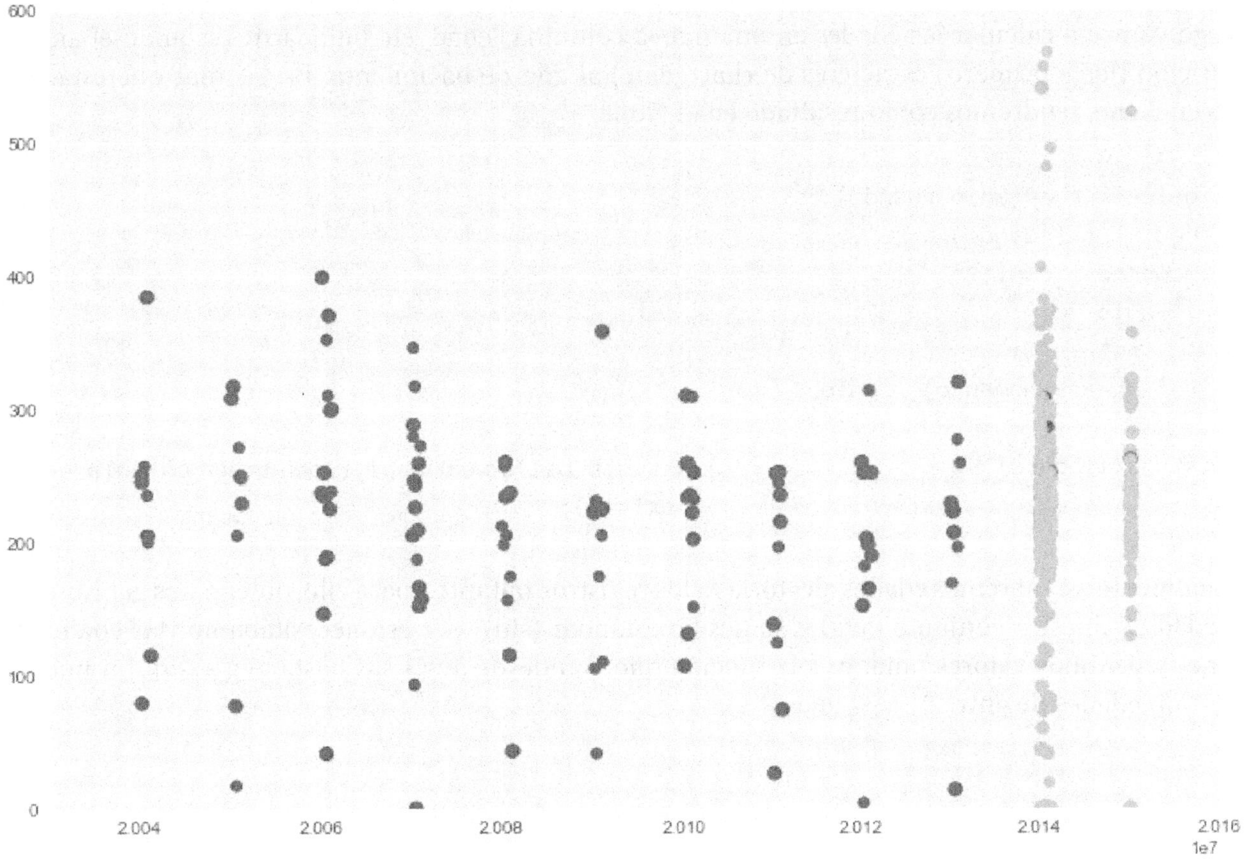

En nuestro conjunto de Datos, se agregaron canciones que llegaron al top (en azul) de años 2004 al 2013 para sumar a los apenas 11 que lo habían logrado en 2014-2015.

Preparamos los datos

Vamos a arreglar el problema de los años de nacimiento que están en cero. Realmente el "feature" o característica que queremos obtener es : "sabiendo el año de nacimiento del cantante, calcular qué edad tenía al momento de aparecer en el Billboard". Por ejemplo un artista que nació en 1982 y apareció en los charts en 2012, tenía 30 años. Vamos a sustituir los ceros de la columna "anioNacimiento" por el valor None -que es es nulo en Python-.

```
def edad_fix(anio):
    if anio==0:
        return None
    return anio

artists_billboard['anioNacimiento']=artists_billboard.apply(lambda x: edad_fix(x['an\
ioNacimiento']), axis=1);
```

Luego vamos a calcular las edades en una nueva columna "edad_en_billboard" restando el año de aparición (los 4 primeros caracteres de chart_date) al año de nacimiento. En las filas que estaba el año en None, tendremos como resultado edad None.

```
def calcula_edad(anio,cuando):
    cad = str(cuando)
    momento = cad[:4]
    if anio==0.0:
        return None
    return int(momento) - anio

artists_billboard['edad_en_billboard']=artists_billboard.apply(lambda x: calcula_eda\
d(x['anioNacimiento'],x['chart_date']), axis=1);
```

Y finalmente asignaremos edades aleatorias a los registros faltantes: para ello, obtenemos el promedio de edad de nuestro conjunto (avg) y su desvío estándar (std) -por eso necesitábamos las edades en None- y pedimos valores random a la función que van desde avg - std hasta avg + std. En nuestro caso son edades de entre 21 a 37 años.

```
age_avg = artists_billboard['edad_en_billboard'].mean()
age_std = artists_billboard['edad_en_billboard'].std()
age_null_count = artists_billboard['edad_en_billboard'].isnull().sum()
age_null_random_list = np.random.randint(age_avg - age_std, age_avg + age_std, size=\
age_null_count)

conValoresNulos = np.isnan(artists_billboard['edad_en_billboard'])

artists_billboard.loc[np.isnan(artists_billboard['edad_en_billboard']), 'edad_en_bil\
lboard'] = age_null_random_list
artists_billboard['edad_en_billboard'] = artists_billboard['edad_en_billboard'].asty\
pe(int)
print("Edad Promedio: " + str(age_avg))
print("Desvió Std Edad: " + str(age_std))
print("Intervalo para asignar edad aleatoria: " + str(int(age_avg - age_std)) + " a \
" + str(int(age_avg + age_std)))
```

Si bien *lo ideal es contar con la información real*, y de hecho la podemos obtener buscando en Wikipedia (o en otras webs de música), quise mostrar otra vía para poder completar datos faltantes manteniendo los promedios de edades que teníamos en nuestro conjunto de datos. Podemos visualizar los valores que agregamos (en color verde) en el siguiente gráfico:

```
f1 = artists_billboard['edad_en_billboard'].values
f2 = artists_billboard.index

colores = ['orange','blue','green']

asignar=[]
for index, row in artists_billboard.iterrows():
    if (conValoresNulos[index]):
        asignar.append(colores[2]) # verde
    else:
        asignar.append(colores[row['top']])

plt.scatter(f1, f2, c=asignar, s=30)
plt.axis([15,50,0,650])
plt.show()
```

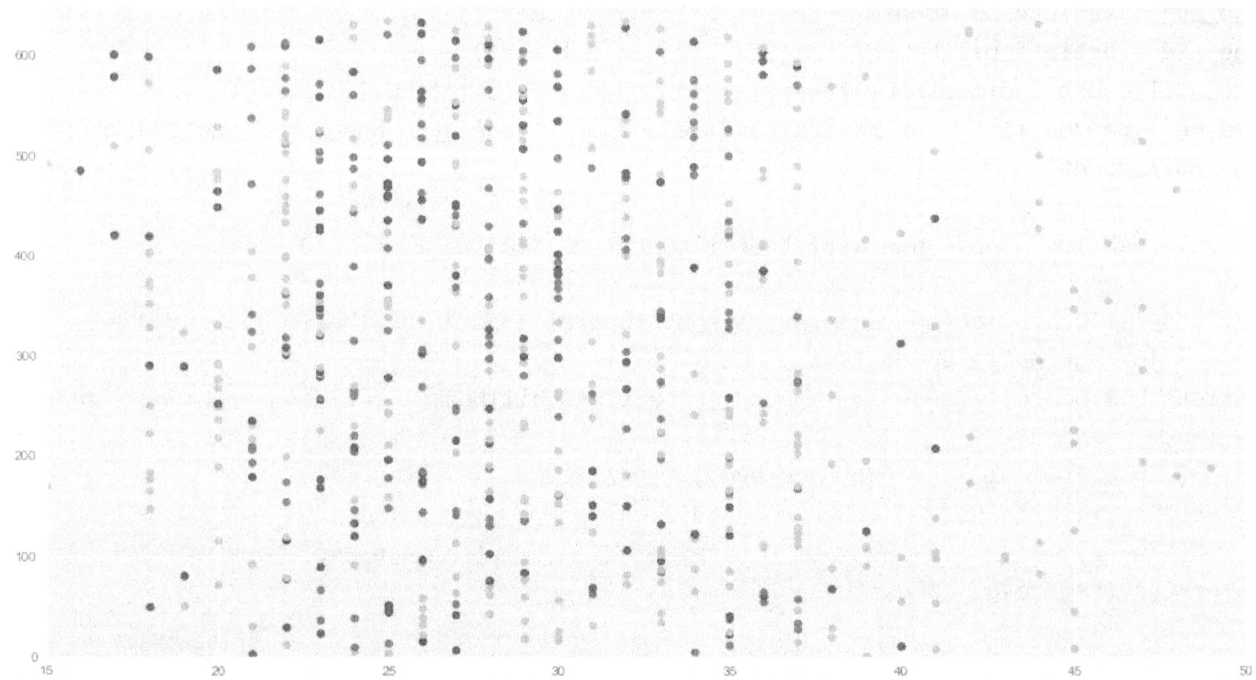

Mapeo de Datos

Vamos a transformar varios de los datos de entrada en valores categóricos. Las edades, las separamos en: menor de 21 años, entre 21 y 26, etc. las duraciones de canciones también, por ej. entre 150 y 180 segundos, etc. Para los estados de ánimo (mood) agrupé los que eran similares. El Tempo que puede ser lento, medio o rápido queda mapeado: 0-Rapido, 1-Lento, 2-Medio (por cantidad de canciones en cada tempo: el Medio es el que más tiene)

```
# Mood Mapping
artists_billboard['moodEncoded'] = artists_billboard['mood'].map( {'Energizing': 6,
                'Empowering': 6,
                     'Cool': 5,
                     'Yearning': 4, # anhelo, deseo, ansia
                     'Excited': 5, #emocionado
                     'Defiant': 3,
                     'Sensual': 2,
                     'Gritty': 3, #coraje
                     'Sophisticated': 4,
                     'Aggressive': 4, # provocativo
                     'Fiery': 4, #caracter fuerte
                     'Urgent': 3,
                     'Rowdy': 4, #ruidoso alboroto
```

```
                'Sentimental': 4,
                'Easygoing': 1, # sencillo
                'Melancholy': 4,
                'Romantic': 2,
                'Peaceful': 1,
                'Brooding': 4, # melancolico
                'Upbeat': 5, #optimista alegre
                'Stirring': 5, #emocionante
                'Lively': 5, #animado
                'Other': 0,'':0} ).astype(int)
# Tempo Mapping
artists_billboard['tempoEncoded'] = artists_billboard['tempo'].map( {'Fast Tempo': 0\
, 'Medium Tempo': 2, 'Slow Tempo': 1, '': 0} ).astype(int)
# Genre Mapping
artists_billboard['genreEncoded'] = artists_billboard['genre'].map( {'Urban': 4,
                'Pop': 3,
                'Traditional': 2,
                'Alternative & Punk': 1,
                'Electronica': 1,
                'Rock': 1,
                'Soundtrack': 0,
                'Jazz': 0,
                'Other':0,'':0}
                ).astype(int)
# artist_type Mapping
artists_billboard['artist_typeEncoded'] = artists_billboard['artist_type'].map( {'Fe\
male': 2, 'Male': 3, 'Mixed': 1, '': 0} ).astype(int)

# Mapping edad en la que llegaron al billboard
artists_billboard.loc[ artists_billboard['edad_en_billboard'] <= 21, 'edadEncoded'] \
= 0
artists_billboard.loc[(artists_billboard['edad_en_billboard'] > 21) & (artists_billb\
oard['edad_en_billboard'] <= 26), 'edadEncoded'] = 1
artists_billboard.loc[(artists_billboard['edad_en_billboard'] > 26) & (artists_billb\
oard['edad_en_billboard'] <= 30), 'edadEncoded'] = 2
artists_billboard.loc[(artists_billboard['edad_en_billboard'] > 30) & (artists_billb\
oard['edad_en_billboard'] <= 40), 'edadEncoded'] = 3
artists_billboard.loc[ artists_billboard['edad_en_billboard'] > 40, 'edadEncoded'] =\
 4

# Mapping Song Duration
artists_billboard.loc[ artists_billboard['durationSeg'] <= 150, 'durationEncoded'] =\
 0
```

```
artists_billboard.loc[(artists_billboard['durationSeg'] > 150) & (artists_billboard[\
'durationSeg'] <= 180), 'durationEncoded'] = 1
artists_billboard.loc[(artists_billboard['durationSeg'] > 180) & (artists_billboard[\
'durationSeg'] <= 210), 'durationEncoded'] = 2
artists_billboard.loc[(artists_billboard['durationSeg'] > 210) & (artists_billboard[\
'durationSeg'] <= 240), 'durationEncoded'] = 3
artists_billboard.loc[(artists_billboard['durationSeg'] > 240) & (artists_billboard[\
'durationSeg'] <= 270), 'durationEncoded'] = 4
artists_billboard.loc[(artists_billboard['durationSeg'] > 270) & (artists_billboard[\
'durationSeg'] <= 300), 'durationEncoded'] = 5
artists_billboard.loc[ artists_billboard['durationSeg'] > 300, 'durationEncoded'] = 6
```

Finalmente obtenemos un nuevo conjunto de datos llamado artists_encoded con el que tenemos los atributos definitivos para crear nuestro árbol. Para ello, quitamos todas las columnas que no necesitamos con "drop":

```
drop_elements = ['id','title','artist','mood','tempo','genre','artist_type','chart_d\
ate','anioNacimiento','durationSeg','edad_en_billboard']
artists_encoded = artists_billboard.drop(drop_elements, axis = 1)
```

Como quedan los top en relación a los datos mapeados

Revisemos en tablas cómo se reparten los top=1 en los diversos atributos mapeados. Sobre la columna sum, estarán los top, pues al ser valor 0 o 1, sólo se sumarán los que sí llegaron al número 1.

```
artists_encoded[['moodEncoded', 'top']].groupby(['moodEncoded'], as_index=False).agg\
(['mean', 'count', 'sum'])
```

	top		
	mean	count	sum
moodEncoded			
0	0.000000	1	0
1	0.000000	8	0
2	0.274194	62	17
3	0.145631	103	15
4	0.136986	146	20
5	0.294872	156	46
6	0.270440	159	43

La mayoría de top 1 los vemos en los estados de ánimo 5 y 6 con 46 y 43 canciones

```
artists_encoded[['artist_typeEncoded', 'top']].groupby(['artist_typeEncoded'], as_in\
dex=False).agg(['mean', 'count', 'sum'])
```

	top		
	mean	count	sum
artist_typeEncoded			
1	0.305263	95	29
2	0.320261	153	49
3	0.162791	387	63

Aqui están bastante repartidos, pero hay mayoría en tipo 3: artistas masculinos.

```
artists_encoded[['genreEncoded', 'top']].groupby(['genreEncoded'], as_index=False).a\
gg(['mean', 'count', 'sum'])
```

	top		
	mean	count	sum
genreEncoded			
0	0.105263	19	2
1	0.070000	100	7
2	0.008850	113	1
3	0.319149	188	60
4	0.330233	215	71

Los géneros con mayoría son evidentemente los géneros 3 y 4 que corresponden con Urbano y Pop

```
artists_encoded[['tempoEncoded', 'top']].groupby(['tempoEncoded'], as_index=False).a\
gg(['mean', 'count', 'sum'])
```

	top		
	mean	count	sum
tempoEncoded			
0	0.226415	53	12
1	0.246154	65	16
2	0.218569	517	113

El tempo con más canciones exitosas en el número 1 es el 2, tempo medio

```
artists_encoded[['durationEncoded', 'top']].groupby(['durationEncoded'], as_index=Fa\
lse).agg(['mean', 'count', 'sum'])
```

	top		
	mean	count	sum
durationEncoded			
0.0	0.295775	71	21
1.0	0.333333	30	10
2.0	0.212963	108	23
3.0	0.202381	168	34
4.0	0.232143	112	26
5.0	0.145455	55	8
6.0	0.208791	91	19

Están bastante repartidos en relación a la duración de las canciones

```
artists_encoded[['edadEncoded', 'top']].groupby(['edadEncoded'], as_index=False).agg\
(['mean', 'count', 'sum'])
```

	top		
	mean	count	sum
edadEncoded			
0.0	0.257576	66	17
1.0	0.300613	163	49
2.0	0.260563	142	37
3.0	0.165899	217	36
4.0	0.042553	47	2

Edad con mayoría es la tipo 1 que comprende de 21 a 25 años.

Buscamos la profundidad para el árbol de decisión

Ya casi tenemos nuestro árbol. Antes de crearlo, vamos a buscar cuántos niveles de profundidad le asignaremos. Para ello, aprovecharemos la función de KFold que nos ayudará a crear varios subgrupos con nuestros datos de entrada para validar y valorar los árboles con diversos niveles de profundidad. De entre ellos, escogeremos el de mejor resultado.

Creamos el árbol y lo tuneamos

Para crear el árbol utilizamos de la librería de sklearn tree.DecisionTreeClasifier[93] pues buscamos un árbol de clasificación (no de Regresión). Lo configuramos con los parámetros:

- ** criterion=entropy** ó podría ser gini, pero utilizamos entradas categóricas
- **min_samples_split=20** se refiere a la cantidad mínima de muestras que debe tener un nodo para poder subdividir.
- **min_samples_leaf=5** cantidad mínima que puede tener una hoja final. Si tuviera menos, no se formaría esa hoja y "subiría" un nivel, su antecesor.
- **class_weight=** *IMPORTANTíSIMO*: con esto compensamos los desbalances[94] que hubiera. En nuestro caso, como venía diciendo anteriormente, tenemos menos etiquetas de tipo top=1 (los artistas que llegaron al número 1 del ranking). Por lo tanto, le asignamos 3.5 de peso a la etiqueta 1 para compensar. El valor sale de dividir la cantidad de top=0 (son 494) con los top=1 (son 141).

NOTA: estos valores asignados a los parámetros fueron puestos luego de prueba y error (muchas veces visualizando el árbol, en el siguiente paso y retrocediendo a este).

[93]http://scikit-learn.org/stable/modules/generated/sklearn.tree.DecisionTreeClassifier.html
[94]http://www.aprendemachinelearning.com/clasificacion-con-datos-desbalanceados/

```
cv = KFold(n_splits=10) # Numero deseado de "folds" que haremos
accuracies = list()
max_attributes = len(list(artists_encoded))
depth_range = range(1, max_attributes + 1)

# Testearemos la profundidad de 1 a cantidad de atributos +1
for depth in depth_range:
    fold_accuracy = []
    tree_model = tree.DecisionTreeClassifier(criterion='entropy',
                                             min_samples_split=20,
                                             min_samples_leaf=5,
                                             max_depth = depth,
                                             class_weight={1:3.5})
    for train_fold, valid_fold in cv.split(artists_encoded):
        f_train = artists_encoded.loc[train_fold]
        f_valid = artists_encoded.loc[valid_fold]

        model = tree_model.fit(X = f_train.drop(['top'], axis=1),
                               y = f_train["top"])
        valid_acc = model.score(X = f_valid.drop(['top'], axis=1),
                                y = f_valid["top"]) # calculamos la precision con el\
 segmento de validacion
        fold_accuracy.append(valid_acc)

    avg = sum(fold_accuracy)/len(fold_accuracy)
    accuracies.append(avg)

# Mostramos los resultados obtenidos
df = pd.DataFrame({"Max Depth": depth_range, "Average Accuracy": accuracies})
df = df[["Max Depth", "Average Accuracy"]]
print(df.to_string(index=False))
```

Max Depth	Average Accuracy
1	0.556101
2	0.556126
3	0.564038
4	0.648859
5	0.617386
6	0.614236
7	0.625124

Podemos ver que en 4 niveles de splits tenemos el score más alto, con casi 65%. Ahora ya sólo nos queda crear y visualizar nuestro árbol de 4 niveles de profundidad.

Visualización del árbol de decisión

Asignamos los datos de entrada y los parámetros que configuramos anteriormente con 4 niveles de profundidad. Utilizaremos la función de export_graphviz para crear un archivo de extensión .dot que luego convertiremos en un gráfico png para visualizar el árbol.

```
# Crear arrays de entrenamiento y las etiquetas que indican si llegó a top o no
y_train = artists_encoded['top']
x_train = artists_encoded.drop(['top'], axis=1).values

# Crear Arbol de decision con profundidad = 4
decision_tree = tree.DecisionTreeClassifier(criterion='entropy',
                                            min_samples_split=20,
                                            min_samples_leaf=5,
                                            max_depth = 4,
                                            class_weight={1:3.5})
decision_tree.fit(x_train, y_train)

# exportar el modelo a archivo .dot
with open(r"tree1.dot", 'w') as f:
        f = tree.export_graphviz(decision_tree,
                                 out_file=f,
                                 max_depth = 7,
                                 impurity = True,
                                 feature_names = list(artists_encoded.drop(['top'], a\
xis=1)),
                                 class_names = ['No', 'N1 Billboard'],
                                 rounded = True,
                                 filled= True )

# Convertir el archivo .dot a png para poder visualizarlo
check_call(['dot','-Tpng',r'tree1.dot','-o',r'tree1.png'])
PImage("tree1.png")
```

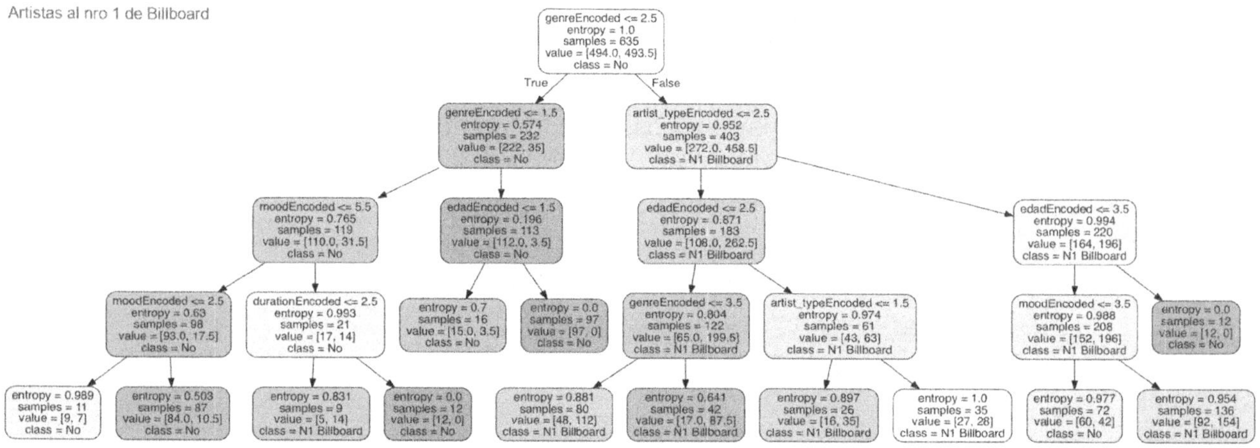

Al fin nuestro preciado árbol aparece en pantalla!. Ahora podríamos ver si lo podemos mejorar (por ejemplo tuneando los parámetros de entrada).

Análisis del árbol

En la gráfica vemos, un nodo raíz que hace una primer subdivisión por género y las salidas van a izquierda por True que sea menor a 2.5, es decir los géneros 0, 1 y 2 (eran los que menos top=1 tenían) y a derecha en False van los géneros 3 y 4 que eran Pop y Urban con gran cantidad de usuarios top Billboard. En el segundo nivel vemos que la cantidad de muestras (samples) queda repartida en 232 y 403 respectivamente. A medida que bajamos de nivel veremos que los valores de entropía se aproximan más a 1 cuando el nodo tiene más muestras top=1 (azul) y se acercan a 0 cuando hay mayoría de muestras Top=0 (naranja). En los diversos niveles veremos divisiones por tipo de artista , edad, duración y mood. También vemos algunas hojas naranjas que finalizan antes de llegar al último nivel: esto es porque alcanzan un nivel de entropía cero, o porque quedan con una cantidad de muestras menor a nuestro mínimo permitido para hacer split (20). Veamos cuál fue la precisión alcanzada por nuestro árbol:

```
acc_decision_tree = round(decision_tree.score(x_train, y_train) * 100, 2)
print(acc_decision_tree)
```

Nos da un valor de 64.88%. Notamos que casi todas las hojas finales del árbol tienen samples mezclados sobre todo en los de salida para clasificar los top=1. Esto hace que se reduzca el score. Pongamos a prueba nuestro algoritmo

Predicción de Canciones al Billboard 100

Vamos a testear nuestro árbol con 2 artistas que entraron al billboard 100 en 2017: Camila Cabello[95] que llegó al numero 1 con la Canción Havana[96] y Imagine Dragons[97] con su canción Believer[98] que alcanzó un puesto 42 pero no llegó a la cima.

```
#predecir artista CAMILA CABELLO featuring YOUNG THUG
# con su canción Havana llego a numero 1 Billboard US en 2017

x_test = pd.DataFrame(columns=('top','moodEncoded', 'tempoEncoded', 'genreEncoded','\
artist_typeEncoded','edadEncoded','durationEncoded'))
x_test.loc[0] = (1,5,2,4,1,0,3)
y_pred = decision_tree.predict(x_test.drop(['top'], axis = 1))
print("Prediccion: " + str(y_pred))
y_proba = decision_tree.predict_proba(x_test.drop(['top'], axis = 1))
print("Probabilidad de Acierto: " + str(round(y_proba[0][y_pred]* 100, 2))+"%")
```

Nos da que Havana llegará al top 1 con una probabilidad del 83%. Nada mal...

```
#predecir artista Imagine Dragons
# con su canción Believer llego al puesto 42 Billboard US en 2017

x_test = pd.DataFrame(columns=('top','moodEncoded', 'tempoEncoded', 'genreEncoded','\
artist_typeEncoded','edadEncoded','durationEncoded'))
x_test.loc[0] = (0,4,2,1,3,2,3)
y_pred = decision_tree.predict(x_test.drop(['top'], axis = 1))
print("Prediccion: " + str(y_pred))
y_proba = decision_tree.predict_proba(x_test.drop(['top'], axis = 1))
print("Probabilidad de Acierto: " + str(round(y_proba[0][y_pred]* 100, 2))+"%")
```

Nos da que la canción de Imagine Dragons NO llegará con una certeza del 88%. Otro acierto. Veamos los caminos tomados por cada una de las canciones:

[95] https://www.billboard.com/music/camila-cabello
[96] https://www.youtube.com/watch?v=BQ0mxQXmLsk
[97] https://www.billboard.com/music/imagine-dragons
[98] https://www.youtube.com/watch?v=7wtfhZwyrcc

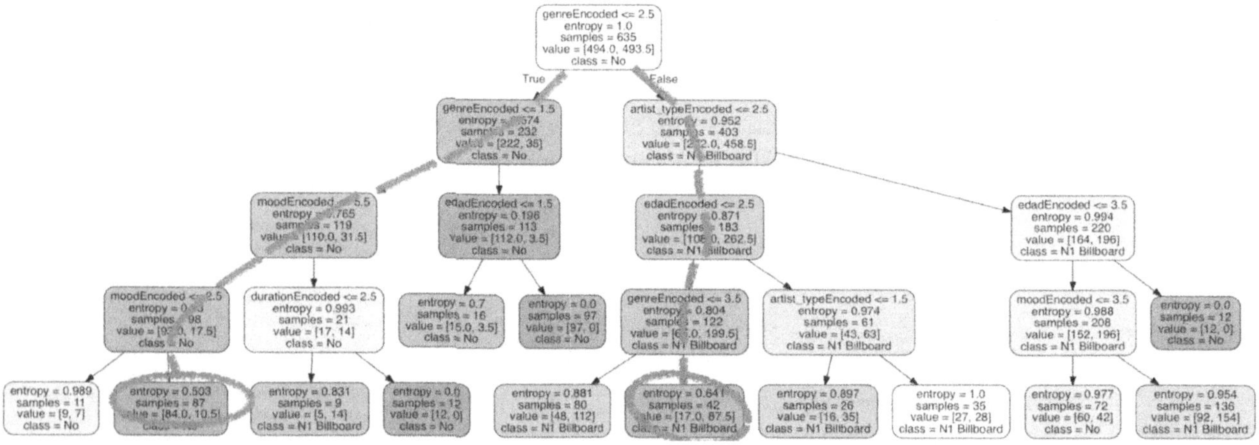

Aqui vemos los caminos tomados por Havana en Rojo, que alcanzó el número 1 y el camino por Believer (en rosa) que no llegó.

Resumen

Anduvimos un largo camino, para poder crear y generar nuestro árbol. Hemos revisado los datos de entrada, los hemos procesado, los pasamos a valores categóricos y generamos el árbol. Lo hemos puesto a prueba para validarlo. Obtener un score de menos de 65% en el árbol no es un valor muy alto, pero tengamos en cuenta que nos pusimos una tarea bastante difícil de lograr: poder predecir al número 1 del Billboard y con un tamaño de muestras pequeño (635 registros) y desbalanceado[99]. Ya quisieran las discográficas poder hacerlo :)

Recursos y enlaces

- Descarga la Jupyter Notebook[100] y el archivo de entrada csv[101]
- ó puedes visualizar online[102]
- o ver y descargar desde github[103]

Otros enlaces con Artículos sobre Decisión Tree (en Inglés):

- introduction-to-decision-trees-titanic-dataset[104]
- Decision Trees in Python[105]
- Decision Trees with Scikit learn[106]
- Building decision tree algorithm[107]

[99] http://www.aprendemachinelearning.com/clasificacion-con-datos-desbalanceados/
[100] http://www.aprendemachinelearning.com/wp-content/uploads/2018/04/Ejercicio_Arbol_de_Decision.ipynb
[101] http://www.aprendemachinelearning.com/wp-content/uploads/2018/04/artists_billboard_fix3.csv
[102] https://github.com/jbagnato/machine-learning/blob/master/Ejercicio_Arbol_de_Decision.ipynb
[103] https://github.com/jbagnato/machine-learning
[104] https://www.kaggle.com/dmilla/introduction-to-decision-trees-titanic-dataset/notebook
[105] http://stackabuse.com/decision-trees-in-python-with-scikit-learn/
[106] https://napitupulu-jon.appspot.com/posts/decision-tree-ud.html
[107] http://dataaspirant.com/2017/02/01/decision-tree-algorithm-python-with-scikit-learn/

Qué es overfitting y cómo solucionarlo

Las principales causas al obtener malos resultados en Machine Learning[108] son el **overfitting o el underfitting de los datos**. Cuando entrenamos nuestro modelo intentamos "hacer encajar[109]" -fit en inglés- los datos de entrada entre ellos y con la salida. Tal vez se pueda traducir overfitting como "sobreajuste" y underfitting como "subajuste" y *hacen referencia al fallo de nuestro modelo al generalizar* el conocimiento que pretendemos que adquieran. Lo explicaré a continuación con un ejemplo.

Generalización del Conocimiento

Como si se tratase de un ser humano, las máquinas de aprendizaje deberán ser capaces de generalizar conceptos. Supongamos que **vemos un perro Labrador por primera vez en la vida** y nos dicen *"eso es un perro"*. Luego nos enseñan un Caniche y nos preguntan: ¿eso es un perro? Diremos "No", pues no se parece en nada a lo que aprendimos anteriormente. Ahora imaginemos que nuestro tutor nos muestra un libro con fotos de 10 razas de perros distintas. Cuando veamos una raza de perro que desconocíamos seguramente seremos capaces de reconocer al cuadrúpedo canino *al tiempo de poder discernir* en que un gato no es un perro, aunque sea peludo y tenga 4 patas. Cuando entrenamos nuestros modelos computacionales con un conjunto de datos de entrada estamos haciendo que **el algoritmo sea capaz de generalizar un concepto** para que al consultarle por un nuevo conjunto de datos **desconocido** *éste sea capaz de sintetizarlo, comprenderlo y devolvernos un resultado fiable* dada su capacidad de generalización.

El problema de la Máquina al Generalizar

Si nuestros datos de entrenamiento son muy pocos nuestra máquina no será capaz de generalizar el conocimiento y estará incurriendo en *underfitting*. Este es el caso en el que le enseñamos sólo una raza de perros y pretendemos que pueda reconocer a otras 10 razas de perros distintas. El algoritmo no será capaz de darnos un resultado bueno por falta de "materia prima" para hacer sólido su conocimiento. También es ejemplo de "subajuste" cuando la máquina reconoce todo lo que "ve" como un perro, tanto una foto de un gato o un coche. Por el contrario, si entrenamos a nuestra máquina con 10 razas de perros **sólo de color marrón** de manera rigurosa y luego enseñamos una foto de **un perro blanco**, nuestro modelo no podrá reconocerlo cómo perro por no cumplir

[108] http://www.aprendemachinelearning.com/que-es-machine-learning/
[109] http://www.aprendemachinelearning.com/7-pasos-machine-learning-construir-maquina/

exactamente con las características que aprendió (el color forzosamente debía ser marrón). Aquí **se trata de un problema de overfitting**. Tanto el problema del ajuste "por debajo" como "por encima" de los datos son malos porque no permiten que nuestra máquina generalice el conocimiento y no nos dará buenas predicciones.

Overfitting en Machine Learning

Es muy común que al comenzar a aprender machine learning caigamos en el problema del Overfitting. Lo que ocurrirá es que nuestra máquina sólo se ajustará a **aprender los casos particulares** que le enseñamos y **será incapaz de reconocer nuevos datos** de entrada. En nuestro conjunto de datos de entrada muchas veces introducimos muestras atípicas (ó anomalas) o con "ruido/distorción" en alguna de sus dimensiones, o muestras que pueden no ser del todo representativas. Cuando "sobre-entrenamos" nuestro modelo y caemos en el overfitting, nuestro algoritmo estará considerando como válidos sólo los datos idénticos a los de nuestro conjunto de entrenamiento -**incluidos sus defectos**- y siendo incapaz de distinguir entradas buenas como fiables si se salen un poco de los rangos ya prestablecidos.

El equilibrio del Aprendizaje

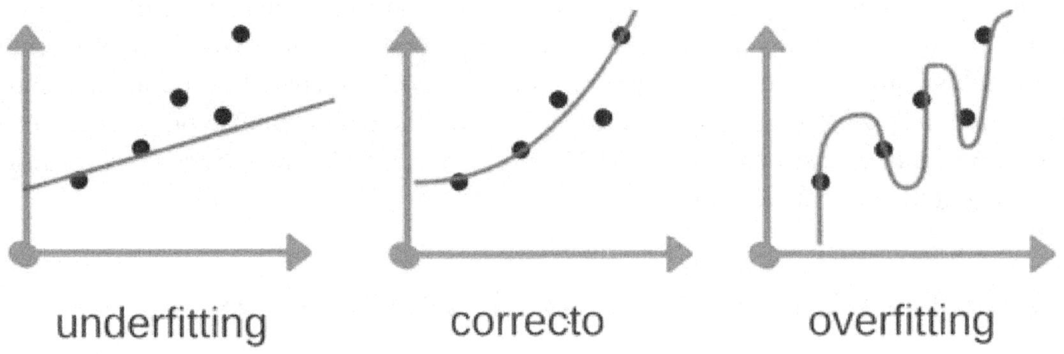

Deberemos encontrar un punto medio en el aprendizaje de nuestro modelo en el que no estemos incurriendo en underfitting y tampoco en overfitting. A veces esto puede resultar una tarea muy difícil. Para reconocer este problema deberemos subvididir nuestro conjunto de datos de entrada para entrenamiento en dos: uno para entrenamiento y otro para Test que el modelo no conocerá de antemano. Esta división se suele hacer del 80% para entrenar y 20%. El conjunto de Test deberá tener muestras diversas en lo posible y una cantidad de muestras suficiente para poder comprobar los resultados una vez entrenado el modelo.

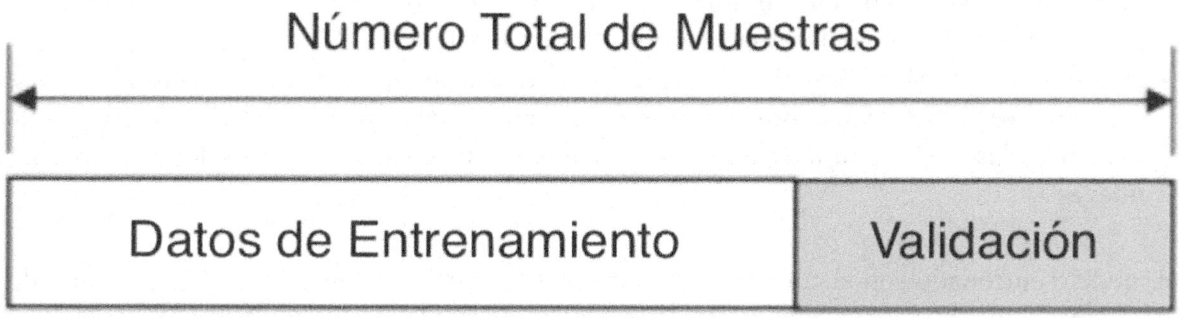

Cuando entrenamos nuestro modelo solemos parametrizar y limitar el algoritmo, por ejemplo la cantidad de iteraciones que tendrá o un valor de "taza de aprendizaje" (learning-rate) por iteración y muchos otros. Para lograr que nuestro modelo dé buenos resultados iremos revisando y contrastando nuestro entrenamiento con el conjunto de Test y su taza de errores, utilizando más o menos iteraciones, etc. hasta dar con buenas predicciones y sin tener los problemas de *over-under-fitting*.

Prevenir el Sobreajuste de datos

Para intentar que estos problemas nos afecten lo menos posible, podemos llevar a cabo diversas acciones.

- **Cantidad mínima de muestras** tanto para entrenar el modelo como para validarlo.
- **Clases variadas y equilibradas en cantidad**: En caso de aprendizaje supervisado[110] y suponiendo que tenemos que clasificar[111] diversas clases o [112]categorías, *es importante que los datos de entrenamiento estén balanceados*[113]. Supongamos que tenemos que diferenciar entre manzanas, peras y bananas, debemos tener muchas fotos de las 3 frutas y en cantidades similares. Si tenemos muy pocas fotos de peras, esto afectará en el aprendizaje de nuestro algoritmo para identificar esa fruta.
- **Conjunto de Test de datos**. Siempre subdividir nuestro conjunto de datos y mantener una porción del mismo "oculto" a nuestra máquina entrenada. Esto nos permitirá obtener una valoración de aciertos/fallos real del modelo y también nos permitirá detectar fácilmente efectos del overfitting /underfitting.
- **Parameter Tunning[114] o Ajuste de Parámetros**: deberemos experimentar sobre todo dando más/menos "tiempo/iteraciones" al entrenamiento y su aprendizaje hasta encontrar el equilibrio.

[110]http://www.aprendemachinelearning.com/aplicaciones-del-machine-learning/#supervisado
[111]http://www.aprendemachinelearning.com/principales-algoritmos-usados-en-machine-learning/
[112]http://www.aprendemachinelearning.com/regresion-logistica-con-python-paso-a-paso/
[113]http://www.aprendemachinelearning.com/clasificacion-con-datos-desbalanceados/
[114]http://www.aprendemachinelearning.com/7-pasos-machine-learning-construir-maquina/#parameter_tuning

- **Cantidad excesiva de Dimensiones** (features), con muchas variantes distintas, sin suficientes muestras. A veces conviene eliminar o reducir la cantidad de características que utilizaremos para entrenar el modelo. Una herramienta útil para hacerlo es PCA[115].
- Quiero notar que si nuestro modelo es una red neuronal artificial[116] -deep learning[117]-, podemos caer en overfitting **si usamos capas ocultas en exceso**, ya que *haríamos que el modelo memorice las posibles salidas*, en vez de ser flexible y adecuar las activaciones a las entradas nuevas.

Si el modelo entrenado con el conjunto de train tiene un 90% de aciertos y con el conjunto de test tiene un porcentaje muy bajo, esto señala claramente un problema de overfitting. Si en el conjunto de Test sólo se acierta un tipo de clase (por ejemplo "peras") o el único resultado que se obtiene es siempre el mismo valor será que se produjo un problema de underfitting.

Resumen

Siempre que creamos una máquina de aprendizaje deberemos tener en cuenta que pueden caer en uno de estos problemas **por no poder generalizar correctamente el conocimiento**. Underfitting indicará la imposibilidad de identificar o de obtener resultados correctos por carecer de suficientes muestras de entrenamiento o un entrenamiento muy pobre. Overfitting indicará un aprendizaje "excesivo" del conjunto de datos de entrenamiento haciendo que nuestro modelo únicamente pueda producir unos resultados singulares y con la imposibilidad de comprender nuevos datos de entrada.

[115]http://www.aprendemachinelearning.com/comprende-principal-component-analysis/
[116]http://www.aprendemachinelearning.com/breve-historia-de-las-redes-neuronales-artificiales/
[117]http://www.aprendemachinelearning.com/aprendizaje-profundo-una-guia-rapida/

Datos desbalanceados

Veremos qué son y cómo contrarrestar problemas con clases desbalanceadas.
Estrategias para resolver desequilibrio de datos en Python con la librería imbalanced-learn[118].

Agenda:

1. ¿Qué son las clases desequilibradas en un dataset?
2. Métricas y Confusión Matrix
3. Ejercicio con Python
4. Estrategias
5. Modelo sin modificar
6. Penalización para compensar / Métricas
7. Resampling y Muestras sintéticas

1. subsampling
2. oversamplig
3. combinación
8. Balanced Ensemble

Empecemos!

Problemas de clasificación con Clases desequilibradas

En los problemas de clasificación[119] en donde tenemos que etiquetar por ejemplo entre "spam" o "not spam" ó entre múltiples categorías (coche, barco, avión) solemos encontrar que en nuestro conjunto de datos de entrenamiento contamos con que alguna de las clases de muestra es una clase "minoritaria" es decir, de la cual tenemos muy poquitas muestras. Esto *provoca un desbalanceo en los datos* que utilizaremos para el entrenamiento de nuestra máquina.

Un caso evidente es en el área de Salud en donde solemos encontrar conjuntos de datos con miles de registros con pacientes "negativos" y unos pocos casos positivos es decir, que padecen la enfermedad que queremos clasificar.

Otros ejemplos suelen ser los de Detección de fraude donde tenemos muchas muestras de clientes "honestos" y pocos casos etiquetados como fraudulentos. Ó en un funnel de marketing, en donde por lo general tenemos un 2% de los datos de clientes que "compran" ó ejecutan algún tipo de acción (CTA) que queremos predecir.

[118]https://imbalanced-learn.readthedocs.io/en/stable/
[119]https://www.aprendemachinelearning.com/aplicaciones-del-machine-learning/

¿Cómo nos afectan los datos desbalanceados?

Por lo general afecta a los algoritmos en su proceso de generalización de la información y perjudicando a las clases minoritarias. Esto suena bastante razonable: si a una red neuronal le damos 990 de fotos de gatitos y sólo 10 de perros, no podemos pretender que logre diferenciar una clase de otra. Lo más probable que la red se limite a responder siempre "tu foto es un gato" puesto que así tuvo un acierto del 99% en su fase de entrenamiento.

Métricas y Confusion Matrix

Como decía, si medimos la efectividad de nuestro modelo por la cantidad de aciertos que tuvo, sólo teniendo en cuenta a la clase mayoritaria podemos estar teniendo **una falsa sensación de que el modelo funciona bien**.

Para poder entender esto un poco mejor, utilizaremos la llamada "Confusión matrix" que nos ayudará a comprender las salidas de nuestra máquina:

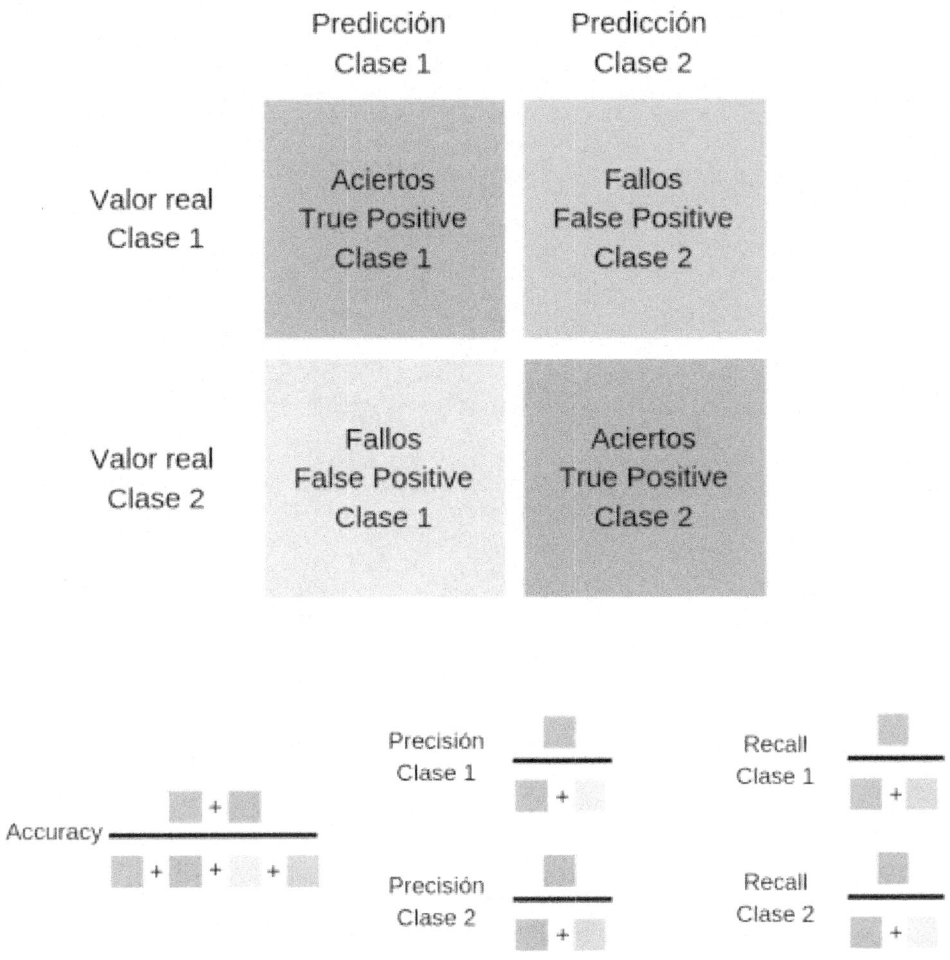

[120]

Y de aqui salen nuevas métricas: precisión y recall

Veamos la Confusion matrix con el ejemplo de las predicciones de perro y gato.

[120]http://www.aprendemachinelearning.com/wp-content/uploads/2019/05/confusion_matix_example.png

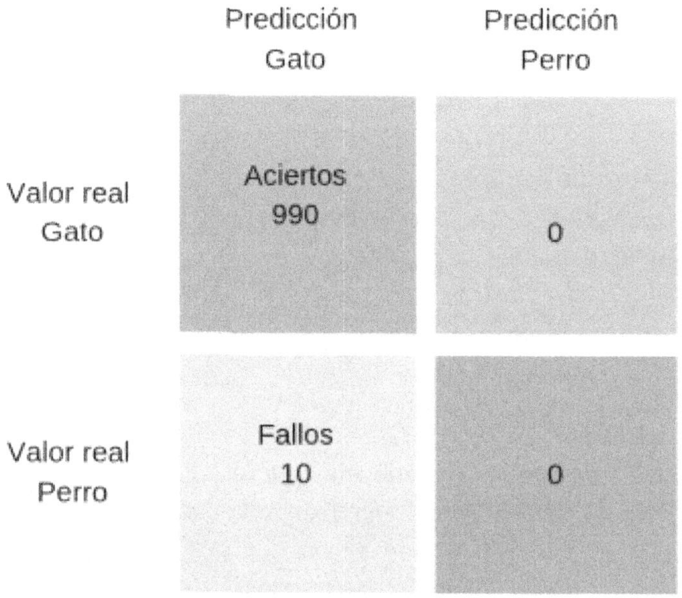

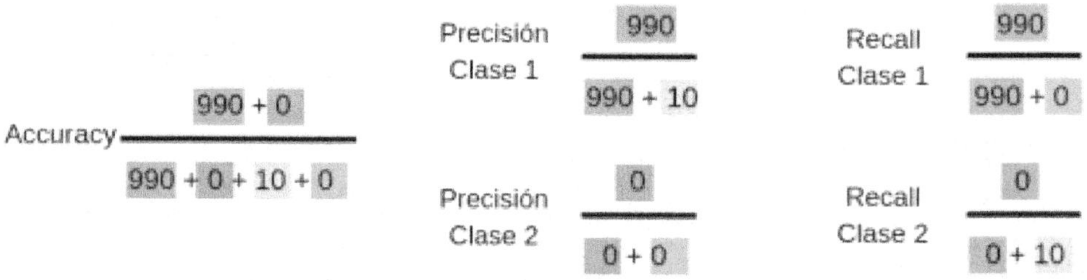

Breve explicación de estás métricas:

La *Accuracy del modelo es básicamente el numero total de predicciones correctas dividido por el número total de predicciones.* En este caso da 99% cuando no hemos logrado identificar ningún perro.

La Precisión de una clase define cuan confiable es un modelo en responder si un punto pertenece a esa clase. Para la clase gato será del 99% sin embargo para la de perro será 0%.

El Recall de una clase expresa cuan bien puede el modelo detectar a esa clase. Para gatos será de 1 y para perros 0.

El F1 Score de una clase es dada por la media harmoníca de precisión y recall (2 x precision x recall / (precision+recall)) digamos que combina precisión y recall en una sola métrica. En nuestro caso daría cero para perros!.

Tenemos cuatro casos posibles para cada clase:

- **Alta precision y alto recall**: el modelo maneja perfectamente esa clase
- **Alta precision y bajo recall**: el modelo no detecta la clase muy bien, pero cuando lo hace es altamente confiable.
- **Baja precisión y alto recall**: La clase detecta bien la clase pero también incluye muestras de otras clases.
- **Baja precisión y bajo recall**: El modelo no logra clasificar la clase correctamente.

Cuando tenemos un dataset con desequilibrio, suele ocurrir que obtenemos un **alto valor de precisión en la clase Mayoritaria y un bajo recall en la clase Minoritaria**

Vamos al Ejercicio con Python!

Usaremos el set de datos Credit Card Fraut Detection de la web de Kaggle[121]. Son 66 MB que al descomprimir ocuparán 150MB. Usaremos el archivo *creditcard.csv*. Este dataset consta de 285.000 filas con 31 columnas (features). Como la información es privada, no sabemos realmente que significan los features y están nombradas como V1, V2, V3, etc. excepto por las columnas Time y Amount (el importe de la transacción). Y nuestras clases son 0 y 1 correspondiendo con "transacción Normal" ó "Hubo Fraude". Como podrán imaginar, el **set de datos está muy desequilibrado** y tendremos muy pocas muestras etiquetadas como fraude.

También debo decir que no nos centraremos tanto en la elección del modelo[122] ni en su configuración[123] y tuneo[124] si no que **nos centraremos en aplicar las diversas estrategias para mejorar los resultados a pesar del desequilibrio de clases**.

Instala la librería de Imbalanced Learn desde linea de comando con: (toda la documentación en la web oficial imblearn[125])

```
pip install -U imbalanced-learn
```

Veamos el dataset

Análisis exploratorio

Haremos EDA para comprobar el desequilibrio entre las clases:

---

[121]https://www.kaggle.com/mlg-ulb/creditcardfraud/data
[122]http://www.aprendemachinelearning.com/principales-algoritmos-usados-en-machine-learning/
[123]http://www.aprendemachinelearning.com/7-pasos-machine-learning-construir-maquina/
[124]http://www.aprendemachinelearning.com/12-consejos-utiles-para-aplicar-machine-learning/
[125]https://imbalanced-learn.readthedocs.io/en/stable/

```
import pandas as pd
import numpy as np
import matplotlib.pyplot as plt
import seaborn as sns

from sklearn.metrics import confusion_matrix
from sklearn.metrics import classification_report
from sklearn.model_selection import train_test_split
from sklearn.linear_model import LogisticRegression
from sklearn.decomposition import PCA
from sklearn.tree import DecisionTreeClassifier

from pylab import rcParams

from imblearn.under_sampling import NearMiss
from imblearn.over_sampling import RandomOverSampler
from imblearn.combine import SMOTETomek
from imblearn.ensemble import BalancedBaggingClassifier

from collections import Counter
```

Luego de importar las librerías que usaremos, cargamos con pandas el dataframe y vemos las primeras filas:

```
df = pd.read_csv("creditcard.csv") # read in data downloaded to the local directory
df.head(n=5)
```

	Time	V1	V2	V3	V4	V5	V6	V7	V8	V9	...	V21	V22	V23	V24
0	0.0	-1.359807	-0.072781	2.536347	1.378155	-0.338321	0.462388	0.239599	0.098698	0.363787	...	-0.018307	0.277838	-0.110474	0.066928
1	0.0	1.191857	0.266151	0.166480	0.448154	0.060018	-0.082361	-0.078803	0.085102	-0.255425	...	-0.225775	-0.638672	0.101288	-0.339846
2	1.0	-1.358354	-1.340163	1.773209	0.379780	-0.503198	1.800499	0.791461	0.247676	-1.514654	...	0.247998	0.771679	0.909412	-0.689281
3	1.0	-0.966272	-0.185226	1.792993	-0.863291	-0.010309	1.247203	0.237609	0.377436	-1.387024	...	-0.108300	0.005274	-0.190321	-1.175575
4	2.0	-1.158233	0.877737	1.548718	0.403034	-0.407193	0.095921	0.592941	-0.270533	0.817739	...	-0.009431	0.798278	-0.137458	0.141267

5 rows × 31 columns [126]

Veamos de cuantas filas tenemos y cuantas hay de cada clase:

```
print(df.shape)
print(pd.value_counts(df['Class'], sort = True))
```

[126] http://www.aprendemachinelearning.com/wp-content/uploads/2019/05/imbalance_dataframe.png

```
(284807, 31)

0 284315
1 492
Name: Class, dtype: int64
```

Vemos que son 284.807 filas y solamente 492 son la clase minoritaria con los casos de fraude. Representan el 0,17% de las muestras.

```
count_classes = pd.value_counts(df['Class'], sort = True)
count_classes.plot(kind = 'bar', rot=0)
plt.xticks(range(2), LABELS)
plt.title("Frequency by observation number")
plt.xlabel("Class")
plt.ylabel("Number of Observations");
```

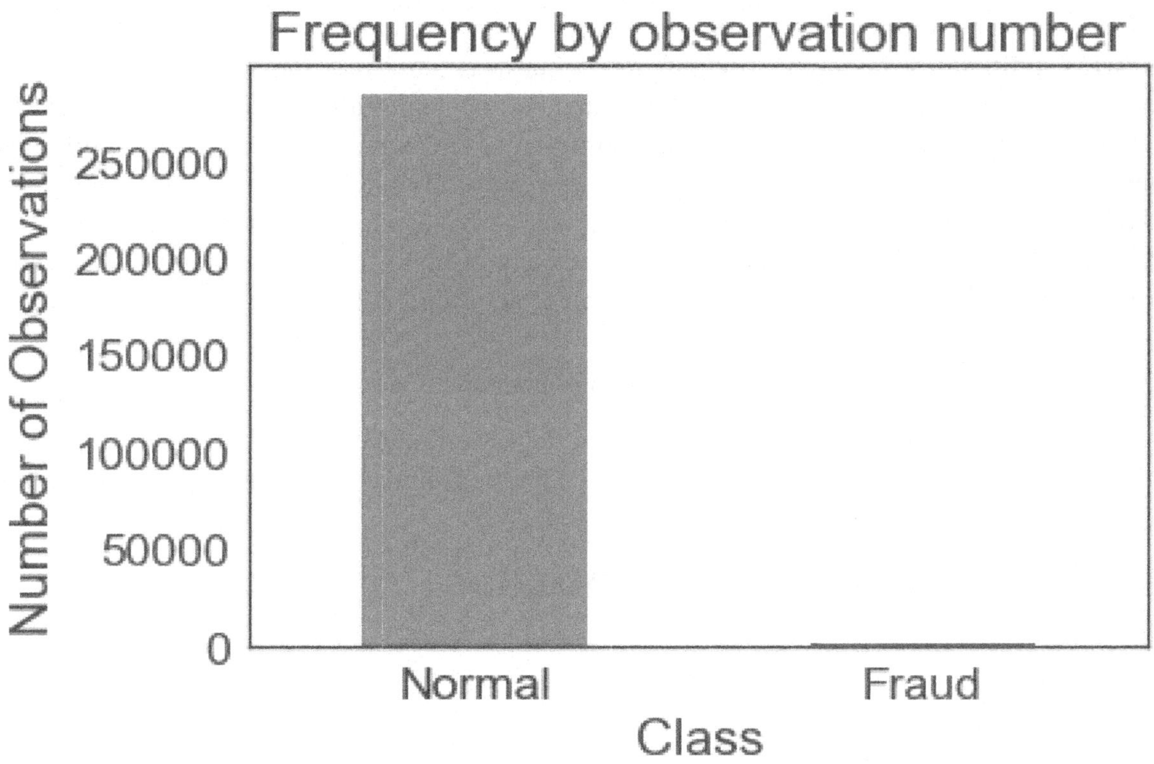

[127]

¿Llegas a ver la mínima linea roja que representa los casos de Fraude? son muy pocas muestras!

[127] http://www.aprendemachinelearning.com/wp-content/uploads/2019/05/imbalance_card_visualization.png

Estrategias para el manejo de Datos Desbalanceados:

Tenemos diversas estrategias para tratar de mejorar la situación. Las comentaremos brevemente y pasaremos a la acción (al código!) a continuación.

1. **Ajuste de Parámetros del modelo**: Consiste en ajustar parametros ó metricas del propio algoritmo para intentar equilibrar a la clase minoritaria penalizando a la clase mayoritaria durante el entrenamiento. Ejemplos on ajuste de peso en árboles, también en logisticregression tenemos el parámetro class_weight= "balanced" que utilizaremos en este ejemplo. No todos los algoritmos tienen estas posibilidades. En redes neuronales por ejemplo podríamos ajustar la métrica de Loss para que penalice a las clases mayoritarias.
2. **Modificar el Dataset**: podemos eliminar muestras de la clase mayoritaria para reducirlo e intentar equilibrar la situación. Tiene como "peligroso" que podemos prescindir de muestras importantes, que brindan información y por lo tanto empeorar el modelo. Entonces para seleccionar qué muestras eliminar, deberíamos seguir algún criterio. También podríamos agregar nuevas filas con los mismos valores de las clases minoritarias, por ejemplo cuadriplicar nuestras 492 filas. Pero esto no sirve demasiado y podemos llevar al modelo a caer en overfitting.
3. **Muestras artificiales**: podemos intentar crear muestras sintéticas (no idénticas) utilizando diversos algoritmos que intentan seguir la tendencia del grupo minoritario. Según el método, podemos mejorar los resultados. Lo peligroso de crear muestras sintéticas es que **podemos alterar la distribución** "natural" de esa clase y confundir al modelo en su clasificación.
4. **Balanced Ensemble Methods**: Utiliza las ventajas de hacer ensamble de métodos, es decir, entrenar diversos modelos y entre todos obtener el resultado final (por ejemplo "votando") pero se asegura de tomar muestras de entrenamiento equilibradas.

Apliquemos estas técnicas de a una a nuestro código y veamos los resultados.

PERO… antes de empezar, ejecutaremos el modelo de Regresión Logística[128] "desequilibrado", para tener un "baseline", es decir unas métricas contra las cuales podremos comparar y ver si mejoramos.

Probando el Modelo sin estrategias

[128] http://www.aprendemachinelearning.com/regresion-logistica-con-python-paso-a-paso/

```
#definimos nuestras etiquetas y features
y = df['Class']
X = df.drop('Class', axis=1)
#dividimos en sets de entrenamiento y test
X_train, X_test, y_train, y_test = train_test_split(X, y, train_size=0.7)

#creamos una función que crea el modelo que usaremos cada vez
def run_model(X_train, X_test, y_train, y_test):
    clf_base = LogisticRegression(C=1.0,penalty='l2',random_state=1,solver="newton-c\
g")
    clf_base.fit(X_train, y_train)
    return clf_base

#ejecutamos el modelo "tal cual"
model = run_model(X_train, X_test, y_train, y_test)

#definimos funciona para mostrar los resultados
def mostrar_resultados(y_test, pred_y):
    conf_matrix = confusion_matrix(y_test, pred_y)
    plt.figure(figsize=(12, 12))
    sns.heatmap(conf_matrix, xticklabels=LABELS, yticklabels=LABELS, annot=True, fmt\
="d");
    plt.title("Confusion matrix")
    plt.ylabel('True class')
    plt.xlabel('Predicted class')
    plt.show()
    print (classification_report(y_test, pred_y))

pred_y = model.predict(X_test)
mostrar_resultados(y_test, pred_y)
```

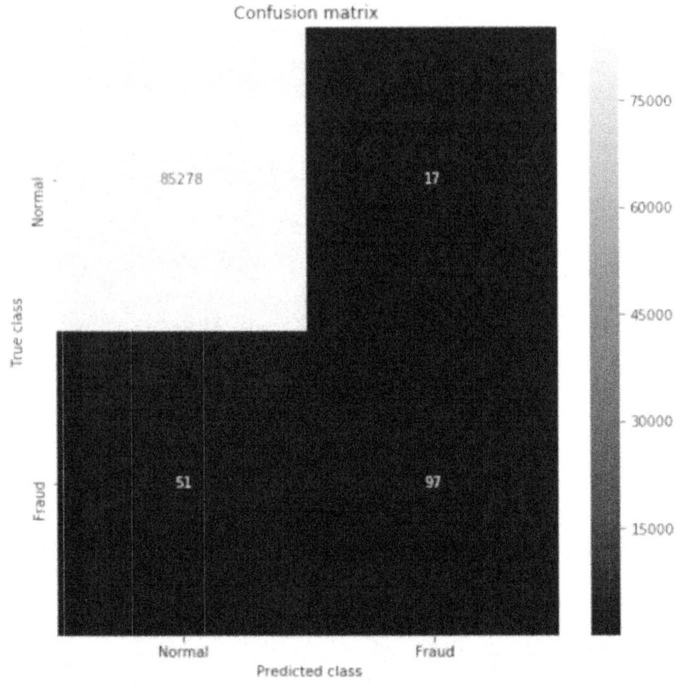


```
              precision    recall  f1-score   support

           0       1.00      1.00      1.00     85295
           1       0.85      0.66      0.74       148

    accuracy                           1.00     85443
   macro avg       0.93      0.83      0.87     85443
weighted avg       1.00      1.00      1.00     85443
```

[129]

Aqui vemos la confusion matrix y en la clase 2 (es lo que nos interesa detectar) vemos 51 fallos y 97 aciertos dando un** recall de 0.66** y **es el valor que queremos mejorar**. También es interesante notar que en la columna de f1-score obtenemos muy buenos resultados PERO que realmente no nos deben engañar… pues están reflejando una realidad parcial. Lo cierto es que nuestro modelo **no es capaz de detectar correctamente los casos de Fraude**.

Estrategia: Penalización para compensar

Utilizaremos un parámetro adicional en el modelo de Regresión logística en donde indicamos class_-weight = "balanced" y con esto el algoritmo se encargará de equilibrar a la clase minoritaria durante el entrenamiento. Veamos:

[129]http://www.aprendemachinelearning.com/wp-content/uploads/2019/05/confus_normal.png

```python
def run_model_balanced(X_train, X_test, y_train, y_test):
    clf = LogisticRegression(C=1.0,penalty='l2',random_state=1,solver="newton-cg",cl\
ass_weight="balanced")
    clf.fit(X_train, y_train)
    return clf

model = run_model_balanced(X_train, X_test, y_train, y_test)
pred_y = model.predict(X_test)
mostrar_resultados(y_test, pred_y)
```

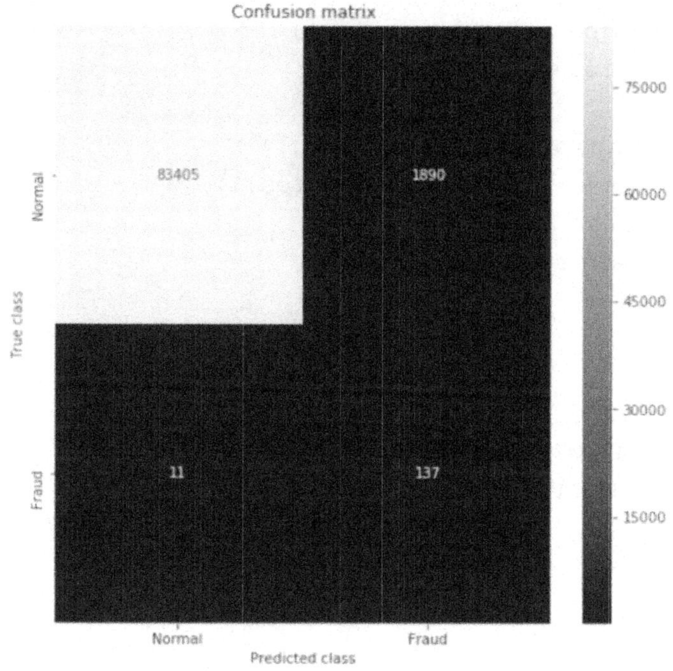

	precision	recall	f1-score	support
0	1.00	0.98	0.99	85295
1	0.07	0.93	0.13	148
accuracy			0.98	85443
macro avg	0.53	0.95	0.56	85443
weighted avg	1.00	0.98	0.99	85443

[130]

Ahora vemos una NOTABLE MEJORA! en la clase 2 -que indica si hubo fraude-, se han acertado 137 muestras y fallado en 11, dando un recall de 0.93 !! y **sólo con agregar un parámetro** al modelo ;) También notemos que en la columna de f1-score parecería que hubieran "empeorado" los resultados... cuando realmente estamos mejorando la detección de casos fraudulentos. Es cierto que aumentan los Falsos Positivos y se han etiquetado 1890 muestras como Fraudulentas cuando no lo eran... pero ustedes piensen... ¿qué prefiere la compañía bancaria? ¿tener que revisar esos casos manualmente **ó fallar en detectar los verdaderos casos de fraude**?

[130]http://www.aprendemachinelearning.com/wp-content/uploads/2019/05/confus_balanced.png

Sigamos con más métodos:

Estrategia: Subsampling en la clase mayoritaria

Lo que haremos es utilizar un algoritmo para reducir la clase mayoritaria. Lo haremos usando un algoritmo que hace similar al k-nearest neighbor para ir seleccionando cuales eliminar. Fijemonos que reducimos bestialmente de 199.020 muestras de clase cero (la mayoría) y pasan a ser 688. y Con esas muestras entrenamos el modelo.

```
us = NearMiss(ratio=0.5, n_neighbors=3, version=2, random_state=1)
X_train_res, y_train_res = us.fit_sample(X_train, y_train)

print ("Distribution before resampling {}".format(Counter(y_train)))
print ("Distribution after resampling {}".format(Counter(y_train_res)))

model = run_model(X_train_res, X_test, y_train_res, y_test)
pred_y = model.predict(X_test)
mostrar_resultados(y_test, pred_y)
```

```
Distribution before resampling Counter({0: 199020, 1: 344})
Distribution after resampling Counter({0: 688, 1: 344})
```

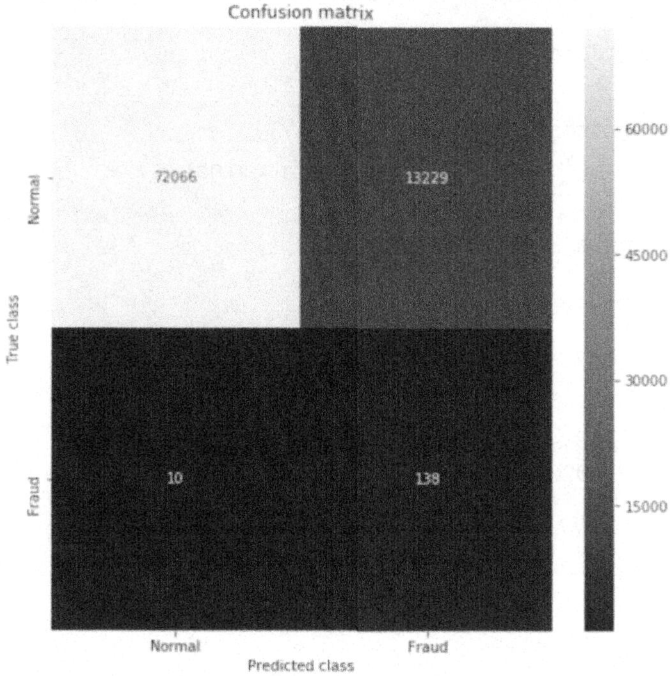

	precision	recall	f1-score	support
0	1.00	0.84	0.92	85295
1	0.01	0.93	0.02	148
accuracy			0.85	85443
macro avg	0.51	0.89	0.47	85443
weighted avg	1.00	0.85	0.91	85443

[131]

También vemos que obtenemos muy buen resultado con recall de 0.93 aunque a costa de que aumentaran los falsos positivos.

Estrategia: Oversampling de la clase minoritaria

En este caso, crearemos muestras nuevas "sintéticas" de la clase minoritaria. Usando RandomOverSampler. Y vemos que pasamos de 344 muestras de fraudes a 99.510.

[131]http://www.aprendemachinelearning.com/wp-content/uploads/2019/05/confus_subsampling.png

```
os =  RandomOverSampler(ratio=0.5)
X_train_res, y_train_res = os.fit_sample(X_train, y_train)

print ("Distribution before resampling {}".format(Counter(y_train)))
print ("Distribution labels after resampling {}".format(Counter(y_train_res)))

model = run_model(X_train_res, X_test, y_train_res, y_test)
pred_y = model.predict(X_test)
mostrar_resultados(y_test, pred_y)
```

```
Distribution before resampling Counter({0: 199020, 1: 344})
Distribution after resampling Counter({0: 199020, 1: 99510})
```

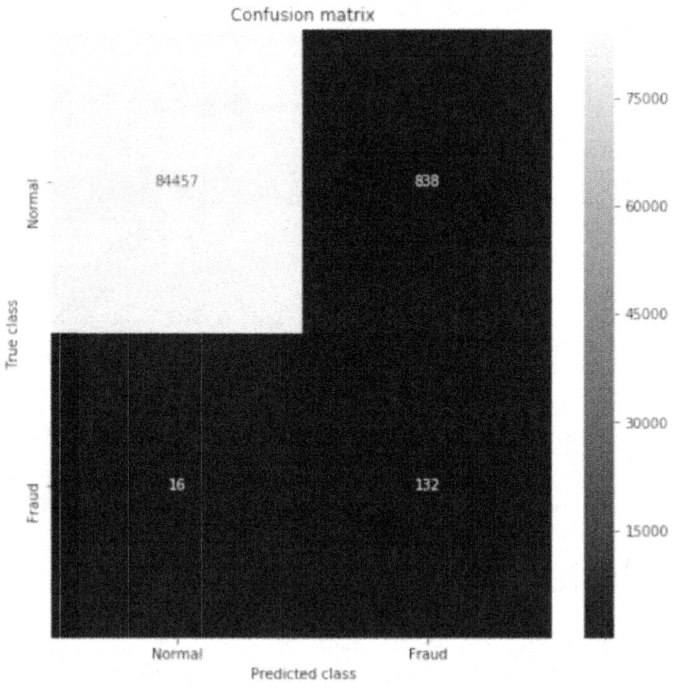


```
              precision    recall  f1-score   support

           0       1.00      0.99      0.99     85295
           1       0.14      0.89      0.24       148

    accuracy                           0.99     85443
   macro avg       0.57      0.94      0.62     85443
weighted avg       1.00      0.99      0.99     85443
```

[132]

Tenemos un 0.89 de recall para la clase 2 y los Falsos positivos son 838. Nada mal.

[132]http://www.aprendemachinelearning.com/wp-content/uploads/2019/05/confus_oversampling.png

Estrategia: Combinamos resampling con Smote-Tomek

Ahora probaremos una técnica muy usada que consiste en **aplicar en simultáneo** un algoritmo de subsampling y otro de oversampling a la vez al dataset. En este caso usaremos SMOTE para oversampling: busca puntos vecinos cercanos y agrega puntos "en linea recta" entre ellos. Y usaremos Tomek para undersampling que quita los de distinta clase que sean nearest neighbor y deja ver mejor el decisión boundary (la zona limítrofe de nuestras clases).

```
os_us = SMOTETomek(ratio=0.5)
X_train_res, y_train_res = os_us.fit_sample(X_train, y_train)

print ("Distribution before resampling {}".format(Counter(y_train)))
print ("Distribution after resampling {}".format(Counter(y_train_res)))

model = run_model(X_train_res, X_test, y_train_res, y_test)
pred_y = model.predict(X_test)
mostrar_resultados(y_test, pred_y)
```

```
Distribution labels before resampling Counter({0: 199020, 1: 344})
Distribution after resampling Counter({0: 198194, 1: 98684})
```

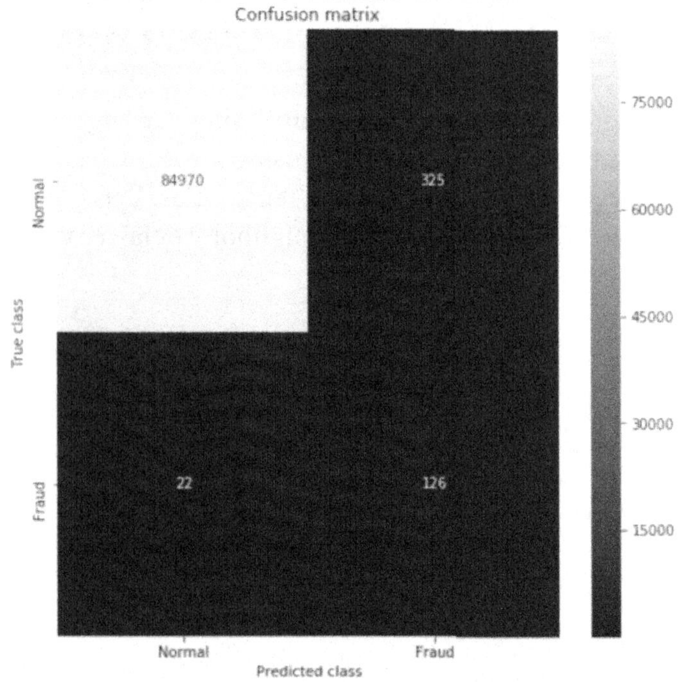

	precision	recall	f1-score	support
0	1.00	1.00	1.00	85295
1	0.28	0.85	0.42	148
accuracy			1.00	85443
macro avg	0.64	0.92	0.71	85443
weighted avg	1.00	1.00	1.00	85443

[133]

En este caso seguimos teniendo bastante buen recall 0.85 de la clase 2 y vemos que los Falsos positivos de la clase 1 son bastante pocos, 325 (de 85295 muestras).

Estrategia: Ensamble de Modelos con Balanceo

Para esta estrategia usaremos un Clasificador de Ensamble que utiliza Bagging y el modelo estimador será un DecisionTree. Veamos como se comporta:

[133]http://www.aprendemachinelearning.com/wp-content/uploads/2019/05/smote-tomek.png

```
bbc = BalancedBaggingClassifier(base_estimator=DecisionTreeClassifier(),
                                sampling_strategy='auto',
                                replacement=False,
                                random_state=0)

#Train the classifier.
bbc.fit(X_train, y_train)
pred_y = bbc.predict(X_test)
mostrar_resultados(y_test, pred_y)
```

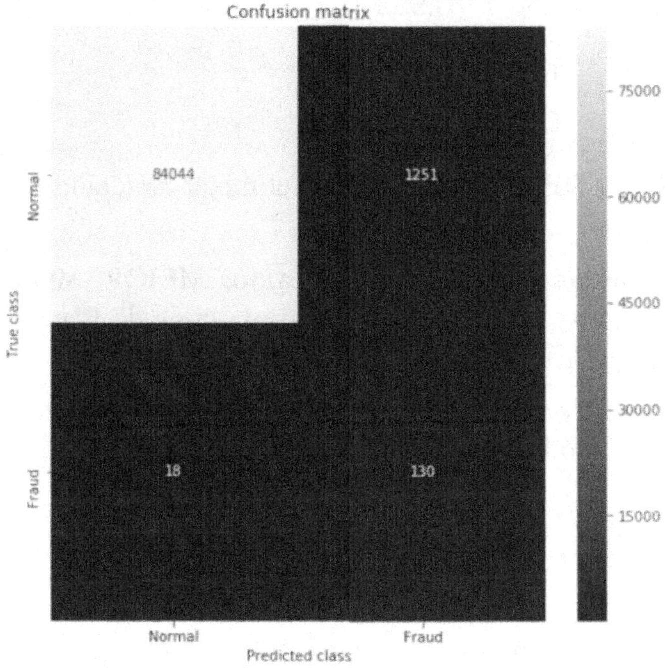

	precision	recall	f1-score	support
0	1.00	0.99	0.99	85295
1	0.09	0.88	0.17	148
accuracy			0.99	85443
macro avg	0.55	0.93	0.58	85443
weighted avg	1.00	0.99	0.99	85443

[134]

Tampoco está mal. Vemos siempre mejora con respecto al modelo inicial con un recall de 0.88 para los casos de fraude.

Resultados de las Estrategias

Veamos en una tabla, ordenada de mejor a peor los resultados obtenidos.

[134]http://www.aprendemachinelearning.com/wp-content/uploads/2019/05/balance_ensemble.png

	algorithm	precision	recall	overall
1	Penalizacion	1.0	0.93	0.965
2	NearMiss Subsampling	1.0	0.93	0.965
3	Random Oversampling	1.0	0.89	0.945
5	Ensemble	1.0	0.88	0.940
4	Smote Tomek	1.0	0.85	0.925
0	Regresion Logística	1.0	0.66	0.830

[135]

En nuestro caso las estrategias de **Penalización y Subsampling** nos dan el mejor resultado, cada una con un recall de 0.93.

Pero quedémonos con esto: **Con cualquiera de las técnicas que aplicamos MEJORAMOS el modelo inicial de Regresión logística**, que lograba un 0.66 de recall para la clase de Fraude. Y no olvidemos que hay un tremendo desbalance de clases en el dataset!

IMPORTANTE: esto no quiere decir que siempre hay que aplicar Penalización ó NearMiss Subsampling!, dependerá del caso, del desbalanceo y del modelo (en este caso usamos regresión logística, pero podría ser otro!).

Resumen

Es muy frecuente encontrarnos con datasets con clases desbalanceadas, de hecho… lo más raro sería encontrar datasets bien equilibrados.

Siempre que puedas ***"Sal a la calle y consigue más muestras!"*** de la clase minoritaria pero la realidad es que a veces no es posible conseguir más datos de esas clases (como por ejemplo en Casos de Salud).

Vimos diversas estrategias a seguir para combatir esta problemática: eliminar muestras del set mayoritario, crear muestras sintéticas con algún criterio, ensamble y penalización.

Además revisamos la **Matriz de Confusión** y comprendimos que **las métricas pueden ser engañosas…** si miramos a nuestros aciertos únicamente, puede que pensemos que tenemos un buen clasificador, cuando realmente está fallando.

[135]http://www.aprendemachinelearning.com/wp-content/uploads/2019/05/imbalance_result.png

Recursos

- Notebook con todo el ejercicio y más cositas[136]
- Descarga el dataset desde Kaggle[137]
- Librería de Imbalanced-Learn[138]

Enlaces de interés

- 8 tactics to combat imbalanced classes[139]
- How to fix unbalanced dataset[140]

---

[136]https://github.com/jbagnato/machine-learning/blob/master/Ejercicio_imbalanced_data.ipynb
[137]https://www.kaggle.com/mlg-ulb/creditcardfraud/data
[138]https://imbalanced-learn.readthedocs.io/en/stable/
[139]https://machinelearningmastery.com/tactics-to-combat-imbalanced-classes-in-your-machine-learning-dataset/
[140]https://www.kdnuggets.com/2019/05/fix-unbalanced-dataset.html

Random Forest, el poder del Ensamble

Luego del algoritmo de árbol de Decisión[141], tu próximo paso es el de estudiar Random Forest. **Comprende qué és y cómo funciona** con un ejemplo práctico en Python.

Random Forest es un tipo de Ensamble en Machine Learning en donde combinaremos diversos árboles -ya veremos cómo y con qué características- y la salida de cada uno se contará como *"un voto"* y la opción más votada será la respuesta del Bosque Aleatorio.

Random Forest, al igual que el árbol e decisión,[142] es un modelo de aprendizaje supervisado[143] para clasificación[144] (aunque también puede usarse para problemas de regresión).

¿Cómo surge Random Forest?

Uno de los problemas que aparecía con la creación de un árbol de decisión es que si le damos la profundidad suficiente, el árbol tiende a "memorizar" las soluciones en vez de generalizar el aprendizaje. Es decir, a padecer de overfitting[145]. La solución para evitar esto es la de crear muchos árboles y que trabajen en conjunto. Veamos cómo.

¿Cómo funciona Random Forest?

Random Forest funciona así:

- Seleccionamos **k** *features* (columnas) de las **m** totales (siendo **k** menor a **m**) y creamos un árbol de decisión con esas **k** características.
- Creamos **n** árboles variando siempre la cantidad de *k features* y también podríamos variar la cantidad de muestras que pasamos a esos árboles (esto es conocido como *"bootstrap sample"*)
- Tomamos **cada uno** de los **n** árboles y le pedimos que hagan una misma clasificación. Guardamos el resultado de cada árbol obteniendo **n** salidas.
- Calculamos los votos obtenidos para cada "clase" seleccionada y consideraremos a la más votada como la clasificación final de nuestro "bosque".

[141] http://www.aprendemachinelearning.com/arbol-de-decision-en-python-clasificacion-y-prediccion/
[142] http://www.aprendemachinelearning.com/principales-algoritmos-usados-en-machine-learning/
[143] http://www.aprendemachinelearning.com/aplicaciones-del-machine-learning/#supervisado
[144] http://www.aprendemachinelearning.com/principales-algoritmos-usados-en-machine-learning/
[145] http://www.aprendemachinelearning.com/que-es-overfitting-y-underfitting-y-como-solucionarlo/

¿Por qué es aleatorio?

Contamos con una "doble aleatoriedad": tanto en la selección del valor **k** de características para cada árbol como en la cantidad de muestras que usaremos para entrenar cada árbol creado.

Es curioso que para este algoritmo la aleatoriedad sea tan importante y de hecho es lo que lo "hace bueno", pues le brinda flexibilidad suficiente como para poder obtener gran variedad de árboles y de muestras que en su conjunto aparentemente caótico, producen una salida concreta. Darwin estaría orgulloso ;)

Ventajas y Desventajas del uso de Random Forest

Vemos algunas de sus ventajas son:

- funciona bien -aún- sin ajuste de hiperparámetros[146]
- sirve para problemas de clasificación y también de regresión.
- al utilizar múltiples árboles **se reduce considerablemente el riesgo de overfiting**[147]
- se mantiene estable con nuevas muestras puesto que al utilizar cientos de árboles sigue prevaleciendo el promedio de sus votaciones.

Y sus desventajas:

- en algunos datos de entrada "particulares" random forest también puede caer en overfitting
- es mucho más "costoso" de crear y ejecutar que "un sólo árbol" de decisión.
- Puede requerir muchísimo tiempo de entrenamiento
- Random Forest no funciona bien con datasets pequeños.
- Es muy difícil poder interpretar[148] los ¿cientos? de árboles creados en el bosque, si quisiéramos comprender y explicar a un cliente su comportamiento.

Vamos al Código Python

Continuaremos con el ejercicio propuesto en el artículo "desbalanceo de datos[149]" en donde utilizamos el dataset de Kaggle con información de fraude en tarjetas de crédito. Cuenta con 284807 filas y 31 columnas de características. Nuestra salida será 0 si es un cliente "normal" o 1 si hizo uso fraudulento.

[146]http://www.aprendemachinelearning.com/7-pasos-machine-learning-construir-maquina/
[147]http://www.aprendemachinelearning.com/que-es-overfitting-y-underfitting-y-como-solucionarlo/
[148]http://www.aprendemachinelearning.com/interpretacion-de-modelos-de-machine-learning/
[149]http://www.aprendemachinelearning.com/clasificacion-con-datos-desbalanceados/

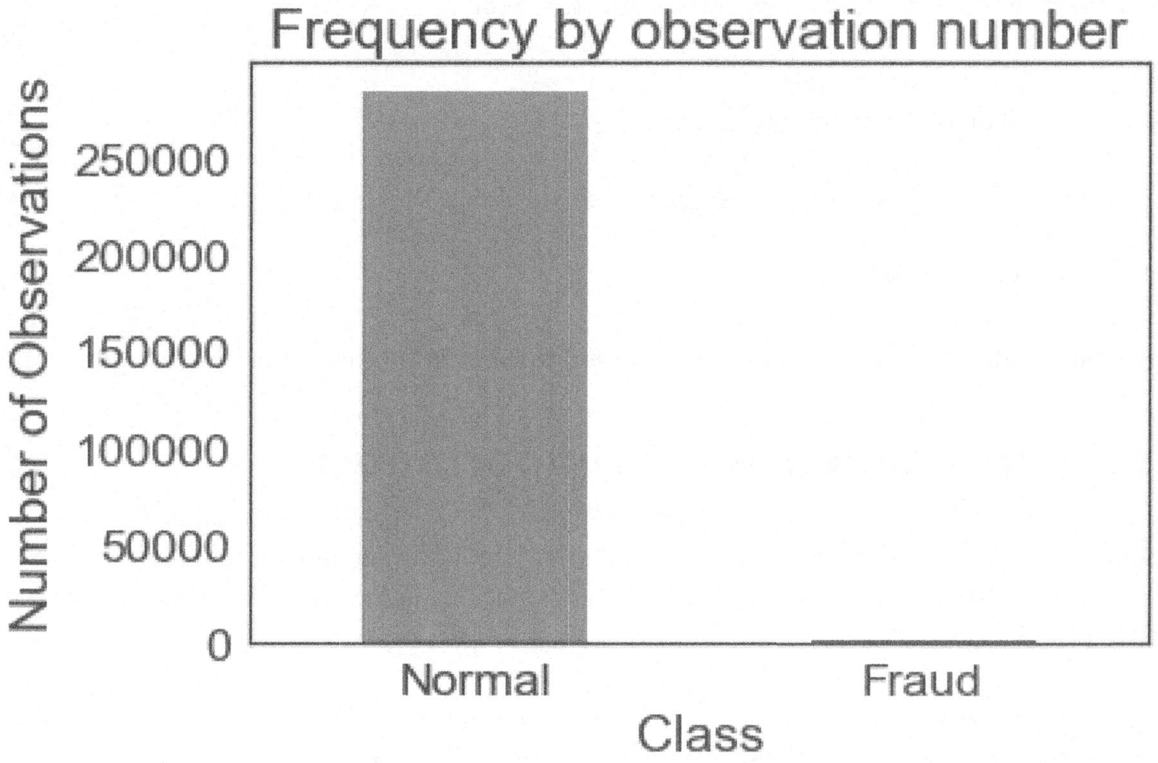

¿Llegas a ver la mínima linea roja que representa los casos de Fraude? son apenas 492 frente a más de 250.000 casos de uso normal.

Retomaremos el mejor caso que obtuvimos en el ejercicio anterior utilizando Regresión Logística[150] y logrando un 98% de aciertos, pero recuerda también las métricas de F1, precisión y recall que eran las que realmente nos ayudaban a validar el modelo.

Creamos el modelo y lo entrenamos

Utilizaremos el modelo RandomForrestClassifier de Scikit-Learn.

[150] https://en.wikipedia.org/wiki/Logistic_regression

```
from sklearn.ensemble import RandomForestClassifier

# Crear el modelo con 100 arboles
model = RandomForestClassifier(n_estimators=100,
                               bootstrap = True, verbose=2,
                               max_features = 'sqrt')
# a entrenar!
model.fit(X_train, y_train)
```

Luego de unos minutos obtendremos el modelo entrenado (en mi caso 1 minuto 30 segundos)

Los Hiperparámetros más importantes

Al momento de ajustar el modelo, debemos tener en cuenta los siguientes hiperparámetros. Estos nos ayudarán a que el bosque de mejores resultados para cada ejercicio. Recuerda que esto no se trata de "copiar y pegar"!

- **n_estimators**: será la cantidad de árboles que generaremos.
- **max_features**: la manera de seleccionar la cantidad máxima de features para cada árbol.
- **min_sample_leaf**: número mínimo de elementos en las hojas para permitir un nuevo split (división) del nodo.
- **oob_score**: es un método que emula el cross-validation en árboles y permite mejorar la precisión y evitar overfitting.
- **boostrap**: para utilizar diversos tamaños de muestras para entrenar. Si se pone en falso, utilizará siempre el dataset completo.
- **n_jobs**: si tienes multiples cores en tu CPU, puedes indicar cuantos puede usar el modelo al entrenar para acelerar el entrenamiento.

Evaluamos resultados

Veamos la matriz de confusión y las métricas sobre el conjunto de test!!! (no confundir con el de training!!!)

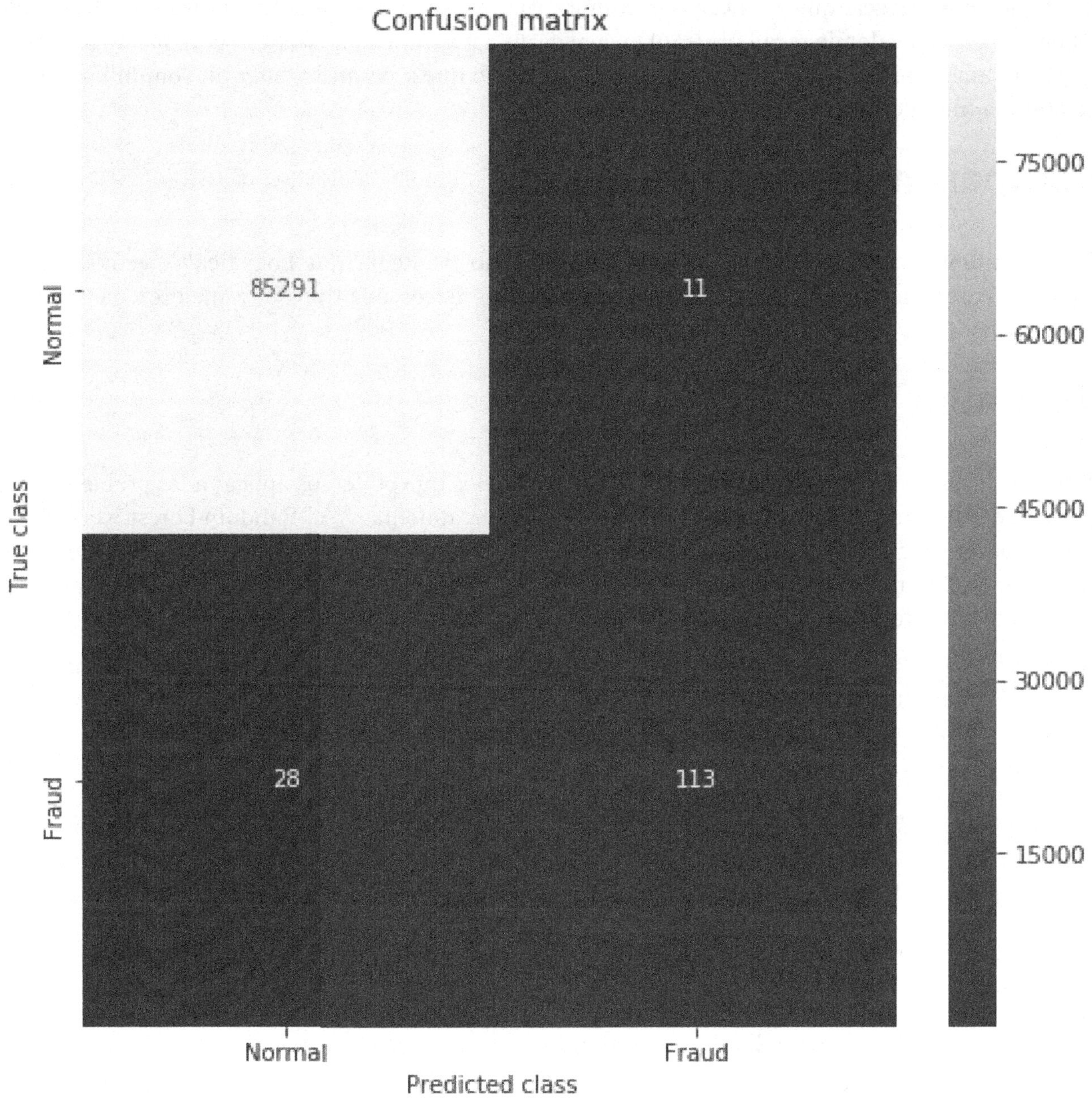

Vemos muy buenos resultados, clasificando con error apenas 11 + 28 muestras.

	precision	recall	f1-score	support
0	1.00	1.00	1.00	85302
1	0.91	0.80	0.85	141
accuracy			1.00	85443
macro avg	0.96	0.90	0.93	85443
weighted avg	1.00	1.00	1.00	85443

Aquí podemos destacar que para la clase "minoritaria", **es decir la que detecta los casos de fraude** tenemos un buen valor de recall (de 0.80) lo cual es un buen indicador! y el F1-score macro avg es de 0.93. Logramos construir un modelo de Bosque aleatorio que a pesar de tener un conjunto de datos de entrada muy desigual, logra buenos resultados.

Comparamos con el Baseline

Si comparamos estos resultados con los del algoritmo de Regresión Logística[151], vemos que el Random Forest nos dio mejores clasificaciones, menos falsos positivos[152] y mejores métricas en general.

Resumen

Avanzando en nuestro aprendizaje sobre diversos modelos que podemos aplicar a las problemáticas que nos enfrentamos, hoy sumamos a nuestro kit de herramientas[153] el Random Forest, vemos que es un modelo sencillo, bastante rápido y si bien perdemos la interpretabilidad[154] maravillosa que nos brindaba 1 sólo árbol de decisión, es el precio a pagar para evitar el overfitting[155] y para ganar un clasificador más robusto.

Los algoritmos Tree-Based[156] -en inglés- son muchos, todos parten de la idea principal de árbol de decisión[157] y la mejoran con diferentes tipos de ensambles y técnicas. Tenemos que destacar a 2 modelos que según el caso logran superar a las mismísimas redes neuronales[158]! son XGboost y LightGBM.

Recursos y Adicionales

Puedes descargar la notebook para este ejercicio desde mi cuenta de GitHub:

- Código en jupyter Notebook en GitHub[159]
- Dataset de Kaggle[160]

Otros artículos sobre Random Forest en inglés:

- Random Forest Simple Explanation[161]
- An Implementation of Random Forest in Python[162]

---

[151]http://www.aprendemachinelearning.com/regresion-logistica-con-python-paso-a-paso/
[152]http://www.aprendemachinelearning.com/clasificacion-con-datos-desbalanceados/
[153]http://www.aprendemachinelearning.com/principales-algoritmos-usados-en-machine-learning/
[154]http://www.aprendemachinelearning.com/interpretacion-de-modelos-de-machine-learning/
[155]http://www.aprendemachinelearning.com/que-es-overfitting-y-underfitting-y-como-solucionarlo/
[156]http://www.aprendemachinelearning.com/principales-algoritmos-usados-en-machine-learning/
[157]http://www.aprendemachinelearning.com/arbol-de-decision-en-python-clasificacion-y-prediccion/
[158]http://www.aprendemachinelearning.com/una-sencilla-red-neuronal-en-python-con-keras-y-tensorflow/
[159]https://github.com/jbagnato/machine-learning/blob/master/Ejercicio_Random_Forest.ipynb
[160]https://www.kaggle.com/mlg-ulb/creditcardfraud/data
[161]https://medium.com/@williamkoehrsen/random-forest-simple-explanation-377895a60d2d
[162]https://towardsdatascience.com/an-implementation-and-explanation-of-the-random-forest-in-python-77bf308a9b76

Conjunto de Entrenamiento, Test y Validación

Vamos a comentar las diferencias entre los conjuntos de Entrenamiento, Validación y Test utilizados en Machine Learning[163] ya que suele haber bastante confusión en para qué es cada uno y **cómo utilizarlos adecuadamente**.

Veremos que tenemos distintas técnicas de hacer la validación del modelo y aplicarlas con Scikit Learn en Python.

Un nuevo Mundo

Al principio de los tiempos, sólo tenemos un conjunto Pangea que contiene todo nuestro dato disponible. Digamos que tenemos un archivo csv con 10.000 registros.

Para entrenar nuestro modelo[164] de Machine Learning y poder saber si está funcionando bien, alguien dijo: *Separemos el conjunto de datos inicial en 2: conjunto de entrenamiento (train) y conjunto de Pruebas (test).* Por lo general se divide haciendo "80-20". Y se toman muestras aleatorias -no en secuencia, si no, mezclado-.

Para hacer el ejemplo sencillo, supongamos que queremos hacer clasificación[165] usando un algoritmo supervisado[166], con lo cual tendremos:

- **X_train** con 8.000 registros para entrenar
- **y_train** con las "etiquetas" de los resultados esperados de X_train
- **X_test** con 2.000 registros para test
- **y_test** con las "etiquetas" de los resultados de X_test

[163]https://www.aprendemachinelearning.com/que-es-machine-learning/
[164]https://www.aprendemachinelearning.com/7-pasos-machine-learning-construir-maquina/
[165]https://www.aprendemachinelearning.com/principales-algoritmos-usados-en-machine-learning/
[166]https://www.aprendemachinelearning.com/aplicaciones-del-machine-learning/

Hágase el conjunto de Test

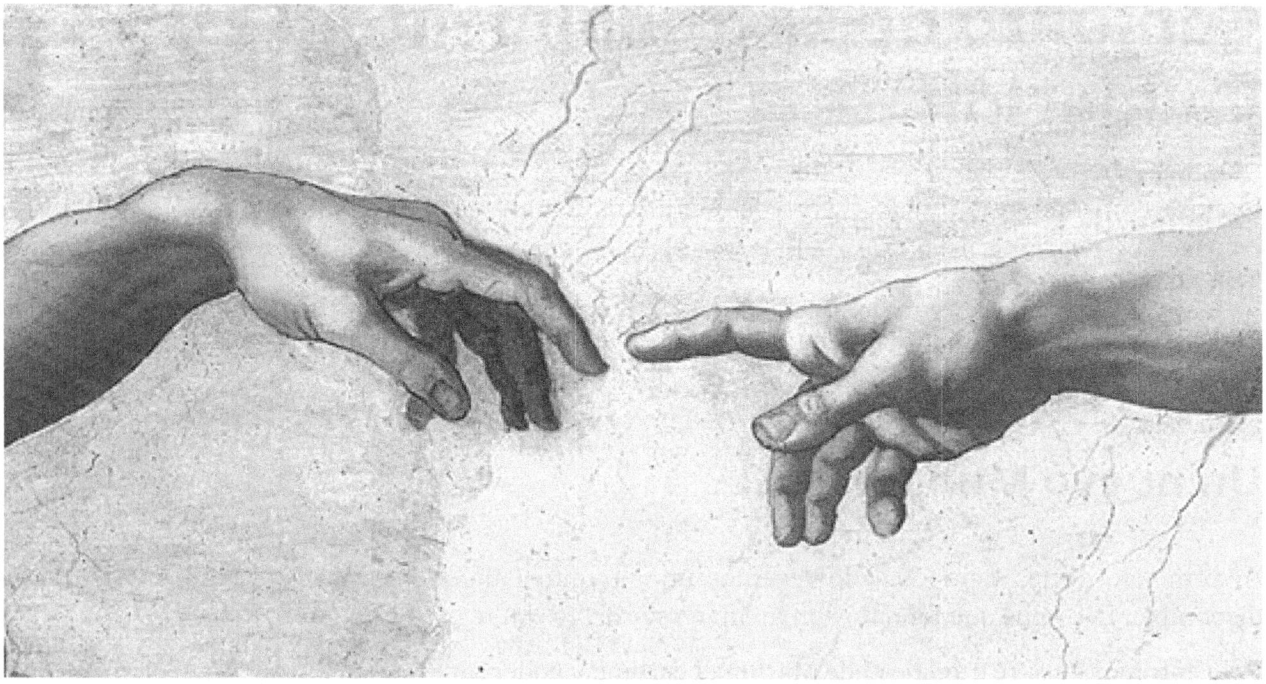

Lo interesante de esto es que una vez los separamos en 8.000 registros para entrenar y 2.000 para probar, usaremos **sólo esos 8.000 registros** para alimentar el modelo al entrenar haciendo:

```
modelo.fit(X_train, y_train)
```

Luego de entrenar nuestro modelo y habiendo decidido como métrica de negocio el Accuracy (el % de aciertos) obtenemos un 75% sobre el set de entrenamiento (y asumimos que ese porcentaje nos sirve para nuestro objetivo de negocio).

Los 2.000 registros que separamos en **X_test** aún nunca han pasado por el modelo de ML. ¿Se entiende esto? porque eso es muy importante!!! Cuando usemos el set de test, haremos:

```
modelo.predict(X_test)
```

Como verás, no estamos usando *fit()*!!! sólo pasaremos los datos sin la columna de "y_test" que contiene las etiquetas. Además remarco que estamos haciendo predicción; me refiero a que el modelo NO se está entrenando ni "incorporando conocimiento". El modelo se limita a "ver la entrada y escupir una salida".

Cuando hacemos el *predict()* sobre el conjunto de test y obtenemos las predicciones, las podemos comprobar y **contrastar con los valores reales** almacenados en *y_test* y hallar así la métrica que usamos. Los resultados que nos puede dar serán:

1. Si el accuracy en Test es "cercano" al de Entrenamiento (dijimos 75%) por ejemplo en este caso si estuviera entre 65 ú 85% quiere decir que nuestro modelo entrenado está generalizando bien y lo podemos dar por bueno (siempre y cuando estemos conformes con las métricas obtenidas).
2. Si el Accuracy en Test es muy distinto al de Entrenamiento tanto por encima como por debajo, nos da un 99% ó un 25% (lejano al 75%) entonces es un indicador de que nuestro modelo no ha entrenado bien y no nos sirve. De hecho este podría ser un indicador de Overfitting[167].

Para evaluar mejor el segundo caso, es donde aparece el "conjunto de Validación".

Al Séptimo día Dios creo el Cross-Validation

Si el conjunto de Train y Test nos está dando métricas muy distintas esto es que el modelo no nos sirve.

Para mejorar el modelo, podemos pensar en Tunear sus parámetros y volver a entrenar y probar, podemos intentar obtener más registros, cambiar el preprocesado de datos, limpieza, balanceo de clases[168], selección de features, generación de features... De hecho, podemos pensar que seleccio-

[167]https://www.aprendemachinelearning.com/que-es-overfitting-y-underfitting-y-como-solucionarlo/
[168]https://www.aprendemachinelearning.com/clasificacion-con-datos-desbalanceados/

namos un mal modelo, y podemos intentar con distintos modelos: de árbol de decisión[169], redes neuronales[170], ensambles[171]...

> La técnica de *Validación Cruzada* nos ayudará a medir el comportamiento del/los modelos que creamos y nos ayudará a encontrar un mejor modelo rápidamente.

Repasemos antes de empezar: hasta ahora contamos con 2 conjuntos: el de Train y Test. El "set de validación" *no es realmente un tercer set si no que "vive" dentro del conjunto de Train.* Reitero: el set de validación no es un conjunto que apartemos de nuestro archivo csv original. El set de validación se utilizará durante iteraciones que haremos con el conjunto de entrenamiento.

Técnicas de Validación Cruzada

Entonces volvamos a tener las cosas claras: SOLO tenemos conjunto de Train y Test, ok?. El de Test seguirá tratándose como antes: lo apartamos y lo usaremos al final, una vez entrenemos el modelo.

[169]https://www.aprendemachinelearning.com/arbol-de-decision-en-python-clasificacion-y-prediccion/
[170]https://www.aprendemachinelearning.com/una-sencilla-red-neuronal-en-python-con-keras-y-tensorflow/
[171]https://www.aprendemachinelearning.com/random-forest-el-poder-del-ensamble/

Dentro del conjunto de Train, y siguiendo nuestro ejemplo inicial, tenemos 8.000 registros. La validación más común utilizada y que nos sirve para entender el concepto es "K-folds", vamos a comentarla:

Cross-Validation: K-fold con 5 splits

Lo que hacemos normalmente al entrenar el modelo es pasarle los 8.000 registros y que haga el fit(). Con K-Folds[172] -en este ejemplo de 5 splits- para entrenar, en vez de pasarle todos los registros directamente al modelo, haremos así:

- Iterar 5 veces:
  1. Apartaremos 1/5 de muestras, es decir 1600.
  2. Entrenamos al modelo con el restante 4/5 de muestras = 6400.
  3. Mediremos el accuracy obtenido sobre las 1600 que habíamos apartado.
- Esto quiere decir que hacemos 5 entrenamientos independientes.
- El Accuracy final será el promedio de las 5 accuracies anteriores.

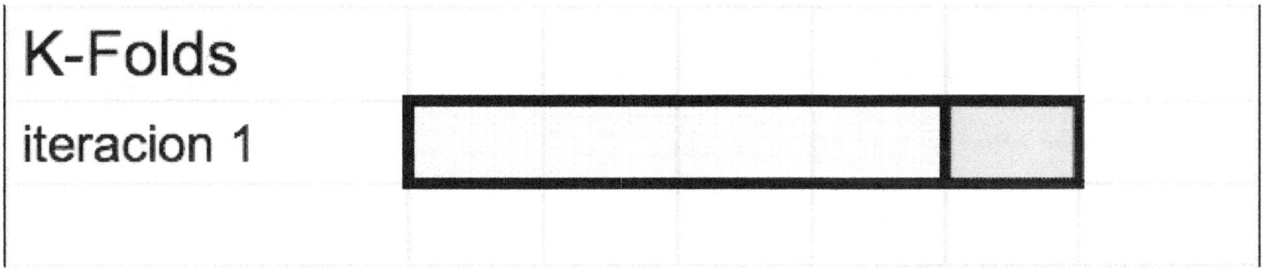

En amarillo las muestras para entrenar y en verde el conjunto de Validación.

Entonces fijémonos que estamos "ocultando" una quinta parte del conjunto de train durante cada iteración. Esto es similar a lo que explique antes, pero esta vez aplicado al momento de entrenamiento. Al cabo de esas 5 iteraciones, obtenemos 5 accuracies que deberían ser "similares" entre sí, esto sería un indicador de que el modelo está funcionando bien.

Ejemplo K-Folds en Python

Veamos en código python usando la librería de data science scikit-learn como podemos hacer el cross-validation con K-Folds:

[172] https://scikit-learn.org/stable/modules/cross_validation.html#k-fold

```
from sklearn import datasets, metrics
from sklearn.model_selection import train_test_split
from sklearn.model_selection import cross_val_score
from sklearn.model_selection import KFold
from sklearn.linear_model import LogisticRegression

iris = datasets.load_iris()

X_train, X_test, y_train, y_test = train_test_split(iris.data, iris.target, test_siz\
e=0.2, random_state=0)

kf = KFold(n_splits=5)

clf = LogisticRegression()

clf.fit(X_train, y_train)

score = clf.score(X_train,y_train)
print("Metrica del modelo", score)

scores = cross_val_score(clf, X_train, y_train, cv=kf, scoring="accuracy")

print("Metricas cross_validation", scores)
print("Media de cross_validation", scores.mean())

preds = clf.predict(X_test)

score_pred = metrics.accuracy_score(y_test, preds)
print("Metrica en Test", score_pred)
```

En el ejemplo vemos los pasos descritos anteriormente:

- Cargar el dataset
- Dividir en Train y Test (en 80/20)
- Creamos un modelo de Regresión Logística (podría ser otro) y lo entrenamos con los datos de Train
- Hacemos Cross-Validation usando K-folds con 5 splits
- Comparamos los resultados obtenidos en el modelo inicial, en el cross validation y vemos que son similares.
- Finalmente hacemos predict sobre el Conjunto de Test y veremos que también obtenemos buen Accuracy

Más técnicas para Validación del modelo

Otras técnicas usadas y que nos provee sklearn para python son:

Stratified K-Fold

Statified K-fold es una variante mejorada de K-fold, que cuando hace los splits (las divisiones) del conjunto de train tiene en cuenta mantener equilibradas las clases[173]. Esto es muy útil, porque imaginen que tenemos que clasificar en "SI/NO" y si una de las iteraciones del K-fold normal tuviera muestras con etiquetas sólo "SI" el modelo no podría aprender a generalizar y aprenderá para cualquier input a responder "SI". Esto lo soluciona el Stratified K-fold[174].

Leave P Out

Leave P Out[175] selecciona una cantidad P por ejemplo 100. Entonces se separarán de a 100 muestras contra las cuales validar y se iterará como se explico anteriormente. Si el valor P es pequeño, esto resultará en muchísimas iteraciones de entrenamiento con un alto coste computacional (y seguramente en tiempo). Si el valor P es muy grande, podría contener más muestras que las usadas para entrenamiento, lo cual sería absurdo. Usar esta técnica con algo de sentido común y manteniendo un equilibrio entre los scores y el tiempo de entreno.

ShuffleSplit

ShuffleSplit[176] primero mezcla los datos y nos deja indicar la cantidad de splits (divisiones) es decir las iteraciones independientes que haremos y también indicar el tamaño del set de validación.

[173]https://www.aprendemachinelearning.com/clasificacion-con-datos-desbalanceados/
[174]https://scikit-learn.org/stable/modules/cross_validation.html#stratified-k-fold
[175]https://scikit-learn.org/stable/modules/cross_validation.html#leave-p-out-lpo
[176]https://scikit-learn.org/stable/modules/cross_validation.html#random-permutations-cross-validation-a-k-a-shuffle-split

Series Temporales: Atención al validar

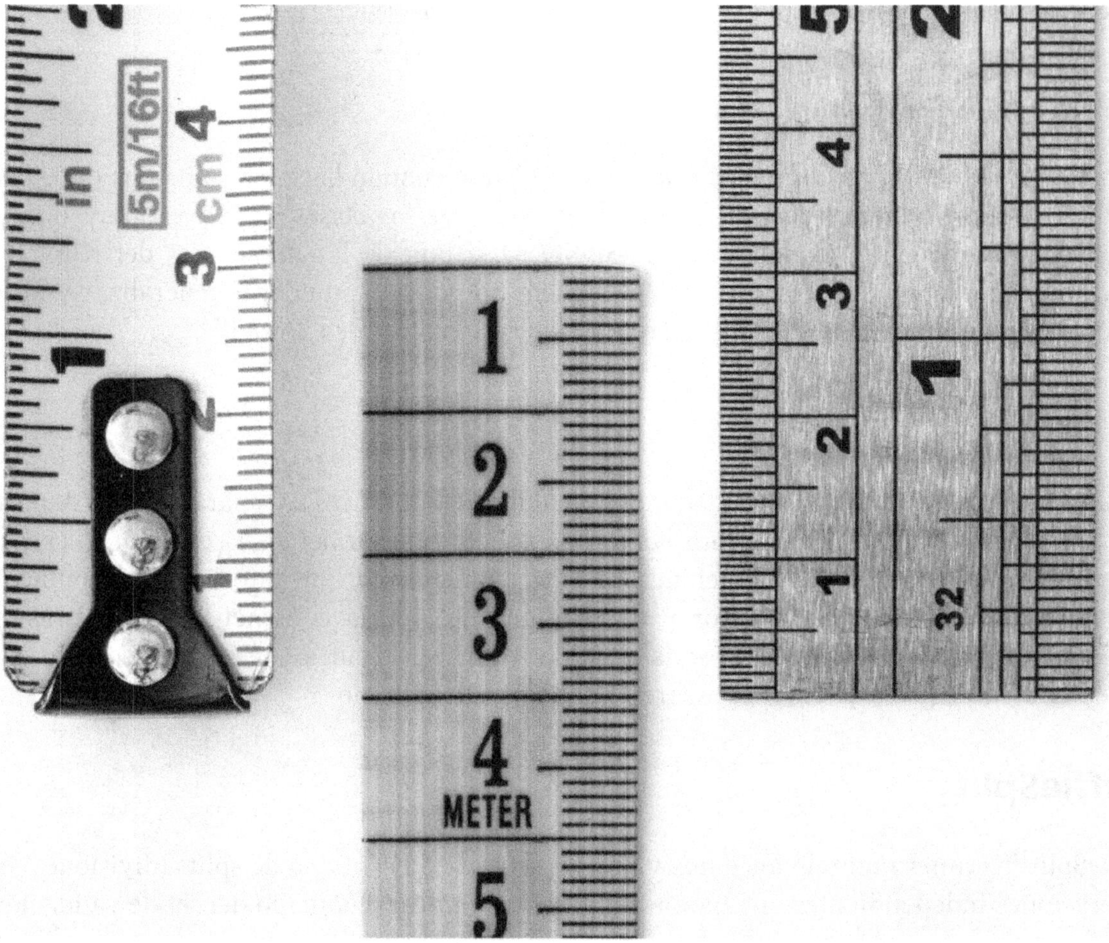

Para problemas de Series temporales[177] tenemos que prestar especial cuidado con los datos. Pues *si pasamos al modelo "dato futuro" antes de tiempo estaríamos haciendo **Data Leakage***, esto es como si le hiciéramos spoiler al modelo y le contaremos el final de la película antes de que la vea. Esto causaría overfitting[178].

Al hacer el split inicial de datos estos **deberán estar ordenados por fecha y no podemos mezclarlos**.

Para ayudarnos con el cross-validation sklearn[179] nos provee de TimeSeriesSplit.

TimeSeriesSplit

TimeSeriesSplit[180] es una variante adaptada de K-folds que evita "la fuga" de datos. Para hacerlo va

[177]https://www.aprendemachinelearning.com/pronostico-de-series-temporales-con-redes-neuronales-en-python/
[178]https://www.aprendemachinelearning.com/que-es-overfitting-y-underfitting-y-como-solucionarlo/
[179]https://scikit-learn.org/stable/modules/cross_validation.html
[180]https://scikit-learn.org/stable/modules/cross_validation.html#time-series-split

iterando los "folds" de a uno (usando una ventana de tiempo que se desplaza) y usando el "fold más reciente" cómo el set de validación. Se puede entender mejor viendo una animación:

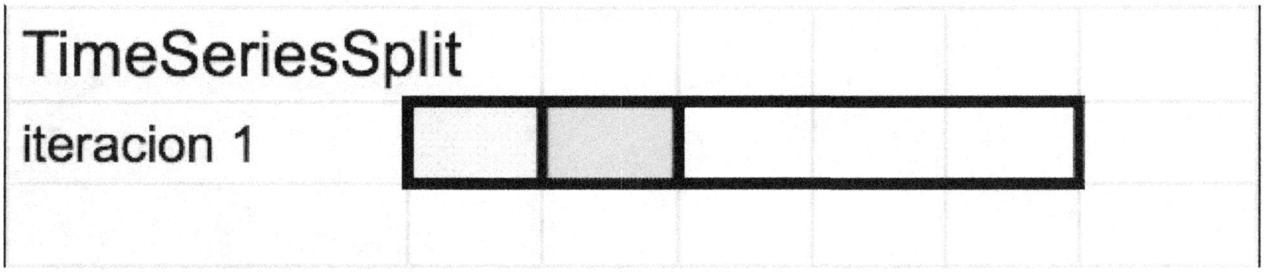

En Amarillo las muestras para entrenar y en verde el conjunto de Validación.

Pero entonces? Cuando uso Cross-Validation?

Es una buena práctica usar cross-validation en nuestros proyectos. De hecho usarlo nos ayudará a elegir el modelo correcto y nos da mayor seguridad y respaldo ante nuestra decisión.

PERO… (siempre hay un pero)

En casos en los que hacer 1 sólo entrenamiento "normal" tome muchísimo tiempo y recursos, podría ser nuestra perdición. Imaginen que hacer un k-folds de 10 implica hacer 10 entrenos -aunque un poco más pequeños-, pero que consumirían mucho tiempo.

Entonces en la medida de lo posible siempre usar validación cruzada. Y -vuelvo a reforzar el concepto- luego se probará el modelo contra el conjunto de Pruebas (test).

> Para hacer tuneo de Hiper-parámetros como RandomSearch, GridSearch ó Tuneo Bayesiano es muy útil hacer Cross-Validation.

¿Si ya estoy "conforme" y quiero llevar el modelo a un entorno de Producción?

Supongamos que el entrenamiento haciendo Cross Validation y el predict() en Test nos están dando buenos accuracy (y similares) y estamos conformes con nuestro modelo. PUES si lo queremos usar en un entorno REAL y productivo[181], ANTES de publicarlo es recomendado que agreguemos el conjunto de test al modelo!!!, pues así estaremos aprovechando el 100% de nuestros datos. Espero que esto último también se entienda porque es super importante: lo que estoy diciendo es que si al final de todas nuestras iteraciones, pre procesado de dato, mejoras de modelo, ajuste de hiper-parámetros y comparando con el conjunto de test, estamos seguros que el modelo funciona correctamente, es entonces ahora, que usaremos las 10.000 muestras para entrenar al modelo, y ese modelo final, será el que publicamos en producción.

Es una última iteración que debería mejorar el modelo final **aunque este no lo podemos contrastar contra nada**... excepto con su comportamiento en el entorno real.

Si esta última iteración te causara dudas, no la hagas, excepto que tu problema sea de tipo Serie

[181]https://www.aprendemachinelearning.com/tu-propio-servicio-de-machine-learning/

Temporal[182]. En ese caso sí que es muy importante hacerlo o quedaremos con un modelo que no "es el más actual".

Resumen

Lo más importante que quisiera que quede claro en este capítulo es que entonces tenemos 2 conjuntos: uno de **Train** y otro de **Test**. El "*conjunto de validación*" no existe como tal, si no, que "vive temporalmente" al momento de entrenar y nos ayuda a obtener al mejor modelo de entre los distintos que probaremos para conseguir nuestro objetivo. Esa técnica es lo que se llama Validación Cruzada ó en inglés *cross-validation*.

> NOTA: en los ejemplos de la documentación de sklearn podremos ver que usan las palabras train y test. Pero conceptualmente se está refiriendo al conjunto de validación y no al de Test que usaremos al final. Esto es en parte el causante de tanta confusión con este tema.

Tener en cuenta el tamaño de split 80/20 es el usual pero puede ser distinto, y esta proporción puede cambiar sustancialmente las métricas obtenidas del modelo entrenado! Ojo con eso. El tamaño ideal dependerá del dominio de nuestro problema, deberemos pensar en una cantidad de muestras para test que nos aseguren que estamos el modelo creado está funcionando correctamente. Teniendo 10.000 registros puede que con testear 1000 filas ya estemos conformes ó que necesitemos 4000 para estar mega-seguros. Por supuesto debemos recordar que las filas que estemos "quitando" para testear, no las estamos usando al entrenar.

Otro factor: al hacer el experimento y tomar las muestras mezcladas, mantener la "semilla" ó no podremos reproducir el mismo experimento para comparar y ver si mejora o no. Este suele ser un parámetro llamado "*random_state*" y está bien que lo usemos para fijarlo.

Recomendaciones finales:

- En principio separar Train y Test en una proporción de 80/20
- Hacer Cross Validation siempre que podamos:
  - No usar K-folds. Usar Stratified-K-folds en su lugar.
  - La cantidad de "folds" dependerá del tamaño del dataset que tengamos, pero la cantidad usual es 5 (pues es similar al 80-20 que hacemos con train/test).
  - Para problemas de tipo time-series usar TimeSeriesSplit
- Si el Accuracy (ó métrica que usamos) es similar en los conjuntos de Train (donde hicimos Cross Validation) y Test, podemos dar por bueno al modelo.

[182]https://www.aprendemachinelearning.com/pronostico-de-ventas-redes-neuronales-python-embeddings/

Recursos Adicionales

Otros artículos interesantes en inglés:

- Documentación Scikit Learn sobre Cross Validation[183] y ejemplos en código Python
- 5 reasons why you should use Cross Validation[184]
- Random Forest and K-fold cross validation[185]

[183]https://scikit-learn.org/stable/modules/cross_validation.html
[184]https://towardsdatascience.com/5-reasons-why-you-should-use-cross-validation-in-your-data-science-project-8163311a1e79
[185]https://www.kaggle.com/ynouri/random-forest-k-fold-cross-validation

K-Means

K-Means es un algoritmo no supervisado[186] de Clustering[187]. Se utiliza cuando tenemos un montón de datos **sin etiquetar**. El objetivo de este algoritmo es el de encontrar "K" grupos (clusters) entre los datos crudos. En este artículo repasaremos sus conceptos básicos y veremos un ejemplo paso a paso en python.

Cómo funciona K-Means

El algoritmo trabaja iterativamente para asignar a cada "punto" (las filas de nuestro conjunto de entrada forman una coordenada) uno de los "K" grupos basado en sus características. Son agrupados en base a la similitud de sus features (las columnas). Como resultado de ejecutar el algoritmo tendremos:

- Los "centroids" de cada grupo que serán unas "coordenadas" de cada uno de los K conjuntos que se utilizarán para poder etiquetar nuevas muestras.
- Etiquetas para el conjunto de datos de entrenamiento. Cada etiqueta perteneciente a uno de los K grupos formados.

Los grupos se van definiendo de manera "orgánica", es decir que se va ajustando su posición en cada iteración del proceso, hasta que converge el algoritmo. Una vez hallados los centroids deberemos analizarlos para ver cuales son sus características únicas, frente a la de los otros grupos. Estos grupos son las etiquetas que genera el algoritmo.

Casos de Uso de K-Means

El algoritmo de Clustering K-means es uno de los más usados[188] para encontrar grupos ocultos, o sospechados en teoría sobre un conjunto de datos no etiquetado. Esto puede servir para confirmar -o desterrar- alguna teoría que teníamos asumida de nuestros datos. Y también puede ayudarnos a descubrir relaciones asombrosas entre conjuntos de datos, que de manera manual, no hubiéramos reconocido. Una vez que el algoritmo ha ejecutado y obtenido las etiquetas, será fácil clasificar nuevos valores o muestras entre los grupos obtenidos. Algunos casos de uso son:

- Segmentación por Comportamiento: relacionar el carrito de compras de un usuario, sus tiempos de acción e información del perfil.

[186]http://www.aprendemachinelearning.com/aplicaciones-del-machine-learning/#no_supervisado
[187]http://www.aprendemachinelearning.com/principales-algoritmos-usados-en-machine-learning/#clustering
[188]http://www.aprendemachinelearning.com/principales-algoritmos-usados-en-machine-learning/

- Categorización de Inventario: agrupar productos por actividad en sus ventas
- Detectar anomalías o actividades sospechosas: según el comportamiento en una web reconocer un troll -o un bot- de un usuario normal

Datos de Entrada para K-Means

Las "features" o características que utilizaremos como entradas para aplicar el algoritmo k-means deberán ser de valores numéricos, continuos en lo posible. En caso de valores categóricos (por ej. Hombre/Mujer o Ciencia Ficción, Terror, Novela,etc) se puede intentar pasarlo a valor numérico, pero no es recomendable pues no hay una "distancia real" -como en el caso de géneros de película o libros-. Además es recomendable que los valores utilizados estén normalizados, manteniendo una misma escala. En algunos casos también funcionan mejor datos porcentuales en vez de absolutos. No conviene utilizar features que estén correlacionados o que sean escalares de otros.

El Algoritmo K-means

El algoritmo utiliza una proceso iterativo en el que se van ajustando los grupos para producir el resultado final. Para ejecutar el algoritmo deberemos pasar como entrada el conjunto de datos y un valor de K. El conjunto de datos serán las características o features para cada punto. Las posiciones iniciales de los K centroids serán asignadas de manera aleatoria de cualquier punto del conjunto de datos de entrada. Luego se itera en dos pasos:
1- Paso de Asignación de datos En este paso, cada "fila" de nuestro conjunto de datos se asigna al centroide más cercano basado en la distancia cuadrada Euclideana. Se utiliza la siguiente fórmula (donde dist() es la distancia Euclideana standard):

$$\underset{c_i \in C}{\arg\min}\ dist(c_i, x)^2$$

2-Paso de actualización de Centroid En este paso los centroid de cada grupo son recalculados. Esto se hace tomando una media de todos los puntos asignados en el paso anterior.

$$c_i = \frac{1}{|S_i|}\sum_{x_i \in S_i} x_i$$

El algoritmo itera entre estos pasos hasta cumplir un criterio de detención:

- si no hay cambios en los puntos asignados a los grupos,

- o si la suma de las distancias se minimiza,
- o se alcanza un número máximo de iteraciones.

El algoritmo converge a un resultado que puede ser el óptimo local, por lo que será conveniente volver a ejecutar más de una vez con puntos iniciales aleatorios para confirmar si hay una salida mejor.

Elegir el valor de K

Este algoritmo funciona pre-seleccionando un valor de K. Para encontrar el número de clusters en los datos, deberemos ejecutar el algoritmo para un rango de valores K, ver los resultados y comparar características de los grupos obtenidos. En general no hay un modo exacto de determinar el valor K, pero se puede estimar con aceptable precisión siguiendo la siguiente técnica: Una de las métricas usada para comparar resultados es la **distancia media entre los puntos de datos y su centroid**. Como el valor de la media diminuirá a medida de aumentemos el valor de K, deberemos utilizar la distancia media al centroide en función de K y entontrar el "punto codo", donde la tasa de descenso se "afila". Aquí vemos una gráfica a modo de ejemplo:

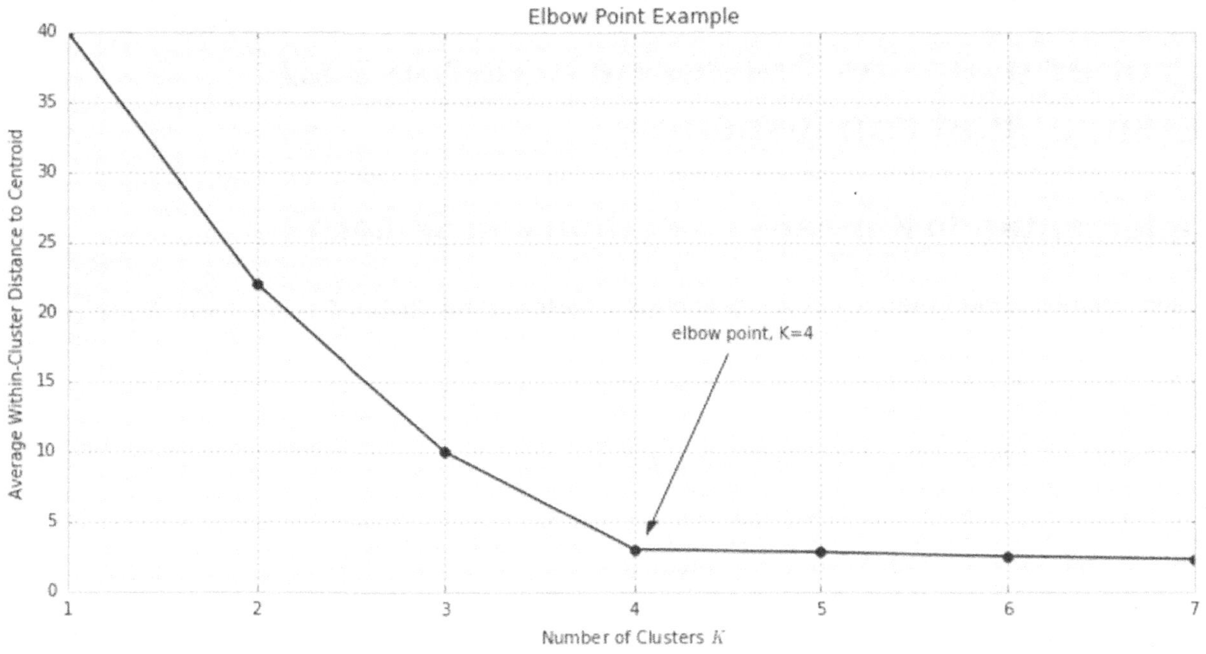

Ejemplo K-Means con Scikit-learn

Como ejemplo utilizaremos de entradas un conjunto de datos que obtuve de un proyecto propio, en el que se analizaban rasgos de la personalidad de usuarios de Twitter. He filtrado a 140 "famosos" del mundo en diferentes areas: deporte, cantantes, actores, etc. Basado en una metodología de psicología conocida como "Ocean: The Big Five" tendemos como características de entrada:

- usuario (el nombre en Twitter)
- "op" = Openness to experience - grado de apertura mental a nuevas experiencias, curiosidad, arte
- "co" =Conscientiousness - grado de orden, prolijidad, organización
- "ex" = Extraversion - grado de timidez, solitario o participación ante el grupo social
- "ag" = Agreeableness - grado de empatía con los demás, temperamento
- "ne" = Neuroticism, - grado de neuroticismo, nervioso, irritabilidad, seguridad en sí mismo.
- Wordcount - Cantidad promedio de palabras usadas en sus tweets
- Categoria - Actividad laboral del usuario (actor, cantante, etc.)

Utilizaremos el algoritmo K-means para que agrupe estos usuarios -no por su actividad laboral- si no, por sus similitudes en la personalidad. Si bien tenemos 8 columnas de entrada, **sólo utilizaremos 3** en este ejemplo, de modo que podamos ver en un gráfico tridimensional -y sus proyecciones a 2D- los grupos resultantes. Pero para casos reales, podemos utilizar todas las dimensiones que necesitemos. Una de las hipótesis que podríamos tener es: "Todos los cantantes tendrán personalidad parecida" (y así con cada rubro laboral). Pues veremos si lo probamos, o por el contrario, los grupos no están relacionados necesariamente con la actividad de estas Celebridades.

Agrupar usuarios Twitter de acuerdo a su personalidad con K-means

Implementando K-means en Python con Sklearn

Comenzaremos importando las librerías que nos asistirán para ejecutar el algoritmo y graficar.

```
import pandas as pd
import numpy as np
import matplotlib.pyplot as plt
import seaborn as sb
from sklearn.cluster import KMeans
from sklearn.metrics import pairwise_distances_argmin_min

%matplotlib inline
from mpl_toolkits.mplot3d import Axes3D
plt.rcParams['figure.figsize'] = (16, 9)
plt.style.use('ggplot')
```

Importamos el archivo csv[189] -para simplificar, suponemos que el archivo se encuentra en el mismo directorio que el notebook- y vemos los primeros 5 registros del archivo tabulados.

[189] http://www.aprendemachinelearning.com/wp-content/uploads/2018/03/analisis.csv

```
dataframe = pd.read_csv(r"analisis.csv")
dataframe.head()
```

	usuario	op	co	ex	ag	ne	wordcount	categoria
0	3gerardpique	34.297953	28.148819	41.948819	29.370315	9.841575	37.0945	7
1	aguerosergiokun	44.986842	20.525865	37.938947	24.279098	10.362406	78.7970	7
2	albertochicote	41.733854	13.745417	38.999896	34.645521	8.836979	49.2604	4
3	AlejandroSanz	40.377154	15.377462	52.337538	31.082154	5.032231	80.4538	2
4	alfredocasero1	36.664677	19.642258	48.530806	31.138871	7.305968	47.0645	4

También podemos ver una tabla de información estadística que nos provee Pandas dataframe:

```
dataframe.describe()
```

	op	co	ex	ag	ne	wordcount	categoria
count	140.000000	140.000000	140.000000	140.000000	140.000000	140.000000	140.000000
mean	44.414591	22.977135	40.764428	22.918528	8.000098	98.715484	4.050000
std	8.425723	5.816851	7.185246	7.657122	3.039248	44.714071	2.658839
min	30.020465	7.852756	18.693542	9.305985	1.030213	5.020800	1.000000
25%	38.206484	19.740299	36.095722	17.050993	6.086144	66.218475	2.000000
50%	44.507091	22.466718	41.457492	21.384554	7.839722	94.711400	3.500000
75%	49.365923	26.091606	45.197769	28.678867	9.758189	119.707925	7.000000
max	71.696129	49.637863	59.824844	40.583162	23.978462	217.183200	9.000000

El archivo contiene diferenciadas 9 categorías -actividades laborales- que son:

1. Actor/actriz
2. Cantante
3. Modelo
4. Tv, series
5. Radio
6. Tecnología
7. Deportes
8. Politica
9. Escritor

Para saber cuantos registros tenemos de cada uno hacemos:

```
print(dataframe.groupby('categoria').size())
```

```
categoria
1    27
2    34
3     9
4    19
5     4
6     8
7    17
8    16
9     6
dtype: int64
```

Como vemos tenemos 34 cantantes, 27 actores, 17 deportistas, 16 políticos,etc.

Visualización de Datos

Veremos graficamente nuestros datos para tener una idea de la dispersión de los mismos:

```
dataframe.drop(['categoria'],1).hist()
plt.show()
```

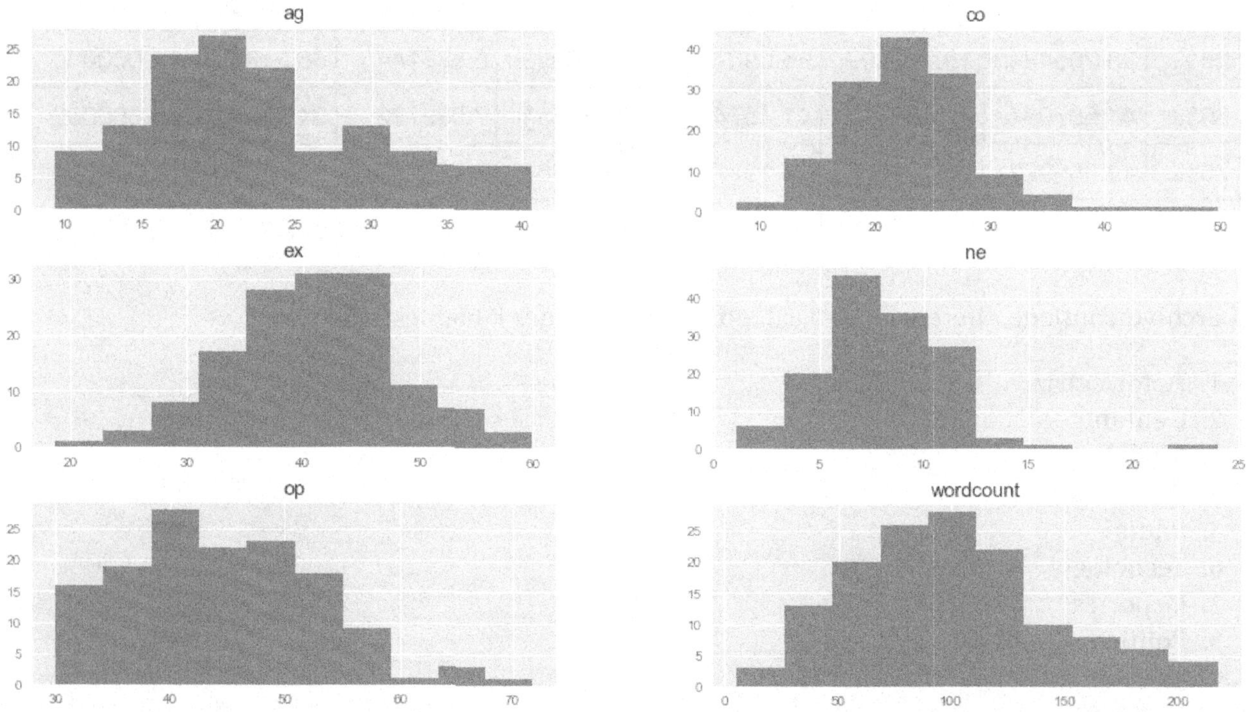

En este caso seleccionamos 3 dimensiones: op, ex y ag y las cruzamos para ver si nos dan alguna pista de su agrupación y la relación con sus categorías.

```
sb.pairplot(dataframe.dropna(), hue='categoria',size=4,vars=["op","ex","ag"],kind='s\
catter')
```

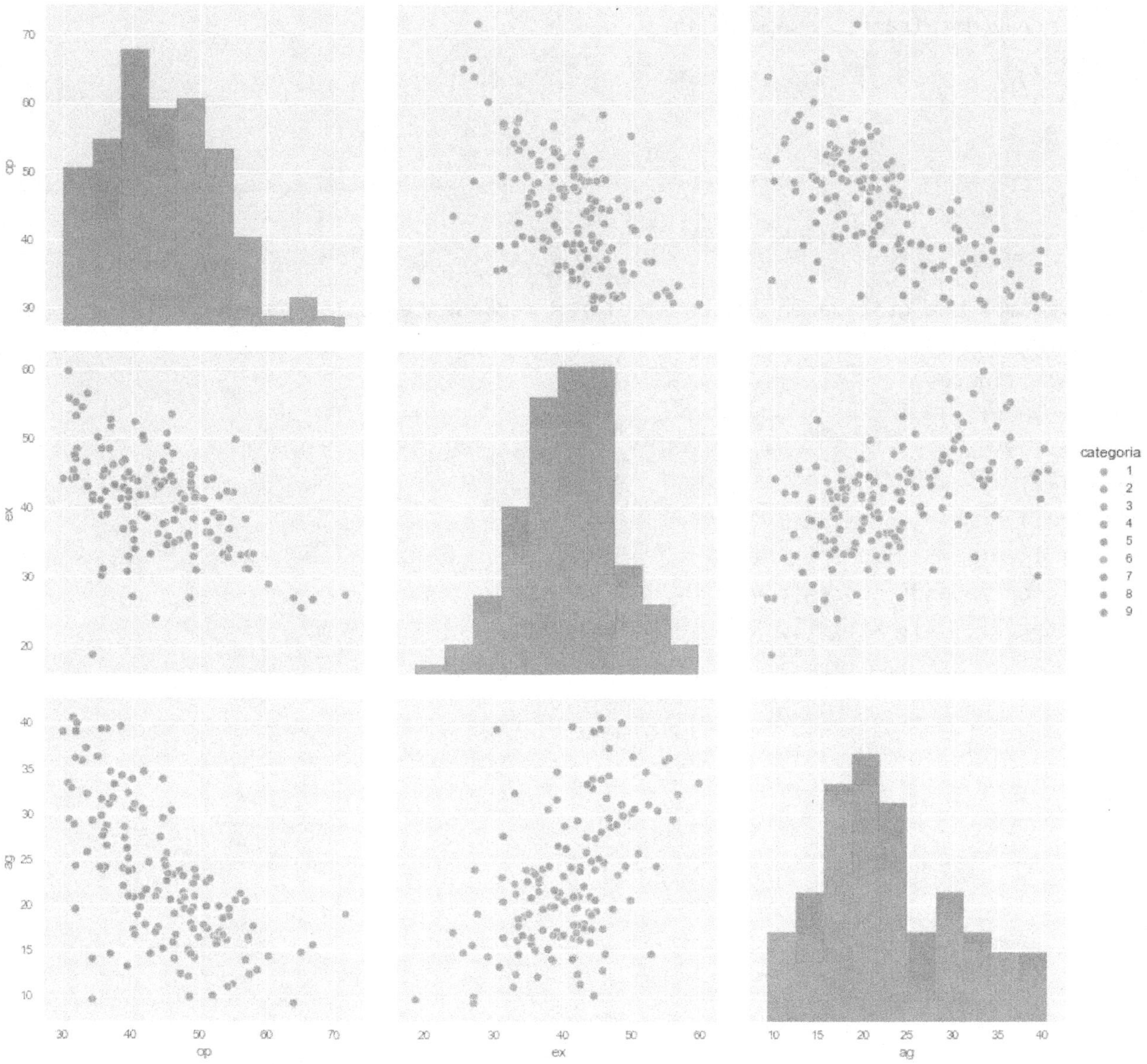

Revisando la gráfica no pareciera que hay algún tipo de agrupación o correlación entre los usuarios y sus categorías.

Definimos la entrada

Concretamos la estructura de datos que utilizaremos para alimentar el algoritmo. Como se ve, sólo cargamos las columnas op, ex y ag en nuestra variable X.

```
X = np.array(dataframe[["op","ex","ag"]])
y = np.array(dataframe['categoria'])
X.shape
```python

~~~
(140,3)
~~~

Ahora veremos una gráfica en 3D con 9 colores representando las categorías.
```python
fig = plt.figure()
ax = Axes3D(fig)
colores=['blue','red','green','blue','cyan','yellow','orange','black','pink','brown'\
,'purple']
asignar=[]
for row in y:
    asignar.append(colores[row])
ax.scatter(X[:, 0], X[:, 1], X[:, 2], c=asignar,s=60)
```

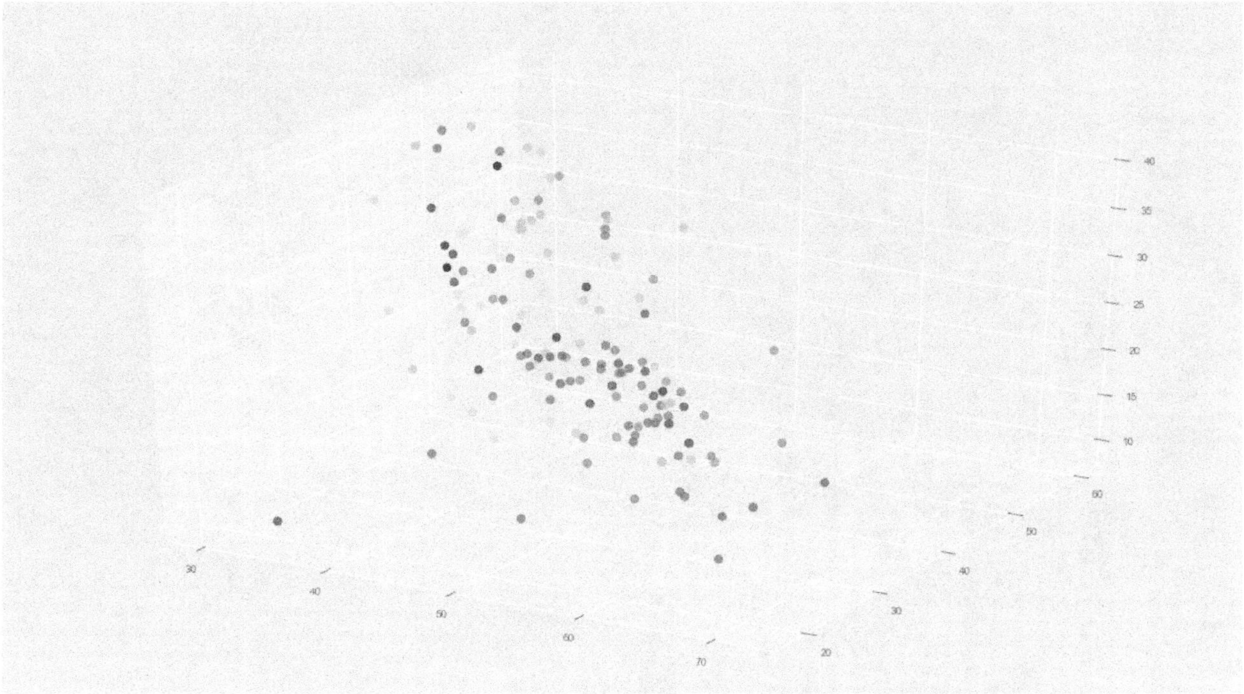

Veremos si con K-means, podemos "pintar" esta misma gráfica de otra manera, con clusters diferenciados.

Obtener el valor K

Vamos a hallar el valor de K haciendo una gráfica e intentando hallar el "punto de codo" que comentábamos antes. Este es nuestro resultado:

```
Nc = range(1, 20)
kmeans = [KMeans(n_clusters=i) for i in Nc]
kmeans
score = [kmeans[i].fit(X).score(X) for i in range(len(kmeans))]
score
plt.plot(Nc,score)
plt.xlabel('Number of Clusters')
plt.ylabel('Score')
plt.title('Elbow Curve')
plt.show()
```

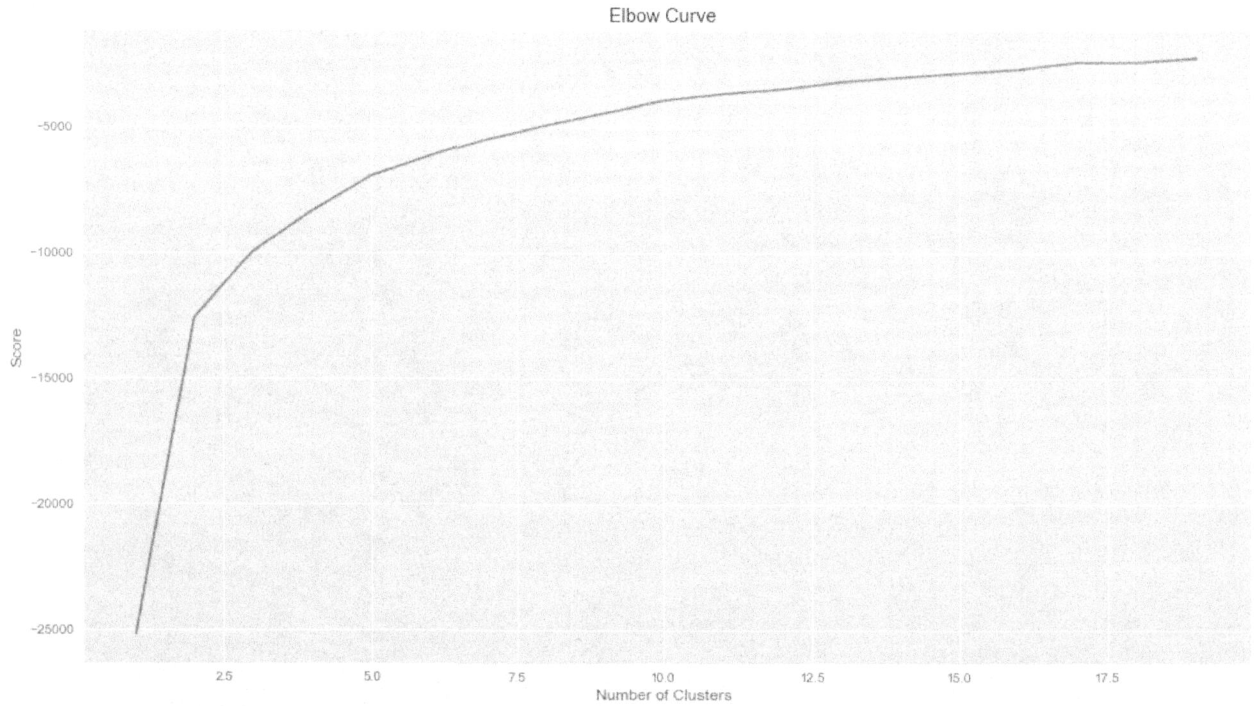

Realmente la curva es bastante "suave". Considero a 5 como un buen número para K. Según vuestro criterio podría ser otro.

Ejecutamos K-Means

Ejecutamos el algoritmo para 5 clusters y obtenemos las etiquetas y los centroids.

```
kmeans = KMeans(n_clusters=5).fit(X)
centroids = kmeans.cluster_centers_
print(centroids)
```

```
[[ 49.80086386  40.8972579   17.48224326]
 [ 39.63830586  44.75784737  25.86962057]
 [ 58.58657531  31.02839375  15.6120435 ]
 [ 34.5303535   48.01261321  35.01749504]
 [ 42.302263    33.65449587  20.812626  ]]
```

Ahora veremos esto en una gráfica 3D con colores para los grupos y veremos si se diferencian: (las estrellas marcan el centro de cada cluster)

```python
# Predicting the clusters
labels = kmeans.predict(X)
# Getting the cluster centers
C = kmeans.cluster_centers_
colores=['red','green','blue','cyan','yellow']
asignar=[]
for row in labels:
    asignar.append(colores[row])

fig = plt.figure()
ax = Axes3D(fig)
ax.scatter(X[:, 0], X[:, 1], X[:, 2], c=asignar,s=60)
ax.scatter(C[:, 0], C[:, 1], C[:, 2], marker='*', c=colores, s=1000)
```

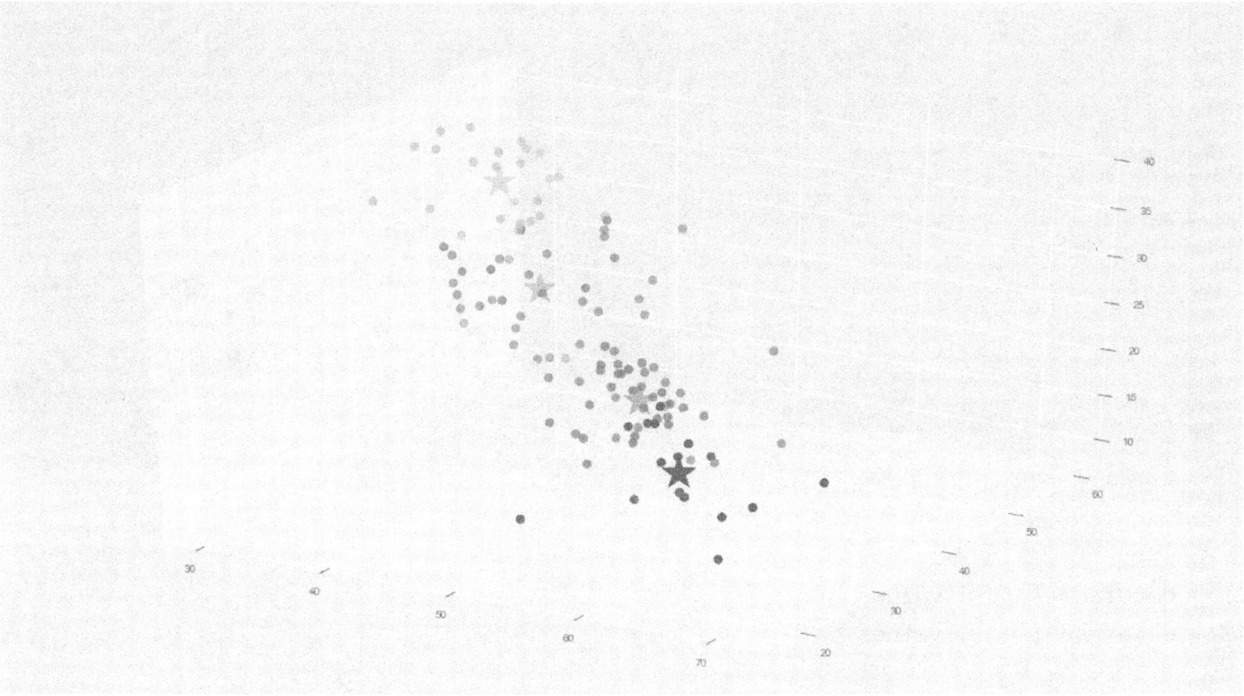

]

Aqui podemos ver que el Algoritmo de K-Means con K=5 ha agrupado a los 140 usuarios Twitter por su personalidad, teniendo en cuenta las 3 dimensiones que utilizamos: Openess, Extraversion y Agreeablenes. Pareciera que no hay necesariamente una relación en los grupos con sus actividades de Celebrity. Haremos 3 gráficas en 2 dimensiones con las proyecciones a partir de nuestra gráfica 3D para que nos ayude a visualizar los grupos y su clasificación:

```
# Getting the values and plotting it
f1 = dataframe['op'].values
f2 = dataframe['ex'].values

plt.scatter(f1, f2, c=asignar, s=70)
plt.scatter(C[:, 0], C[:, 1], marker='*', c=colores, s=1000)
plt.show()
```

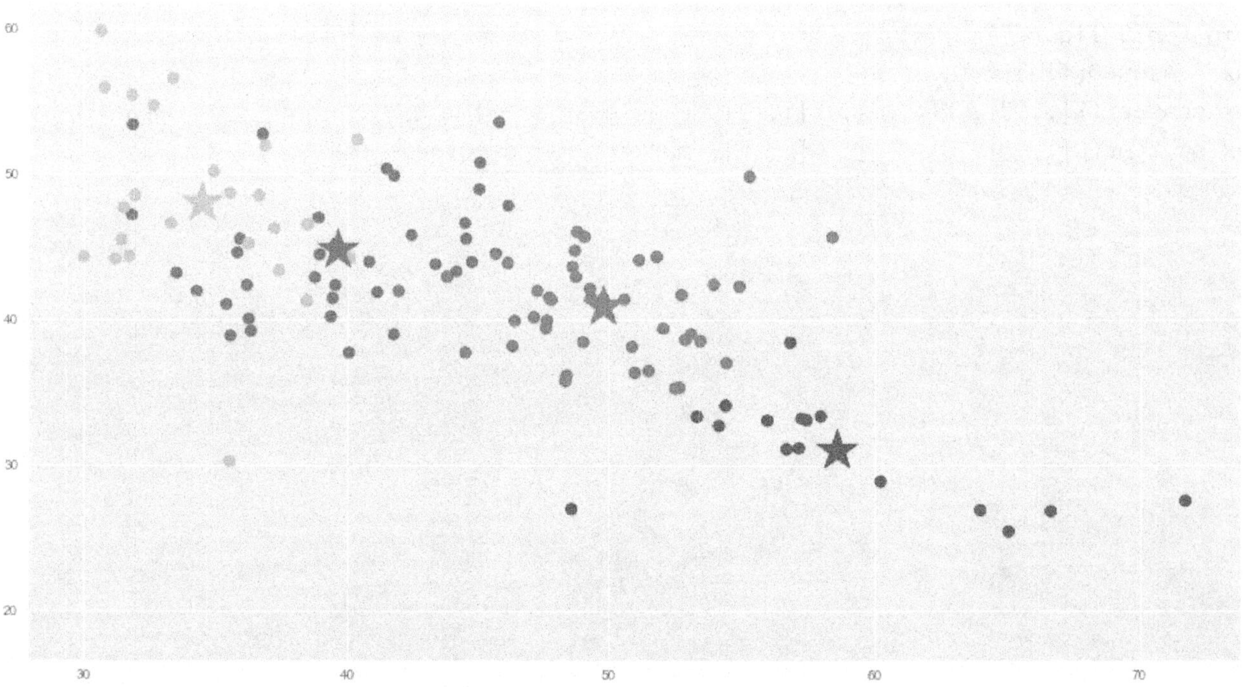


```
# Getting the values and plotting it
f1 = dataframe['op'].values
f2 = dataframe['ag'].values

plt.scatter(f1, f2, c=asignar, s=70)
plt.scatter(C[:, 0], C[:, 2], marker='*', c=colores, s=1000)
plt.show()
```

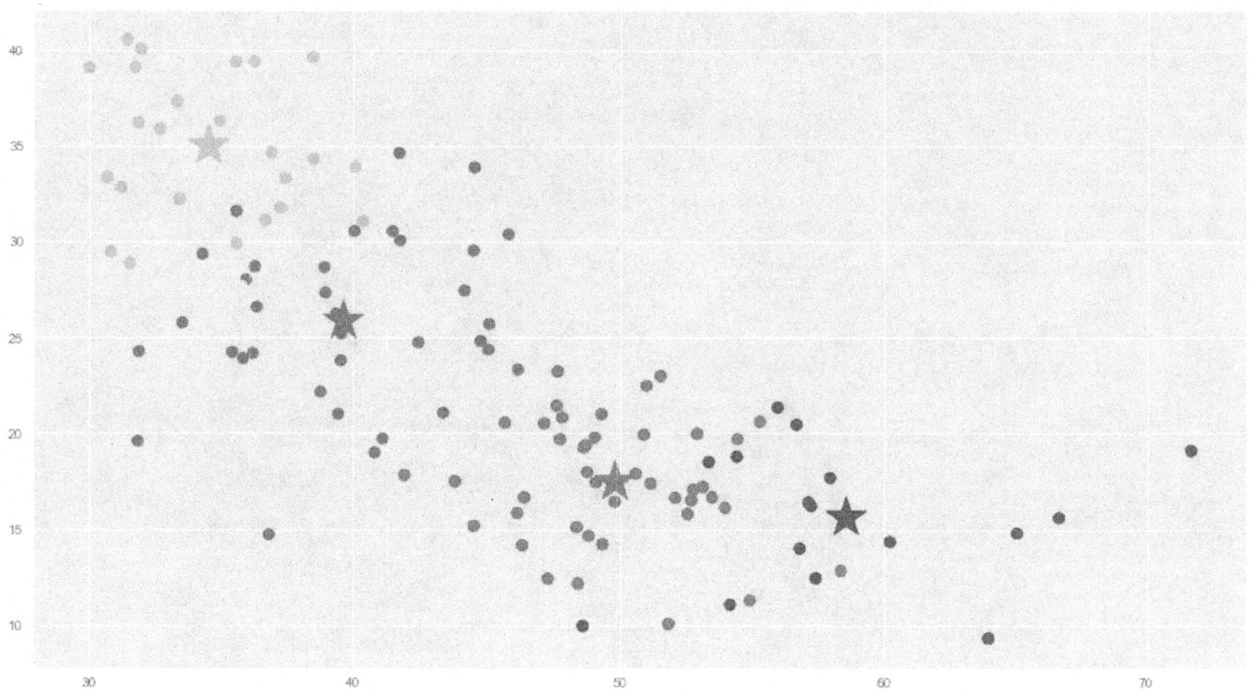


```
f1 = dataframe['ex'].values
f2 = dataframe['ag'].values

plt.scatter(f1, f2, c=asignar, s=70)
plt.scatter(C[:, 1], C[:, 2], marker='*', c=colores, s=1000)
plt.show()
```

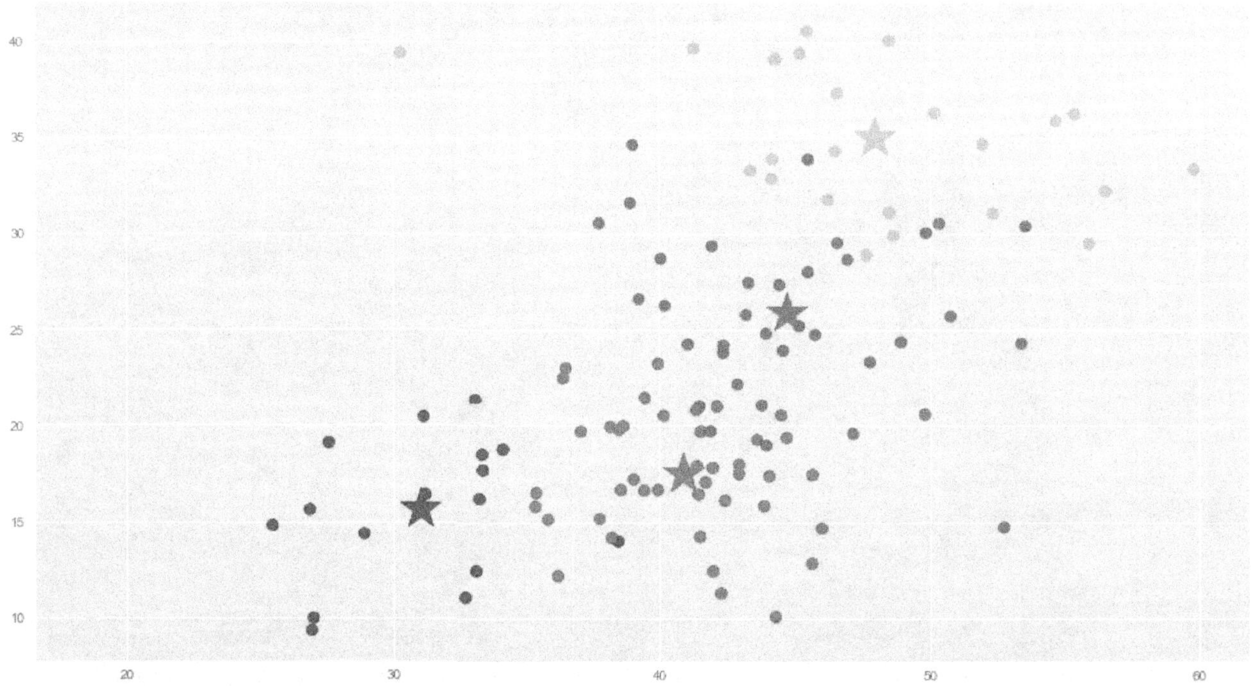

En estas gráficas vemos que están bastante bien diferenciados los grupos. Podemos ver cada uno de los clusters cuantos usuarios tiene:

```
copy =  pd.DataFrame()
copy['usuario']=dataframe['usuario'].values
copy['categoria']=dataframe['categoria'].values
copy['label'] = labels;
cantidadGrupo =  pd.DataFrame()
cantidadGrupo['color']=colores
cantidadGrupo['cantidad']=copy.groupby('label').size()
cantidadGrupo
```

	color	cantidad
0	red	42
1	green	33
2	blue	16
3	cyan	27
4	yellow	22

Y podemos ver la diversidad en rubros laborales de cada uno. Por ejemplo en el grupo 0 (rojo), vemos que hay de todas las actividades laborales aunque predominan de actividad 1 y 2 correspondiente a Actores y Cantantes con 11 y 15 famosos.

```
group_referrer_index = copy['label'] ==0
group_referrals = copy[group_referrer_index]

diversidadGrupo =  pd.DataFrame()
diversidadGrupo['categoria']=[0,1,2,3,4,5,6,7,8,9]
diversidadGrupo['cantidad']=group_referrals.groupby('categoria').size()
diversidadGrupo
```

	categoria	cantidad
0	0	NaN
1	1	11.0
2	2	15.0
3	3	6.0
4	4	3.0
5	5	1.0
6	6	2.0
7	7	2.0
8	8	1.0
9	9	1.0

De categoría 3 "modelos" hay 6 sobre un total de 9. Buscaremos los usuarios que están más cerca a los centroids de cada grupo que podríamos decir que tienen los rasgos de personalidad característicos que representan a cada cluster:

```
#vemos el representante del grupo, el usuario cercano a su centroid
closest, _ = pairwise_distances_argmin_min(kmeans.cluster_centers_, X)
closest
```

```
array([21, 107, 82, 80, 91]) #posicion en el array de usuarios
```

```
users=dataframe['usuario'].values
for row in closest:
    print(users[row])
```

```
carmenelectra Pablo_Iglesias_ JudgeJudy JPVarsky kobebryant
```

En los centros vemos que tenemos una modelo, un político, presentadora de Tv, locutor de Radio y un deportista.

Clasificar nuevas muestras

Y finalmente podemos agrupar y etiquetar nuevos usuarios twitter con sus características y clasificarlos. Vemos el ejemplo con el usuario de David Guetta y nos devuelve que pertenece al grupo 1 (verde).

```
X_new = np.array([[45.92,57.74,15.66]]) #davidguetta

new_labels = kmeans.predict(X_new)
print(new_labels)
```

```
[1]
```

Resumen

El algoritmo de K-means nos ayudará a crear clusters cuando tengamos grandes grupos de datos sin etiquetar, cuando queramos intentar descubrir nuevas relaciones entre features o para probar o declinar hipótesis que tengamos de nuestro negocio.
Atención: Puede haber casos en los que **no existan grupos naturales**, o clusters que contengan una verdadera razón de ser. Si bien K-means siempre nos brindará "k clusters", quedará en nuestro criterio reconocer la utilidad de los mismos o bien revisar nuestras features y descartar las que no sirven o conseguir nuevas.
También tener en cuenta que en este ejemplo estamos utilizando como medida de similitud entre features la distancia Euclideana[190] pero podemos utilizar otras diversas funciones que podrían arrojar mejores resultados (como Manhattan[191], Lavenshtein[192], Mahalanobis[193], etc). Hemos visto una descripción del algoritmo, aplicaciones y un ejemplo python paso a paso, que podrán descargar también desde los siguientes enlaces:

[190]https://es.wikipedia.org/wiki/Distancia_euclidiana
[191]https://es.wikipedia.org/wiki/Geometr%C3%ADa_del_taxista
[192]https://en.wikipedia.org/wiki/Levenshtein_distance
[193]https://en.wikipedia.org/wiki/Mahalanobis_distance

- Notebook Jupiter Online[194]
- Descargar archivo csv[195] y notebook ejercicio K-means[196]
- Visualizar[197] y descargar desde jbagnato Github[198]

[194]http://nbviewer.jupyter.org/github/jbagnato/machine-learning/blob/master/Ejercicio_K_Means.ipynb
[195]http://www.aprendemachinelearning.com/wp-content/uploads/2018/03/analisis.csv
[196]http://www.aprendemachinelearning.com/wp-content/uploads/2018/03/Ejercicio_K_Means.ipynb
[197]https://github.com/jbagnato/machine-learning/blob/master/Ejercicio_K_Means.ipynb
[198]https://github.com/jbagnato/machine-learning

K-Nearest-Neighbor

K-Nearest-Neighbor es un algoritmo basado en instancia[199] de tipo supervisado[200] de Machine Learning. Puede usarse para clasificar nuevas muestras (valores discretos) o para predecir (regresión, valores continuos). Al ser un método sencillo, es ideal para introducirse en el mundo del Aprendizaje Automático. Sirve esencialmente para clasificar valores buscando los puntos de datos "más similares" (por cercanía) aprendidos en la etapa de entrenamiento y haciendo conjeturas de nuevos puntos basado en esa clasificación.

A diferencia de K-means[201], que es un algoritmo no supervisado[202] y donde la "K" significa la cantidad de "grupos" (clusters[203]) que deseamos clasificar, en K-Nearest Neighbor la "K" significa la cantidad de "puntos vecinos" que tenemos en cuenta en las cercanías para clasificar los "n" grupos -que ya se conocen de antemano, pues es un algoritmo supervisado-.

¿Qué es el algoritmo k-Nearest Neighbor ?

Es un método que simplemente busca en las observaciones más cercanas a la que se está tratando de predecir y clasifica el punto de interés basado en la mayoría de datos que le rodean. Como dijimos antes, es un algoritmo:

- **Supervisado**: esto -brevemente- quiere decir que tenemos etiquetado nuestro conjunto de datos de entrenamiento, con la clase o resultado esperado dada "una fila" de datos.
- **Basado en Instancia**: Esto quiere decir que nuestro algoritmo no aprende explícitamente un modelo (como por ejemplo en Regresión Logística o árboles de decisión). En cambio memoriza las instancias de entrenamiento que son usadas como "base de conocimiento" para la fase de predicción.

¿Dónde se aplica k-Nearest Neighbor?

Aunque sencillo, se utiliza en la resolución de multitud de problemas, como en **sistemas de recomendación, búsqueda semántica y detección de anomalías**.

[199]http://www.aprendemachinelearning.com/principales-algoritmos-usados-en-machine-learning/#instancia
[200]http://www.aprendemachinelearning.com/aplicaciones-del-machine-learning/#supervisado
[201]http://www.aprendemachinelearning.com/k-means-en-python-paso-a-paso/
[202]http://www.aprendemachinelearning.com/aplicaciones-del-machine-learning/#no_supervisado
[203]http://www.aprendemachinelearning.com/principales-algoritmos-usados-en-machine-learning/#clustering

Pros y contras

Como **pros** tiene sobre todo que es sencillo de aprender e implementar. Tiene como **contras** que *utiliza todo el dataset* para entrenar "cada punto" y por eso requiere de uso de mucha memoria y recursos de procesamiento (CPU). Por estas razones kNN tiende a funcionar mejor en datasets pequeños y sin una cantidad enorme de features (las columnas).

¿Cómo funciona kNN?

1. Calcular la distancia entre el item a clasificar y el resto de items del dataset de entrenamiento.
2. Seleccionar los "k" elementos más cercanos (con menor distancia, según la función que se use)
3. Realizar una "votación de mayoría" entre los k puntos: los de una clase/etiqueta que <<dominen>> decidirán su clasificación final.

Teniendo en cuenta el punto 3, veremos que para decidir la clase de un punto **es muy importante el valor de k**, pues este terminará casi por definir a qué grupo pertenecerán los puntos, sobre todo en las "fronteras" entre grupos. Por ejemplo -y a priori- yo elegiría valores impares de k para desempatar (si las features que utilizamos son pares). No será lo mismo tomar para decidir 3 valores que 13. Esto no quiere decir que necesariamente tomar más puntos implique mejorar la precisión. Lo que es seguro es que *cuantos más "puntos k", más tardará nuestro algoritmo en procesar* y darnos respuesta ;) Las formas más populares de "medir la cercanía" entre puntos son la **distancia Euclidiana** (la "de siempre") o la **Cosine Similarity **(mide el ángulo de los vectores, cuanto menores, serán similares). Recordemos que este algoritmo -y prácticamente todos en ML- funcionan mejor con varias características de las que tomemos datos (las columnas de nuestro dataset). Lo que entendemos como "distancia" en la vida real, quedará abstracto a muchas dimensiones que no podemos "visualizar" fácilmente (como por ejemplo en un mapa).

Un ejemplo k-Nearest Neighbor en Python

Exploremos el algoritmo con Scikit learn

Realizaremos un ejercicio usando Python y su librería scikit-learn que ya tiene implementado el algoritmo para simplificar las cosas. Veamos cómo se hace.

El Ejercicio: App Reviews

Para nuestro ejercicio tomaremos 257 registros con Opiniones de usuarios sobre una app (Reviews). Utilizaremos 2 columnas de datos como fuente de alimento del algoritmo. Recuerden que sólo tomaré

2 features para poder graficar en 2 dimensiones, PERO para un problema "en la vida real" conviene tomar más características de lo que sea que queramos resolver. Esto es únicamente con fines de enseñanza. Las columnas que utilizaremos serán: **wordcount** con la cantidad de palabras utilizadas y **sentimentValue** con un valor entre -4 y 4 que indica si el comentario fue valorado como positivo o negativo. Nuestras etiquetas, serán las estrellas que dieron los usuarios a la app, que son valores discretos del 1 al 5. Podemos pensar que si el usuario puntúa con más estrellas, tendrá un sentimiento positivo, pero no necesariamente siempre es así.

Comencemos con el código!

Primero hacemos imports de librerías que utilizaremos para manejo de datos, gráficas y nuestro algoritmo.

```
import pandas as pd
import numpy as np
import matplotlib.pyplot as plt
from matplotlib.colors import ListedColormap
import matplotlib.patches as mpatches
import seaborn as sb

%matplotlib inline
plt.rcParams['figure.figsize'] = (16, 9)
plt.style.use('ggplot')

from sklearn.model_selection import train_test_split
from sklearn.preprocessing import MinMaxScaler
from sklearn.neighbors import KNeighborsClassifier
from sklearn.metrics import classification_report
from sklearn.metrics import confusion_matrix
```

Cargamos el archivo entrada csv con pandas, usando separador de punto y coma, pues en las reviews hay textos que usan coma. Con head(10) vemos los 10 primeros registros.

```
dataframe = pd.read_csv(r"reviews_sentiment.csv",sep=';')
dataframe.head(10)
```

	Review Title	Review Text	wordcount	titleSentiment	textSentiment	Star Rating	sentimentValue
0	Sin conexión	Hola desde hace algo más de un mes me pone sin...	23	negative	negative	1	-0.486389
1	faltan cosas	Han mejorado la apariencia pero no	20	negative	negative	1	-0.586187
2	Es muy buena lo recomiendo	Andres e puto amoooo	4	NaN	negative	1	-0.602240
3	Version antigua	Me gustana mas la version anterior esta es mas...	17	NaN	negative	1	-0.616271
4	Esta bien	Sin ser la biblia.... Esta bien	6	negative	negative	1	-0.651784
5	Buena	Nada del otro mundo pero han mejorado mucho	8	positive	negative	1	-0.720443
6	De gran ayuda	Lo malo q necesita de ...,pero la app es muy buena	23	positive	negative	1	-0.726825
7	Muy buena	Estaba más acostumbrado al otro diseño, pero e...	16	positive	negative	1	-0.736769
8	Ta to guapa.	Va de escándalo	21	positive	negative	1	-0.765284
9	Se han corregido	Han corregido muchos fallos pero el diseño es ...	13	negative	negative	1	-0.797961

Aprovechamos a ver un resumen estadístico de los datos:

```
dataframe.describe()
```

	wordcount	Star Rating	sentimentValue
count	257.000000	257.000000	257.000000
mean	11.501946	3.420233	0.383849
std	13.159812	1.409531	0.897987
min	1.000000	1.000000	-2.276469
25%	3.000000	3.000000	-0.108144
50%	7.000000	3.000000	0.264091
75%	16.000000	5.000000	0.808384
max	103.000000	5.000000	3.264579

Son 257 registros. Las estrellas lógicamente vemos que van del 1 al 5. La cantidad de palabras van de 1 sóla hasta 103. y las valoraciones de sentimiento están entre -2.27 y 3.26 con una media de 0,38 y a partir del desvío estándar podemos ver que la mayoría están entre 0,38-0,89 y 0,38+0,89.

Un poco de Visualización

Veamos unas gráficas simples y qué información nos aportan:

```
dataframe.hist()
plt.show()
```

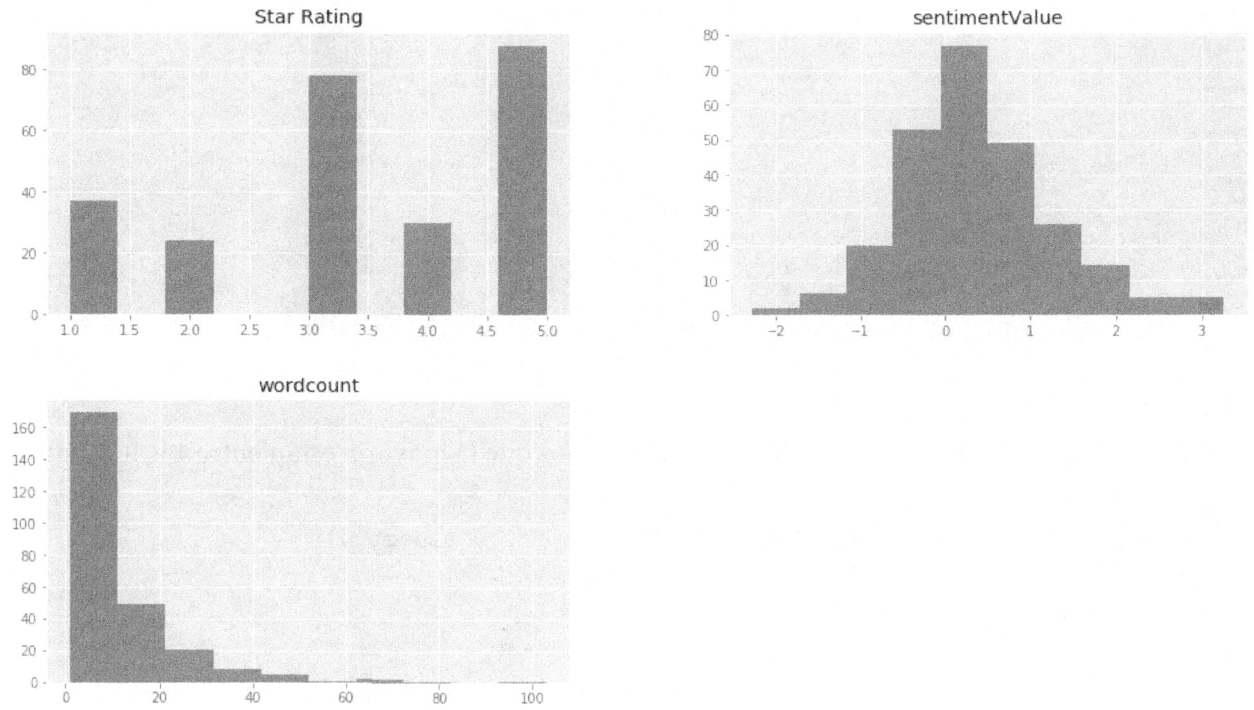

Vemos que la distribución de "estrellas" no está balanceada... esto no es bueno. Convendría tener las mismas cantidades en las salidas, para no tener resultados "tendenciosos". Para este ejercicio lo dejaremos así, pero en la vida real, debemos equilibrarlos. La gráfica de Valores de Sentimientos parece bastante una campana movida levemente hacia la derecha del cero y la cantidad de palabras se centra sobre todo de 0 a 10. Veamos realmente cuantas Valoraciones de Estrellas tenemos:

```
print(dataframe.groupby('Star Rating').size())
```

```
Star Rating
1     37
2     24
3     78
4     30
5     88
dtype: int64
```

Con eso confirmamos que hay sobre todo de 3 y 5 estrellas. Y aqui una gráfica más bonita:

```
sb.factorplot('Star Rating',data=dataframe,kind="count", aspect=3)
```

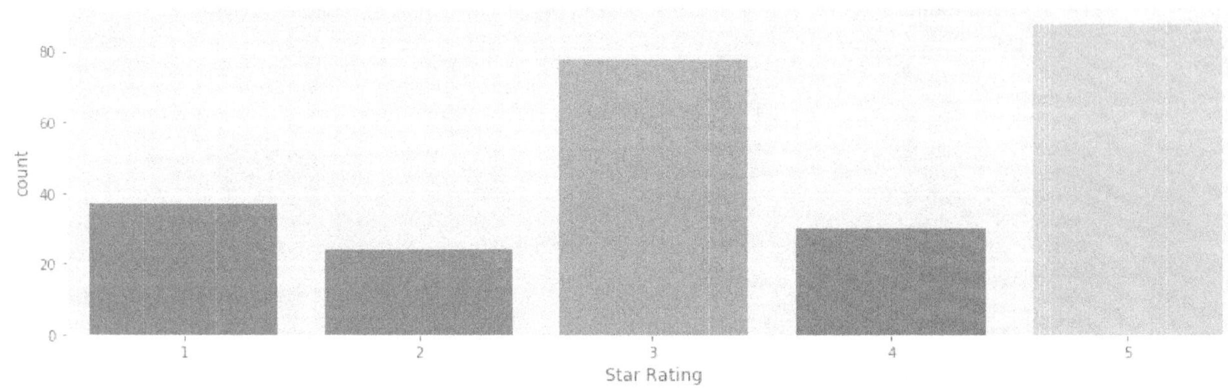

Graficamos mejor la cantidad de palabras y confirmamos que la mayoría están entre 1 y 10 palabras.

```
sb.factorplot('wordcount',data=dataframe,kind="count", aspect=3)
```

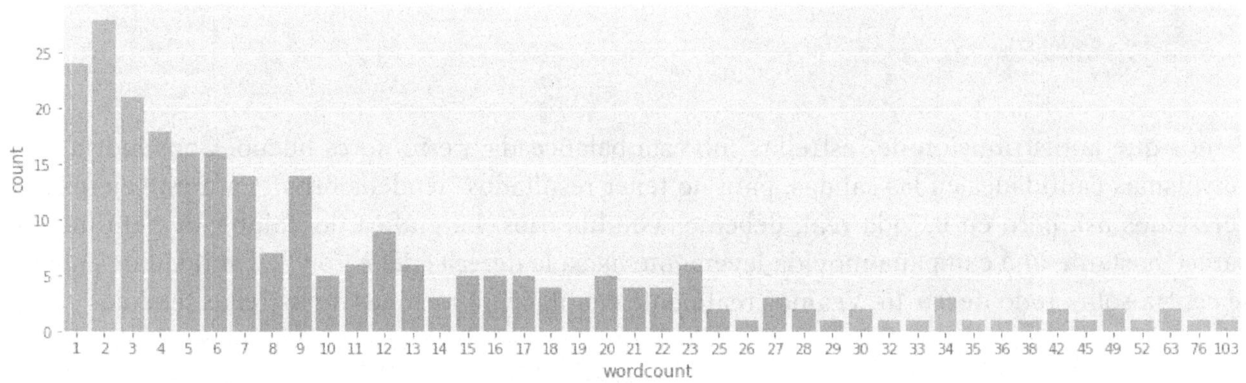

Preparamos las entradas

Creamos nuestro X e y de entrada y los sets de entrenamiento y test.

```
X = dataframe[['wordcount','sentimentValue']].values
y = dataframe['Star Rating'].values

X_train, X_test, y_train, y_test = train_test_split(X, y, random_state=0)
scaler = MinMaxScaler()
X_train = scaler.fit_transform(X_train)
X_test = scaler.transform(X_test)
```

Usemos k-Nearest Neighbor con Scikit Learn

Definimos el valor de k en 7 (esto realmente lo sabemos más adelante, ya veréis) y creamos nuestro clasificador.

```
n_neighbors = 7

knn = KNeighborsClassifier(n_neighbors)
knn.fit(X_train, y_train)
print('Accuracy of K-NN classifier on training set: {:.2f}'
     .format(knn.score(X_train, y_train)))
print('Accuracy of K-NN classifier on test set: {:.2f}'
     .format(knn.score(X_test, y_test)))
```

```
Accuracy of K-NN classifier on training set: 0.90
Accuracy of K-NN classifier on test set: 0.86
```

Vemos que la precisión que nos da es de 90% en el set de entrenamiento y del 86% para el de test.

> NOTA: como verán utilizamos la clase KNeighborsClassifier[204] de SciKit Learn puesto que nuestras etiquetas son valores discretos (estrellas del 1 al 5). Pero deben saber que también existe la clase KneighborsRegressor[205] para etiquetas con valores continuos.

Precisión del modelo

Confirmemos la precisión viendo la Confusión Matrix y el Reporte[206] sobre el conjunto de test, que nos detalla los aciertos y fallos:

```
pred = knn.predict(X_test)
print(confusion_matrix(y_test, pred))
print(classification_report(y_test, pred))
```

[204] http://scikit-learn.org/stable/modules/generated/sklearn.neighbors.KNeighborsClassifier.html#sklearn.neighbors.KNeighborsClassifier
[205] http://scikit-learn.org/stable/modules/generated/sklearn.neighbors.KNeighborsRegressor.html#sklearn.neighbors.KNeighborsRegressor
[206] http://www.aprendemachinelearning.com/clasificacion-con-datos-desbalanceados/

```
[[ 9  0  1  0  0]
 [ 0  1  0  0  0]
 [ 0  1 17  0  1]
 [ 0  0  2  8  0]
 [ 0  0  4  0 21]]
             precision    recall  f1-score   support

          1       1.00      0.90      0.95        10
          2       0.50      1.00      0.67         1
          3       0.71      0.89      0.79        19
          4       1.00      0.80      0.89        10
          5       0.95      0.84      0.89        25

avg / total       0.89      0.86      0.87        65
```

Cómo se ve la puntuación F1 es del 87%, bastante buena. **NOTA**: recuerden que este es sólo un ejercicio para aprender y tenemos MUY pocos registros totales y en nuestro conjunto de test. Por ejemplo de 2 estrellas sólo tiene 1 valoración y esto es evidentemente insuficiente.

Y ahora, la gráfica que queríamos ver!

Ahora realizaremos la grafica con la clasificación obtenida, la que nos ayuda a ver fácilmente en donde caerán las predicciones. NOTA: al ser 2 features, podemos hacer la gráfica 2D y si fueran 3 podría ser en 3D. Pero para usos reales, podríamos tener más de 3 dimensiones y no importaría poder visualizarlo sino el resultado del algoritmo.

```
h = .02  # step size in the mesh

# Create color maps
cmap_light = ListedColormap(['#FFAAAA', '#ffcc99', '#ffffb3','#b3ffff','#c2f0c2'])
cmap_bold = ListedColormap(['#FF0000', '#ff9933','#FFFF00','#00ffff','#00FF00'])

# we create an instance of Neighbours Classifier and fit the data.
clf = KNeighborsClassifier(n_neighbors, weights='distance')
clf.fit(X, y)

# Plot the decision boundary. For that, we will assign a color to each
# point in the mesh [x_min, x_max]x[y_min, y_max].
x_min, x_max = X[:, 0].min() - 1, X[:, 0].max() + 1
y_min, y_max = X[:, 1].min() - 1, X[:, 1].max() + 1
xx, yy = np.meshgrid(np.arange(x_min, x_max, h),
                     np.arange(y_min, y_max, h))
Z = clf.predict(np.c_[xx.ravel(), yy.ravel()])
```

```

# Put the result into a color plot
Z = Z.reshape(xx.shape)
plt.figure()
plt.pcolormesh(xx, yy, Z, cmap=cmap_light)

# Plot also the training points
plt.scatter(X[:, 0], X[:, 1], c=y, cmap=cmap_bold,
                edgecolor='k', s=20)
plt.xlim(xx.min(), xx.max())
plt.ylim(yy.min(), yy.max())

patch0 = mpatches.Patch(color='#FF0000', label='1')
patch1 = mpatches.Patch(color='#ff9933', label='2')
patch2 = mpatches.Patch(color='#FFFF00', label='3')
patch3 = mpatches.Patch(color='#00ffff', label='4')
patch4 = mpatches.Patch(color='#00FF00', label='5')
plt.legend(handles=[patch0, patch1, patch2, patch3,patch4])

plt.title("5-Class classification (k = %i, weights = '%s')"
                % (n_neighbors, weights))

plt.show()
```

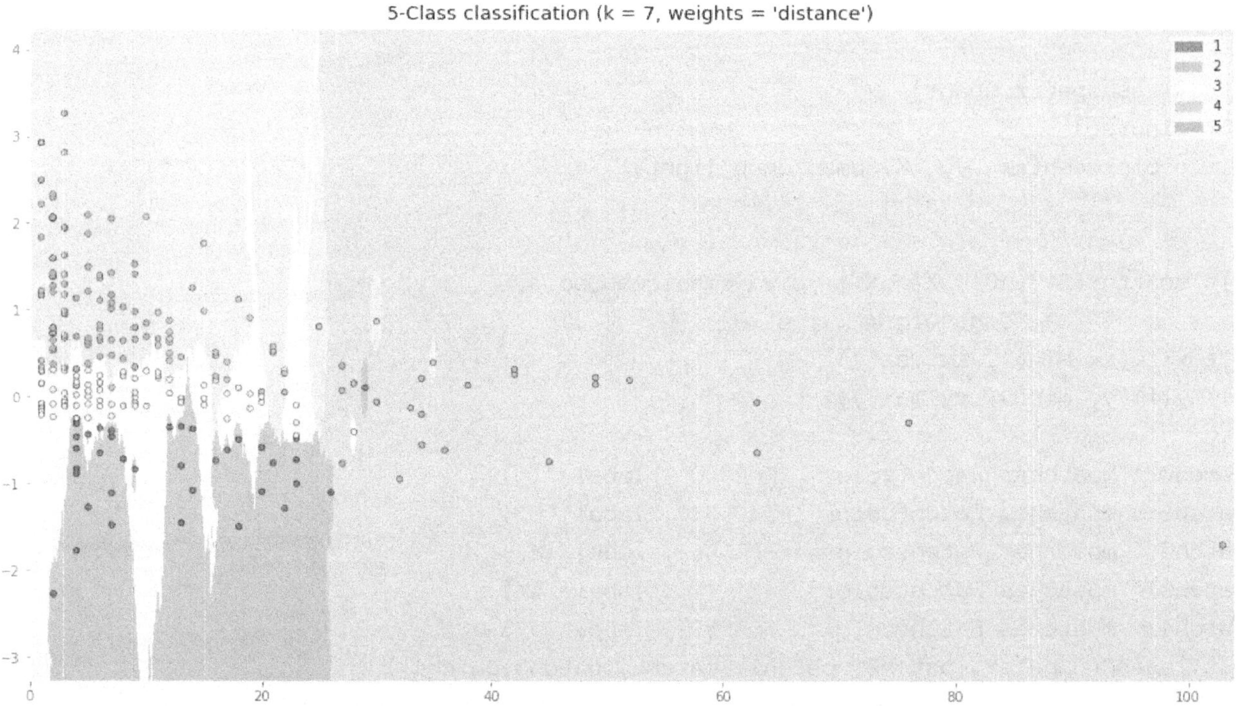

Vemos las 5 zonas en las que se relacionan cantidad de palabras con el valor de sentimiento de la Review que deja el usuario. Se distinguen 5 regiones que podríamos dividir así:

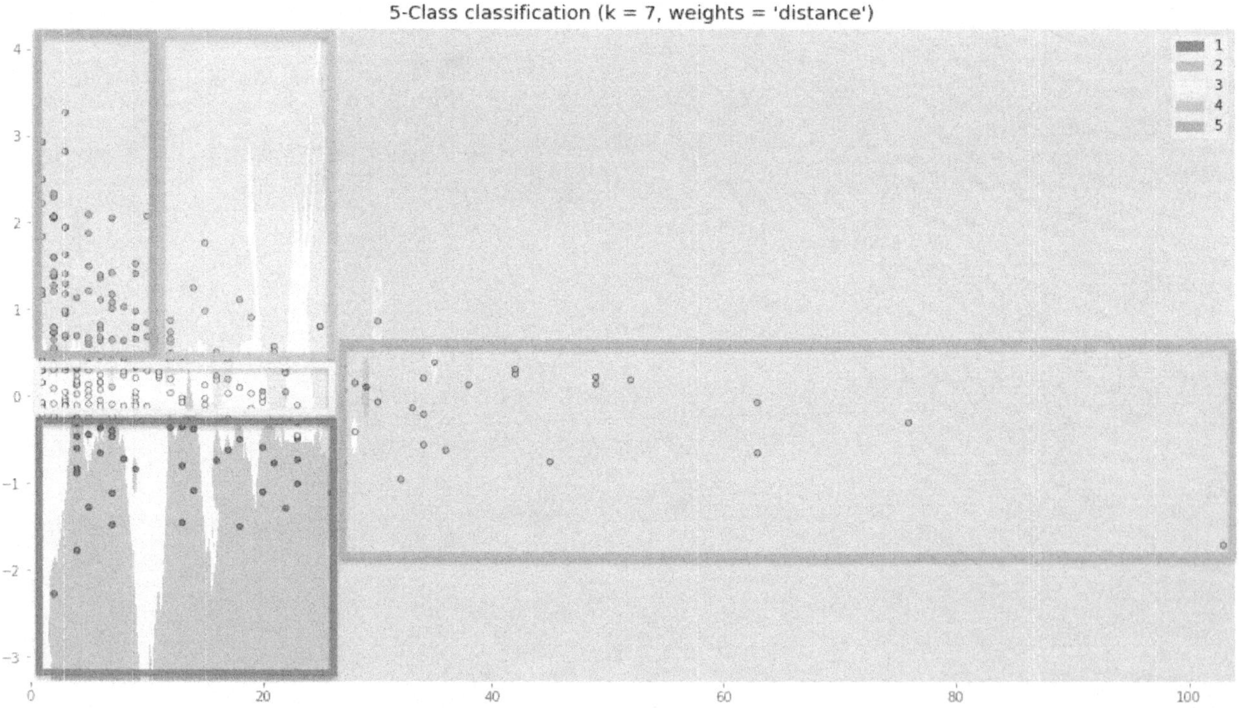

Es decir que "a ojo" una review de 20 palabras y Sentimiento 1, nos daría una valoración de 4 (zona celeste). Con estas zonas podemos intuir ciertas características de los usuarios que usan y valoran la app:

- Los usuarios que ponen 1 estrella tienen sentimiento negativo y hasta 25 palabras.
- Los usuarios que ponen 2 estrellas dan muchas explicaciones (hasta 100 palabras) y su sentimiento puede variar entre negativo y algo positivo.
- Los usuarios que ponen 3 estrellas son bastante neutrales en sentimientos, puesto que están en torno al cero y hasta unas 25 palabras.
- Los usuarios que dan 5 estrellas son bastante positivos (de 0,5 en adelante, aproximadamente) y ponen pocas palabras (hasta 10).

Elegir el mejor valor de k

(sobre todo importante para desempatar o elegir los puntos frontera!)

Antes vimos que asignamos el valor n_neighbors=7 como valor de "k" y obtuvimos buenos resultados. ¿Pero de donde salió ese valor?. Pues realmente tuve que ejecutar este código que viene a continuación, donde vemos distintos valores k y la precisión obtenida.

```
k_range = range(1, 20)
scores = []
for k in k_range:
    knn = KNeighborsClassifier(n_neighbors = k)
    knn.fit(X_train, y_train)
    scores.append(knn.score(X_test, y_test))
plt.figure()
plt.xlabel('k')
plt.ylabel('accuracy')
plt.scatter(k_range, scores)
plt.xticks([0,5,10,15,20])
```

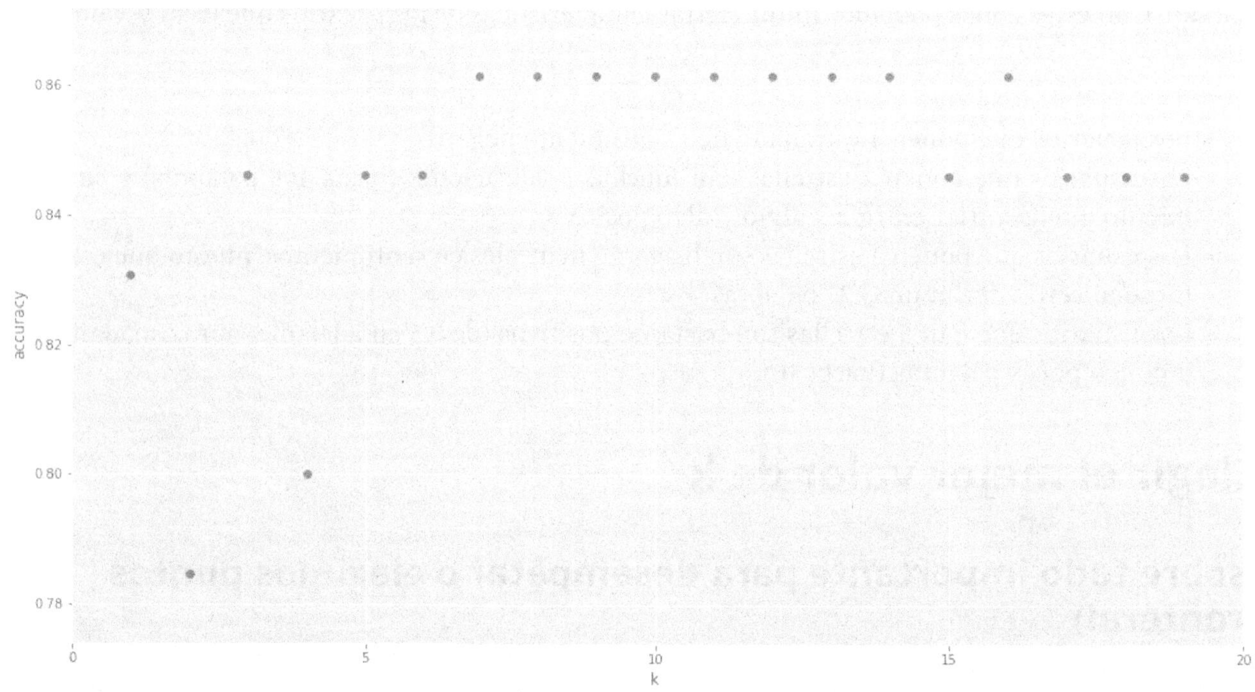

En la gráfica vemos que con valores k=7 a k=14 es donde mayor precisión se logra.

Clasificar ó Predecir nuevas muestras

Ya tenemos nuestro modelo y nuestro valor de k. Ahora, lo lógico será usarlo! Pues supongamos que nos llegan nuevas reviews! veamos como predecir sus estrellas de 2 maneras. La primera:

```
print(clf.predict([[5, 1.0]]))
```

```
[5]
```

Este resultado nos indica que para 5 palabras y sentimiento 1, nos valorarán la app con 5 estrellas. Pero también podríamos obtener las probabilidades que de nos den 1, 2,3,4 o 5 estrellas con predict_-proba():

```
print(clf.predict_proba([[20, 0.0]]))
```

```
[[0.00381998 0.02520212 0.97097789 0.  0.  ]]
```

Aquí vemos que para las coordenadas 20, 0.0 hay 97% probabilidades que nos den 3 estrellas. Puedes comprobar en el gráfico anterior, que encajan en las zonas que delimitamos anteriormente.

Resumen

En este ejercicio creamos un modelo con Python para procesar y clasificar puntos de un conjunto de entrada con el algoritmo k-Nearest Neighbor. Cómo su nombre en inglés lo dice, se evaluán los "k vecinos más cercanos" para poder clasificar nuevos puntos. Al ser un algoritmo supervisado debemos contar con suficientes muestras etiquetadas para poder entrenar el modelo con buenos resultados. Este algoritmo es bastante simple y -como vimos antes- necesitamos muchos recursos de memoria y cpu para mantener el dataset "vivo" y evaluar nuevos puntos. Esto no lo hace recomendable para conjuntos de datos muy grandes. En el ejemplo, sólo utilizamos 2 dimensiones de entrada para poder graficar y ver en dos dimensiones cómo se obtienen y delimitan los grupos. Finalmente pudimos hacer nuevas predicciones y a raíz de los resultados, comprender mejor la problemática planteada.

Recursos y enlaces

- Descarga la Jupyter Notebook[207] y el archivo de entrada csv[208]
- ó puedes visualizar online[209]
- o ver y descargar desde mi cuenta github[210]

Más artículos de Interés sobre k-Nearest Neighbor (en Inglés)

- Implementing kNN in scikit learn[211]
- Introduction to kNN[212]
- Complete guide to kNN[213]
- Solving a simple classification problem with Python[214]

---

[207]http://www.aprendemachinelearning.com/wp-content/uploads/2018/07/Ejercicio_k-NearestNeighbor.ipynb
[208]http://www.aprendemachinelearning.com/wp-content/uploads/2018/07/reviews_sentiment.csv
[209]http://nbviewer.jupyter.org/github/jbagnato/machine-learning/blob/master/Ejercicio_k-NearestNeighbor.ipynb
[210]https://github.com/jbagnato/machine-learning
[211]https://towardsdatascience.com/implementing-k-nearest-neighbors-with-scikit-learn-9e4858e231ea
[212]https://towardsdatascience.com/introduction-to-k-nearest-neighbors-3b534bb11d26
[213]https://kevinzakka.github.io/2016/07/13/k-nearest-neighbor/
[214]https://towardsdatascience.com/solving-a-simple-classification-problem-with-python-fruits-lovers-edition-d20ab6b071d2

Naive Bayes: ¿Comprar casa o Alquilar?

En este capítulo veremos un ejercicio práctico utilizando Naive Bayes intentando llevar los algoritmos de Machine Learning a un ejemplo de la vida real. Repasaremos la teoría del Teorema de Bayes[215] de estadística para poder tomar una decisión muy importante: **¿me conviene comprar casa ó alquilar?**

> Veamos si la Ciencia de Datos nos puede ayudar a resolver el misterio: ¿Si alquilo casa estoy tirando el dinero a la basura? ó ¿Es realmente conveniente pagar una hipoteca durante el *resto de mi vida*?

Si bien tocaremos el tema superficialmente -sin meternos en detalles como taza de interés de hipotecas variable/fija, comisiones de bancos, etc- haremos un planteo genérico para obtener resultados y tomar la mejor decisión dada nuestra condición actual. En otros capítulos vimos diversos algoritmos Supervisados[216] del Aprendizaje Automático[217] que nos dejan clasificar datos y/o obtener predicciones o asistencia a la toma de decisiones (árbol de decisión[218], regresión logística[219] y lineal[220], red neuronal[221]). Por lo general esos algoritmos intentan minimizar algún tipo de coste iterando las entradas y las salidas y ajustando internamente las "pendientes" ó "pesos" para hallar una salida. Esta vez, el algoritmo que usaremos se basa completamente en teoría de probabilidades y resultados estadísticos. **¿Será suficiente el Teorema de Bayes[222] para obtener buenas decisiones**? Veamos!

Los Datos de Entrada:

Importemos las librerías que usaremos y visualicemos la información que tenemos de entrada:

---

[215]https://www.youtube.com/watch?v=vI0XwOu_c0o
[216]http://www.aprendemachinelearning.com/aplicaciones-del-machine-learning/#supervisado
[217]http://www.aprendemachinelearning.com/que-es-machine-learning/
[218]http://www.aprendemachinelearning.com/arbol-de-decision-en-python-clasificacion-y-prediccion/
[219]http://www.aprendemachinelearning.com/regresion-logistica-con-python-paso-a-paso/
[220]http://www.aprendemachinelearning.com/regresion-lineal-en-espanol-con-python/
[221]http://www.aprendemachinelearning.com/una-sencilla-red-neuronal-en-python-con-keras-y-tensorflow/
[222]https://es.wikipedia.org/wiki/Teorema_de_Bayes

```
import pandas as pd
import numpy as np
import matplotlib.pyplot as plt
from matplotlib import colors
import seaborn as sb

%matplotlib inline
plt.rcParams['figure.figsize'] = (16, 9)
plt.style.use('ggplot')

from sklearn.model_selection import train_test_split
from sklearn.metrics import classification_report
from sklearn.metrics import confusion_matrix
from sklearn.naive_bayes import GaussianNB
from sklearn.feature_selection import SelectKBest
```

Carguemos la información sobre inmuebles del archivo csv[223]:

```
dataframe = pd.read_csv(r"comprar_alquilar.csv")
dataframe.head(10)
```

click to expand output; double click to hide output

	ingresos	gastos_comunes	pago_coche	gastos_otros	ahorros	vivienda	estado_civil	hijos	trabajo	comprar
0	6000	1000	0	600	50000	400000	0	2	2	1
1	6745	944	123	429	43240	636897	1	3	6	0
2	6455	1033	98	795	57463	321779	2	1	8	1
3	7098	1278	15	254	54506	660933	0	0	3	0
4	6167	863	223	520	41512	348932	0	0	3	1
5	5692	911	11	325	50875	360863	1	4	5	1
6	6830	1298	345	309	46761	429812	1	1	5	1
7	6470	1035	39	782	57439	606291	0	0	1	0
8	6251	1250	209	571	50503	291010	0	0	3	1
9	6987	1258	252	245	40611	324098	2	1	7	1

[224]

Las columnas que tenemos son:

- **ingresos**: los ingresos de la familia mensual.
- **gastos comunes**: pagos de luz, agua, gas, etc mensual.
- **pago coche**: si se está pagando cuota por uno o más coches, y los gastos en combustible, etc al mes.

[223]http://www.aprendemachinelearning.com/wp-content/uploads/2018/08/comprar_alquilar.csv
[224]http://www.aprendemachinelearning.com/wp-content/uploads/2018/08/bayes_entradas.png

- **gastos_otros**: compra en supermercado y lo necesario para vivir al mes.
- **ahorros**: suma de ahorros dispuestos a usar para la compra de la casa.
- **vivienda**: precio de la vivienda que quiere comprar esa familia.
- **estado civil**:
  - 0-soltero
  - 1-casado
  - 2-divorciado
- **hijos**: cantidad de hijos menores y que no trabajan.
- **trabajo**:
  - 0-sin empleo
  - 1-autónomo (freelance)
  - 2-empleado
  - 3-empresario
  - 4-pareja: autónomos
  - 5-pareja: empleados
  - 6-pareja: autónomo y asalariado
  - 7-pareja:empresario y autónomo
  - 8-pareja: empresarios los dos o empresario y empleado
- **comprar**: 0-No comprar 1-Comprar (esta será nuestra columna de salida)

Algunos supuestos para el problema formulado:

- Está planteado en Euros pero podría ser cualquier otra moneda.
- No tiene en cuenta ubicación geográfica cuando sabemos que dependerá mucho los precios de los inmuebles de distintas zonas.
- Se supone una hipoteca fija a 30 años con interés de mercado "bajo".

Con esta información, queremos que el algoritmo aprenda y que como resultado podamos *consultar nueva información* y nos dé una decisión sobre comprar (1) o alquilar (0) casa.

El teorema de Bayes

El teorema de Bayes[225] es una ecuación que **describe la relación de probabilidades condicionales** de cantidades estadísticas. En clasificación bayesiana[226] estamos interesados en encontrar la probabilidad de que ocurra una "clase" dadas unas características observadas (datos). Lo podemos escribir como **P(Clase | Datos)**. El teorema de Bayes nos dice cómo lo podemos expresar en términos de cantidades que podemos calcular directamente:

[225]https://es.wikipedia.org/wiki/Teorema_de_Bayes
[226]https://es.wikipedia.org/wiki/Clasificador_bayesiano_ingenuo

$$P(\text{Clase} \mid \text{Datos}) = \frac{P(\text{Datos}|\text{Clase}) * P(\text{Clase})}{P(\text{Datos})}$$

[227]

- **Clase** es una salida en particular, por ejemplo "comprar"
- **Datos** son nuestras características, en nuestro caso los ingresos, gastos, hijos, etc
- **P(Clase|Datos)** se llama posterior (y es el resultado que queremos hallar)
- **P(Datos|Clase)** se llama "verosimilitud" (en inglés likelihood)
- **P(Clase)** se llama anterior (pues es una probabilidad que ya tenemos)
- **P(Datos)** se llama probabilidad marginal

Si estamos tratando de elegir entre dos clases como "comprar" ó "alquilar", entonces una manera de tomar la decisión **es calcular la tasa de probabilidades a posterior**:

[227] http://www.aprendemachinelearning.com/wp-content/uploads/2018/08/teorema_bayes01.png

$$\frac{P(Comprar \mid Datos)}{P(Alquilar \mid Datos)} = \frac{P(Datos|Comprar) * P(Comprar)}{P(Datos|Alquilar) * P(Alquilar)}$$

[228]

Con esta maniobra, **nos deshacemos del denominador** de la ecuación anterior P(Datos) el llamado "probabilidad marginal".

Clasificador Gaussian Naive Bayes

Uno de los tipos de clasificadores más populares es el llamado en inglés *Gaussian Naive Bayes Classifier*[229].

Veamos cómo es su fórmula para comprender este curioso nombre: aplicaremos 2 clases (comprar, alquilar) y tres características: ingresos, ahorros e hijos.

[228]http://www.aprendemachinelearning.com/wp-content/uploads/2018/08/teorema_bayes03.png
[229]https://es.wikipedia.org/wiki/Clasificador_bayesiano_ingenuo

$$\text{posterior(comprar)} = \frac{\text{P(comprar)p(ingresos|comprar)p(ahorros|comprar)p(hijos|comprar)}}{\text{probabilidad marginal}}$$

$$\text{posterior(alquilar)} = \frac{\text{P(alquilar)p(ingresos|alquilar)p(ahorros|alquilar)p(hijos|alquilar)}}{\text{probabilidad marginal}}$$

[230]

Posterior de comprar es lo que queremos hallar: P(comprar|datos). Explicaremos los demás:

- **P(comprar)** es la probabilidad que ya tenemos. Es sencillamente el número de veces que se selecciona comprar =1 en nuestro conjunto de datos, dividido el total de observaciones. En nuestro caso (luego lo veremos en Python) son 67/202
- **p(ingresos|comprar)p(ahorros|comprar)p(hijos|comprar)** es la verosimilitud. Los nombres *Gaussian y Naive* (ingenuo) del algoritmo vienen de dos suposiciones:
    1. asumimos que las características de la verosimilitud **no estan correlacionada entre ellas**. Esto seria que los ingresos sean independientes a la cantidad de hijos y de los ahorros. Como no es siempre cierto y es una *suposición ingenua* es que aparece en el nombre "naive Bayes"
    2. Asumimos que el valor de las características (ingresos, hijos, etc) tendrá una distribución normal[231] (gaussiana). Esto nos permite calcular cada parte p(ingresos|comprar) usando la función de probabilidad de densidad normal[232].
- **probabilidad marginal** muchas veces es difícil de calcular, sin embargo, por la ecuación que vimos más arriba, no la necesitaremos para obtener nuestro valor a posterior. Esto simplifica los cálculos.

Fin de la teoría, sigamos con el ejercicio! Ahora toca visualizar nuestras entradas y programar un poquito.

Visualización de Datos

Veamos qué cantidad de muestras de comprar o alquilar tenemos:

[230]http://www.aprendemachinelearning.com/wp-content/uploads/2018/08/bayes_posteriori.png
[231]https://es.wikipedia.org/wiki/Distribuci%C3%B3n_normal
[232]https://es.wikipedia.org/wiki/Funci%C3%B3n_de_densidad_de_probabilidad

```
print(dataframe.groupby('comprar').size())
```

```
comprar 0 135 1 67 dtype: int64
```

Esto son 67 entradas en las que se recomienda comprar y 135 en las que no. Hagamos un histograma de las características quitando la columna de resultados (comprar):

```
dataframe.drop(['comprar'], axis=1).hist()
plt.show()
```

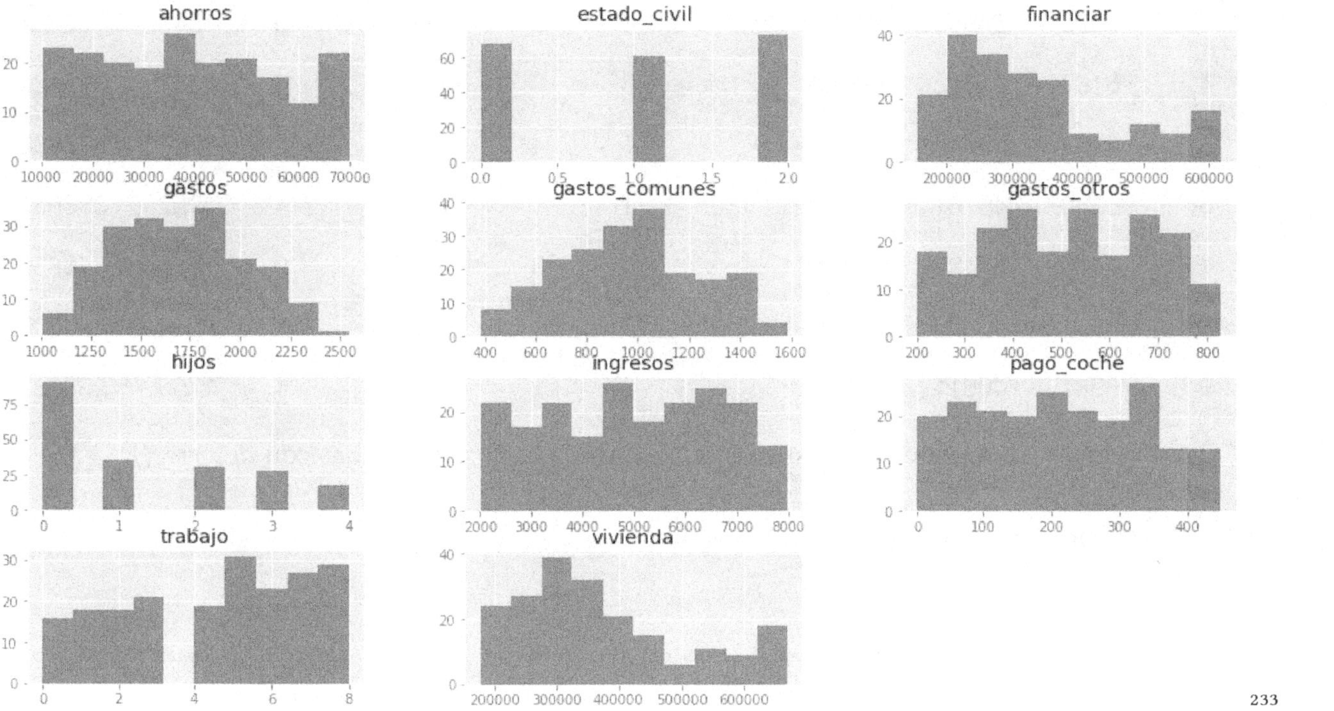

[233]

Pareciera a grandes rasgos que la distribución de hijos e ingresos *se parece* un poco a una distribución normal.

Preparar los datos de entrada

Procesemos algunas de estas columnas. Por ejemplo, podríamos agrupar los diversos gastos. También crearemos una columna llamada financiar que será la resta del precio de la vivienda con los ahorros de la familia.

[233]http://www.aprendemachinelearning.com/wp-content/uploads/2018/08/bayes_histogram.png

```
dataframe['gastos']=(dataframe['gastos_comunes']+dataframe['gastos_otros']+dataframe\
['pago_coche'])
dataframe['financiar']=dataframe['vivienda']-dataframe['ahorros']
dataframe.drop(['gastos_comunes','gastos_otros','pago_coche'], axis=1).head(10)
```

	ingresos	ahorros	vivienda	estado_civil	hijos	trabajo	comprar	gastos	financiar
0	6000	50000	400000	0	2	2	1	1600	350000
1	6745	43240	636897	1	3	6	0	1496	593657
2	6455	57463	321779	2	1	8	1	1926	264316
3	7098	54506	660933	0	0	3	0	1547	606427
4	6167	41512	348932	0	0	3	1	1606	307420
5	5692	50875	360863	1	4	5	1	1247	309988
6	6830	46761	429812	1	1	5	1	1952	383051
7	6470	57439	606291	0	0	1	0	1856	548852
8	6251	50503	291010	0	0	3	1	2030	240507
9	6987	40611	324098	2	1	7	1	1755	283487

[234]

Y ahora veamos un resumen estadístico que nos brinda la librería Pandas con *describe()*:

```
reduced = dataframe.drop(['gastos_comunes','gastos_otros','pago_coche'], axis=1)
reduced.describe()
```

	ingresos	ahorros	vivienda	estado_civil	hijos	trabajo	comprar	gastos	financiar
count	202.000000	202.000000	202.000000	202.000000	202.000000	202.000000	202.000000	202.000000	202.000000
mean	4958.995050	38749.668317	373349.638614	1.024752	1.232673	4.490099	0.331683	1698.752475	334599.970297
std	1682.862556	17365.231870	136371.525622	0.837184	1.367833	2.535794	0.471988	324.838005	126607.099497
min	2008.000000	10319.000000	176553.000000	0.000000	0.000000	0.000000	0.000000	1007.000000	154716.000000
25%	3513.750000	24964.250000	274810.000000	0.000000	0.000000	2.000000	0.000000	1430.500000	240410.250000
50%	4947.500000	38523.000000	340783.500000	1.000000	1.000000	5.000000	0.000000	1669.500000	301177.000000
75%	6374.500000	52150.750000	444482.000000	2.000000	2.000000	7.000000	1.000000	1928.000000	393413.000000
max	7984.000000	69934.000000	669540.000000	2.000000	4.000000	8.000000	1.000000	2543.000000	618621.000000

[235]

[234]http://www.aprendemachinelearning.com/wp-content/uploads/2018/08/bayes_preprocesa.png
[235]http://www.aprendemachinelearning.com/wp-content/uploads/2018/08/bayes_stats.png

Feature Selection ó Selección de Características

En este ejercicio haremos **Feature Selection**[236] para mejorar nuestros resultados con este algoritmo. En vez de utilizar las 11 columnas de datos de entrada que tenemos, vamos a utilizar una Clase de SkLearn llamada SelectKBest con la que seleccionaremos las 5 mejores características y usaremos sólo esas.

```
X=dataframe.drop(['comprar'], axis=1)
y=dataframe['comprar']

best=SelectKBest(k=5)
X_new = best.fit_transform(X, y)
X_new.shape
selected = best.get_support(indices=True)
print(X.columns[selected])
```

```
Index(['ingresos', 'ahorros', 'hijos', 'trabajo', 'financiar'], dtype='object')
```

Bien, entonces usaremos 5 de las 11 características que teníamos. Las que "más aportan" al momento de clasificar. Veamos qué grado de correlación tienen:

```
used_features =X.columns[selected]

colormap = plt.cm.viridis
plt.figure(figsize=(12,12))
plt.title('Pearson Correlation of Features', y=1.05, size=15)
sb.heatmap(dataframe[used_features].astype(float).corr(),linewidths=0.1,vmax=1.0, sq\
uare=True, cmap=colormap, linecolor='white', annot=True)
```

[236] http://scikit-learn.org/stable/modules/feature_selection.html

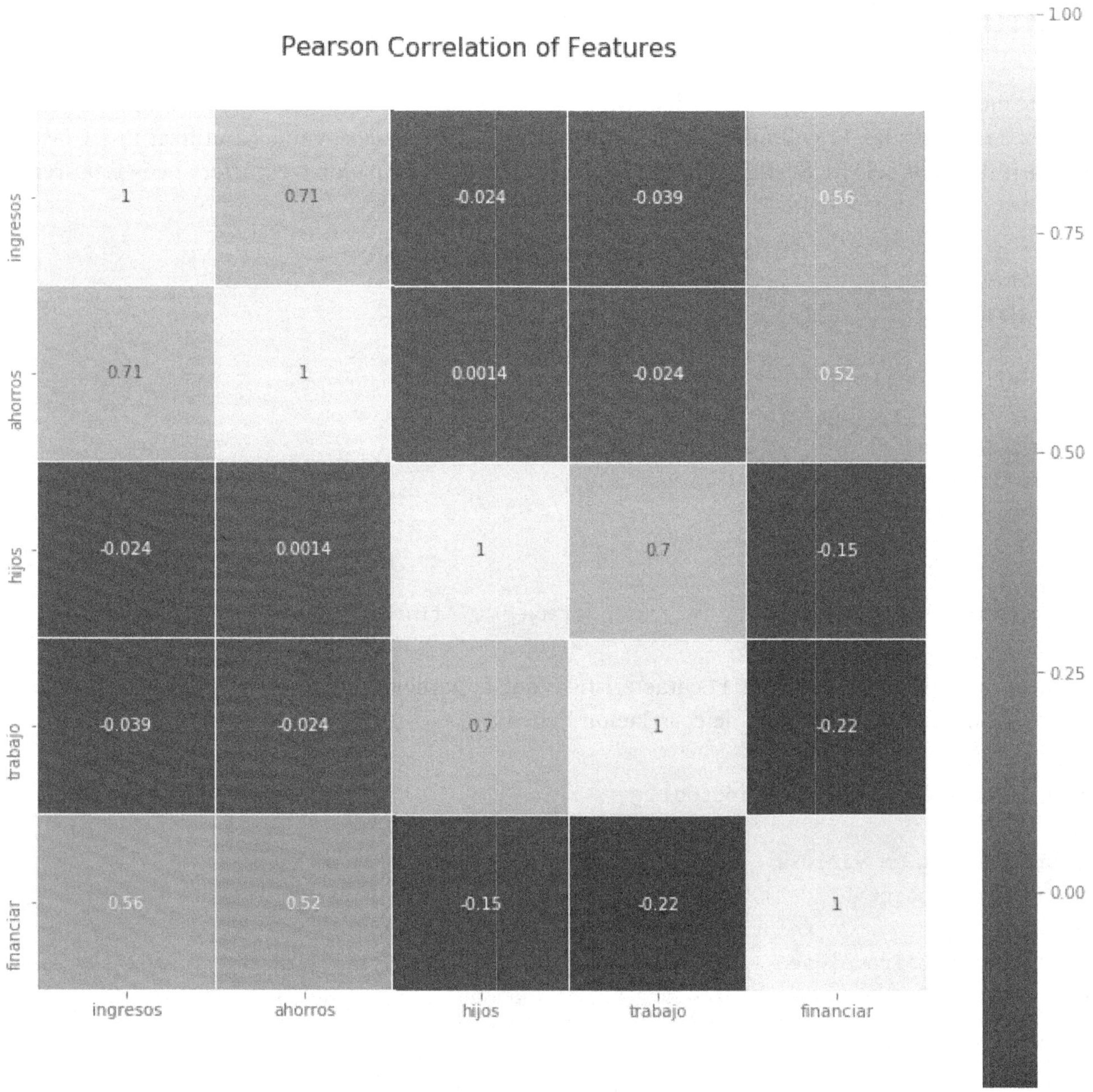

[237]

Con esto comprobamos que en general están poco correlacionadas, sin embargo también tenemos 2 valores de 0,7. Esperemos que el algoritmo sea lo suficientemente "naive" para dar buenos resultados ;)

Crear el modelo Gaussian Naive Bayes con SKLearn

Primero vamos a dividir nuestros datos de entrada en entrenamiento y test.

[237] http://www.aprendemachinelearning.com/wp-content/uploads/2018/08/bayes_correlation.png

```
# Split dataset in training and test datasets
X_train, X_test = train_test_split(dataframe, test_size=0.2, random_state=6)
y_train =X_train["comprar"]
y_test = X_test["comprar"]
```

Y creamos el modelo, lo ponemos a aprender con fit() y obtenemos predicciones sobre nuestro conjunto de test.

```
# Instantiate the classifier
gnb = GaussianNB()
# Train classifier
gnb.fit(
    X_train[used_features].values,
    y_train
)
y_pred = gnb.predict(X_test[used_features])

print('Precisión en el set de Entrenamiento: {:.2f}'
        .format(gnb.score(X_train[used_features], y_train)))
print('Precisión en el set de Test: {:.2f}'
        .format(gnb.score(X_test[used_features], y_test)))
```

```
Precisión en el set de Entrenamiento: 0.87
Precisión en el set de Test: 0.90
```

Pues hemos obtenido un bonito 90% de aciertos en el conjunto de Test con nuestro querido clasificador bayesiano. También puedes ver los resultados obtenidos aplicando PCA en este otro capítulo[238]

Probemos el modelo: ¿Comprar o Alquilar?

Ahora, hagamos 2 predicciones para probar nuestra máquina:

- En un caso será una familia sin hijos con 2.000€ de ingresos que quiere comprar una casa de 200.000€ y tiene sólo 5.000€ ahorrados.
- El otro será una familia con 2 hijos con ingresos por 6.000€ al mes, 34.000 en ahorros y consultan si comprar una casa de 320.000€.

[238]http://www.aprendemachinelearning.com/comprende-principal-component-analysis/

```
#                     ['ingresos', 'ahorros', 'hijos', 'trabajo', 'financiar']
print(gnb.predict([[2000,          5000,     0,       5,          200000],
                   [6000,          34000,    2,       5,          320000] ]))
#Resultado esperado 0-Alquilar, 1-Comprar casa
```

```
[0 1]
```

Los resultados son los esperados, en el primer caso, recomienda Alquilar (0) y en el segundo comprar la casa (1).

Resumen

A lo largo del artículo repasamos el teorema de Bayes[239] y vimos un ejemplo para aplicarlo en una toma de decisiones. Pero no olvidemos que en el proceso también hicimos preprocesamiento de los datos, visualizaciones y Selección de Características. Durante diversas charlas que tuve con profesionales del Data Science en mi camino de aprendizaje sale un mismo mensaje que dice: "No es tan importante el algoritmo a aplicar si no la obtención y preprocesado de los datos que se van a utilizar". Naive Bayes como clasificador se utiliza mucho en NLP (Natural Language Processing)[240] tanto en el típico ejemplo de detectar "Spam" o no, en tareas más complejas como reconocer un idioma o detectar la categoría apropiada de un artículo de texto. También puede usarse para detección de intrusiones o anomalías en redes informáticas y para diagnósticos médicos dados unos síntomas observados. Por último veamos los pros y contras de utilizar Gaussian Naive Bayes:

- **Pros**: Es rápido, simple de implementar, funciona bien con conjunto de datos pequeños, va bien con muchas dimensiones (features) y llega a dar buenos resultados aún siendo "ingenuo" sin que se cumplan todas las condiciones de distribución necesarias en los datos.
- **Contras**: Requiere quitar las dimensiones con correlación y para buenos resultados las entradas deberían cumplir las 2 suposiciones de distribución normal e independencia entre sí (muy difícil que sea así ó deberíamos hacer transformaciones en lo datos de entrada).

Recursos Adicionales

- El código lo puedes ver en mi cuenta de Github[241] ó ...
- lo puedes descargar desde aquí Jupyter Notebook Ejercicio Bayes Python Code[242]
- Descarga el archivo csv de entrada comprar_alquilar.csv[243]

Otros artículos de interés sobre Bayes y Python en Inglés:

[239]https://es.wikipedia.org/wiki/Teorema_de_Bayes
[240]http://www.aprendemachinelearning.com/procesamiento-del-lenguaje-natural-nlp/
[241]https://github.com/jbagnato/machine-learning
[242]http://www.aprendemachinelearning.com/wp-content/uploads/2018/08/Ejercicio_Bayes.ipynb
[243]http://www.aprendemachinelearning.com/wp-content/uploads/2018/08/comprar_alquilar.csv

- Naive Bayes Classifier from Scratch[244]
- Naive Bayes Classification with SkLearn[245]
- In Depth: Naive Bayes Classification[246]
- Bayesian Statistic for Data Science[247]
- Feature Selection [248]
- Comprende Principal Component Analysis[249]

---

[244]https://chrisalbon.com/machine_learning/naive_bayes/naive_bayes_classifier_from_scratch/
[245]https://blog.sicara.com/naive-bayes-classifier-sklearn-python-example-tips-42d100429e44
[246]https://jakevdp.github.io/PythonDataScienceHandbook/05.05-naive-bayes.html
[247]https://towardsdatascience.com/bayesian-statistics-for-data-science-45397ec79c94
[248]http://scikit-learn.org/stable/modules/feature_selection.html
[249]http://www.aprendemachinelearning.com/comprende-principal-component-analysis/

Sistemas de Recomendación

Crea en Python un motor de recomendación con Collaborative Filtering

Una de las herramientas más conocidas y utilizadas que aportó el Machine Learning[250] fueron **los sistemas de Recomendación**. Son tan efectivos que estamos invadidos todos los días por recomendaciones, sugerencias y "productos relacionados" aconsejados por distintas apps, webs y correos.

Sin dudas, los casos más conocidos de uso de esta tecnología son **Netflix acertando en recomendar series y películas, Spotify sugiriendo canciones y artistas ó Amazon ofreciendo productos de venta cruzada** "sospechosamente" muy tentadores para cada usuario.

Pero también Google nos sugiere búsquedas relacionadas, Android aplicaciones en su tienda y Facebook amistades. O las típicas "lecturas relacionadas" en los blogs y periódicos.

Todo E-Commerce que se precie de serlo debe utilizar esta herramienta y si no lo hace... estará perdiendo una ventaja competitiva para potenciar sus ventas.

¿Qué son los Sistemas ó Motores de Recomendación?

> Los sistemas de recomendación, a veces llamados en inglés "recommender systems" son algoritmos que intentan "predecir" los siguientes ítems (productos, canciones, etc.) que querrá adquirir un usuario en particular.

Antes del Machine Learning, lo más común era usar "rankings" ó listas con lo más votado, ó más popular de entre todos los productos. Entonces a todos los usuarios se les recomendaba lo mismo. Es una técnica que aún se usa y en muchos casos funciona bien, por ejemplo, en librerías ponen apartados con los libros más vendidos, best sellers. Pero... ¿y si pudiéramos mejorar eso?... ¿si hubiera usuarios que no se guían como un rebaño y no los estamos reteniendo?...

Los Sistemas de Recomendación intentan personalizar al máximo lo que ofrecerán a cada usuario. Esto es ahora posible por la cantidad de información individual que podemos recabar de las personas y nos da la posibilidad de tener una mejor tasa de aciertos, mejorando la experiencia del internauta sin ofrecer productos a ciegas.

---

[250]https://www.aprendemachinelearning.com/que-es-machine-learning/

Tipos de motores

Entre las estrategias más usadas para crear sistemas de recomendación encontramos:

- **Popularity**: Aconseja por la "popularidad" de los productos. Por ejemplo, "los más vendidos" globalmente, se ofrecerán a todos los usuarios por igual sin aprovechar la personalización. Es fácil de implementar y en algunos casos es efectiva.
- **Content-based**: A partir de productos visitados por el usuario, se intenta "adivinar" qué busca el usuario y ofrecer mercancías similares.
- **Colaborative**: Es el más novedoso, pues utiliza la información de "masas" para identificar perfiles similares y aprender de los datos para recomendar productos de manera individual.

En este artículo comentaré mayormente el **Collaborative Filtering** y realizaremos un ejercicio en Python.

¿Cómo funciona Collaborative Filtering?

Para explicar cómo funciona Collaborative Filtering vamos a entender cómo será el dataset.

Ejemplo de Dataset

Necesitaremos, "ítems" y las valoraciones de los usuarios. Los ítems pueden ser, canciones, películas, productos, ó lo que sea que queremos recomendar.

Entonces nos quedará una matriz de este tipo, donde la intersección entre fila y columna es una valoración del usuario:

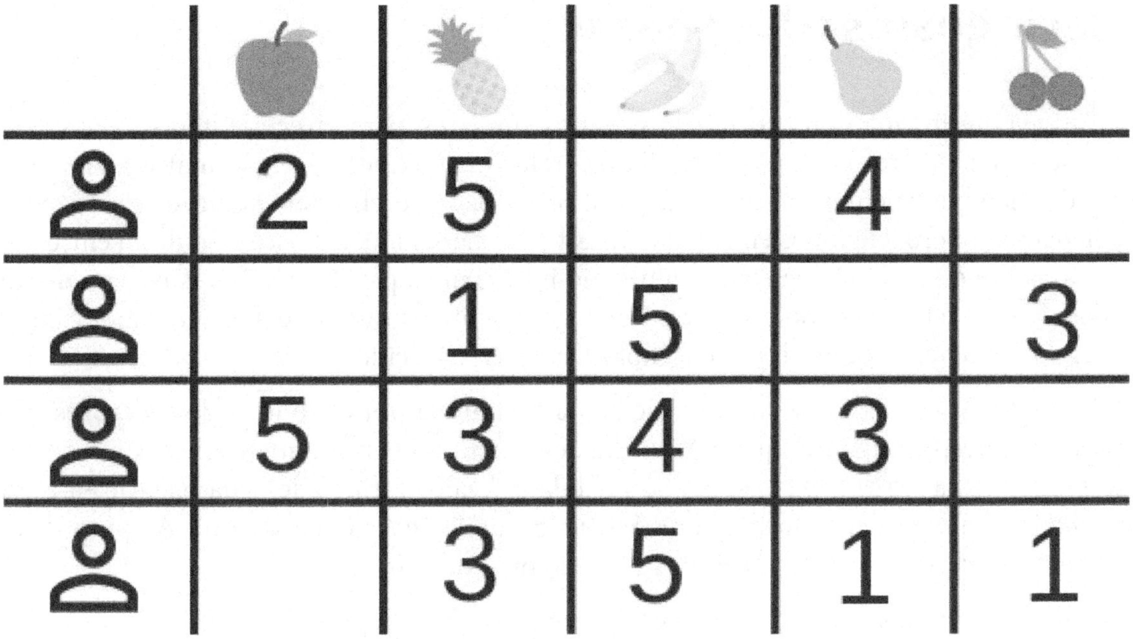

En esta "gráfica educativa" tenemos una matriz con productos (a la izquierda) y los ítems (arriba). En este ejemplo los ítems serán frutas y cada celda contiene la valoración hecha por cada usuario de ese ítem. Las casillas vacías significa que el usuario aún no ha probado esa fruta.

Entonces veremos que tenemos "huecos" en la tabla pues evidentemente no todos los usuarios tienen o "valoraron" todos los ítems. Por ejemplo si los ítems fueran "películas", es evidente que un usuario no habrá visto "todas las películas del mundo"... entonces esos huecos son justamente los que con nuestro algoritmo "rellenaremos" para recomendar ítems al usuario.

Una matriz con muchas celdas vacías se dice -en inglés- que es **sparce**[251] (y suele ser normal) en cambio si tuviéramos la mayoría de las celdas cubiertas con valoraciones, se llamará **dense**.

Tipos de Collaborative Filtering

- **User-based**: (Este es el que veremos a continuación)
  - Se identifican usuarios similares
  - Se recomiendan nuevos ítems a otros usuarios basado en el rating dado por otros usuarios similares (que no haya valorado este usuario)
- **Item-based**:
  - Calcular la similitud entre items
  - Encontrar los "mejores items similares" a los que un usuario no tenga evaluados y recomendárselos.

[251]http://dba-oracle.com/oracle_news/2005_6_27_What_Is_Sparsity.htm

Predecir gustos (User-based)

Collaborative Filtering intentará encontrar usuarios similares, para ofrecerle ítems "bien valorados" para ese perfil en concreto (lo que antes llamé "rellenar los huecos" en la matriz). Hay diversas maneras de medir ó calcular la similitud entre usuarios y de ello dependerá que se den buenas recomendaciones. Pero tengamos en cuenta que estamos hablando de buscar similitud entre "gustos" del usuario sobre esos ítems, me refiero a que no buscaremos perfiles similares por ser del mismo sexo, edad ó nivel educativo. Sólo nos valdremos de los ítems que ha experimentado, valorado (y podría ser su secuencia temporal) para agrupar usuarios "parecidos".

Una de las maneras de medir esa similitud se llama "**distancia por coseno de los vectores**[252]" y por simplificar el concepto, digamos que crea un espacio vectorial con n dimensiones correspondientes a los n items y sitúa los vectores siendo su medida el "valor rating" de cada usuario -a ese item-. Luego calcula el ángulo entre los vectores partiendo de la "coordenada cero". A "poca distancia" entre ángulos, se corresponde con usuarios con mayor similitud.

Este método no es siempre es perfecto... pero es bastante útil y rápido de calcular.

Calcular los Ratings

Una vez que tenemos la matriz de similitud, nos valdremos de otra operación matemática[253] para calcular las recomendaciones.

$$R_U = (\sum_{u=1}^{n} R_u * S_u)/(\sum_{u=1}^{n} S_u)$$

[254]

FORMULA para calcular los ratings faltantes: sería algo así como "Matriz de similitud PROD.VECTORIAL ratings / (sumatoria de cada fila de ratings) Transpuesta.

Lo que haremos es: cada rating se multiplica por el factor de similitud de usuario que dio el rating. La predicción final por usuario será igual a la suma del peso de los ratings dividido por la "suma ponderada".

Bueno, no te preocupes que este cálculo luego lo verás en código y no tiene tanto truco.

[252]http://blog.christianperone.com/2013/09/machine-learning-cosine-similarity-for-vector-space-models-part-iii/

[253]https://realpython.com/build-recommendation-engine-collaborative-filtering/

[254]https://www.aprendemachinelearning.com/wp-content/uploads/2019/08/rating_ponderado.png

Ejercicio en Python: "Sistema de Recomendación de Repositorios Github"

Vamos a crear un **motor de recomendación de repositorios Github**. Es la propuesta que hago en el blog… porque los recomendadores de música, películas y libros ya están muy vistos!.

Contaremos con un set de datos limitado (pequeño), pero podremos editar e ir agregando usuarios y repositorios para mejorar las sugerencias.

Vamos al código!

Cargamos las librerías que utilizaremos

```
import pandas as pd
import numpy as np
from sklearn.metrics import mean_squared_error
from sklearn.model_selection import train_test_split
from sklearn.neighbors import NearestNeighbors
import matplotlib.pyplot as plt
import sklearn
```

Cargamos y previsualizamoás los 3 archivos de datos csv que utilizaremos:

```
df_users = pd.read_csv("users.csv")
df_repos = pd.read_csv("repos.csv")
df_ratings = pd.read_csv("ratings.csv")
print(df_users.head())
print(df_repos.head())
print(df_ratings.head())
```

	userId	username	name
0	1	iris9112	Isabel Ruiz Buriticá
1	2	dianaclarke	Diana
2	3	nateprewitt	Nate Prewitt
3	4	oldani	Ordanis Sanchez
4	5	waflessnet	waflessnet

[255]

[255]https://www.aprendemachinelearning.com/wp-content/uploads/2019/08/recommend_df_users.png

	repoId	title	categories	stars
0	1	airbnb / javascript	completar	NaN
1	2	kamranahmedse / developer-roadmap	Roadmap to becoming a web developer in 2019	85800.0
2	3	microsoft / vscode	Visual Studio Code	80855.0
3	4	torvalds / linux	Linux kernel source tree	78761.0
4	5	ytdl-org / youtube-dl	Command-line program to download videos from Y...	53909.0

[256]

	userId	repoId	rating
0	1	1	2
1	1	2	3
2	1	3	4
3	1	4	5
4	1	5	3

[257]

Vemos que tenemos un archivo con la información de los usuarios y sus identificadores, un archivo con la información de los repositorios y finalmente el archivo "ratings" que contiene la valoración por usuario de los repositorios. Como no tenemos REALMENTE una valoración del 1 al 5 -como podríamos tener por ejemplo al valorar películas-, la columna rating **es el número de usuarios que tienen ese mismo repositorio** dentro de nuestra base de datos. Sigamos explorando para comprende un poco mejor:

```
n_users = df_ratings.userId.unique().shape[0]
n_items = df_ratings.repoId.unique().shape[0]
print (str(n_users) + ' users')
print (str(n_items) + ' items')
```

```
30 users
167 items
```

Vemos que es un dataset reducido, pequeño. Tenemos 30 usuarios y 167 repositorios valorados.

```
plt.hist(df_ratings.rating,bins=8)
```

[256]https://www.aprendemachinelearning.com/wp-content/uploads/2019/08/recommend_df_repos.png
[257]https://www.aprendemachinelearning.com/wp-content/uploads/2019/08/recommend_df_ratings.png

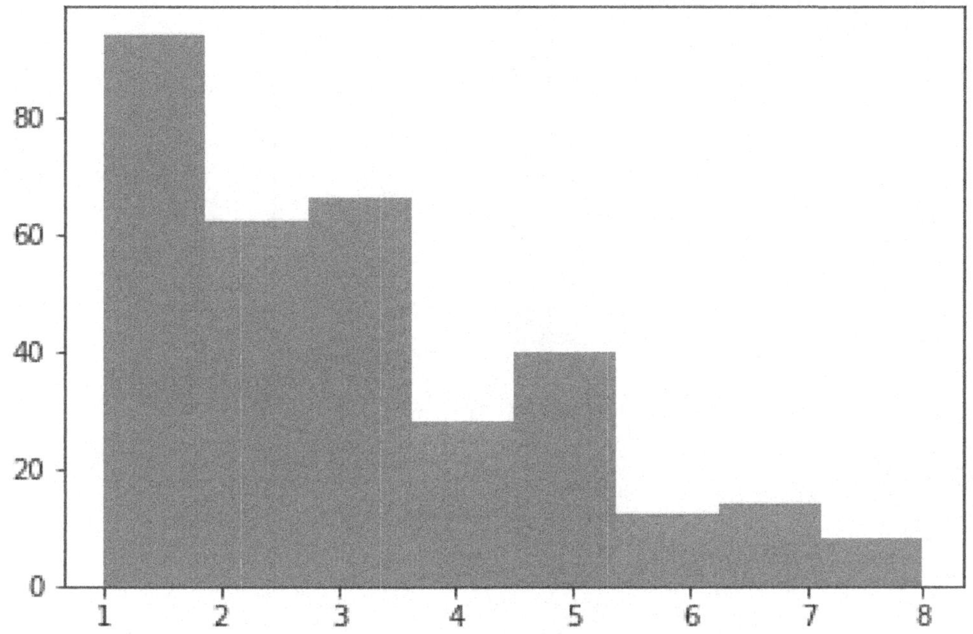

[258]

Tenemos más de 80 valoraciones con una puntuación de 1 y unas 40 con puntuación en 5. Veamos las cantidades exactas:

```
df_ratings.groupby(["rating"])["userId"].count()
```

```
rating
1 94
2 62
3 66
4 28
5 40
6 12
7 14
8 8
Name: userId, dtype: int64
```

```
plt.hist(df_ratings.groupby(["repoId"])["repoId"].count(),bins=8)
```

[258]https://www.aprendemachinelearning.com/wp-content/uploads/2019/08/recommend_ratings_hist.png

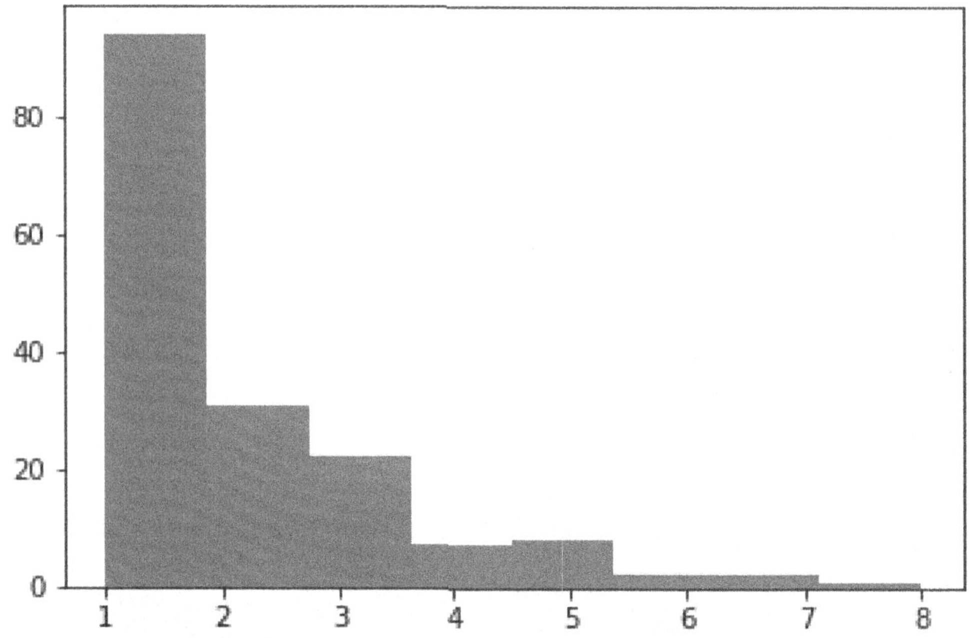

[259]

Aquí vemos la cantidad de repositorios y cuantos usuarios "los siguen". La mayoría de repos los tiene 1 sólo usuario, y no los demás. Hay unos 30 que los tienen 2 usuarios y unos 20 que coinciden 3 usuarios. La suma total debe dar 167.

Creamos la matriz usuarios/ratings

Ahora crearemos la matriz en la que cruzamos todos los usuarios con todos los repositorios.

```
df_matrix = pd.pivot_table(df_ratings, values='rating', index='userId', columns='rep\
oId').fillna(0)
df_matrix
```

[259]https://www.aprendemachinelearning.com/wp-content/uploads/2019/08/recommend_repos_hist.png

repoId	1	2	3	4	5	6	7	8	9	10	...
userId											
1	2.0	3.0	4.0	5.0	3.0	1.0	5.0	1.0	0.0	4.0	...
2	0.0	0.0	0.0	0.0	0.0	0.0	0.0	0.0	0.0	0.0	...
3	0.0	0.0	0.0	0.0	0.0	0.0	5.0	0.0	0.0	0.0	...
4	0.0	0.0	0.0	0.0	0.0	0.0	5.0	0.0	0.0	0.0	...
5	0.0	0.0	0.0	5.0	0.0	0.0	0.0	0.0	0.0	0.0	...
6	0.0	0.0	0.0	0.0	0.0	0.0	0.0	0.0	0.0	0.0	...
7	0.0	0.0	0.0	0.0	0.0	0.0	0.0	0.0	0.0	0.0	...
8	0.0	0.0	0.0	0.0	0.0	0.0	0.0	0.0	0.0	0.0	...
9	0.0	0.0	0.0	0.0	0.0	0.0	0.0	0.0	0.0	0.0	...
10	0.0	0.0	0.0	5.0	0.0	0.0	0.0	0.0	0.0	0.0	...

[260]

Vemos que rellenamos los "huecos" de la matriz con ceros. Y esos ceros serán los que deberemos reemplazar con las recomendaciones.

Sparcity

Veamos el porcentaje de sparcity[261] que tenemos:

```
ratings = df_matrix.values
sparsity = float(len(ratings.nonzero()[0]))
sparsity /= (ratings.shape[0] * ratings.shape[1])
sparsity *= 100
print('Sparsity: {:4.2f}%'.format(sparsity))
```

```
Sparsity: 6.43%
```

Esto serán muchos "ceros" que rellenar (predecir)...

[260]https://www.aprendemachinelearning.com/wp-content/uploads/2019/08/users_repo_matrix.png
[261]https://www.quora.com/What-is-a-clear-explanation-of-data-sparsity

Dividimos en Train y Test set

Separamos en train y test para -más adelante- poder medir la calidad[262] de nuestras recomendaciones.

```
ratings_train, ratings_test = train_test_split(ratings, test_size = 0.2, random_stat\
e=42)
print(ratings_train.shape)
print(ratings_test.shape)
```

```
(24, 167)
(6, 167)
```

Matriz de Similitud: Distancias por Coseno

Ahora calculamos en una nueva matriz la similitud entre usuarios.

```
sim_matrix = 1 - sklearn.metrics.pairwise.cosine_distances(ratings)
print(sim_matrix.shape)
```

```
(30, 30)
```

```
plt.imshow(sim_matrix);
plt.colorbar()
plt.show()
```

[262] https://www.aprendemachinelearning.com/clasificacion-con-datos-desbalanceados/

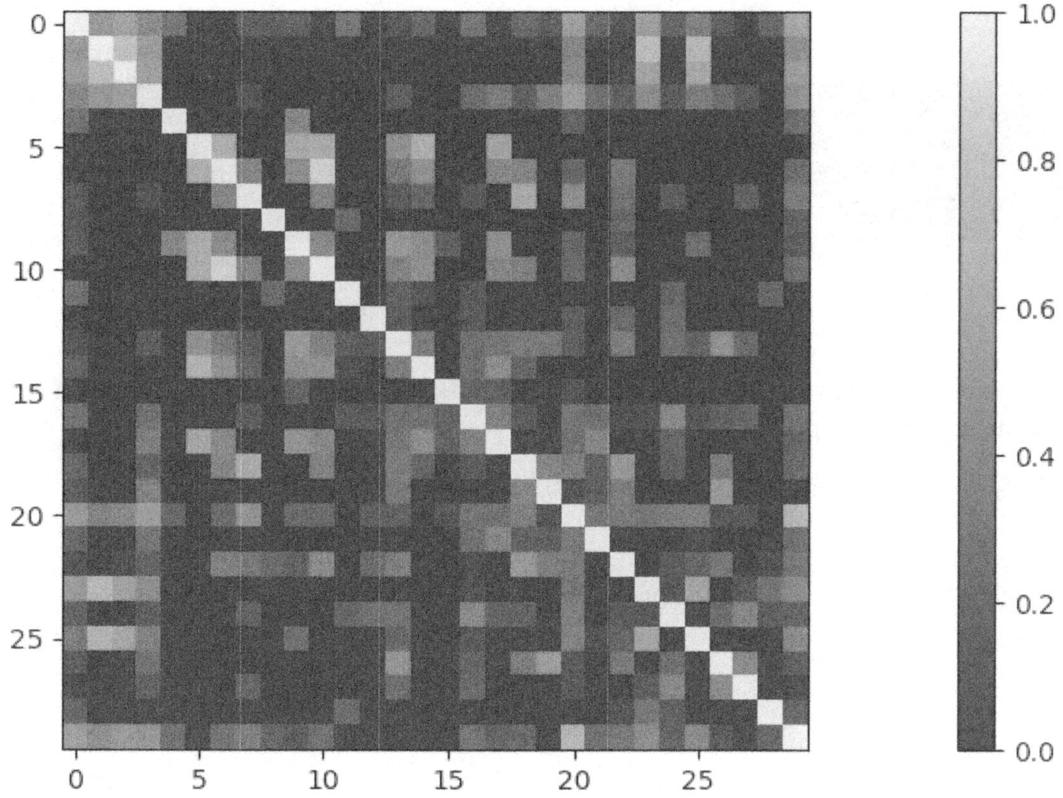

[263]

Cuanto más cercano a 1, mayor similitud entre esos usuarios.

Predicciones -ó llamémosle "Sugeridos para ti"-

```
#separar las filas y columnas de train y test
sim_matrix_train = sim_matrix[0:24,0:24]
sim_matrix_test = sim_matrix[24:30,24:30]

users_predictions = sim_matrix_train.dot(ratings_train) / np.array([np.abs(sim_matri\
x_train).sum(axis=1)]).T

plt.rcParams['figure.figsize'] = (20.0, 5.0)
plt.imshow(users_predictions);
plt.colorbar()
plt.show()
```

[263] https://www.aprendemachinelearning.com/wp-content/uploads/2019/08/similitud_matrix_plot.png

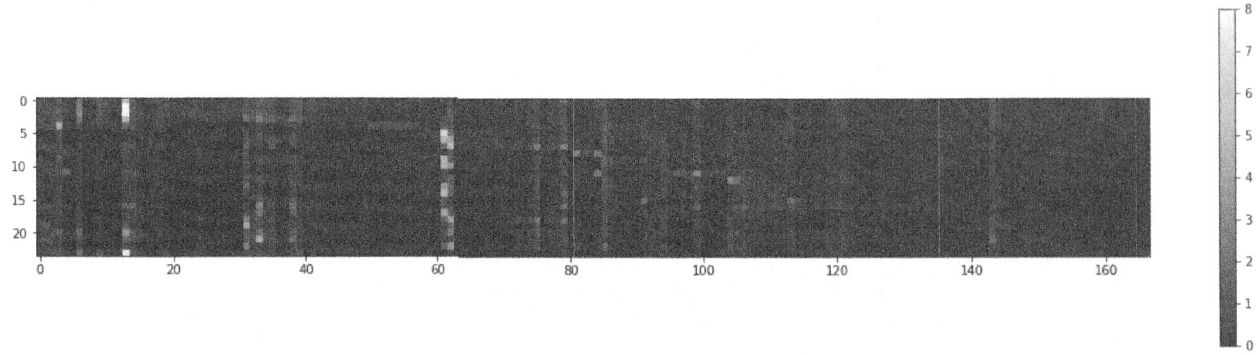
[264]

Vemos pocas recomendaciones que logren puntuar alto. La mayoría estará entre 1 y 2 puntos. Esto tiene que ver con nuestro dataset pequeño.

Vamos a tomar de ejemplo mi usuario de Github que es jbagnato[265].

```
USUARIO_EJEMPLO = 'jbagnato'
data = df_users[df_users['username'] == USUARIO_EJEMPLO]
usuario_ver = data.iloc[0]['userId'] - 1 # resta 1 para obtener el index de pandas.

user0=users_predictions.argsort()[usuario_ver]

# Veamos los tres recomendados con mayor puntaje en la predic para este usuario
for i, aRepo in enumerate(user0[-3:]):
    selRepo = df_repos[df_repos['repoId']==(aRepo+1)]
    print(selRepo['title'] , 'puntaje:', users_predictions[usuario_ver][aRepo])
```

```
4 ytdl-org / youtube-dl
Name: title, dtype: object puntaje: 2.06
84 dipanjanS / practical-machine-learning-with-py...
Name: title, dtype: object puntaje: 2.44
99 abhat222 / Data-Science--Cheat-Sheet
Name: title, dtype: object puntaje: 3.36
```

Vemos que los tres repositorios con mayor puntaje para sugerir a mi usuario son el de **Data-Science–Cheat-Sheet** con una puntuación de 3.36, **practical-machine-learning-with-py** con 2.44 y **youtube-dl** con 2.06. No son puntuaciones muy altas, pero son buenas sugerencias.

Validemos el error

Sobre el test set comparemos la métrica mean squared error[266] con el conjunto de entrenamiento:

[264]https://www.aprendemachinelearning.com/wp-content/uploads/2019/08/recommend_train_predictions.png
[265]https://github.com/jbagnato/machine-learning
[266]https://www.statisticshowto.datasciencecentral.com/mean-squared-error/

```
def get_mse(preds, actuals):
    if preds.shape[1] != actuals.shape[1]:
        actuals = actuals.T
    preds = preds[actuals.nonzero()].flatten()
    actuals = actuals[actuals.nonzero()].flatten()
    return mean_squared_error(preds, actuals)

get_mse(users_predictions, ratings_train)

# Realizo las predicciones para el test set
users_predictions_test = sim_matrix.dot(ratings) / np.array([np.abs(sim_matrix).sum(\
axis=1)]).T
users_predictions_test = users_predictions_test[24:30,:]

get_mse(users_predictions_test, ratings_test)
```

```
3.39
4.72
```

Vemos que para el conjunto de train y test el MAE es bastante cercano. Un indicador de que no tiene buenas predicciones sería si el MAE en test fuera 2 veces más (ó la mitad) del valor del de train.

Hay más...

En la notebook completa -en Github-[267], encontrarás más opciones de crear el Recomendador, utilizando K-Nearest Neighbors[268] como estimador, y también usando la similitud entre ítems (ítem-based). Sin embargo para los fines de este artículo espero haber mostrado el funcionamiento básico del Collaborative Filtering. Te invito a que luego lo explores por completo.

Resumen

Vimos que es relativamente sencillo crear un sistema de recomendación en Python y con Machine Learning. Como muchas veces en Data Science una de las partes centrales para que el modelo funcione se centra en tener los datos correctos y un volumen alto. También es central el valor que utilizaremos como "rating" -siendo una valoración real de cada usuario ó un valor artificial que creemos adecuado-. Recuerda que me refiero a rating como ese puntaje que surge de la intersección entre usuario e ítems en nuestro dataset. Luego será cuestión de evaluar entre las opciones de motores user-based, ítem-based y seleccionar la que menor error tenga. Y no descartes probar en el "mundo real" y ver qué porcentaje de aciertos (o feedback) te dan los usuarios reales de tu aplicación!

[267]https://github.com/jbagnato/machine-learning/blob/master/Ejercicio_Sistemas_Recomendacion.ipynb
[268]https://www.aprendemachinelearning.com/clasificar-con-k-nearest-neighbor-ejemplo-en-python/

Existen algunas librerías que se utilizan para crear motores de recomendación como la llamada "surprise".

Por último, decir que -como en casi todo el Machine Learning- tenemos la opción de crear Redes Neuronales con Embeddings[269] como recomendados y hasta puede que sean las que mejor funcionan para resolver esta tarea!.

Recursos del Artículo

Descarga los 3 archivos csv y el Notebook con el ejercicio Python completo (y adicionales!)

- users.csv[270]
- repos.csv[271]
- ratings.csv[272]
- Ejercicio-Sistemas-de-Recomendación[273] - Jupyter Notebook

Otros artículos de interés (en inglés)

- Build a Recommendation Engine[274]
- Collaborative Filtering and Embeddings[275]
- How to build a simple song-recommender-system[276]
- Collaborative Filtering with Python[277]
- Machine Learning for Recommender System[278]s

[269]https://www.aprendemachinelearning.com/pronostico-de-ventas-redes-neuronales-python-embeddings/
[270]https://github.com/jbagnato/machine-learning/blob/master/users.csv
[271]https://github.com/jbagnato/machine-learning/blob/master/repos.csv
[272]https://github.com/jbagnato/machine-learning/blob/master/ratings.csv
[273]https://github.com/jbagnato/machine-learning/blob/master/Ejercicio_Sistemas_Recomendacion.ipynb
[274]https://realpython.com/build-recommendation-engine-collaborative-filtering/
[275]https://towardsdatascience.com/collaborative-filtering-and-embeddings-part-1-63b00b9739ce
[276]https://towardsdatascience.com/how-to-build-a-simple-song-recommender-296fcbc8c85
[277]http://www.salemmarafi.com/code/collaborative-filtering-with-python/
[278]https://medium.com/recombee-blog/machine-learning-for-recommender-systems-part-1-algorithms-evaluation-and-cold-start-6f696683d0ed

Breve Historia de las Redes Neuronales Artificiales

Arquitecturas y Aplicaciones de las Redes Neuronales

Vamos a hacer un repaso por las diversas estructuras inventadas, mejoradas y utilizadas a lo largo de la historia para crear redes neuronales y sacar el mayor potencial al Deep Learning[279] para resolver toda clase de problemas[280] de regresión y clasificación.

Evolución de las Redes Neuronales en Ciencias de la Computación

Vamos a revisar las siguientes redes/arquitecturas:

- 1958 - Perceptron
- 1965 - Multilayer Perceptron
- 1980's
  - Neuronas Sigmoidales
  - Redes Feedforward
  - Backpropagation
- 1989 - Convolutional Neural Networks (CNN) / Recurent Neural Networks (RNN)
- 1997 - Long Short Term Memory (LSTM)
- 2006 - Deep Belief Networks (DBN): **Nace el Deep Learning**
  - Restricted Boltzmann Machine
  - Encoder / Decoder = Auto-encoder
- 2014 - Generative Adversarial Networks (GAN)

Si bien esta lista no es exhaustiva y no se abarcan todos los modelos creados desde los años 50, he recopilado las que fueron **las redes y tecnologías más importantes** desarrolladas para llegar al punto en que estamos hoy: **el Aprendizaje Profundo**.

[279]http://www.aprendemachinelearning.com/aprendizaje-profundo-una-guia-rapida/
[280]http://www.aprendemachinelearning.com/aplicaciones-del-machine-learning/

El inicio de todo: la neurona artificial

1958 - Perceptron

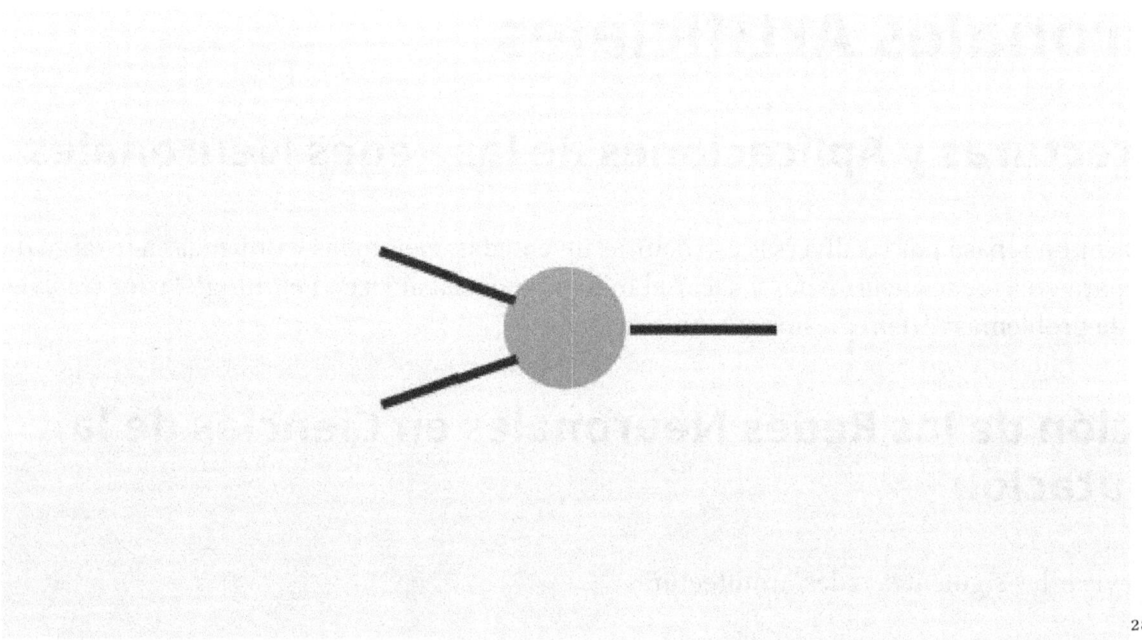

281

Entre las décadas de 1950 y 1960 el científico Frank Rosenblatt[282], inspirado en el trabajo de Warren McCulloch y Walter Pitts creó el Perceptron, la unidad desde donde nacería y se potenciarían las redes neuronales artificiales. Un perceptron toma varias entradas binarias x1, x2, etc y produce una sóla **salida binaria**. Para calcular la salida, Rosenblatt introduce el concepto de *"pesos"* w1, w2, etc, un número real que expresa la importancia de la respectiva entrada con la salida. La salida de la neurona será 1 o 0 si la suma de la multiplicación de pesos por entradas es mayor o menor a un determinado *umbral*. Sus principales usos son decisiones binarias sencillas, o funciones lógicas como OR, AND.

[281] http://www.aprendemachinelearning.com/wp-content/uploads/2018/09/net_perceptron.png
[282] https://es.wikipedia.org/wiki/Frank_Rosenblatt

1965 - Multilayer Perceptron

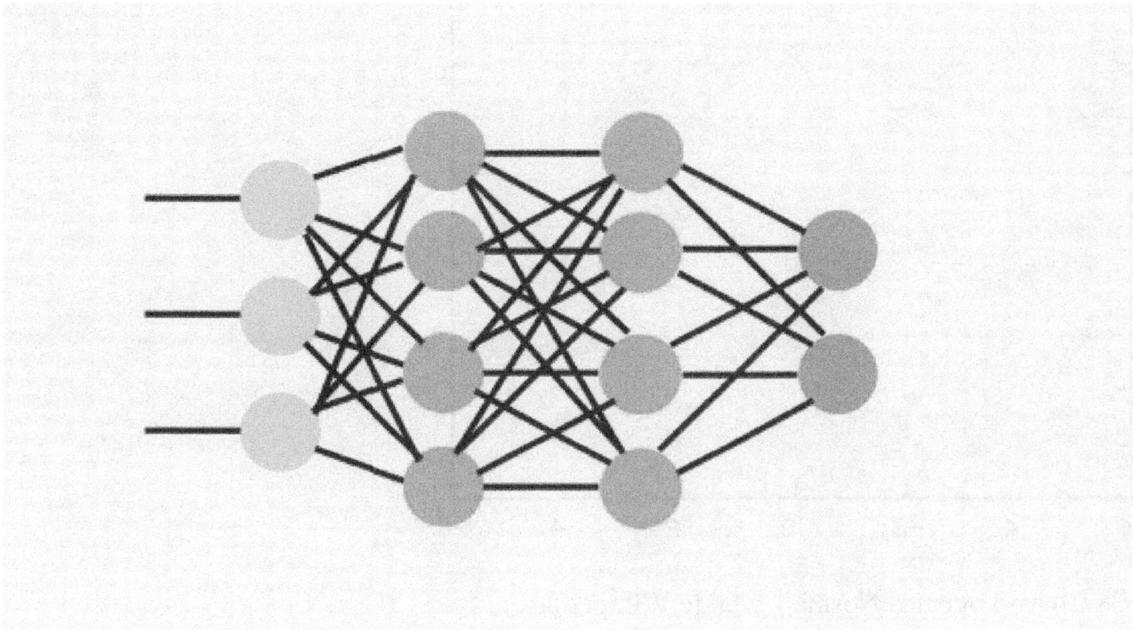
[283]

Como se imaginarán, el multilayer perceptron es una "amplicación" del perceptrón de una única neurona a más de una. Además aparece el concepto de capas de entrada, oculta y salida. Pero con valores de entrada y salida binarios. No olvidemos que tanto el valor de los pesos como el de umbral de cada neurona **lo asignaba manualmente el científico**. Cuantos más perceptrones en las capas, mucho más difícil conseguir los pesos para obtener salidas deseadas.

Los 1980s: aprendizaje automático

Neuronas Sigmoides

Para poder lograr que las redes de neuronas aprendieran solas fue necesario introducir un nuevo tipo de neuronas. Las llamadas Neuronas Sigmoides son similares al perceptron, pero permiten que las entradas, en vez de ser ceros o unos, puedan tener valores reales como 0,5 ó 0,377 ó lo que sea. También aparecen las neuronas "bias" que siempre suman 1 en las diversas capas para resolver ciertas situaciones. Ahora las salidas en vez de ser 0 ó 1, será d(w . x + b) donde d será la función sigmoide definida como d(z) = 1/(1 +e-z). **Esta es la primer función de activación!**

[283]http://www.aprendemachinelearning.com/wp-content/uploads/2018/09/net_multilayer.png

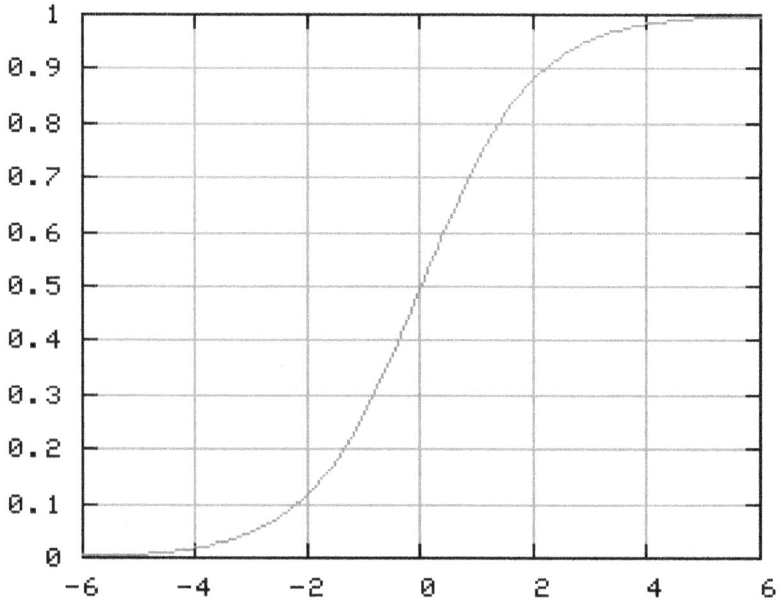

[284]

Imagen de la Curva Logística Normalizada de Wikipedia

Con esta nueva fórmula, se puede lograr que **pequeñas alteraciones en valores de los pesos (deltas) produzcan pequeñas alteraciones en la salida**. Por lo tanto, podemos ir ajustando muy de a poco los pesos de las conexiones e ir obteniendo las salidas deseadas.

Redes Feedforward

Se les llama así a las *redes en que las salidas de una capa son utilizadas como entradas en la próxima capa*. Esto quiere decir que no hay loops "hacia atrás". Siempre se "alimenta" de valores hacia adelante. Hay redes que veremos más adelante en las que sí que existen esos loops (Recurrent Neural Networks). Además existe el concepto de "fully connected Feedforward Networks" y se refiere a que todas las neuronas de entrada, están conectadas con todas las neuronas de la siguiente capa.

1986 - Backpropagation

Gracias al algoritmo de backpropagation[285] se hizo posible entrenar redes neuronales de multiples capas de manera supervisada. Al calcular el error obtenido en la salida e ir propagando hacia las capas anteriores se van haciendo ajustes pequeños (minimizando costo) en cada iteración para *lograr que la red aprenda* consiguiendo que la red pueda clasificar las entradas correctamente.

[284] http://www.aprendemachinelearning.com/wp-content/uploads/2018/07/Logistic-curve.png
[285] https://es.wikipedia.org/wiki/Propagaci%C3%B3n_hacia_atr%C3%A1s

1989 - Convolutional Neural Network

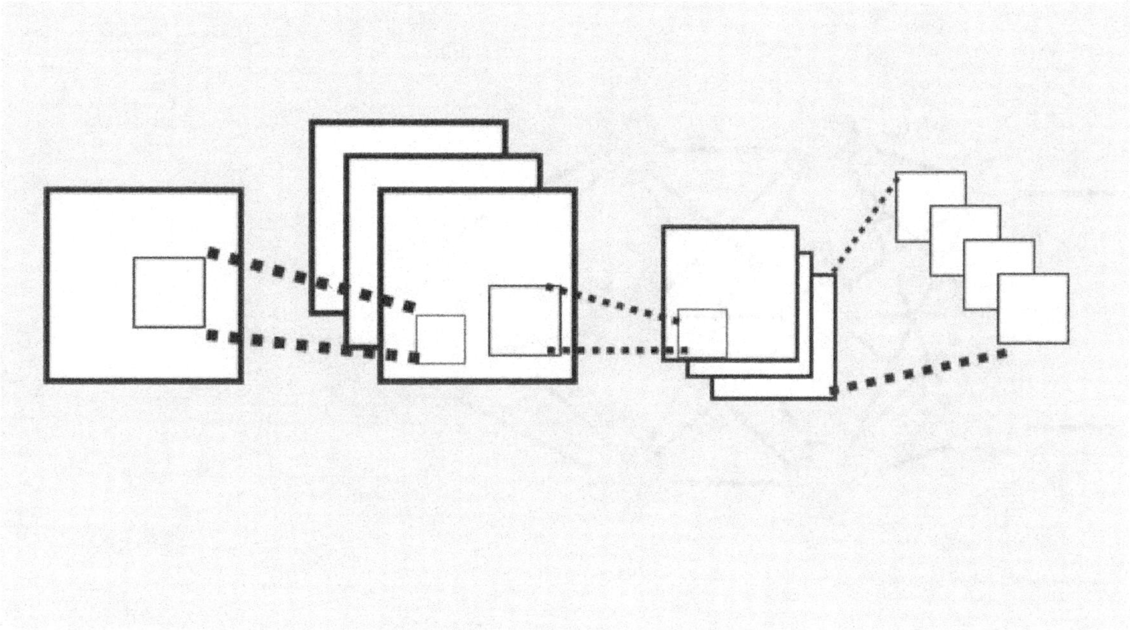

[286]

Las Convolutional Neural Networks[287] son redes multilayered que toman su inspiración del cortex visual de los animales. Esta arquitectura es útil en varias aplicaciones, principalmente **procesamiento de imágenes**. La primera CNN fue creada por Yann LeCun[288] y estaba enfocada en el reconocimiento de letras manuscritas. La arquitectura constaba de varias capas que implementaban la **extracción de características y luego clasificación**. La imagen se divide en campos receptivos que alimentan una capa convolutional que extrae features de la imagen de entrada (Por ejemplo, detectar lineas verticales, vértices, etc). El siguiente paso es *pooling* que reduce la dimensionalidad de las features extraídas **manteniendo la información más importante**. Luego se hace una nueva convolución y otro pooling que alimenta una red feedforward multicapa. La salida final de la red es un grupo de nodos que clasifican el resultado, por ejemplo un nodo para cada número del 0 al 9 (es decir, 10 nodos, se "activan" de a uno).

Esta arquitectura usando capas profundas y la clasificación de salida abrieron un mundo nuevo de posibilidades en las redes neuronales. Las CNN se usan también en reconocimiento de video y tareas de Procesamiento del Lenguaje natural.

[286]http://www.aprendemachinelearning.com/wp-content/uploads/2018/09/net_convolutional.png
[287]http://www.aprendemachinelearning.com/como-funcionan-las-convolutional-neural-networks-vision-por-ordenador/
[288]https://en.wikipedia.org/wiki/Yann_LeCun

1997 Long Short Term Memory / Recurrent Neural Network

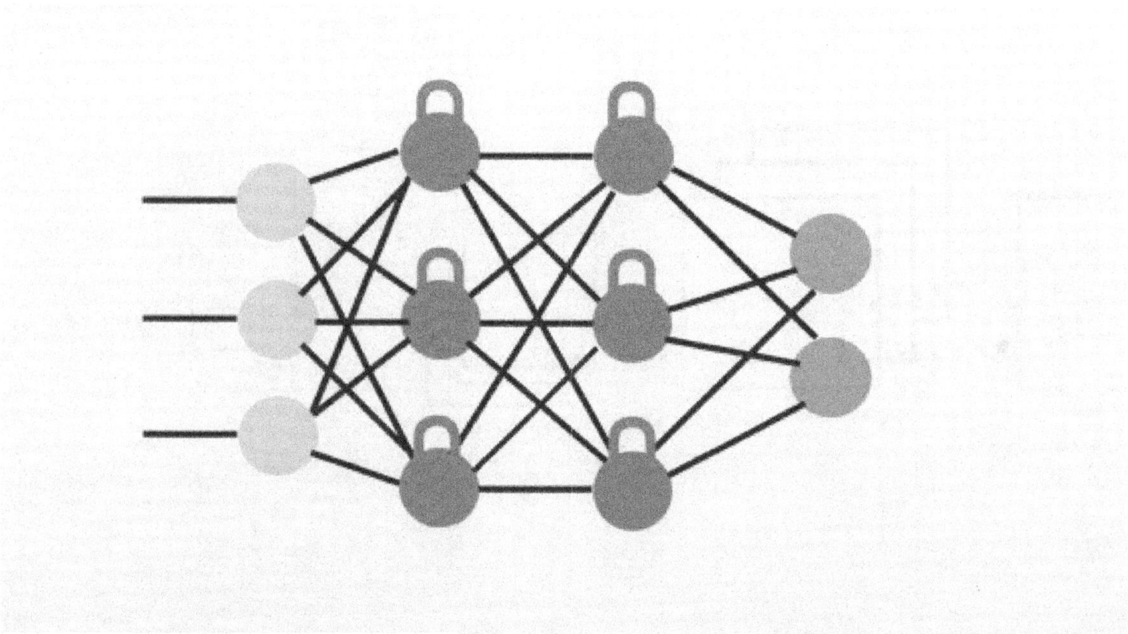

[289]

Aqui vemos que la red LSTM tiene neuronas ocultas con loops hacia atrás (en azul). Esto permite que almacene información en celdas de memoria.

Las Long short term memory son un tipo de Recurrent neural network. Esta arquitectura permite conexiones "hacia atrás" entre las capas. Esto las hace buenas para procesar datos de tipo "time series" (datos históricos). En 1997 se crearon las LSTM que consisten en unas celdas de memoria que permiten a la red recordar valores por períodos cortos o largos. Una celda de memoria contiene **compuertas que administran cómo la información fluye dentro o fuera**. La puerta de entrada controla cuando puede entran nueva información en la memoria. La puerta de *"olvido"* controla cuanto tiempo existe y se retiene esa información. La puerta de salida controla cuando la información en la celda es usada como salida de la celda. La celda contiene pesos que controlan cada compuerta. El algoritmo de entrenamiento -conocido como **backpropagation-through-time** optimiza estos pesos basado en el error de resultado. Las LSTM se han aplicado en reconocimiento de voz, de escritura, text-to-speech y otras tareas.

[289]http://www.aprendemachinelearning.com/wp-content/uploads/2018/09/net_lstm.png

Se alcanza el Deep Learning

2006 - Deep Belief Networks (DBN)

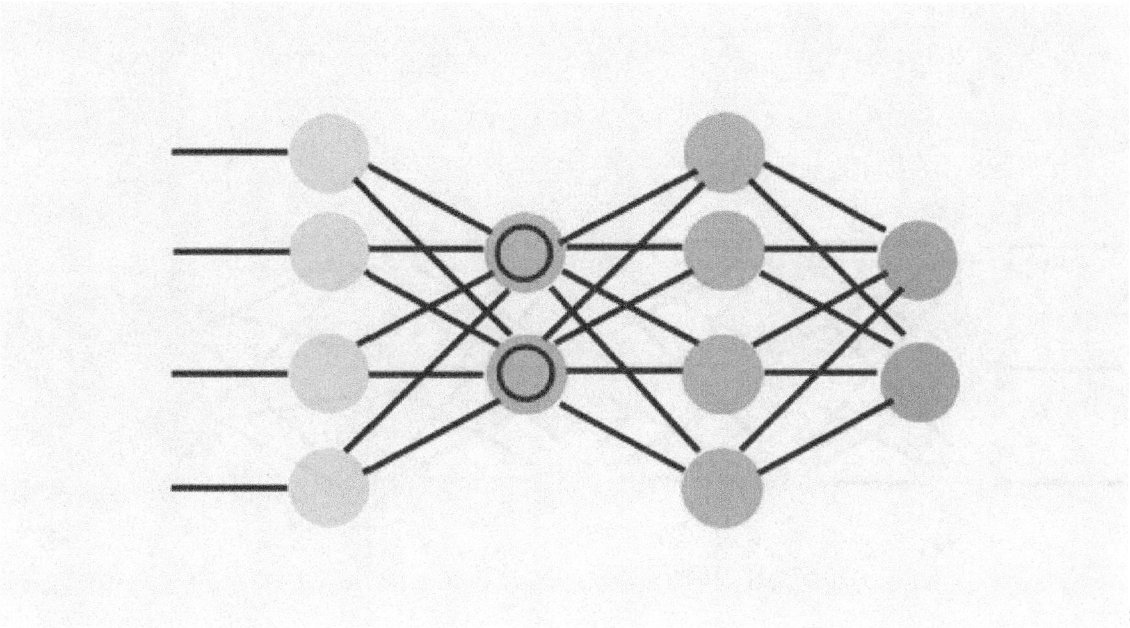

290

La Deep Belief Network utiliza un Autoencoder con Restricted Boltzmann Machines para preentrenar a las neuronas de la red y obtener un mejor resultado final.

Antes de las DBN en 2006 los modelos con "profundidad" (decenas o cientos de capas) eran considerados demasiado difíciles de entrenar (incluso con backpropagation) y el uso de las redes neuronales artificiales quedó estancado. Con la creación de una DBN que logro obtener un mejor resultado en el dataset MNIST[291], se devolvió el entusiasmo en poder lograr el aprendizaje profundo en redes neuronales. Hoy en día las DBN no se utilizan demasiado, pero fueron un gran hito en la historia en el desarrollo del deep learning y permitieron seguir la exploración para mejorar las redes existentes CNN, LSTM, etc. Las Deep Belief Networks, demostraron que **utilizar pesos aleatorios al inicializar las redes son una mala idea**: por ejemplo al utilizar Backpropagation con Descenso por gradiente muchas veces se caía en mínimos locales, sin lograr optimizar los pesos. Mejor será utilizar una asignación de pesos inteligente mediante un preentrenamiento de las capas de la red. Se basa en el uso de la utilización de Restricted Boltzmann Machines[292] y Autoencoders[293] para pre-entrenar la red de manera **no supervisada**[294]. Ojo! luego de pre-entrenar y asignar esos pesos iniciales, deberemos entrenar la red de forma habitual, supervisada[295] (con backpropagation). Ese preentrenamiento es una de las causas de la gran mejora en las redes neuronales permitió el deep

[290]http://www.aprendemachinelearning.com/wp-content/uploads/2018/09/deep_beleif.png
[291]https://tensorflow.rstudio.com/tensorflow/articles/tutorial_mnist_beginners.html
[292]https://towardsdatascience.com/deep-learning-meets-physics-restricted-boltzmann-machines-part-i-6df5c4918c15
[293]https://towardsdatascience.com/the-variational-autoencoder-as-a-two-player-game-part-i-4c3737f0987b
[294]http://www.aprendemachinelearning.com/aplicaciones-del-machine-learning/#no_supervisado
[295]http://www.aprendemachinelearning.com/aplicaciones-del-machine-learning/#supervisado

learning: pues para asignar los valores se evalúa capa a capa, **de a una**, y no "sufre" de cierto sesgo que causa el backpropagation, al entrenar a todas las capas en simultáneo.

2014 - Generative Adversarial Networks

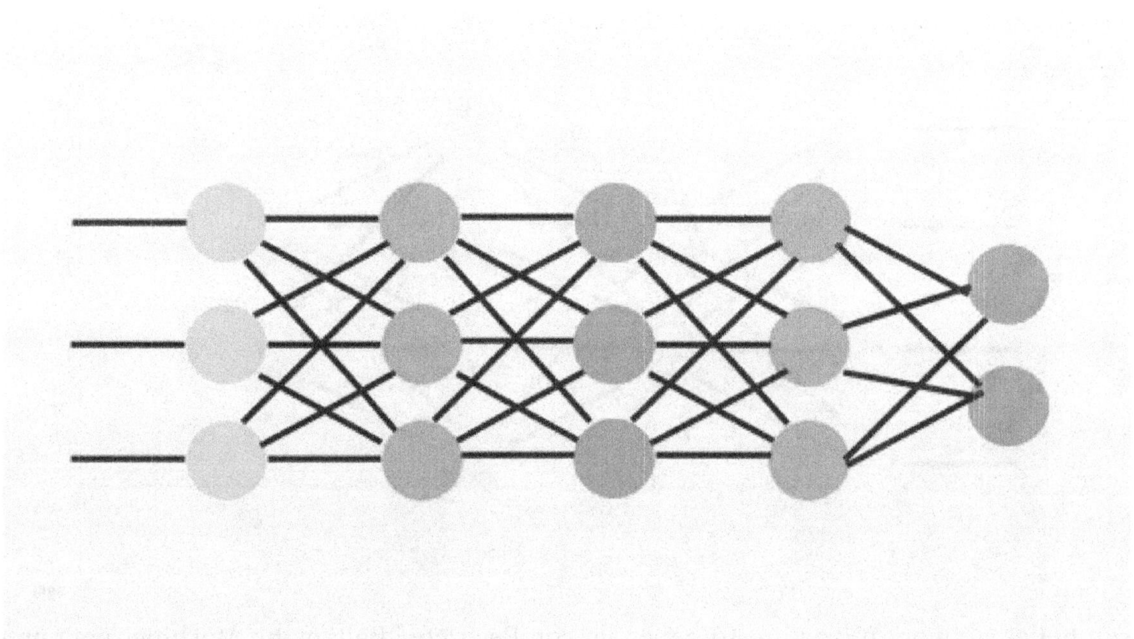

](http://www.aprendemachinelearning.com/wp-content/uploads/2018/09/gan.png)
Las GAN, entrenan dos redes neuronales en simultáneo. La red de Generación y la red de Discriminación. A medida que la máquina aprende, comienza a crear muestras que son indistinguibles de los datos reales.

Estas redes pueden aprender a crear muestras, de manera similar a los datos con las que las alimentamos. La idea detrás de GAN es la de **tener dos modelos de redes neuronales compitiendo**. Uno, llamado *Generador*, toma inicialmente "datos basura" como entrada y genera muestras. El otro modelo, llamado *Discriminador*, recibe a la vez muestras del Generador y del conjunto de entrenamiento (real) y deberá ser capaz de diferenciar entre las dos fuentes. Estas dos redes juegan una partida continua donde **el Generador aprende a producir muestras más realistas y el Discriminador aprende a distinguir entre datos reales y muestras artificiales**. Estas redes son entrenadas simultáneamente para finalmente lograr que los datos generados no puedan diferenciarse de datos reales. Sus aplicaciones principales son la de generación de imágenes artificiales realistas, pero también la de mejorar imágenes ya existentes, o generar textos (captions) en imágenes, o generar textos siguiendo un estilo determinado y hasta para el desarrollo de moléculas para industria farmacéutica.

Resumen

Hemos recorrido estos primeros -casi- 80 años de avances en las redes neuronales en la historia de la inteligencia artificial. Se suele dividir en 3 etapas, **del 40 al 70** en donde se pasó del asombro de estos nuevos modelos hasta el escepticismo, el retorno de un *invierno de 10 años* cuando en **los ochentas** surgen mejoras en mecanismos y maneras de entrenar las redes (backpropagation[296]) y se alcanza una meseta en la que no se puede alcanzar la "profundidad" de aprendizaje seguramente también por falta de poder de cómputo. Y **una tercer etapa a partir de 2006** en la que se logra superar esa barrera y aprovechando el poder de las GPU y nuevas técnicas se logra entrenar cientos de capas jerárquicas que conforman y potencian el Deep Learning y *dan una capacidad casi ilimitada a estas redes.* Como último comentario, me gustaría decir que recientemente (feb 2018[297]) surgieron nuevos estudios de las neuronas humanas biológicas en las que se está redescubriendo su funcionamiento y se está produciendo una nueva revolución, pues parece que es totalmente distinto a lo que hasta hoy conocíamos. Esto puede ser el principio de una nueva etapa totalmente nueva y seguramente mejor del Aprendizaje Profundo, el Machine Learning[298] y la Inteligencia Artificial.

Más recursos

* Cheat Sheets for AI[299]
* Neural Networks and Deep Learning[300]
* From Perceptrons to deep networks[301]
* Neural Networks Architectures[302]
* A beginners guide to Machine Learning[303]
* A guide on Time Series Prediction using LSTM[304]
* Convolutional Neural Networks in Python with Keras[305]
* History of Neural Network[306]

---

[296]http://www.aprendemachinelearning.com/crear-una-red-neuronal-en-python-desde-cero/
[297]https://medium.com/intuitionmachine/neurons-are-more-complex-than-what-we-have-imagined-b3dd00a1dcd3
[298]http://www.aprendemachinelearning.com/que-es-machine-learning/
[299]https://becominghuman.ai/cheat-sheets-for-ai-neural-networks-machine-learning-deep-learning-big-data-678c51b4b463
[300]http://neuralnetworksanddeeplearning.com/chap1.html#perceptrons
[301]https://www.toptal.com/machine-learning/an-introduction-to-deep-learning-from-perceptrons-to-deep-networks
[302]https://ml-cheatsheet.readthedocs.io/en/latest/architectures.html
[303]https://www.ibm.com/developerworks/library/cc-beginner-guide-machine-learning-ai-cognitive/index.html
[304]https://blog.statsbot.co/time-series-prediction-using-recurrent-neural-networks-lstms-807fa6ca7f
[305]https://www.datacamp.com/community/tutorials/convolutional-neural-networks-python
[306]https://medium.com/@karthikeyana97/history-of-neural-network-d1333760f0c5

Aprendizaje Profundo: una Guía rápida

Deep Learning y Redes Neuronales -sin código-

Explicaré brevemente en qué consiste el **Deep Learning** ó *Aprendizaje Profundo* utilizado en Machine Learning describiendo sus componentes básicos.

Nos centraremos en Aprendizaje Profundo aplicando Redes Neuronales Artificiales[307].

¿Cómo funciona el Deep Learning? Mejor un Ejemplo

> El Aprendizaje Profundo es un método del Machine Learning que nos permite entrenar una Inteligencia Artificial para obtener una predicción dado un conjunto de entradas. Esta inteligencia logrará un nivel de cognición por jerarquías. Se puede utilizar Aprendizaje Supervisado[308] o No Supervisado[309].

Explicaré cómo funciona el Deep Learning mediante un ejemplo teórico de predicción sobre quién ganará el mundial de futbol. Utilizaremos aprendizaje supervisado mediante algoritmos de Redes Neuronales Artificiales[310]. Para lograr las predicciones de los partidos de fútbol podemos tener las siguientes entradas:

- Cantidad de Partidos Ganados
- Cantidad de Partidos Empatados
- Cantidad de Partidos Perdidos
- Cantidad de Goles a Favor
- Cantidad de Goles en Contra
- "Racha Ganadora" del equipo (cant. max de partidos ganados seguidos sobre el total jugado)

Y podríamos tener muchísimas entradas más; la puntuación media de los jugadores del equipo, o el score que da la FIFA al equipo. Como en cada partido tenemos a 2 rivales, deberemos incluir estos 6 datos de entrada por cada equipo, es decir, 6 entradas del equipo 1 y otras 6 del equipo 2 dando un total de 12 entradas. La predicción de salida será el resultado del partido: Local, Empate o Visitante.

---

[307] http://www.aprendemachinelearning.com/breve-historia-de-las-redes-neuronales-artificiales/
[308] http://www.aprendemachinelearning.com/aplicaciones-del-machine-learning/#supervisado
[309] http://www.aprendemachinelearning.com/aplicaciones-del-machine-learning/#no_supervisado
[310] http://www.aprendemachinelearning.com/principales-algoritmos-usados-en-machine-learning/#red_neuronal

Creamos una Red Neuronal

En la programación "tradicional" escribiríamos código en donde indicamos reglas por ejemplo "si goles de equipo 1 mayor a goles de equipo 2 entonces probabilidad de Local aumenta". Es decir que deberíamos programar artesanalmente unas reglas de inteligencia bastante extensa e inter-relacionar las 12 variables para 3 posibles resultados. Para evitar todo ese enredo y hacer que nuestro código sea escalaba y flexible a cambios recurrimos a las Redes Neuronales para describir una arquitectura de interconexiones y capas y dejar que este modelo aprenda por sí mismo (y descubra él mismo relaciones entre variables que nosotros desconocemos).

Vamos a crear una Red Neuronal con 12 valores de entrada (**Input Layer**) y con 3 neuronas de Salida (**Output Layer**). Las neuronas que tenemos en medio se llaman **Hidden Layers** y podemos tener muchas, cada una con una distinta cantidad de neuronas. Todas las neuronas estarán interconectadas unas con otras en las distintas capas como vemos en el dibujo. Las Neuronas son los círculos blancos.

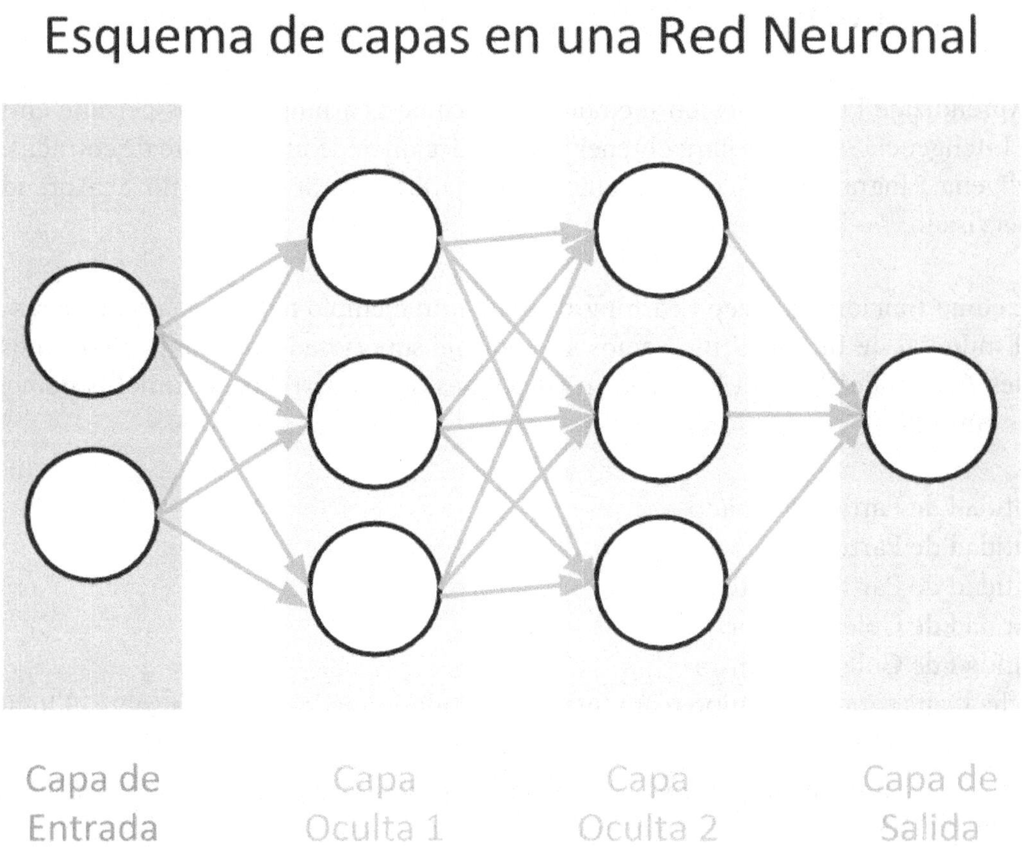

- **La capa de entrada** recibe los datos de entrada y los pasa a la primer capa oculta.
- **Las capas ocultas** realizarán cálculos matemáticos con nuestras entradas. Uno de los desafíos

al crear la Red Neuronal es decidir el número de capas ocultas y la cantidad de neuronas de cada capa.

- **La capa de Salida** devuelve la predicción realizada. En nuestro caso de 3 resultados discretos las salidas podrán ser "1 0 0" para Local, "0 1 0" para Empate y "0 0 1" para Visitante.

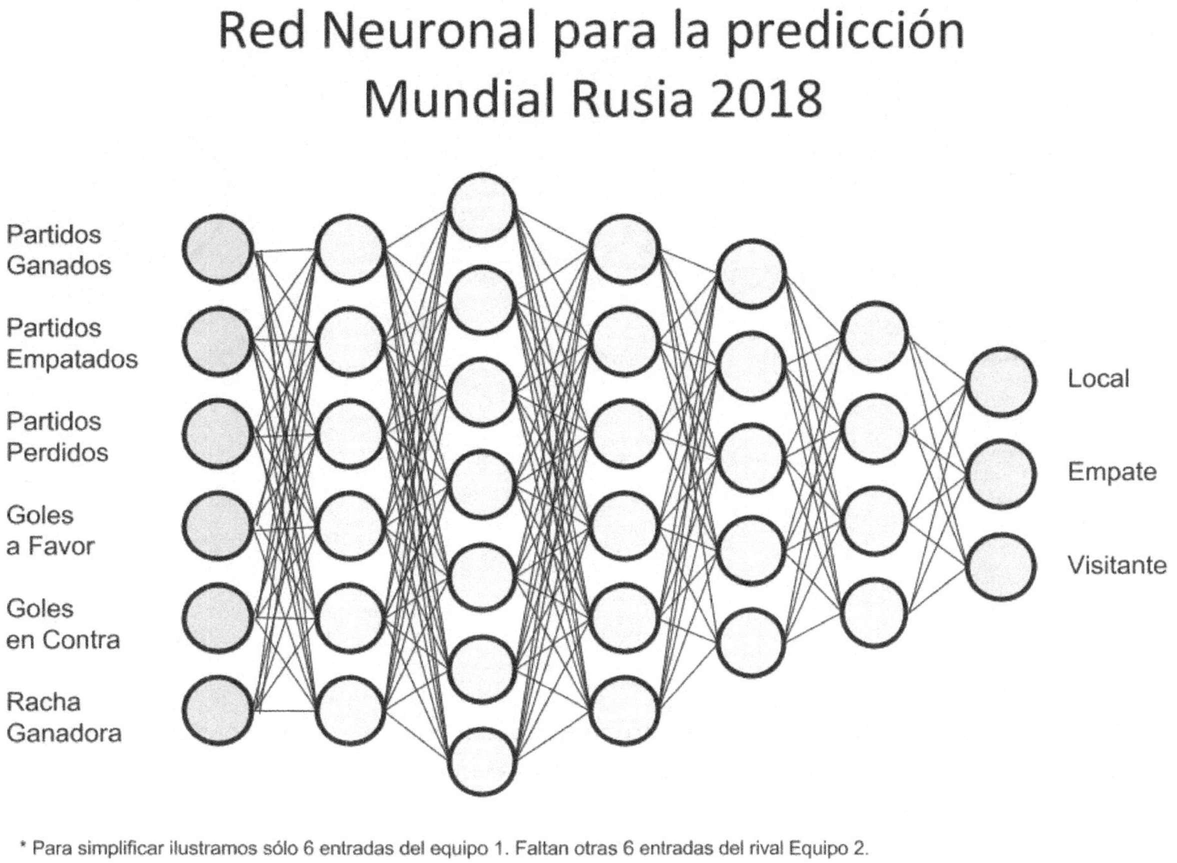

La cantidad total de capas en la cadena le da "profundidad" al modelo. De aquí es que surge la terminología de *Aprendizaje Profundo*.

¿Cómo se calcula la predicción?

Cada conexión de nuestra red neuronal está asociada a un **peso**. Este peso dictamina la importancia que tendrá esa relación en la neurona al multiplicarse por el valor de entrada. Los valores iniciales de peso se asignan aleatoriamente (SPOILER: más adelante los pesos se ajustarán solos).

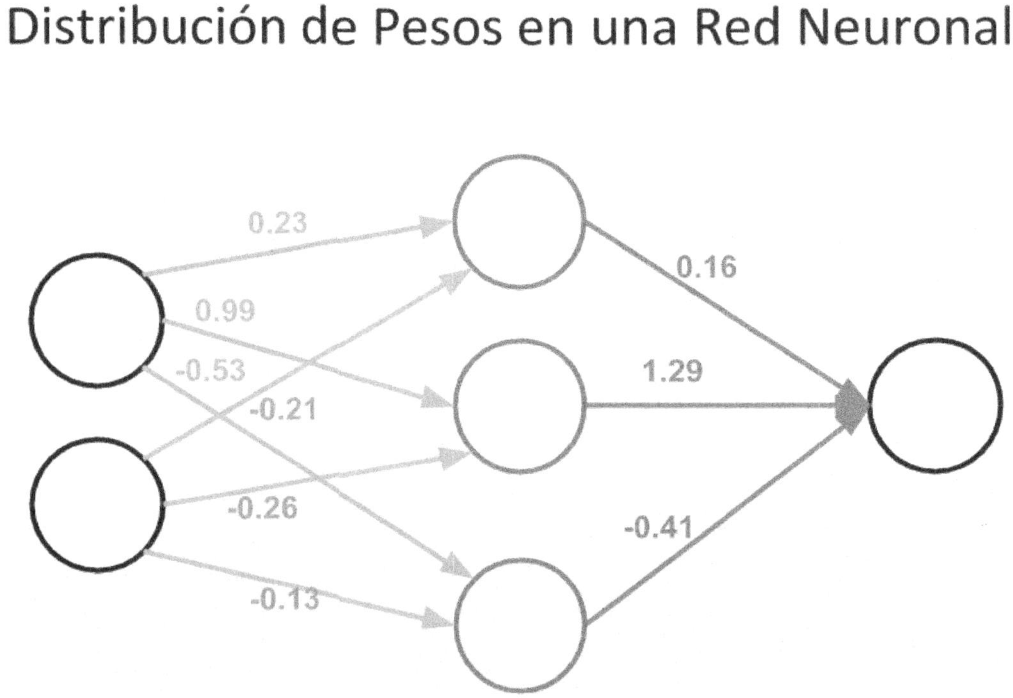

Imitando a las neuronas biológicas. cada Neurona tiene una Función de Activación[311]. Esta función determinará si la suma de sus valores recibidos (previamente multiplicados por el peso de la conexión) **supera un umbral** que hace que la neurona se active y dispare un valor hacia la siguiente capa conectada. Hay diversas Funciones de Activación conocidas que se suelen utilizar en estas redes. Cuando todas las capas finalizan de realizar sus cómputos, se llegará a la capa final con una predicción. Por Ejemplo si nuestro modelo nos devuelve 0.6 0.25 0.15 está prediciendo que ganará Local con 60% probabilidades, será Empate 25% o que gane Visitante 15%.

Entrenando Nuestra Red Neuronal

Entrenar nuestra IA puede llegar a ser la parte más difícil del Deep Learning. Necesitamos:

1. Gran cantidad (y diversidad) de valores en nuestro conjunto de Datos de Entrada
2. Gran poder de cálculo computacional

[311]https://en.wikipedia.org/wiki/Activation_function

En nuestro ejemplo de "predicción de Partidos de Futbol para el Mundial" deberemos crear una base de datos con todos los resultados históricos de los Equipos de Fútbol en mundiales, en partidos amistosos, en clasificatorios, los goles, las rachas a lo largo de los años, etc.
Para entrenar nuestra máquina, deberemos alimentarla con el conjunto de datos de entrada y comparar el resultado (local, empate, visitante) contra la predicción obtenida. Como nuestro modelo fue inicializado con pesos aleatorios y aún está sin entrenar, las salidas obtenidas seguramente serán erróneas. Una vez que tenemos nuestro conjunto de datos, comenzaremos un proceso iterativo: usaremos una función para comparar cuan bueno/malo fue nuestro resultado contra el resultado real. Esta función es llamada "Función Coste[312]". **Idealmente queremos que nuestro coste sea cero**, es decir sin error (cuando el valor de la predicción es igual al resultado real del partido). **A medida que entrena el modelo irá ajustando los pesos de inter-conexiones de las neuronas** de manera automática hasta obtener buenas predicciones. A ese proceso de "ir hacia atrás y venir" por las capas de neuronas se le conoce como BackPropagation. Más detalle a continuación.

¿Cómo reducimos la función coste -y mejoramos las predicciones-?

Para poder ajustar los pesos de las conexiones entre neuronas haciendo que el coste se aproxime a cero usaremos una técnica llamada Gradient Descent[313]. Esta técnica permite encontrar el mínimo de una función. En nuestro caso, **buscaremos el mínimo en la Función Coste**. Funciona cambiando los pesos en pequeños incrementos luego de cada iteración del conjunto de datos. Al calcular la derivada (o gradiente) de la Función Coste en un cierto conjunto de pesos, podremos ver en qué dirección "descender" hacia el mínimo global. Aquí se puede ver un ejemplo de Descenso de Gradiente en 2 dimensiones, imaginen la dificultad de tener que encontrar un mínimo global en 12 dimensiones!

[312]https://en.wikipedia.org/wiki/Loss_function
[313]https://en.wikipedia.org/wiki/Gradient_descent

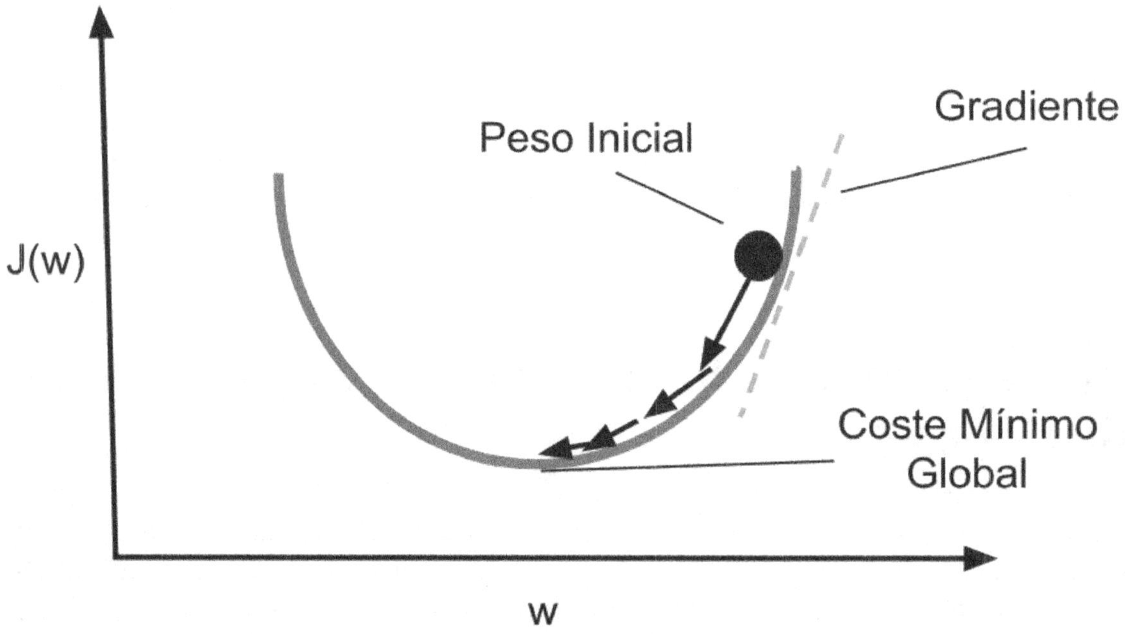

Para minimizar la función de coste necesitaremos iterar por el conjunto de datos cientos de miles de veces (ó más), por eso es tan importante **contar con una gran capacidad de cómputo** en el ordenador en el que entrenamos la red. La actualización del valor de los pesos se realizará automáticamente usando el **Descenso de Gradiente**.

Esta es parte de la magia del Aprendizaje Profundo "Automático". Una vez que finalizamos de entrenar nuestro Predictor de Partidos de Futbol del Mundial, sólo tendremos que alimentarlo con los partidos que se disputarán y podremos saber quién ganará el Mundial.

Resumen

- El Aprendizaje Profundo utiliza Algoritmos de Redes Neuronales Artificiales que imitan el comportamiento biológico del cerebro.
- Hay 3 tipos de Capas de Neuronas: de Entrada, Ocultas y de Salida.
- Las conexiones entre neuronas llevan asociadas un peso, que denota la importancia del valor de entrada en esa relación.
- Las neuronas aplican una Función de Activación para Estandarizar su valor de salida a la próxima capa de neuronas.

- Para entrenar una red neuronal necesitaremos un gran conjunto de datos.
- Iterar el conjunto de datos y comparar sus salidas producirá una Función Coste que indicará cuán alejado está nuestra predicción del valor real.
- Luego de cada iteración del conjunto de datos de entrada, se ajustarán los pesos de las neuronas utilizando el Descenso de Gradiente para reducir el valor de Coste y acercar las predicciones a las salidas reales.

Crear una Red Neuronal en Python desde cero

Programaremos una red neuronal artificial[314] en Python, sin utilizar librerías de terceros. Entrenaremos el modelo y en pocas lineas el algoritmo podrá conducir por sí mismo un coche robot[315]!.

Para ello, explicaremos brevemente la arquitectura de la red neuronal, explicaremos el concepto Forward Propagation y a continuación el de Backpropagation[316] donde ocurre "la magia" y "aprenden las neuronas".

El proyecto

coche robot

Este amigable coche robot Arduino[317], será a quien le implantaremos nuestra red neuronal, para que pueda conducir sólo, evitando los obstáculos!

Vamos a **crear una red neuronal que conduzca un coche de juguete Arduino**[318] que más adelante construiremos y veremos en el "mundo real". Nuestros datos de entrada serán:

[314]http://www.aprendemachinelearning.com/breve-historia-de-las-redes-neuronales-artificiales/
[315]http://www.aprendemachinelearning.com/programa-un-coche-arduino-con-inteligencia-artificial/
[316]http://neuralnetworksanddeeplearning.com/chap2.html
[317]http://www.aprendemachinelearning.com/programa-un-coche-arduino-con-inteligencia-artificial/
[318]http://www.aprendemachinelearning.com/programa-un-coche-arduino-con-inteligencia-artificial/

- **Sensor de distancia** al obstáculo
  - si es 0 no hay obstáculos a la vista
  - si es 0,5 se acerca a un obstáculo
  - si es 1 está demasiado cerca de un obstáculo
- **Posición del obstáculo** (izquierda,derecha)
  - El obstáculo es visto a la izquierda será -1
  - visto a la derecha será 1

Las salidas serán

- Girar
  - derecha 1 / izquierda -1
- Dirección
  - avanzar 1 / retroceder -1

La velocidad del vehículo podría ser una salida más (por ejemplo disminuir la velocidad si nos aproximamos a un objeto) y podríamos usar más sensores como entradas pero por simplificar el modelo y su implementación mantendremos estas 2 entradas y 2 salidas. Para entrenar la red tendremos las entradas y salidas que se ven en la tabla:

Entrada: Sensor Distancia	Entrada: Posición Obstáculo	Salida: Giro	Salida: Dirección	Acción de la Salida
0	0	0	1	Avanzar
0	1	0	1	Avanzar
0	-1	0	1	Avanzar
0.5	1	-1	1	Giro a la izquierda
0.5	-1	1	1	Giro a la derecha
0.5	0	0	1	Avanzar
1	1	0	-1	Retroceder
1	-1	0	-1	Retroceder
1	0	0	-1	Retroceder
-1	0	0	1	Avanzar
-1	-1	0	1	Avanzar
-1	1	0	1	Avanzar

Esta será la arquitectura de la red neuronal propuesta:

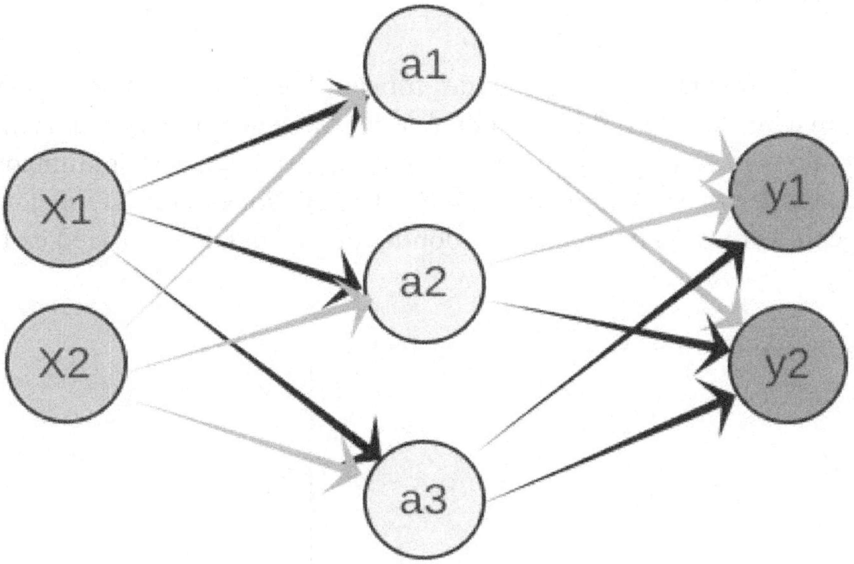

[319]

En la imagen anterior -y durante el ejemplo- usamos la siguiente notación en las neuronas:

1. **X(i)** son las entradas
2. **a(i)** activación en la capa 2
3. **y(i)** son las salidas

Y quedan implícitos, pero sin representación en la gráfica:

1. **O(j)** Los pesos de las conexiones entre neuronas será una matriz que mapea la capa j a la j+1
2. Recordemos que utilizamos 1 neurona extra en la capa 1 y una neurona extra en la capa 2 a modo de Bias[320] -no están en la gráfica- para mejorar la precisión de la red neuronal, dandole mayor "libertad algebraica".

Los cálculos para obtener los valores de activación serán:
a(1) = g(OT1X)
a(2) = g(OT2X)
a(3) = g(OT3X)

*Nota: la T indica **matriz traspuesta**, para poder hacer el producto.

En las ecuaciones, la **g** es una *función Sigmoide*[321] que refiere al caso especial de función logística y definida por la fórmula:

g(z) = 1/(1+e-z)

[319]http://www.aprendemachinelearning.com/wp-content/uploads/2018/07/RedNeuronal-coche.png
[320]https://www.quora.com/What-is-bias-in-artificial-neural-network?share=1
[321]https://es.wikipedia.org/wiki/Funci%C3%B3n_sigmoide

Funciones Sigmoide

Una de las razones para utilizar la función sigmoide -función Logística[322]- es por sus propiedades matemáticas, en nuestro caso, sus derivadas. Cuando más adelante la red neuronal haga backpropagation para aprender y actualizar los pesos, haremos uso de su derivada. En esta función puede ser expresada como productos de **f** y **1-f** . Entonces **f'(t) = f(t)(1 - f(t))**. Por ejemplo la función tangente y su derivada arco-tangente se utilizan normalizadas, donde su pendiente en el origen es 1 y cumplen las propiedades.

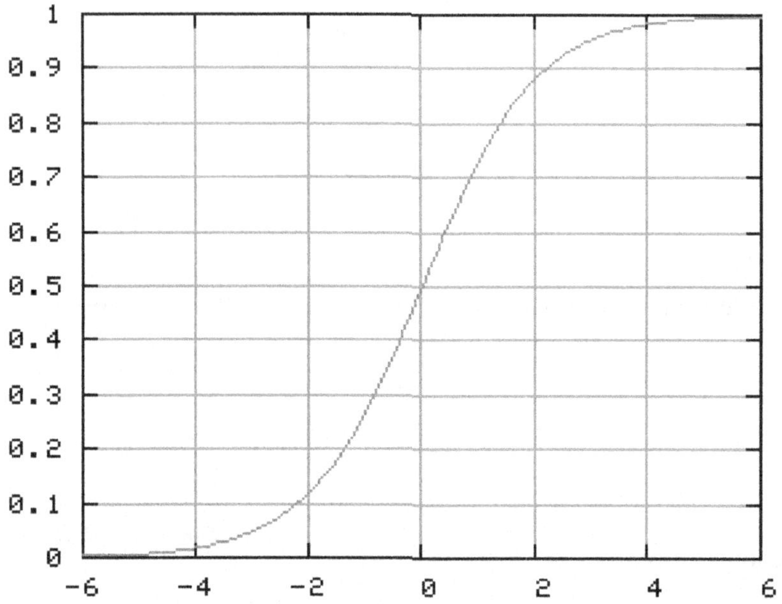

[323]

Imagen de la Curva Logística Normalizada de Wikipedia

Forward Propagation -ó red Feedforward-

Con **Feedforward** nos referimos al recorrido de "izquierda a derecha" que hace el algoritmo de la red, para calcular el valor de activación de las neuronas desde las entradas hasta obtener los valores de salida. Si usamos notación matricial, las ecuaciones para obtener las salidas de la red serán:

X = [x0 x1 x2]

zlayer2 = O1X

alayer2 = g(zlayer2)

zlayer3 = O2alayer2

y = g(zlayer3)

[322]https://es.wikipedia.org/wiki/Funci%C3%B3n_log%C3%ADstica
[323]http://www.aprendemachinelearning.com/wp-content/uploads/2018/07/Logistic-curve.png

Resumiendo: tenemos una red; tenemos 2 entradas, éstas se multiplican por los pesos de las conexiones y cada neurona en la capa oculta suma esos productos y **les aplica la función de activación** para "emitir" un resultado a la siguiente conexión (concepto conocido *en biología como sinápsis química*[324]).

> Como dijimos, **los pesos iniciales se asignan** con valores entre -1 y 1 **de manera aleatoria**. El desafío de este algoritmo, será que *las neuronas aprendan por sí mismas a ajustar el valor de los pesos para obtener las salidas correctas.*

Backpropagation (cómputo del gradiente)

Al hacer backpropagtion[325] es donde **el algoritmo itera para aprender!** Esta vez iremos de "derecha a izquierda" en la red para mejorar la precisión de las predicciones. El algoritmo de backpropagation se divide en dos Fases: **Propagar y Actualizar Pesos.**

Fase 1: Propagar

Esta fase implica 2 pasos:

1.1 Hacer forward propagation de un patrón de entrenamiento (recordemos que es este es un algoritmo supervisado[326], y conocemos las salidas) para generar las activaciones de salida de la red.

1.2 Hacer backward propagation de las salidas (activación obtenida) por la red neuronal usando las salidas *"y"* reales para generar los Deltas (error) de todas las neuronas de salida y de las neuronas de la capa oculta.

Fase 2: Actualizar Pesos:

Para cada "sinápsis" de los pesos:

2.1 Multiplicar su delta de salida por su activación de entrada para obtener el gradiente del peso.

2.2 Substraer un porcentaje del gradiente de ese peso

El porcentaje que utilizaremos en el paso 2.2 tiene gran influencia en la velocidad y calidad del aprendizaje del algoritmo y es llamado "learning rate" ó tasa de aprendizaje. Si es una tasa muy grande, el algoritmo aprende más rápido pero tendremos mayor imprecisión en el resultado. Si es demasiado pequeño, tardará mucho tiempo y podría no "acercarse nunca al valor óptimo".

[324]https://es.wikipedia.org/wiki/Sinapsis_qu%C3%ADmica
[325]http://neuralnetworksanddeeplearning.com/chap2.html
[326]http://www.aprendemachinelearning.com/aplicaciones-del-machine-learning/#supervisado

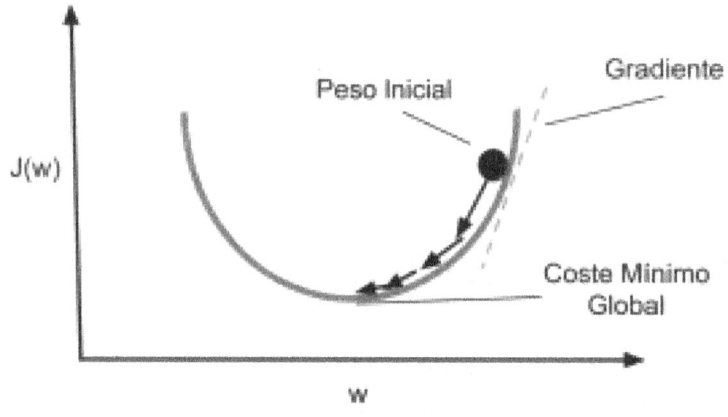

327

En esta gráfica vemos cómo utilizamos el gradiente paso a paso para descender y minimizar el coste total. Cada paso utilizará la Tasa de Aprendizaje -learning rate- que afectará la velocidad y calidad de la red.

Deberemos repetir las fases 1 y 2 hasta que la performance de la red neuronal sea satisfactoria. Si denotamos al error en el layer "l" como **d(l)** para nuestras neuronas de salida en layer 3 la activación menos el valor actual será (usamos la forma vectorial):

d(3) = alayer3 - y

d(2) = OT2 d(3) . g'(zlayer2)

g'(zlayer2) = alayer2 . (1 - alayer2)

Al fin aparecieron las derivadas! Nótese que no tendremos delta para la capa 1, puesto que son los valores X de entrada y no tienen error asociado. El valor del costo -que es lo que queremos minimizar- de nuestra red será

J = alayer dlayer + 1

Usamos este valor y lo multiplicamos al learning rate antes de ajustar los pesos. Esto nos asegura que buscamos el gradiente, iteración a iteración "apuntando" hacia el mínimo global.

```
self.weights[i] += learning_rate * layer.T.dot(delta)
```

Nota: el layer en el código es realmente **a(l)**

[327] http://www.aprendemachinelearning.com/wp-content/uploads/2017/11/Descenso-por-gradiente.png

El Código de la red Neuronal

Veamos el código. Recuerda que lo puedes ver y descargar desde la cuenta de GitHub del libro[328]. Primero, declaramos la clase NeuralNetwork

```
import numpy as np

def sigmoid(x):
    return 1.0/(1.0 + np.exp(-x))

def sigmoid_derivada(x):
    return sigmoid(x)*(1.0-sigmoid(x))

def tanh(x):
    return np.tanh(x)

def tanh_derivada(x):
    return 1.0 - x**2


class NeuralNetwork:

    def __init__(self, layers, activation='tanh'):
        if activation == 'sigmoid':
            self.activation = sigmoid
            self.activation_prime = sigmoid_derivada
        elif activation == 'tanh':
            self.activation = tanh
            self.activation_prime = tanh_derivada

        # inicializo los pesos
        self.weights = []
        self.deltas = []
        # capas = [2,3,2]
        # rando de pesos varia entre (-1,1)
        # asigno valores aleatorios a capa de entrada y capa oculta
        for i in range(1, len(layers) - 1):
            r = 2*np.random.random((layers[i-1] + 1, layers[i] + 1)) -1
            self.weights.append(r)
        # asigno aleatorios a capa de salida
        r = 2*np.random.random( (layers[i] + 1, layers[i+1])) - 1
```

[328]https://github.com/jbagnato/machine-learning

```
        self.weights.append(r)

    def fit(self, X, y, learning_rate=0.2, epochs=100000):
        # Agrego columna de unos a las entradas X
        # Con esto agregamos la unidad de Bias a la capa de entrada
        ones = np.atleast_2d(np.ones(X.shape[0]))
        X = np.concatenate((ones.T, X), axis=1)

        for k in range(epochs):
            i = np.random.randint(X.shape[0])
            a = [X[i]]

            for l in range(len(self.weights)):
                    dot_value = np.dot(a[l], self.weights[l])
                    activation = self.activation(dot_value)
                    a.append(activation)
            # Calculo la diferencia en la capa de salida y el valor obtenido
            error = y[i] - a[-1]
            deltas = [error * self.activation_prime(a[-1])]

            # Empezamos en el segundo layer hasta el ultimo
            # (Una capa anterior a la de salida)
            for l in range(len(a) - 2, 0, -1):
                deltas.append(deltas[-1].dot(self.weights[l].T)*self.activation_prim\
e(a[l]))
            self.deltas.append(deltas)

            # invertir
            # [level3(output)->level2(hidden)]  => [level2(hidden)->level3(output)]
            deltas.reverse()

            # backpropagation
            # 1. Multiplcar los delta de salida con las activaciones de entrada
            #    para obtener el gradiente del peso.
            # 2. actualizo el peso restandole un porcentaje del gradiente
            for i in range(len(self.weights)):
                layer = np.atleast_2d(a[i])
                delta = np.atleast_2d(deltas[i])
                self.weights[i] += learning_rate * layer.T.dot(delta)

            if k % 10000 == 0: print('epochs:', k)

    def predict(self, x):
```

```
        ones = np.atleast_2d(np.ones(x.shape[0]))
        a = np.concatenate((np.ones(1).T, np.array(x)), axis=0)
        for l in range(0, len(self.weights)):
            a = self.activation(np.dot(a, self.weights[l]))
        return a

    def print_weights(self):
        print("LISTADO PESOS DE CONEXIONES")
        for i in range(len(self.weights)):
            print(self.weights[i])

    def get_deltas(self):
        return self.deltas
```

Y ahora creamos una red a nuestra medida, con 2 neuronas de entrada, 3 ocultas y 2 de salida. Deberemos ir ajustando los parámetros de entrenamiento learning rate y la cantidad de iteraciones "**epochs**" para obtener buenas predicciones.

```
# funcion Coche Evita obstáculos
nn = NeuralNetwork([2,3,2],activation ='tanh')
X = np.array([[0, 0],   # sin obstaculos
              [0, 1],   # sin obstaculos
              [0, -1],  # sin obstaculos
              [0.5, 1], # obstaculo detectado a derecha
              [0.5,-1], # obstaculo a izq
              [1,1],    # demasiado cerca a derecha
              [1,-1]])  # demasiado cerca a izq

y = np.array([[0,1],    # avanzar
              [0,1],    # avanzar
              [0,1],    # avanzar
              [-1,1],   # giro izquierda
              [1,1],    # giro derecha
              [0,-1],   # retroceder
              [0,-1]])  # retroceder
nn.fit(X, y, learning_rate=0.03,epochs=15001)

index=0
for e in X:
    print("X:",e,"y:",y[index],"Network:",nn.predict(e))
    index=index+1
```

La salidas obtenidas son: (comparar los valores "*y*" con los de "*Network*")

```
X: [0. 0.]     y: [0 1]   Network: [0.00112476   0.99987346]
X: [0. 1.]     y: [0 1]   Network: [-0.00936178  0.999714  ]
X: [ 0. -1.]   y: [0 1]   Network: [0.00814966   0.99977055]
X: [0.5 1. ]   y: [-1  1] Network: [-0.92739127  0.96317035]
X: [ 0.5 -1. ] y: [1 1]   Network: [0.91719235   0.94992698]
X: [1. 1.]     y: [ 0 -1] Network: [-8.81827252e-04 -9.79524215e-01]
X: [ 1. -1.]   y: [ 0 -1] Network: [ 0.00806883  -0.96823086]
```

Como podemos ver son muy buenos resultados. Aquí podemos ver como el coste de la función se va reduciendo y tiende a cero:

```python
import matplotlib.pyplot as plt

deltas = nn.get_deltas()
valores=[]
index=0
for arreglo in deltas:
    valores.append(arreglo[1][0] + arreglo[1][1])
    index=index+1

plt.plot(range(len(valores)), valores, color='b')
plt.ylim([0, 1])
plt.ylabel('Cost')
plt.xlabel('Epochs')
plt.tight_layout()
plt.show()
```

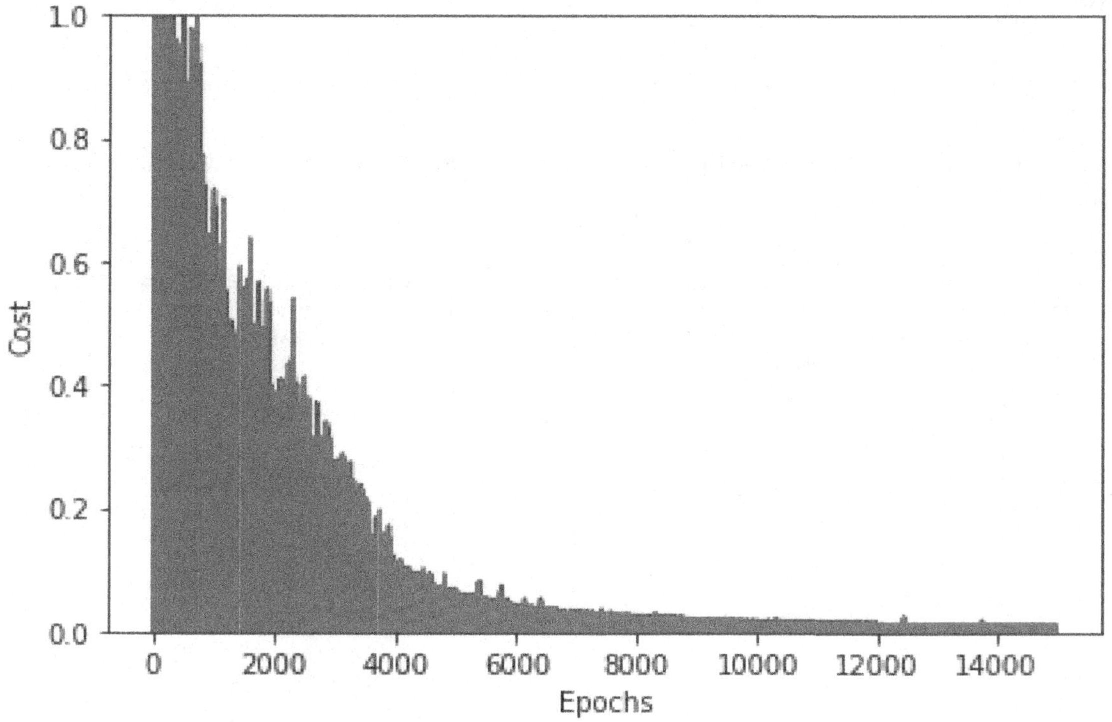

[329]

Y podemos ver los pesos obtenidos de las conexiones con **nn.print_weights()** pues estos valores serán los que usaremos en la red final que en el próximo capítulo implementaremos en Arduino para que un coche-robot conduzca sólo evitando obstáculos[330].

Resumen

Creamos una red neuronal en pocas líneas de código Python:

- comprendimos cómo funciona una red neuronal "básica",
- el porqué de las funciones Sigmoides y sus derivadas que ...
  - nos permiten hacer Backpropagation,
  - hallar el gradiente para minimizar el coste,
  - reducir el error iterando y obtener las salidas buscadas,
- logrando que la red aprenda por sí misma en base a un conjunto de datos de entrada y sus salidas como "buen" Algoritmo Supervisado que es.

En el próximo capitulo finalizaremos el proyecto al aplicar esta red que construimos en el mundo real y comprobar si un coche Arduino será capaz de conducir[331] por sí mismo y evitar obstáculos.

[329]http://www.aprendemachinelearning.com/wp-content/uploads/2018/07/descenso-gradiente.png
[330]http://www.aprendemachinelearning.com/programa-un-coche-arduino-con-inteligencia-artificial/
[331]http://www.aprendemachinelearning.com/programa-un-coche-arduino-con-inteligencia-artificial/

Recursos

- El código utilizado es una adaptación del original del BogoToBogo[332] en donde se enseña la función XOR.
- Pueden descargar el código de este artículo en un Jupyter Notebook aquí[333] o visualizar online[334] ó pueden acceder a mi Github[335].

---

[332]http://www.bogotobogo.com/python/python_Neural_Networks_Backpropagation_for_XOR_using_one_hidden_layer.php
[333]http://www.aprendemachinelearning.com/wp-content/uploads/2018/07/Red_Neuronal_desde_cero.ipynb
[334]http://nbviewer.jupyter.org/github/jbagnato/machine-learning/blob/master/Red_Neuronal_desde_cero.ipynb
[335]https://github.com/jbagnato/machine-learning

Programa un coche Robot Arduino que conduce con IA

El **Machine Learning** nos permitirá utilizar **Redes Neuronales**[336] para que un coche Arduino conduzca sólo evitando obstáculos.

[336]http://www.aprendemachinelearning.com/breve-historia-de-las-redes-neuronales-artificiales/

HC-SR04
PROGRAMA UN
CHOCHE
ARDUINO
CON INTELIGENCIA
ARTIFICIAL
APRENDEMACHINELEARNING.COM

En el capítulo anterior[337], **creamos una red neuronal desde cero en Python**. En este artículo mejoraremos esa red y copiaremos sus pesos a una red con propagación hacia adelante en Arduino que permitirá que el coche robot conduzca sólo (sin chocar!).

La Nueva Red Neuronal

Por simplificar el modelo de aprendizaje, en el capítulo anterior[338] teníamos una red de tres capas con 2 neuronas de entrada 3 ocultas y 2 de salida: giro y dirección. Para este ejercicio haremos que la red neuronal tenga 4 salidas: una para cada motor. Además las salidas serán entre 0 y 1 (apagar o encender motor). También cambiaremos las entradas para que **todas** comprendan valores entre -1 y 1 y sean acordes a nuestra función tangente hiperbólica[339]. Aquí vemos los cambios en esta tabla:

Entrada: Sensor Distancia	Entrada: Posición Obstáculo	Salida: Motor 1	Salida: Motor 2	Salida: Motor 3	Salida: Motor 4
-1	0	1	0	0	1
-1	1	1	0	0	1
-1	-1	1	0	0	1
0	-1	1	0	1	0
0	1	0	1	0	1
0	0	1	0	0	1
1	1	0	1	1	0
1	-1	0	1	1	0
1	0	0	1	1	0

[337]http://www.aprendemachinelearning.com/crear-una-red-neuronal-en-python-desde-cero/
[338]http://www.aprendemachinelearning.com/crear-una-red-neuronal-en-python-desde-cero/
[339]https://es.wikipedia.org/wiki/Tangente_hiperb%C3%B3lica

Siendo el valor de los motores 1 y 0:

Acción	Motor 1	Motor 2	Motor 3	Motor 4
Avanzar	1	0	0	1
Retroceder	0	1	1	0
Giro Derecha	0	1	0	1
Giro Izquierda	1	0	1	0

Para instanciar nuestra red ahora usaremos este código:

```
# Red Coche para Evitar obstáculos
nn = NeuralNetwork([2,3,4],activation ='tanh')
X = np.array([[-1, 0],    # sin obstaculos
              [-1, 1],    # sin obstaculos
              [-1, -1],   # sin obstaculos
              [0, -1],    # obstaculo detectado a derecha
              [0,1],      # obstaculo a izq
              [0,0],      # obstaculo centro
              [1,1],      # demasiado cerca a derecha
              [1,-1],     # demasiado cerca a izq
              [1,0]       # demasiado cerca centro
             ])
# las salidas 'y' se corresponden con encender (o no) los motores
y = np.array([[1,0,0,1], # avanzar
              [1,0,0,1], # avanzar
              [1,0,0,1], # avanzar
              [0,1,0,1], # giro derecha
              [1,0,1,0], # giro izquierda (cambie izq y derecha)
              [1,0,0,1], # avanzar
              [0,1,1,0], # retroceder
              [0,1,1,0], # retroceder
              [0,1,1,0]  # retroceder
             ])
nn.fit(X, y, learning_rate=0.03,epochs=40001)

def valNN(x):
    return (int)(abs(round(x)))

index=0
for e in X:
    prediccion = nn.predict(e)
    print("X:",e,"esperado:",y[index],"obtenido:", valNN(prediccion[0]),valNN(pr\
ediccion[1]),valNN(prediccion[2]),valNN(prediccion[3]))
    index=index+1
```

Aquí podemos ver el código Python Completo modificado de la Jupyter Notebook[340]. Y también vemos la gráfica del coste, que disminuye a medida que se entrena tras 40.000 iteraciones.

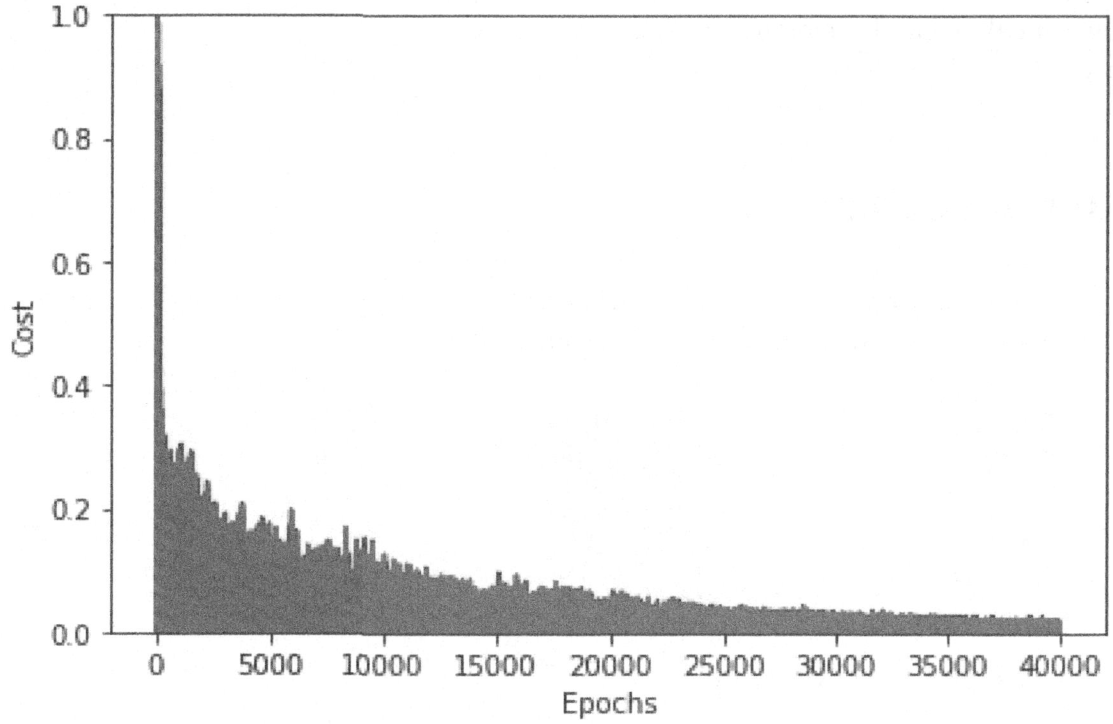

341

¿¿No es impresionante cómo con apenas 9 datos de entrada podemos enseñar a un robot a conducir??

El coche Arduino

En mi caso es un coche Arduino Elegoo Uno V3[342] de 4 motores. Si eres Maker, te resultará fácil construir el tuyo o puede que ya tengas uno en casa para programarlo. El coche puede ser cualquier otro, de hecho podría ser de 2 motores y modificando apenas la red funcionaría. En caso de querer construirlo tu mismo explicaré brevemente los requerimientos.

Necesitaremos:

- Una placa Arduino Uno y una placa de expansión de IO
  - o puede ser una placa Arduino Mega
- El controlador de motor L298N

[340]https://github.com/jbagnato/machine-learning/blob/master/Red_Neuronal_coche.ipynb
[341]http://www.aprendemachinelearning.com/wp-content/uploads/2018/08/grafica_coste40mil.png
[342]https://www.amazon.es/gp/product/B077PZHM3T/ref=as_li_tl?ie=UTF8&tag=aprendeml-21&camp=3638&creative=24630&linkCode=as2&creativeASIN=B077PZHM3T&linkId=163a6f15fc7e6f382f16ac50c6180ae2

- 4 motores DC (o podrían ser 2) y sus ruedas
- Servo Motor SG90
- Sensor Ultrasónico
- Baterias para alimentar los motores (y la placa obviamente!)
- Chasis para el coche
- Cables!

Circuito del coche

No entraré en detalle, ya que va más allá de los alcances de este libro pero básicamente tenemos el siguiente circuito (ignorar el bluetooth y los sensores infrarrojos):

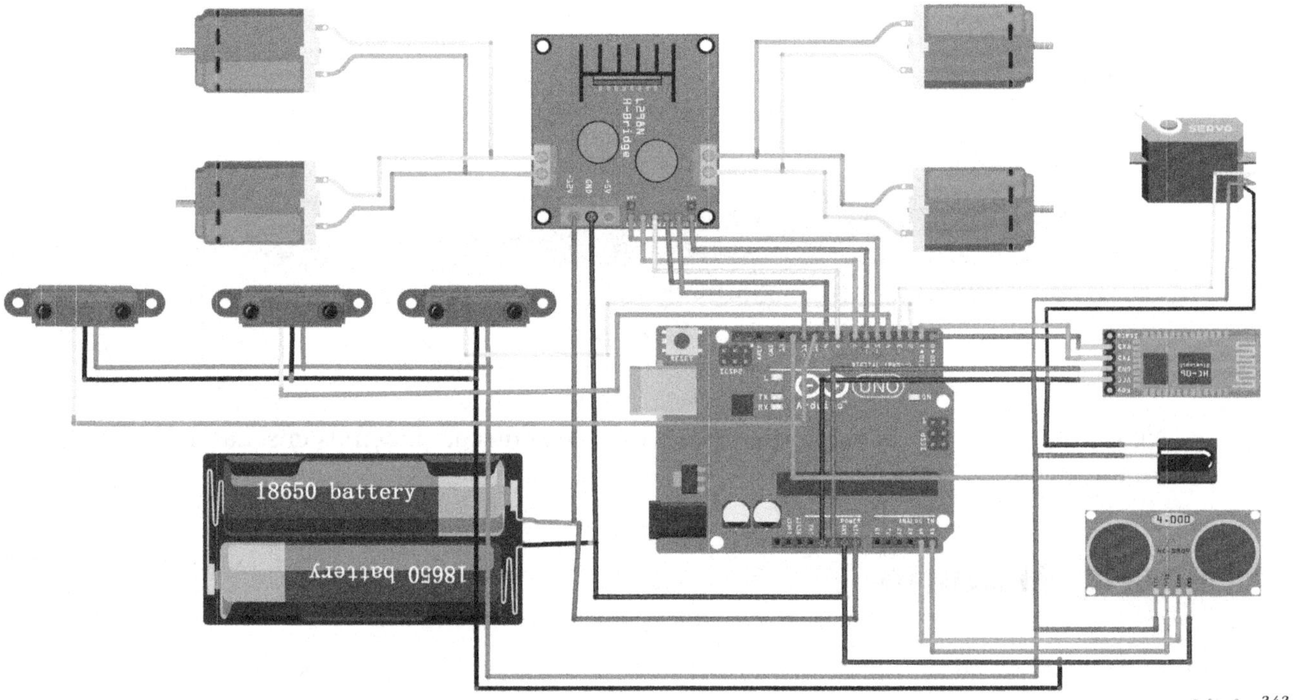

fritzing[343]

Montar el coche

Utilizaremos un ServoMotor en la parte delantera del coche que moverá al sensor ultrasónico (de distancia) de izquierda a derecha, a modo de radar, para detectar obstáculos.

Más allá de eso… es un coche! pondremos las 4 ruedas y las placas Arduino encima del chasis. El objetivo de este capítulo es enseñar a programar una red neuronal en la IDE de Arduino.

Este es el **video tutorial oficial** de ensamblaje de Elegoo[344] de este coche.

[343]http://www.aprendemachinelearning.com/wp-content/uploads/2018/08/wire_connect.png
[344]https://www.youtube.com/watch?v=wy6UY7D88vU&list=PLkFeYZKRTZ8ZoGLVI1El1_pJ0S1G0nnKK&index=2&frags=pl%2Cwn

Así nos quedará montado:

[345]

Copiar la red neuronal

Una vez obtenida la red neuronal Python, haremos** copiar y pegar** de la matriz de pesos en el código Arduino (reemplazaremos las lineas 23 y 24):

[345]http://www.aprendemachinelearning.com/wp-content/uploads/2018/08/Coche_Arduino_ia.png

[346]

Copiamos los pesos que obtenemos en la Jupyter Notebook de nuestra red neuronal en el código Arduino, reemplazando las variables por los nuevos valores.

El código Arduino

El código Arduino controlará el servo motor con el sensor de distancia que se moverá de izquierda a derecha y nos proveerá las entradas de la red: Distancia y Dirección(ó giro).

El resto, lo hará la red neuronal! En realidad, la red ya "aprendió" (en Python) es decir, sólo hará multiplicaciones y sumas de los pesos para obtener salidas. **Realizará el camino forward propagation**. Y las salidas controlarán directamente los 4 motores.

Hay código adicional para darle ciclos de tiempo a las ruedas a moverse (variable *accionEnCurso*) y dar más o menos potencia a los motores al cambiar de dirección. Son relativamente pocas líneas de código y logramos que la red neuronal conduzca el coche!

Nota: Para el movimiento del Servomotor se utiliza una librería "Servo" estándard.

Aquí vemos el código Arduino completo. Tal vez la parte más interesante sea la **función conducir()**.

[346]http://www.aprendemachinelearning.com/wp-content/uploads/2018/08/copy_jupyter_arduino.gif

```
#include <Servo.h>  //servo library
Servo myservo;      // create servo object to control servo

int Echo = A4;
int Trig = A5;
#define ENA 5
#define ENB 6
#define IN1 7
#define IN2 8
#define IN3 9
#define IN4 11

/******************************************************************
   Network Configuration
 ******************************************************************/
const int InputNodes = 3; // incluye neurona de BIAS
const int HiddenNodes = 4; //incluye neurona de BIAS
const int OutputNodes = 4;
int i, j;
double Accum;
double Hidden[HiddenNodes];
double Output[OutputNodes];
float HiddenWeights[3][4] = {{1.8991509504079183, -0.4769472541445052, -0.648369\
0220539764, -0.38609165249078925}, {-0.2818610915467527, 4.040695699457223, 3.229185\
8058243843, -2.894301104732614}, {0.3340650864625773, -1.4016114422346901, 1.3580053\
902963762, -0.981415976256285}};
float OutputWeights[4][4] = {{1.136072297461121, 1.54602394937381, 1.61946122595\
69254, 1.8819066696635067}, {-1.546966506764457, 1.3951930739494225, 0.193938260926\
2756, 0.30992504138547006}, {-0.7755982417649826, 0.9390808625728915, 2.086251074468\
5485, -1.1229484266101883}, {-1.2357090352280826, 0.8583930286034466, 0.724702079881\
947, 0.9762852709700459}};
/******************************************************************
   End Network Configuration
 ******************************************************************/

void stop() {
  digitalWrite(ENA, LOW); //Desactivamos los motores
  digitalWrite(ENB, LOW); //Desactivamos los motores
  Serial.println("Stop!");
}

//Medir distancia en Centimetros
int Distance_test() {
```

```
        digitalWrite(Trig, LOW);
        delayMicroseconds(2);
        digitalWrite(Trig, HIGH);
        delayMicroseconds(20);
        digitalWrite(Trig, LOW);
        float Fdistance = pulseIn(Echo, HIGH);
        Fdistance= Fdistance / 58;
        return (int)Fdistance;
      }

      void setup() {
        myservo.attach(3);  // attach servo on pin 3 to servo object
        Serial.begin(9600);
        pinMode(Echo, INPUT);
        pinMode(Trig, OUTPUT);
        pinMode(IN1, OUTPUT);
        pinMode(IN2, OUTPUT);
        pinMode(IN3, OUTPUT);
        pinMode(IN4, OUTPUT);
        pinMode(ENA, OUTPUT);
        pinMode(ENB, OUTPUT);
        stop();
        myservo.write(90);  //posicion inicial en el centro
        delay(500);
      }

      unsigned long previousMillis = 0;   // para medir ciclos de tiempo
      const long interval = 25;           // intervalos cada x milisegundos
      int grados_servo = 90;                // posicion del servo que mueve el sensor \
  ultrasonico
      bool clockwise = true;              // sentido de giro del servo
      const long ANGULO_MIN = 30;
      const long ANGULO_MAX = 150;
      double ditanciaMaxima = 50.0;       // distancia de lejania desde la que empieza\
   a actuar la NN
      int incrementos = 9;                // incrementos por ciclo de posicion del ser\
  vo
      int accionEnCurso = 1;              // cantidad de ciclos ejecutando una accion
      int multiplicador = 1000/interval;  // multiplica la cant de ciclos para dar tie\
  mpo a que el coche pueda girar
      const int SPEED = 100;              // velocidad del coche de las 4 ruedas a la \
  vez.

```

```
void loop() {
  unsigned long currentMillis = millis();

  if (currentMillis - previousMillis >= interval) {
    previousMillis = currentMillis;

  /**************************************************************
    MANEJAR GIRO de SERVO
  **************************************************************/
    if(grados_servo<=ANGULO_MIN || grados_servo>=ANGULO_MAX){
      clockwise=!clockwise; // cambio de sentido
      grados_servo = constrain(grados_servo, ANGULO_MIN, ANGULO_MAX);
    }
    if(clockwise)
      grados_servo=grados_servo+incrementos;
    else
      grados_servo=grados_servo-incrementos;

    if(accionEnCurso>0){
      accionEnCurso=accionEnCurso-1;
    }else{
  /**************************************************************
    LLAMAMOS a la FUNCION DE CONDUCCION
  **************************************************************/
       conducir();
    }
    myservo.write(grados_servo);
  }

}

//USA LA RED NEURONAL YA ENTRENADA
void conducir()
{
    double TestInput[] = {0, 0,0};
    double entrada1=0,entrada2=0;

  /**************************************************************
    OBTENER DISTANCIA DEL SENSOR
  **************************************************************/
    double distance = double(Distance_test());
    distance= double(constrain(distance, 0.0, ditanciaMaxima));
    entrada1= ((-2.0/ditanciaMaxima)*double(distance))+1.0; //uso una funcion li\
```

```
neal para obtener cercania
          accionEnCurso = ((entrada1 +1) * multiplicador)+1; // si esta muy cerca del \
obstaculo, necestia mas tiempo de reaccion

        /*************************************************************
          OBTENER DIRECCION SEGUN ANGULO DEL SERVO
        *************************************************************/
          entrada2 = map(grados_servo, ANGULO_MIN, ANGULO_MAX, -100, 100);
          entrada2 = double(constrain(entrada2, -100.00, 100.00));

        /*************************************************************
          LLAMAMOS A LA RED FEEDFORWARD CON LAS ENTRADAS
        *************************************************************/
        Serial.print("Entrada1:");
        Serial.println(entrada1);
        Serial.print("Entrada2:");
        Serial.println(entrada2/100.0);

        TestInput[0] = 1.0;//BIAS UNIT
        TestInput[1] = entrada1;
        TestInput[2] = entrada2/100.0;

        InputToOutput(TestInput[0], TestInput[1], TestInput[2]); //INPUT to ANN to obt\
ain OUTPUT

        int out1 = round(abs(Output[0]));
        int out2 = round(abs(Output[1]));
        int out3 = round(abs(Output[2]));
        int out4 = round(abs(Output[3]));
        Serial.print("Salida1:");
        Serial.println(out1);
        Serial.print("Salida2:");
        Serial.println(out2);
        Serial.println(Output[1]);
        Serial.print("Salida3:");
        Serial.println(out3);
        Serial.print("Salida4:");
        Serial.println(out4);

        /*************************************************************
          IMPULSAR MOTORES CON LA SALIDA DE LA RED
        *************************************************************/
        int carSpeed = SPEED; //hacia adelante o atras
```

```
    if((out1+out3)==2 || (out2+out4)==2){ // si es giro, necesita doble fuerza los\
motores
      carSpeed = SPEED * 2;
    }
    analogWrite(ENA, carSpeed);
    analogWrite(ENB, carSpeed);
    digitalWrite(IN1, out1 * HIGH);
    digitalWrite(IN2, out2 * HIGH);
    digitalWrite(IN3, out3 * HIGH);
    digitalWrite(IN4, out4 * HIGH);
  }

  void InputToOutput(double In1, double In2, double In3)
  {
    double TestInput[] = {0, 0,0};
    TestInput[0] = In1;
    TestInput[1] = In2;
    TestInput[2] = In3;

    /******************************************************************
      Calcular las activaciones en las capas ocultas
    ******************************************************************/

    for ( i = 0 ; i < HiddenNodes ; i++ ) {
      Accum = 0;//HiddenWeights[InputNodes][i] ;
      for ( j = 0 ; j < InputNodes ; j++ ) {
        Accum += TestInput[j] * HiddenWeights[j][i] ;
      }
      //Hidden[i] = 1.0 / (1.0 + exp(-Accum)) ; //Sigmoid
      Hidden[i] = tanh(Accum) ; //tanh
    }

    /******************************************************************
      Calcular activacion y error en la capa de Salida
    ******************************************************************/

    for ( i = 0 ; i < OutputNodes ; i++ ) {
      Accum = 0;//OutputWeights[HiddenNodes][i];
      for ( j = 0 ; j < HiddenNodes ; j++ ) {
          Accum += Hidden[j] * OutputWeights[j][i] ;
      }
      Output[i] = tanh(Accum) ;//tanh
    }
```

```

    }
```

El Coche en Acción!

Conecta tu coche, sube el código y ¡pruébalo!

Veamos un video del coche[347] funcionando con su propia inteligencia artificial en el planeta tierra.

Resumen

Aplicamos Machine Learning y sus redes neuronales a un objeto del mundo real y vimos cómo funciona, haciendo que el coche evite obstáculos y tome las decisiones por sí mismo, sin haberle dado instrucciones ni código explícito.

Mejoras a Futuro

Tengamos en cuenta que estamos teniendo como entradas los datos proporcionados por un sólo sensor de distancia y un servo motor que nos indica si está a izquierda o derecha. Podríamos tener más sensores de distancia, infrarrojos, medir velocidad, luz, sonido… en fin. Si tuviéramos que programar "manualmente" ese algoritmo, tendría una complejidad enorme y sería muy difícil de mantener o modificar. En cambio, hacer que una red neuronal aprenda sería muy sencillo. Tan sólo agregaríamos features (columnas) a nuestro código y volveríamos a entrenar nuevamente la red con las salidas deseadas. Voila!. Copiar y pegar los pesos obtenidos en Arduino, y nuestro coche tendría la inteligencia de manejarse por sí mismo nuevamente.

Recursos adicionales

- Descarga el código Python con la nueva Red Neuronal[348]
- Descarga el código Arduino[349]
- Si quieres comprar el mismo coche Arduino que yo, click aqui: ELEGOO UNO Proyecto Kit de Coche Robot Inteligente V3.0[350]. Te recuerdo que puedes construir tu propio coche Arduino si te das maña y utilizar este código. De hecho puede funcionar con un coche de 2 motores modificando las salidas de la red, en vez de tener 4, tener 2.
- Aquí puedes ver a otro Maker que hizo un coche Arduino con Red Neuronal que escapa de la luz.[351]

[347]https://www.youtube.com/watch?v=_b2EdqjKTmU&feature=emb_logo
[348]https://github.com/jbagnato/machine-learning/blob/master/Red_Neuronal_coche.ipynb
[349]https://github.com/jbagnato/machine-learning/tree/master/NN_Obstacle_Car
[350]https://www.amazon.es/gp/product/B077PZHM3T/ref=as_li_tl?ie=UTF8&tag=aprendeml-21&camp=3638&creative=24630&linkCode=as2&creativeASIN=B077PZHM3T&linkId=163a6f15fc7e6f382f16ac50c6180ae2
[351]https://www.instructables.com/id/Arduino-Neural-Network-Robot/

Una sencilla Red Neuronal con Keras y Tensorflow

Crearemos una red neuronal artificial[352] muy sencilla en Python con Keras y Tensorflow para comprender su uso. Implementaremos la compuerta XOR[353] y compararemos las ventajas del aprendizaje automático frente a la programación tradicional.

Requerimientos para el ejercicio

Puedes simplemente leer el código y comprenderlo o si quieres ejecutarlo deberás tener un ambiente de desarrollo Python como Anaconda[354] para ejecutar el Jupyter Notebook[355] (también funciona con python en línea de comandos).

Las compuertas XOR

Para el ejemplo, utilizaremos las compuertas XOR[356]. Si no las conoces o no las recuerdas, funcionan de la siguiente manera: Tenemos dos entradas binarias (1 ó 0) y la salida será 1 sólo si una de las entradas es verdadera (1) y la otra falsa (0). Es decir que de cuatro combinaciones posibles, sólo dos tienen salida 1 y las otras dos serán 0, como vemos aquí:

- XOR(0,0) = 0
- XOR(0,1) = 1
- XOR(1,0) = 1
- XOR(1,1) = 0

Una Red Neuronal Artificial sencilla con Python y Keras

Veamos el código completo en donde creamos una red neuronal con datos de entrada las 4 combinaciones de XOR y sus 4 salidas ordenadas. Luego analizamos el código linea a linea.

[352]http://www.aprendemachinelearning.com/breve-historia-de-las-redes-neuronales-artificiales/
[353]https://es.wikipedia.org/wiki/Puerta_XOR
[354]http://www.aprendemachinelearning.com/instalar-ambiente-de-desarrollo-python-anaconda-para-aprendizaje-automatico/
[355]http://data-speaks.luca-d3.com/2018/03/python-para-todos-2-jupyternotebook.html
[356]https://es.wikipedia.org/wiki/Puerta_XOR

```python
import numpy as np
from keras.models import Sequential
from keras.layers.core import Dense

# cargamos las 4 combinaciones de las compuertas XOR
training_data = np.array([[0,0],[0,1],[1,0],[1,1]], "float32")

# y estos son los resultados que se obtienen, en el mismo orden
target_data = np.array([[0],[1],[1],[0]], "float32")

model = Sequential()
model.add(Dense(16, input_dim=2, activation='relu'))
model.add(Dense(1, activation='sigmoid'))

model.compile(loss='mean_squared_error',
              optimizer='adam',
              metrics=['binary_accuracy'])

model.fit(training_data, target_data, epochs=1000)

# evaluamos el modelo
scores = model.evaluate(training_data, target_data)

print("\n%s: %.2f%%" % (model.metrics_names[1], scores[1]*100))
print (model.predict(training_data).round())
```

¿Keras y Tensorflow? What??

Utilizaremos Keras[357] que es una librería de alto nivel, para que nos sea más fácil describir las capas de la red que creamos y en background es decir, el motor que ejecutará la red neuronal y la entrenará estará la implementación de Google llamada Tensorflow[358], que es la mejor que existe hoy en día.

Analicemos la red neuronal que hicimos

Importamos las clases que utilizaremos:

[357]https://keras.io
[358]https://www.tensorflow.org

```python
import numpy as np
from keras.models import Sequential
from keras.layers.core import Dense
```

Utilizaremos numpy para el manejo de arrays. De Keras importamos el tipo de modelo Sequential y el tipo de capa Dense que es la "normal". Creamos los arrays de entrada y salida.

```python
# cargamos las 4 combinaciones de las compuertas XOR
training_data = np.array([[0,0],[0,1],[1,0],[1,1]], "float32")

# y estos son los resultados que se obtienen, en el mismo orden
target_data = np.array([[0],[1],[1],[0]], "float32")
```

Como se puede ver son las cuatro entradas posibles de la función XOR [0,0], [0,1], [1,0],[1,1] y sus cuatro salidas: 0, 1, 1, 0. Ahora crearemos la arquitectura de nuestra red neuronal[359]:

```python
model = Sequential()
model.add(Dense(16, input_dim=2, activation='relu'))
model.add(Dense(1, activation='sigmoid'))
```

Creamos un modelo vació de tipo Sequential. Este modelo indica que crearemos una serie de capas de neuronas secuenciales, "una delante de otra". Agregamos dos capas Dense con "model.add()". Realmente serán 3 capas, pues al poner **input_dim=2** estamos definiendo la capa de entrada con 2 neuronas (para nuestras entradas de la función XOR) y la primer capa oculta (hidden) de 16 neuronas. Como función de activación utilizaremos "relu" que sabemos que da buenos resultados. Podría ser otra función, esto es un mero ejemplo, y según la implementación de la red que haremos, deberemos variar la cantidad de neuronas, capas y sus funciones de activación. Agregamos una capa con 1 neurona de salida y función de activación sigmoid.

Visualización de la red Neuronal

Veamos que hemos hecho hasta ahora:

[359]http://www.aprendemachinelearning.com/breve-historia-de-las-redes-neuronales-artificiales/

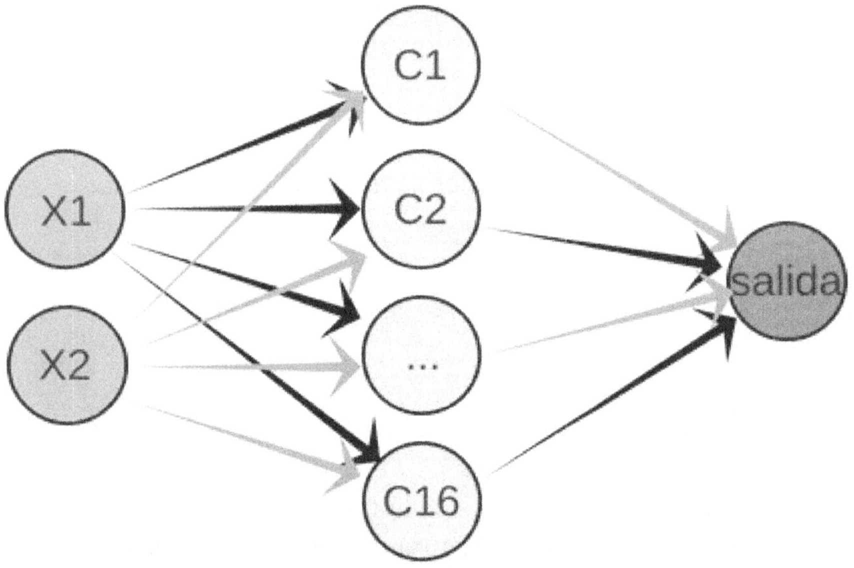

360

A Entrenar la red!

Antes de de entrenar la red haremos unos ajustes de nuestro modelo:

```
model.compile(loss='mean_squared_error',
              optimizer='adam',
              metrics=['binary_accuracy'])
```

Con esto indicamos el tipo de pérdida (loss) que utilizaremos, el "optimizador" de los pesos de las conexiones de las neuronas y las métricas que queremos obtener. Ahora sí que entrenaremos la red:

```
model.fit(training_data, target_data, epochs=1000)
```

Indicamos con model.fit() las entradas y sus salidas y la cantidad de iteraciones de aprendizaje (epochs) de entrenamiento. Este es un ejemplo sencillo, pero recuerda que en modelos más grandes y complejos, necesitarán más iteraciones y a la vez será más lento el entrenamiento.

Resultados del Entrenamiento

Si vemos las salidas del entrenamiento, vemos que las primeras linea pone:

[360] http://www.aprendemachinelearning.com/wp-content/uploads/2018/05/RedNeuronalXor.png

```
Epoch 1/1000
4/4 [==============================] - 0s 43ms/step - loss: 0.2634 - binary_accuracy\
: 0.5000
Epoch 2/1000
4/4 [==============================] - 0s 457us/step - loss: 0.2630 - binary_accurac\
y: 0.2500
```

con esto vemos que la primer iteración acertó la mitad de las salidas (0.5) pero a partir de la segunda, sólo acierta 1 de cada 4 (0.25). Luego en la "epoch" 24 recupera el 0.5 de aciertos, ya no es "por suerte", si no por haber ajustado correctamente los pesos de la red.

```
Epoch 24/1000
4/4 [==============================] - 0s 482us/step - loss: 0.2549 - binary_accurac\
y: 0.5000

Epoch 107/1000
4/4 [==============================] - 0s 621us/step - loss: 0.2319 - binary_accurac\
y: 0.7500

Epoch 169/1000
4/4 [==============================] - 0s 1ms/step - loss: 0.2142 - binary_accuracy:\
 1.0000
```

Y -en mi caso- en la iteración 107 aumenta los aciertos al 0,75 (son 3 de 4) y en la iteración 169 logra el 100% de aciertos y se mantiene así hasta finalizar. Como los pesos iniciales de la red son aleatorios, puede que los resultados que tengas en tu ordenador sean ligeramente distintos en cuanto a las iteraciones, pero llegarás a la "precisión binaria" (binara_accuracy) de 1.0.

Evaluamos y Predecimos

Primero evaluamos el modelo

```
scores = model.evaluate(training_data, target_data)
print("\n%s: %.2f%%" % (model.metrics_names[1], scores[1]*100))
```

Y vemos que tuvimos un 100% de precisión (recordemos lo trivial de este ejemplo). Y hacemos las 4 predicciones posibles de XOR, pasando nuestras entradas:

```
print (model.predict(training_data).round())
```

y vemos las salidas 0,1,1,0 que son las correctas.

Afinando parámetros de la red neuronal

Recordemos que este es un ejemplo muy sencillo y con sólo 4 entradas posibles. Pero si tuviéramos una red compleja, deberemos ajustar muchos parámetros, repasemos:

- Cantidad de capas de la red (en nuestro caso son 3)
- Cantidad de neuronas en cada capa (nosotros tenemos 2 de entrada, 16 en capa oculta y 1 de salida)
- Funciones de activación de cada capa. Nosotros utilizamos relu y sigmoid
- Al compilar el modelo definir las funciones de pérdida, optimizer y métricas.
- Cantidad de iteraciones de entrenamiento.

Puedes intentar variar la cantidad de neuronas de entrada, probar con 8 o con 32 y ver qué resultados obtienes. Revisar si necesitas más o menos iteraciones para alcanzar el 100% de aciertos. Realmente podemos apreciar que hay muchos meta-parámetros para ajustar. Si hiciéramos la combinatoria de todos ellos, tendríamos una cantidad enorme de ajustes posibles.

Guardar la red y usarla -de verdad-

Si esto fuera un caso real, en el cual entrenamos una red, la ajustamos y obtenemos buenos resultados, ahora deberíamos Guardar esa red en un archivo ya que esa red óptima, tiene los pesos que estábamos buscando. Sería lento entrenar cada vez la red antes de "publicar en producción". Lo que hacemos es guardar esa red y en OTRO código cargaríamos la red (desde el fichero) y la utilizamos como si fuera una variable u objeto más del script, pasándole entradas y obteniendo las predicciones. Para guardar y cargar nuestra red, utilizaremos el siguiente código:

```
# serializar el modelo a JSON
model_json = model.to_json()
with open("model.json", "w") as json_file:
    json_file.write(model_json)
# serializar los pesos a HDF5
model.save_weights("model.h5")
print("Modelo Guardado!")

# mas tarde...

# cargar json y crear el modelo
json_file = open('model.json', 'r')
loaded_model_json = json_file.read()
json_file.close()
```

```
loaded_model = model_from_json(loaded_model_json)
# cargar pesos al nuevo modelo
loaded_model.load_weights("model.h5")
print("Cargado modelo desde disco.")

# Compilar modelo cargado y listo para usar.
loaded_model.compile(loss='mean_squared_error', optimizer='adam', metrics=['binary_a\
ccuracy'])
```

Luego de esto, ya usaríamos normalmente loaded_model.predict() y listo!

¿Vale la pena una red neuronal?

¿porqué no programar con if-then-else?

Luego de visto todo esto, ¿no conviene hacer una programación "tradicional" en vez de entrenar una red neuronal? Pues siempre dependerá del caso. Por ejemplo para la función XOR tendríamos algo así:

```
function predecir_XOR(entrada1, entrada2){

    if(entrada1 == 0 && entrada2 == 0){
        return 0;
    }else if(entrada1 == 0 && entrada2 == 1){
        return 1;
    }else if(entrada1 == 1 && entrada2 == 0){
        return 1;
    }else if(entrada1 == 1 && entrada2 == 1){
        return 0;
    }

}
```

Vemos que es una función con "4 ifs" que evalúa cada condición (se podría mejorar, lo sé). ¿Pero que pasaría si en vez de 2 entradas tuviéramos más parámetros?... pues seguramente la cantidad de "ifs" anidados aumentaría creando un código caótico y propenso a errores, difícil de mantener. Piénsalo un momento. No quiere decir que haya que reemplazar todo el código del mundo con redes neuronales, pero sí pensar en qué casos las redes neuronales nos brindan una flexibilidad y un poder de predicción increíbles -y que justifican el tiempo de desarrollo-.

Resumen

Hemos creado nuestra primera red neuronal artificial con 3 capas para recrear la función XOR. Utilizamos la librería Keras -y a través de ella, Tensorflow como backend- y creamos el modelo, entrenamos los datos y obtuvimos un buen resultado. Este es el puntapié inicial para seguir viendo diversas arquitecturas de Redes Neuronales e ir aprendiendo a entrenarlas con Python.

Código Python

Pueden ver el código en la cuenta de GitHub aqui[361]. O pueden descargar el código de la Notebook Jupyter desde aqui[362].

Otros recursos Keras y Tensorflow

* Documentación Keras[363] (en inglés)
* DNN and CNN of Keras with MINST data in Python[364]
* Keras: Ultimate Beginers Guide to Deep Learning in python[365]
* Keras and Convolutional Neural Networks[366]

[361]https://github.com/jbagnato/machine-learning/blob/master/Red_Neuronal_Xor.ipynb
[362]http://www.aprendemachinelearning.com/wp-content/uploads/2018/05/Red_Neuronal_Xor.ipynb
[363]https://keras.io
[364]https://charleshsliao.wordpress.com/2017/06/19/dnn-and-cnn-of-tensorflowkeras-with-mnist-data/
[365]https://elitedatascience.com/keras-tutorial-deep-learning-in-python
[366]https://www.pyimagesearch.com/2018/04/16/keras-and-convolutional-neural-networks-cnns/

Pronóstico de Series Temporales con Redes Neuronales

Veremos qué son las series temporales y cómo predecir su comportamiento utilizando redes neuronales con Keras y Tensorflow[367]. Repasaremos el código completo en Python y la descarga del archivo csv del ejercicio propuesto con los datos de entrada.

¿Qué es una serie temporal y qué tiene de especial?

Una serie temporal es un **conjunto de muestras tomadas a intervalos de tiempo regulares**. Es interesante analizar su comportamiento al mediano y largo plazo, intentando detectar patrones y poder hacer pronósticos de cómo será su comportamiento futuro. Lo que hace *especial* a una **Time Series** a diferencia de un "problema de Regresión normal" son dos cosas:

1. **Es dependiente del Tiempo**. Esto rompe con el requerimiento que tiene la regresión lineal[368] de que sus observaciones sean independientes.
2. **Suelen tener algún tipo de estacionalidad**, ó de tendencias a crecer ó decrecer. Pensemos en cuánto más producto vende una heladería en sólo 4 meses al año que en el resto de estaciones.

Ejemplo de series temporales:

- Capturar la temperatura, humedad y presión atmosférica de una zona a intervalos de 15 minutos.
- Valor de las acciones de una empresa en la bolsa minuto a minuto.
- Ventas diarias (ó mensuales) de una empresa.
- Producción en Kg de una cosecha cada semestre.

Creo que con eso ya nos hacemos una idea :) Como también pueden entrever, las series temporales pueden ser de 1 sóla variable, ó de múltiples.

Vamos a comenzar con la práctica, cargando un dataset que contiene información de casi 2 años de ventas diarias de productos. Los campos que contiene son fecha y la cantidad de unidades vendidas.

Cargar el Ejemplo con Pandas

Aprovecharemos las bondades de Pandas para cargar y tratar nuestros datos. Comenzamos importando las librerías que utilizaremos y leyendo el archivo csv[369].

[367]http://www.aprendemachinelearning.com/una-sencilla-red-neuronal-en-python-con-keras-y-tensorflow/
[368]http://www.aprendemachinelearning.com/regresion-lineal-en-espanol-con-python/
[369]https://raw.githubusercontent.com/jbagnato/machine-learning/master/time_series.csv

```
import pandas as pd
import numpy as np
import matplotlib.pylab as plt
%matplotlib inline
plt.rcParams['figure.figsize'] = (16, 9)
plt.style.use('fast')

from keras.models import Sequential
from keras.layers import Dense,Activation,Flatten
from sklearn.preprocessing import MinMaxScaler

df = pd.read_csv('time_series.csv',  parse_dates=[0], header=None,index_col=0, squee\
ze=True,names=['fecha','unidades'])
df.head()
```

```
fecha
2017-01-02 236
2017-01-03 237
2017-01-04 290
2017-01-05 221
2017-01-07 128
Name: unidades, dtype: int64
```

Notemos una cosa antes de seguir: el dataframe que cargamos con pandas tiene como Indice nuestra **primera columna con las fechas**. Esto nos permite hacer filtrados por fecha directamente y algunas operaciones especiales.

Por ejemplo, podemos ver de qué fechas tenemos datos con:

```
print(df.index.min())
print(df.index.max())
```

```
2017-01-02 00:00:00
2018-11-30 00:00:00
```

Presumiblemente tenemos las ventas diarias de 2017 y de 2018 hasta el mes de noviembre. Y ahora veamos cuantas muestras tenemos de cada año:

```
print(len(df['2017']))
print(len(df['2018']))
```

```
315
289
```

Como este comercio cierra los domingos, vemos que de 2017 no tenemos 365 días como erróneamente podíamos presuponer. En 2018 nos falta el último mes… que será lo que trataremos de pronosticar.

Visualización de datos

Veamos algunas gráficas sobre los datos que tenemos. Pero antes, aprovechemos los datos estadísticos que nos brinda pandas con describe()

```
df.describe()
```

```
count 604.000000
mean 215.935430
std 75.050304
min 51.000000
25% 171.000000
50% 214.000000
75% 261.250000
max 591.000000
Name: unidades, dtype: float64
```

Son un total de 604 registros, la media de venta de unidades es de 215 y un desvío de 75, es decir que por lo general estaremos entre 140 y 290 unidades.

De hecho aprovechemos el tener indice de fechas con pandas y saquemos los promedios mensuales:

```
meses =df.resample('M').mean()
meses
```

```
fecha
2017-01-31 203.923077
2017-02-28 184.666667
2017-03-31 182.964286
2017-04-30 198.960000
2017-05-31 201.185185
2017-06-30 209.518519
2017-07-31 278.923077
2017-08-31 316.000000
```

```
2017-09-30 222.925926
2017-10-31 207.851852
2017-11-30 185.925926
2017-12-31 213.200000
2018-01-31 201.384615
2018-02-28 190.625000
2018-03-31 174.846154
2018-04-30 186.000000
2018-05-31 190.666667
2018-06-30 196.037037
2018-07-31 289.500000
2018-08-31 309.038462
2018-09-30 230.518519
2018-10-31 209.444444
2018-11-30 184.481481
Freq: M, Name: unidades, dtype: float64
```

Y visualicemos esas medias mensuales:

```
plt.plot(meses['2017'].values)
plt.plot(meses['2018'].values)
```

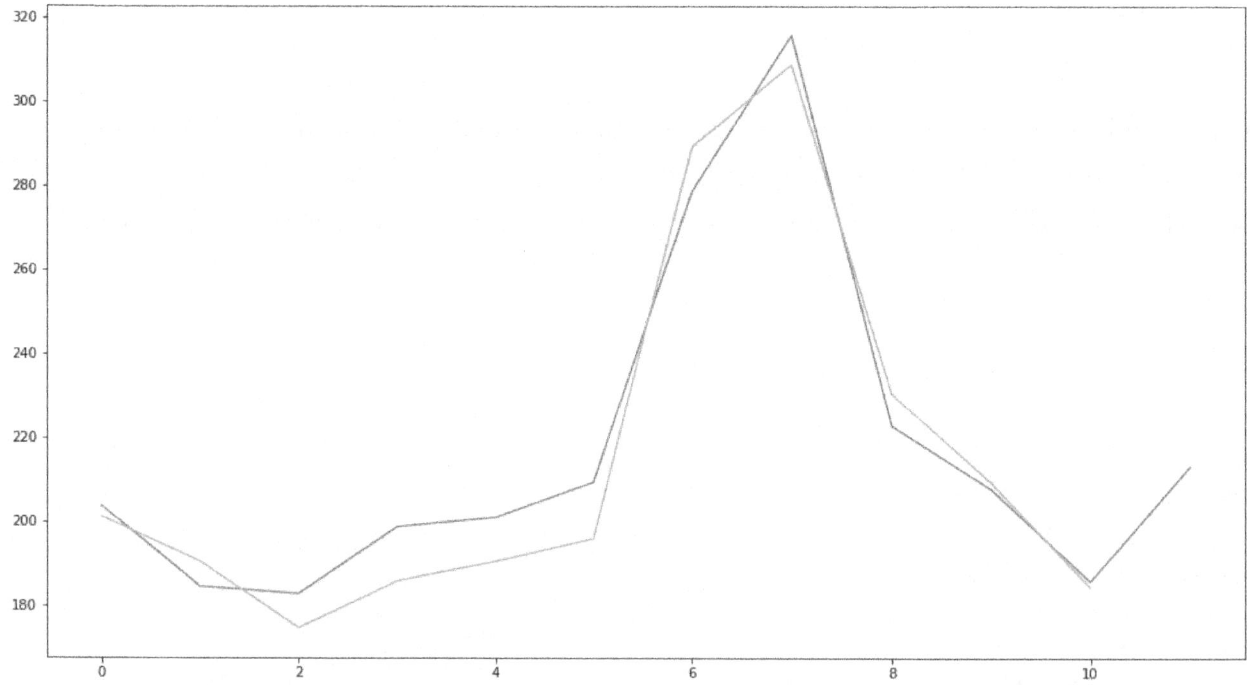

[370]

[370]http://www.aprendemachinelearning.com/wp-content/uploads/2019/02/vtas_mensual.png

Vemos que en 2017 (en azul) tenemos un inicio de año con un descenso en la cantidad de unidades, luego comienza a subir hasta la llegada del verano europeo en donde en los meses junio y julio tenemos la mayor cantidad de ventas. Finalmente vuelve a disminuir y tiene un pequeño pico en diciembre con la Navidad.

También vemos que 2018 (naranja) se comporta prácticamente igual. Es decir que pareciera que tenemos una estacionalidad. Podríamos aventurarnos a pronosticar que "el verano de 2019 también tendrá un pico de ventas".

Veamos la gráfica de ventas diarias (en unidades) en junio y julio

```
verano2017 = df['2017-06-01':'2017-09-01']
plt.plot(verano2017.values)
verano2018 = df['2018-06-01':'2018-09-01']
plt.plot(verano2018.values)
```

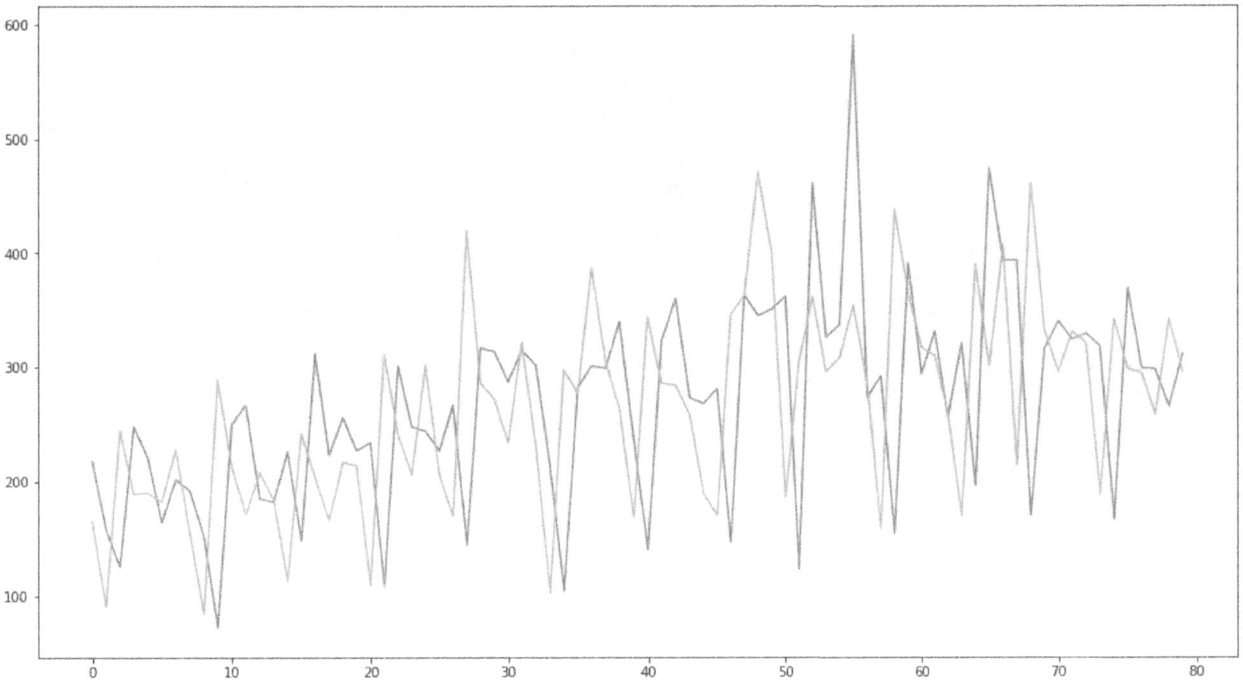

[371]

¿Cómo hacer pronóstico de series temporales?

Una vez que tenemos confirmado que nuestra serie es estacionaria, podemos hacer pronóstico. Existen diversos métodos para hacer pronóstico. En nuestro caso, las ventas parecen comportarse bastante parecidas al año, con lo cual un método sencillo si por ejemplo quisiéramos proveer el stock que necesitaría este comercio, sería decir "Si en 2017 en diciembre vendimos promedio 213 unidades,

[371] http://www.aprendemachinelearning.com/wp-content/uploads/2019/02/vtas_verano_compara.png

pronostico que en diciembre será similar". Otro método muy utilizado en estadística es el llamado ARIMA[372], el cual no explicaré aquí, pero les dejo un enlace por si están interesados[373]. Aquí un gráfica que encontré en Twitter sobre la evolución del Forecasting:

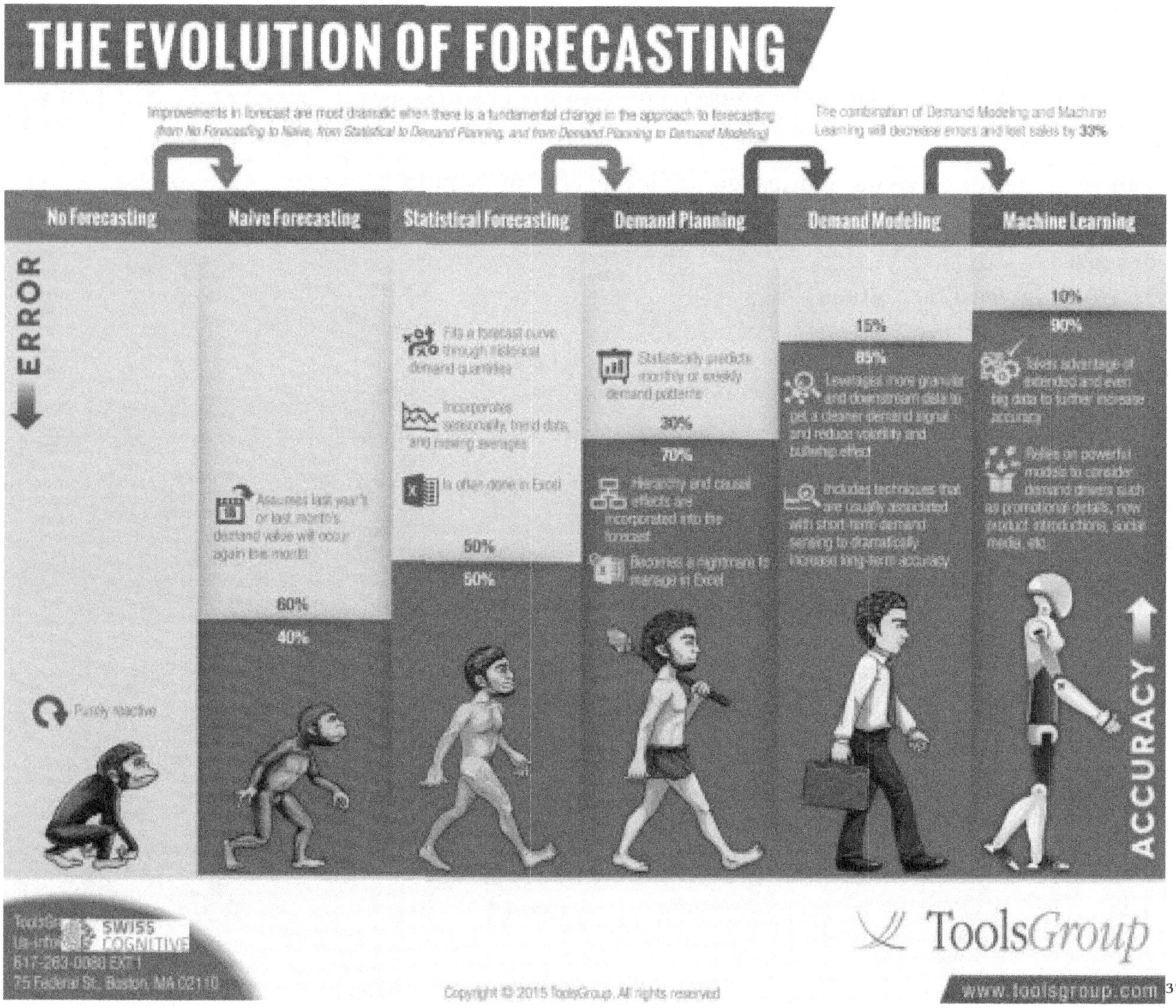

[374]

Nosotros que somos unos alumnos tan avanzados y aplicados utilizaremos Machine Learning: en concreto una red neuronal para hacer el pronóstico. Curiosamente crear esta red es algo relativamente sencillo, y en poco tiempo estaremos usando un modelo *de lo más moderno* para hacer las predicciones.

[372]https://en.wikipedia.org/wiki/Autoregressive_integrated_moving_average
[373]https://www.analyticsvidhya.com/blog/2016/02/time-series-forecasting-codes-python/
[374]http://www.aprendemachinelearning.com/wp-content/uploads/2019/02/evolucion_tecnicas_pronostico.jpg

Pronóstico de Ventas Diarias con Redes Neuronal

Usaremos una arquitectura sencilla de red neuronal "MLP" por sus siglas Multi-Layered Perceptron, con pocas neuronas y como método de activación tangente hiperbólica pues entregaremos valores transformados entre -1 y 1.

Vamos al ejemplo!

Preparamos los datos

> Este puede que sea uno de los pasos más importantes de este ejercicio.

Lo que haremos es alterar nuestro flujo de entrada del archivo csv que contiene una columna con las unidades despachadas, y lo convertiremos en varias columnas. *¿Y porqué hacer esto?* En realidad lo que haremos es tomar nuestra serie temporal y **la convertiremos en un "problema de tipo supervisado**[375]" para poder alimentar la red neuronal y poder entrenarla con backpropagation[376] ("como es habitual"). Para hacerlo, debemos tener unas entradas y unas salidas.

Tomaremos 7 días previos para "obtener" el octavo. Podríamos intentar entrenar a la red con 2, ó 3 días. O también podríamos tener 1 sola salida, ó hasta "atrevernos" intentar predecir más de un "día futuro". Eso lo dejo a ustedes cómo actividad extra. Pero quedémonos con este modelado:

- **Entradas**: serán "7 columnas" que representan las ventas en unidades de los 7 días anteriores.
- **Salida**: El valor del "8vo día". Es decir, las ventas (en unids) de ese día.

Para hacer esta transformación usaré una función llamada *series_to_supervised()* creada y explicada en este blog[377]. (La verás en el código, a continuación)

Antes de usar la función, utilizamos el MinMaxScaler[378] para transformar el rango de nuestros valores y escalarlos entre -1 y 1 (pues sabemos que a nuestra red neuronal, le favorece para realizar los cálculos).

Entonces aqui vemos cómo queda nuestro set de datos de entrada.

---

[375]http://www.aprendemachinelearning.com/aplicaciones-del-machine-learning/#supervisado
[376]http://neuralnetworksanddeeplearning.com/chap2.html
[377]https://machinelearningmastery.com/convert-time-series-supervised-learning-problem-python/
[378]https://scikit-learn.org/stable/modules/generated/sklearn.preprocessing.MinMaxScaler.html

```python
PASOS=7

# convert series to supervised learning
def series_to_supervised(data, n_in=1, n_out=1, dropnan=True):
    n_vars = 1 if type(data) is list else data.shape[1]
    df = pd.DataFrame(data)
    cols, names = list(), list()
    # input sequence (t-n, ... t-1)
    for i in range(n_in, 0, -1):
        cols.append(df.shift(i))
        names += [('var%d(t-%d)' % (j+1, i)) for j in range(n_vars)]
    # forecast sequence (t, t+1, ... t+n)
    for i in range(0, n_out):
        cols.append(df.shift(-i))
        if i == 0:
            names += [('var%d(t)' % (j+1)) for j in range(n_vars)]
        else:
            names += [('var%d(t+%d)' % (j+1, i)) for j in range(n_vars)]
    # put it all together
    agg = pd.concat(cols, axis=1)
    agg.columns = names
    # drop rows with NaN values
    if dropnan:
        agg.dropna(inplace=True)
    return agg

# load dataset
values = df.values
# ensure all data is float
values = values.astype('float32')
# normalize features
scaler = MinMaxScaler(feature_range=(-1, 1))
values=values.reshape(-1, 1) # esto lo hacemos porque tenemos 1 sola dimension
scaled = scaler.fit_transform(values)
# frame as supervised learning
reframed = series_to_supervised(scaled, PASOS, 1)
reframed.head()
```

	var1(t-7)	var1(t-6)	var1(t-5)	var1(t-4)	var1(t-3)	var1(t-2)	var1(t-1)	var1(t)
7	-0.314815	-0.311111	-0.114815	-0.370370	-0.714815	-0.103704	-0.225926	-0.433333
8	-0.311111	-0.114815	-0.370370	-0.714815	-0.103704	-0.225926	-0.433333	-0.607407
9	-0.114815	-0.370370	-0.714815	-0.103704	-0.225926	-0.433333	-0.607407	-0.522222
10	-0.370370	-0.714815	-0.103704	-0.225926	-0.433333	-0.607407	-0.522222	-0.644444
11	-0.714815	-0.103704	-0.225926	-0.433333	-0.607407	-0.522222	-0.644444	-0.344444

[379]

Usaremos como entradas las columnas encabezadas como var1(t-7) a (t-1) y nuestra salida (lo que sería el valor "Y" de la función) será el **var1(t)** -la última columna-.

Creamos la Red Neuronal Artificial

Antes de crear la red neuronal, subdividiremos nuestro conjunto de datos en train y en test. **ATENCIÓN**, algo importante de este procedimiento, a diferencia de otros problemas en los que podemos "mezclar" los datos de entrada, es que en este caso **nos importa mantener el orden temporal** en el que alimentaremos la red. Por lo tanto, haremos una división de los primeros 567 días consecutivos para entrenamiento de la red y los siguientes 30 para su validación. Esta es una proporción que elegí y que me pareció conveniente, pero propongo al lector, variar esta proporción por ejemplo a 80-20 y comparar resultados.

```
# split into train and test sets
values = reframed.values
n_train_days = 315+289 - (30+PASOS)
train = values[:n_train_days, :]
test = values[n_train_days:, :]
# split into input and outputs
x_train, y_train = train[:, :-1], train[:, -1]
x_val, y_val = test[:, :-1], test[:, -1]
# reshape input to be 3D [samples, timesteps, features]
x_train = x_train.reshape((x_train.shape[0], 1, x_train.shape[1]))
x_val = x_val.reshape((x_val.shape[0], 1, x_val.shape[1]))
print(x_train.shape, y_train.shape, x_val.shape, y_val.shape)
```

```
(567, 1, 7) (567,) (30, 1, 7) (30,)
```

Hemos transformado la entrada en un arreglo con forma (567,1,7) esto al castellano significa *algo así como* "567 entradas con vectores de 1x7".

[379]http://www.aprendemachinelearning.com/wp-content/uploads/2019/02/serie_to_supervised_ejemplo.png

La arquitectura de la red neuronal será:

- Entrada: 7 inputs, como dijimos antes
- 1 capa oculta con 7 neuronas (este valor lo escogí yo, pero se puede variar)
- La salida será 1 sola neurona
- Como función de activación utilizamos tangente hiperbólica[380] puesto que utilizaremos valores entre -1 y 1.
- Utilizaremos como optimizador Adam[381] y métrica de pérdida (loss) Mean Absolute Error[382]
- Como la predicción será un valor continuo y no discreto, para calcular el Acuracy utilizaremos Mean Squared Error[383] y para saber si mejora con el entrenamiento se debería ir reduciendo durante el transcurso de las EPOCHS.

```
def crear_modeloFF():
    model = Sequential()
    model.add(Dense(PASOS, input_shape=(1,PASOS),activation='tanh'))
    model.add(Flatten())
    model.add(Dense(1, activation='tanh'))
    model.compile(loss='mean_absolute_error',optimizer='Adam',metrics=["mse"])
    model.summary()
    return model
```

Entrenamiento y Resultados

Veamos cómo se comporta nuestra máquina al cabo de 40 épocas.

```
EPOCHS=40

model = crear_modeloFF()

history=model.fit(x_train,y_train,epochs=EPOCHS,validation_data=(x_val,y_val),batch_\
size=PASOS)
```

En pocos segundos vemos una reducción del valor de pérdida tanto del set de entrenamiento como del de validación.

[380]https://es.wikipedia.org/wiki/Tangente_hiperb%C3%B3lica
[381]https://www.quora.com/Can-you-explain-basic-intuition-behind-ADAM-a-method-for-stochastic-optimization
[382]https://www.statisticshowto.datasciencecentral.com/absolute-error/
[383]https://medium.com/human-in-a-machine-world/mae-and-rmse-which-metric-is-better-e60ac3bde13d

```
Epoch 40/40
567/567 [==============================] - 0s 554us/step - loss: 0.1692 - mean_squar\
ed_error: 0.0551 - val_loss: 0.1383 - val_mean_squared_error: 0.03
```

Visualizamos al conjunto de validación (recordemos que eran 30 días)

```
results=model.predict(x_val)
plt.scatter(range(len(y_val)),y_val,c='g')
plt.scatter(range(len(results)),results,c='r')
plt.title('validate')
plt.show()
```

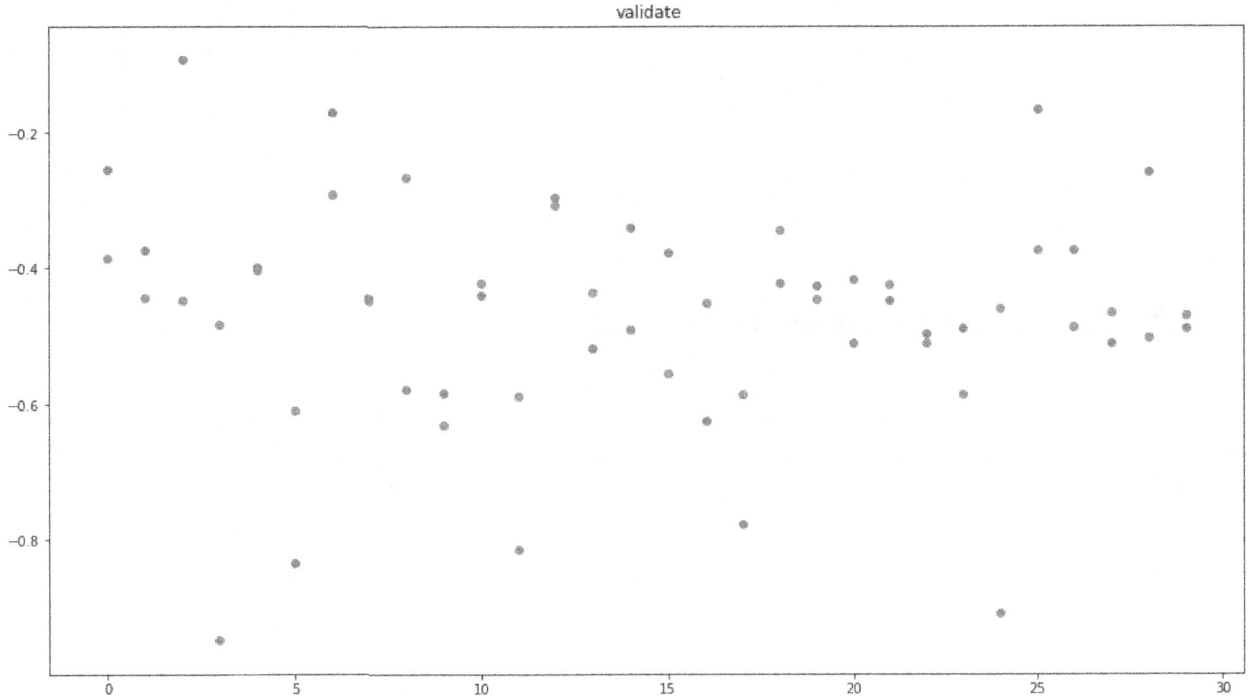

[384]

En la gráfica vemos que **los puntitos verdes intentan aproximarse a los rojos**. Cuanto más cerca ó superpuestos mejor. TIP: Si aumentamos la cantidad de EPOCHS mejora cada vez más.

Veamos y comparemos también cómo disminuye el LOSS tanto en el conjunto de train como el de Validate, esto es bueno ya que indica que el modelo está aprendiendo. A su vez pareciera no haber overfitting[385], pues las curvas de train y validate siguen la misma tendencia.

[384]http://www.aprendemachinelearning.com/wp-content/uploads/2019/02/RN_Validation_plot.png
[385]http://www.aprendemachinelearning.com/que-es-overfitting-y-underfitting-y-como-solucionarlo/

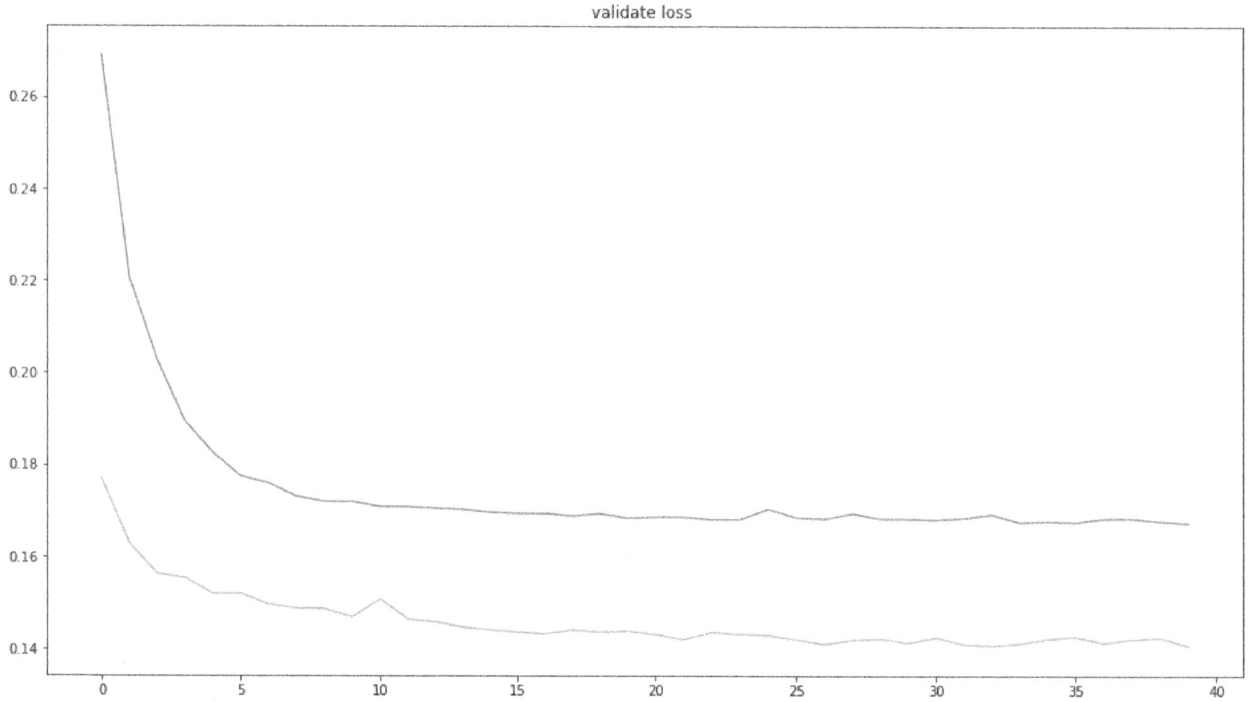

[386]

Pronóstico de ventas futuras

Ahora que tenemos nuestra red y la damos por buena, probaremos a realizar una nueva predicción, en este caso, **usaremos los últimos días de noviembre 2018 para calcular la primer semana de diciembre**. Veamos:

```
ultimosDias = df['2018-11-16':'2018-11-30']
ultimosDias
```

```
fecha
2018-11-16 152
2018-11-17 111
2018-11-19 207
2018-11-20 206
2018-11-21 183
2018-11-22 200
2018-11-23 187
2018-11-24 189
2018-11-25 76
2018-11-26 276
```

[386]http://www.aprendemachinelearning.com/wp-content/uploads/2019/02/visualice_loss.png

```
2018-11-27 220
2018-11-28 183
2018-11-29 251
2018-11-30 189
Name: unidades, dtype: int64
```

Y ahora seguiremos el mismo preprocesado de datos que hicimos para el entrenamiento: escalando los valores, llamando a la función *series_to_supervised* pero esta vez sin incluir la columna de salida "Y" pues es la que queremos hallar. Por eso, verán en el código que hacemos drop() de la última columna.

```
values = ultimosDias.values
values = values.astype('float32')
# normalize features
values=values.reshape(-1, 1) # esto lo hacemos porque tenemos 1 sola dimension
scaled = scaler.fit_transform(values)
reframed = series_to_supervised(scaled, PASOS, 1)
reframed.drop(reframed.columns[[7]], axis=1, inplace=True)
reframed.head(7)
```

	var1(t-7)	var1(t-6)	var1(t-5)	var1(t-4)	var1(t-3)	var1(t-2)	var1(t-1)
7	-0.24	-0.65	0.31	0.30	0.07	0.24	0.11
8	-0.65	0.31	0.30	0.07	0.24	0.11	0.13
9	0.31	0.30	0.07	0.24	0.11	0.13	-1.00
10	0.30	0.07	0.24	0.11	0.13	-1.00	1.00
11	0.07	0.24	0.11	0.13	-1.00	1.00	0.44
12	0.24	0.11	0.13	-1.00	1.00	0.44	0.07
13	0.11	0.13	-1.00	1.00	0.44	0.07	0.75

[387]

De este conjunto "ultimosDias" tomamos sólo la última fila, pues es la que correspondería a la última semana de noviembre y la dejamos en el formato correcto para la red neuronal con *reshape*:

[387] http://www.aprendemachinelearning.com/wp-content/uploads/2019/02/set_test_para_pronostico.png

```
values = reframed.values
x_test = values[6:, :]
x_test = x_test.reshape((x_test.shape[0], 1, x_test.shape[1]))
x_test
```

```
array([[[ 0.11000001, 0.13 , -1. , 1. ,
0.44000006, 0.06999993, 0.75 ]]], dtype=float32)
```

Ahora crearemos una función para ir "rellenando" el desplazamiento que hacemos por cada predicción. Esto es porque queremos predecir los 7 primeros días de diciembre. Entonces para el 1 de diciembre, ya tenemos el set con los últimos 7 días de noviembre. Pero para pronosticar **el 2 de diciembre** necesitamos los 7 días anteriores que INCLUYEN al 1 de diciembre y ese valor, lo obtenemos en nuestra predicción anterior. Y así hasta el 7 de diciembre.

```
def agregarNuevoValor(x_test,nuevoValor):
    for i in range(x_test.shape[2]-1):
        x_test[0][0][i] = x_test[0][0][i+1]
    x_test[0][0][x_test.shape[2]-1]=nuevoValor
    return x_test

results=[]
for i in range(7):
    parcial=model.predict(x_test)
    results.append(parcial[0])
    print(x_test)
    x_test=agregarNuevoValor(x_test,parcial[0])
```

Ya casi lo tenemos... Ahora las predicciones están en **el dominio del -1 al 1** y nosotros lo queremos en nuestra escala "real" de unidades vendidas. Entonces vamos a "re-transformar" los datos con el objeto "scaler" que creamos antes y si método "inverse_transform()".

```
adimen = [x for x in results]
inverted = scaler.inverse_transform(adimen)
inverted
```

```
array([[174.48904094],
[141.26934129],
[225.49292353],
[203.73262324],
[177.30941712],
[208.1552254 ],
[175.23698644]])
```

Ya podemos crear un nuevo DataFrame Pandas por si quisiéramos guardar un nuevo csv con el pronóstico. Y lo visualizamos.

```
prediccion1SemanaDiciembre = pd.DataFrame(inverted)
prediccion1SemanaDiciembre.columns = ['pronostico']
prediccion1SemanaDiciembre.plot()
prediccion1SemanaDiciembre.to_csv('pronostico.csv')
```

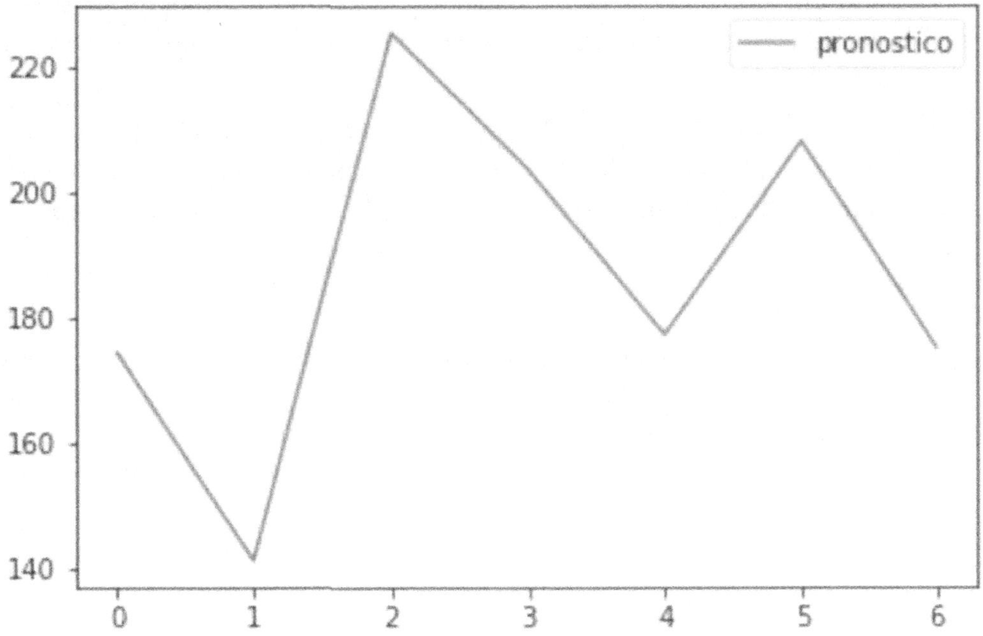

[388]

A partir de los últimos 7 días de noviembre 2018 y utilizando nuestra red neuronal, hicimos el pronóstico de venta de unidades para la primer semana de diciembre.

Resumen

Durante este nuevo capítulo del aprendizaje automático, diferenciamos lo que son las Series Temporales y su predicción de los problemas de Regresión estándar. Aprovechamos la capacidad de las

[388]http://www.aprendemachinelearning.com/wp-content/uploads/2019/02/pronostico_unidades.png

redes neuronales[389] de generalizar[390] y lograr predecir ventas futuras. Uno de los pasos más importantes, al realizar el preprocesado, consiste en convertir nuestra serie en un modelo de aprendizaje supervisado[391], donde tenemos valores de entrada y salida, para poder entrenar la red. Y finalizamos realizando pronóstico de una semana utilizando la red neuronal creada.

Propongo al lector hacer diversas pruebas para mejorar las predicciones, alterando parámetros del ejercicio:

- Variar la cantidad de EPOCHS
- Probar otro optimizador distinto a Adam, ó configurar valores distintos de Learning Rate.
- Cambiar la arquitectura de la Red Neuronal:
  - Cambiar la cantidad de Neuronas de la capa oculta.
  - Agregar más capas ocultas
- Probar utilizando más de 7 días previos para predecir. O probar con menos días.
- Se puede probar de intentar predecir más de 1 día por vez (sin iterar el resultado como hice con la función **agregarNuevoValor()**)

El próximo capítulo retoma este ejercicio pero aplicando **Embeddings** que puede mejorar la precisión de las predicciones poniendo en juego el día de la semana y mes que estamos pronosticando, considerándolos como datos adicionales de entrada a la red neuronal para preservar mejor la estacionalidad.

NOTA 1: recordemos que el futuro es IMPREDECIBLE... por lo que debo decir al Científico de datos: **cuidado** sobre todo si debemos predecir resultados de series con comportamiento errático, como los valores de la bolsa. Y también cautela en asuntos sensibles sobretodo relacionados con la salud.

Recursos Adicionales

- Acceder a la Jupyter Notebook con el ejercicio completo[392] (y siempre algún Bonus Track) en Github.
- Descargar el archivo de entrada csv [393]con la serie temporal usada en el ejercicio
- Herramientas para valorar y mejorar el modelo: Interpretación de modelos de ML[394]

Artículos recomendados en Inglés

- How to choose the right forecasting technique[395]
- Multivariate Time Series Forecasting with LSTMs in Keras[396]
- Time Series Analysis Tutorial Using Financial Data[397]
- A comprehensive beginner's guide to create a Time Series Forecast[398]

[389]http://www.aprendemachinelearning.com/guia-de-aprendizaje/
[390]http://www.aprendemachinelearning.com/que-es-overfitting-y-underfitting-y-como-solucionarlo/
[391]http://www.aprendemachinelearning.com/aplicaciones-del-machine-learning/#supervisado
[392]https://github.com/jbagnato/machine-learning/blob/master/Series_Temporales_con_RRNN.ipynb
[393]https://raw.githubusercontent.com/jbagnato/machine-learning/master/time_series.csv
[394]http://www.aprendemachinelearning.com/interpretacion-de-modelos-de-machine-learning/
[395]https://hbr.org/1971/07/how-to-choose-the-right-forecasting-technique
[396]https://machinelearningmastery.com/multivariate-time-series-forecasting-lstms-keras/
[397]https://towardsdatascience.com/time-series-analysis-tutorial-using-financial-data-4d1b846489f9
[398]https://www.analyticsvidhya.com/blog/2016/02/time-series-forecasting-codes-python/

Pronóstico de Ventas con Redes Neuronales (Parte 2)

Mejora del modelo de Series Temporales con Múltiples Variables y Embeddings

Este capítulo es la continuación de "Pronóstico de Series Temporales con Redes Neuronales en Python" en donde vimos cómo a partir de un archivo de entrada con las unidades vendidas por una empresa durante años anteriores, podíamos *estimar las ventas de la próxima semana.* Continuaremos a partir de ese modelo y haremos propuestas para mejorar la predicción.

Breve Repaso de lo que hicimos

En el modelo del capitulo anterior[399] creamos una Red Neuronal MLP (Multilayered Perceptron) feedforward[400] de pocas capas, y el mayor trabajo que hicimos fue en los datos de entrada[401]. Puesto que sólo tenemos un archivo csv con 2 columnas: fecha y unidades vendidas lo que hicimos fue transformar esa entrada en un "problema de aprendizaje supervisado[402]". Para ello, creamos un "nuevo archivo" de entrada con 7 columnas en donde poníamos la cantidad de unidades vendidas en **los 7 días anteriores** y de salida la cantidad de unidades vendidas en "la fecha actual". De esa manera alimentamos la red y ésta fue capaz de realizar pronósticos aceptables. **Sólo utilizamos la columna de unidades**. Pero no utilizamos la columna de fecha. ¿Podría ser la columna de fecha un dato importante? ¿podría mejorar nuestra predicción de ventas?

Mejoras al modelo de Series Temporales

Esto es lo que haremos: propongo 2 nuevos modelos con Redes Neuronales Feedforward[403] para intentar mejorar los pronósticos de ventas:

- Un primer modelo **tomando la fecha como nueva variable de entrada** valiosa y que aporta datos.
- Un segundo modelo también usando la fecha como variable adicional, pero utilizándo **Embeddings**... y a ver si mejora el pronóstico.

[399]http://www.aprendemachinelearning.com/pronostico-de-series-temporales-con-redes-neuronales-en-python/
[400]http://www.aprendemachinelearning.com/breve-historia-de-las-redes-neuronales-artificiales/
[401]http://www.aprendemachinelearning.com/7-pasos-machine-learning-construir-maquina/
[402]http://www.aprendemachinelearning.com/aplicaciones-del-machine-learning/#supervisado
[403]http://www.aprendemachinelearning.com/aprendizaje-profundo-una-guia-rapida/

Por lo tanto explicaremos *qué son los embeddings* utilizados en variables categóricas (se utiliza mucho en problemas de Procesamiento del Lenguaje Natural NLP[404] para modelar).

Para estos modelos propuestos haremos la transformación a "**problema de aprendizaje supervisado**". Para ello usaremos la misma función *series_to_supervised()* de la web machinelearningmastery[405] como en el artículo anterior.

Primer Mejora: Serie Temporal de múltilples Variables

Puede que el "ejemplo clásico" para comprender lo que son las **Series Temporales de Múltiples Variables** sea el pronóstico del tiempo, en donde tenemos varias "columnas de entrada" con *la temperatura, la presión atmosférica, humedad.* Con esas tres variables tendremos una mejor predicción de "la temperatura de mañana" que si tan sólo usásemos una sola feature.

Fecha como variable de entrada

Como solamente tenemos un dato de entrada (las unidades vendidas en el día), **intentaremos enriquecer a la red con más entradas**. Para ello, usaremos la fecha. ¿Pero cómo? Bueno, aprovecharemos que podemos saber cada día que hubo ventas si fue un lunes, martes... por ejemplo algunos comercios venden más los viernes y sábados. También, como vimos que en cuanto a estacionalidad, en verano (europeo) subían las ventas, la red neuronal debería percatarse de eso y "mejorar su puntería" entendiendo que eso ocurre en los meses 7 y 8 (*¿lo hará..?*). No agregaré los años, pues sólo tenemos 2017 y 2018 (muy pocos), pero si tu cuentas con un dataset con muchos años, sería bueno agregar como entrada también los años.

En Limpio: Usaremos el día como variable categórica con valores de 0 a 6 indicando día de semana y usaremos el número de mes como otra variable categórica. La "intuición" es que la red entenderá las estacionalidades dadas entre semana y mensuales.

Segunda mejora: Embeddings en variables categóricas

Bien, para el segundo modelo, utilizaremos embeddings en las variables categóricas, es decir, en la columna de día y de mes. Los valores de día van del 0 al 6 representando los días de la semana. Pero no quiere decir que el día 6 "vale" más que el día 0. *Son identificadores.* No tendría sentido decir que jueves es mayor que domingo. Sin embargo **la red neuronal esto no lo sabe y podría interpretar erróneamente** esos valores (categóricos)... Con los meses lo mismo; van del 1 al 12 pero no quiere decir que "diciembre valga más que agosto". Y de hecho, sabemos en la práctica **para este ejercicio**, que realmente en julio y agosto, es cuando más aumentan las ventas. Para intentar resolver esta problemática, es que aparecen los Embeddings.

[404]http://www.aprendemachinelearning.com/procesamiento-del-lenguaje-natural-nlp/
[405]https://machinelearningmastery.com/convert-time-series-supervised-learning-problem-python/

¿Qué son los Embeddings?

La traducción al español de "Embed" es Incrustar... y esto a simple vista no nos ayuda mucho. Google lo traduce en uno de sus tutoriales[406] como "*incorporaciones*". Los embeddings son una manera de dar valoración útil- a datos categóricos. Para ello asignaremos una profundidad a cada "identificador", es decir **un vector con valores continuos inicialmente aleatorios**. Esos valores se ajustarán con backpropagation[407] al igual que nuestra red neuronal. Y finalmente nuestros datos categóricos quedan enriquecidos y dejan de ser "lunes" para ser unos vectores con valores que "significan algo". *¿Qué significan?* para simplificar podemos decir que esos vectores "acercan identificadores similares entre sí y distancia a los opuestos". Un ejemplo: cuando se utiliza en Natural Language Processing[408] (NLP) con un gran número de palabras, los Embeddings logran hacer que palabras sobre sentimientos positivos -"alegría","felicidad"- queden cercanas pero distanciadas de las que significan sentimientos negativos "odio","tristeza".

Otro caso de uso también muy conocido llamado: **Filtrado colaborativo**[409] en el cual se crea un motor de recomendaciones de películas. Entonces se sitúan en un espacio vectorial las películas infantiles en un extremo y las de adultos en otro. A su vez, otra coordenada indica si la película es "más comercial/taquillera" ó más "artística".

[406]https://developers.google.com/machine-learning/crash-course/embeddings/video-lecture
[407]http://www.aprendemachinelearning.com/aprendizaje-profundo-una-guia-rapida/
[408]http://www.aprendemachinelearning.com/procesamiento-del-lenguaje-natural-nlp/
[409]https://developers.google.com/machine-learning/crash-course/embeddings/video-lecture

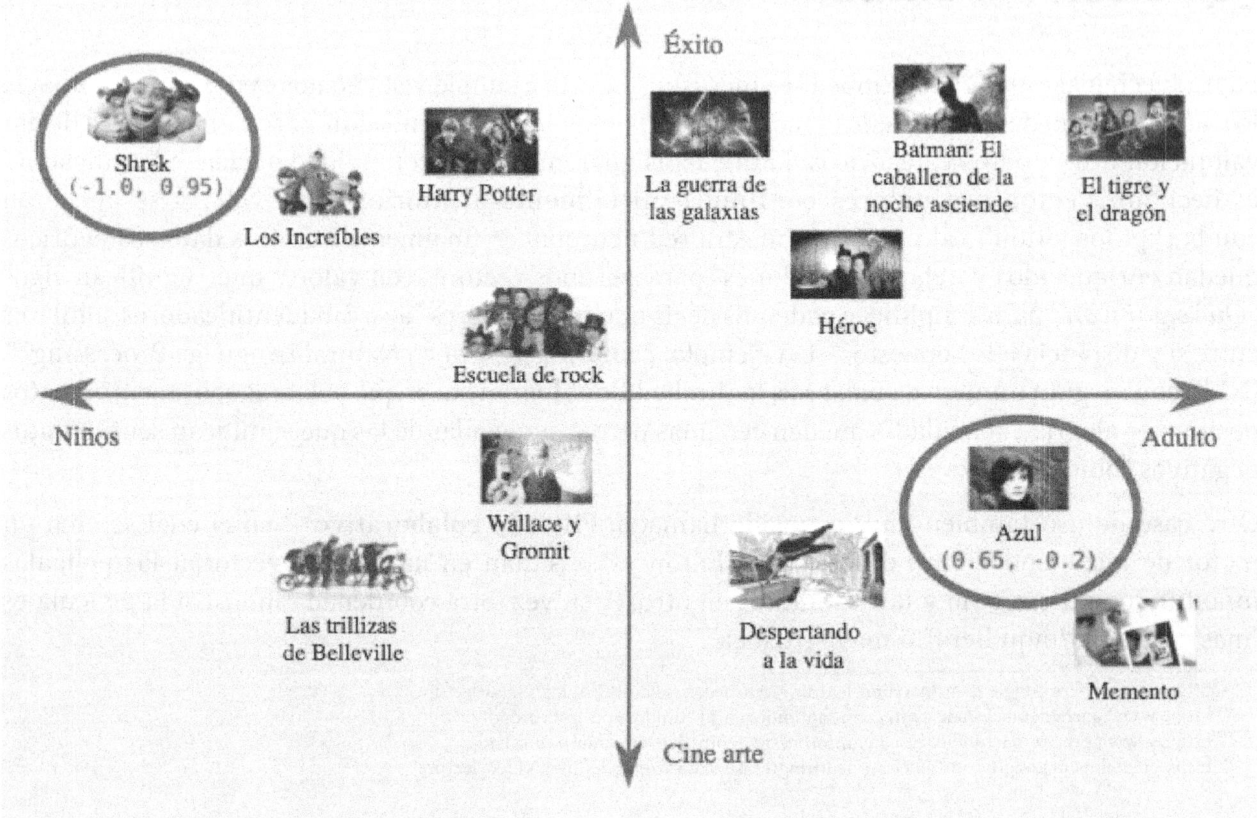

En este caso "simplificado" los Embeddings se pueden ver como vectores de coordenadas (x,y) que acercan películas similares en 2 dimensiones y a su vez quedan distanciadas de Identificadores opuestos.

Sobre la dimensionalidad de los Embeddings

Es bueno usar muchas dimensiones (profundidad) para modelar nuestras variables categóricas. Pero ojo!, si tiene demasiadas, puede ocurrir overfitting[410]. Entonces habrá que hacer prueba y error. Hay una regla que dice que hay que usar "una cuarta parte" del tamaño de la variable categórica: si tenemos 100 identificadores, usaremos como profundidad 25. En el curso de Fast.ai[411] recomiendan un máximo de 50 ó "la cantidad de elementos categóricos más uno, dividido dos" (si es menor a 50). Pero siempre dependerá del caso.

Conclusión de Embeddings

Al asignarle **vectores con valor numérico continuo** a *entradas categóricas* , estos terminan funcionando como "una mini red neuronal" dentro de la red principal. Aprenden con backpropagation[412].

[410]http://www.aprendemachinelearning.com/que-es-overfitting-y-underfitting-y-como-solucionarlo/
[411]http://course.fast.ai/lessons/lesson3.html
[412]http://neuralnetworksanddeeplearning.com/chap2.html

Y resuelven como valores continuos esos identificadores discretos, acentuando su valor intrínseco.

Una ventaja de usar Embeddings es que se pueden reutilizar. Una vez entrenados podemos guardarlos para utilizarlos en otra red. Gracias a esto es que encontramos archivos de Embeddings con millones de palabras "ya entrenadas" por Google[413], listos para descargar y usar.

Quiero Python!

Dejaré enlace a los códigos, pues esta vez me quiero centrar más en las comparaciones y conclusiones de cada modelo, y no tanto en su implementación. Aquí los enlaces de las 3 notebooks:

- Código Modelo 1: Red Neuronal con una Variable[414]
- Código Modelo 2: Serie Temporal multiples variables[415]
- Código Modelo 3: Series Temporales con Embeddings[416]

Comparemos los Resultados de los 3 modelos:

Para intentar que las comparaciones sean lo más "justas" posibles, utilizaremos en las 3 redes neuronales las mismas funciones de activación (tanh[417]), misma optimización (Adam[418]) y métricas loss y score (mean_absolute_error[419] y mean_squared_error[420]). Además en todos los casos ejecutaremos 40 EPOCHS.

Por comodidad llamaremos a los 3 modelos:

1. Serie Temporal de 1 variable = ST1
2. Serie Temporal de Multiples Variables = STMV
3. Serie Temporal con Embeddings = STE

Comparemos las Métricas

Vemos los valores finales de las métricas tras las 40 EPOCHS

[413]https://github.com/mmihaltz/word2vec-GoogleNews-vectors
[414]https://nbviewer.jupyter.org/github/jbagnato/machine-learning/blob/master/Series_Temporales_con_RRNN.ipynb
[415]https://nbviewer.jupyter.org/github/jbagnato/machine-learning/blob/master/Series_Temporales_Multivariate.ipynb
[416]https://nbviewer.jupyter.org/github/jbagnato/machine-learning/blob/master/Series_Temporales_Embeddings.ipynb
[417]https://es.wikipedia.org/wiki/Tangente_hiperb%C3%B3lica
[418]https://www.quora.com/Can-you-explain-basic-intuition-behind-ADAM-a-method-for-stochastic-optimization
[419]https://www.statisticshowto.datasciencecentral.com/absolute-error/
[420]https://medium.com/human-in-a-machine-world/mae-and-rmse-which-metric-is-better-e60ac3bde13d

Modelo	loss	val_loss	MSE	val_MSE
ST1	0.1682	0.1402	0.0555	0.0353
STMV	0.1583	0.1428	0.0510	0.0429
STE	0.1086	0.0954	0.0227	0.0199

El modelo ST1 y STMV quedan prácticamente iguales. Es decir que tras agregar las variables de fecha no pareciera haber mejoría en las métricas. Sin embargo **el modelo con embeddings sí que logra una mejora** algo más evidente: el *validation_loss* pasa de 0.14 a 0.09 y el validation_MSE de 0.04 a 0.02.

Comparemos Gráficas de Pérdida (loss)

En las tres gráficas vemos que la métrica de loss en los sets de entrenamiento y validación descienden y se mantiene estables. Bueno, en la del segundo modelo STMV la curva de validación es algo errática. Las curvas del modelo 1 y 2 se mantienen sobre el 0.15 mientras que la del 3er modelo desciende algo más en torno del 0.10

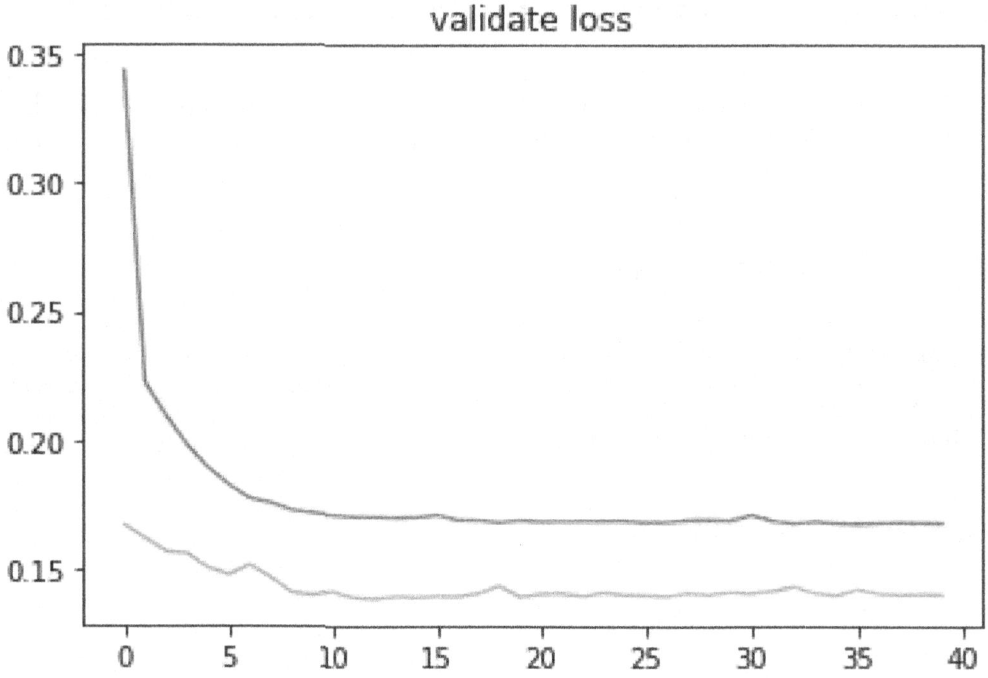

Modelo 1) ST1: En azul el Entrenamiento y naranja el set de Validación.

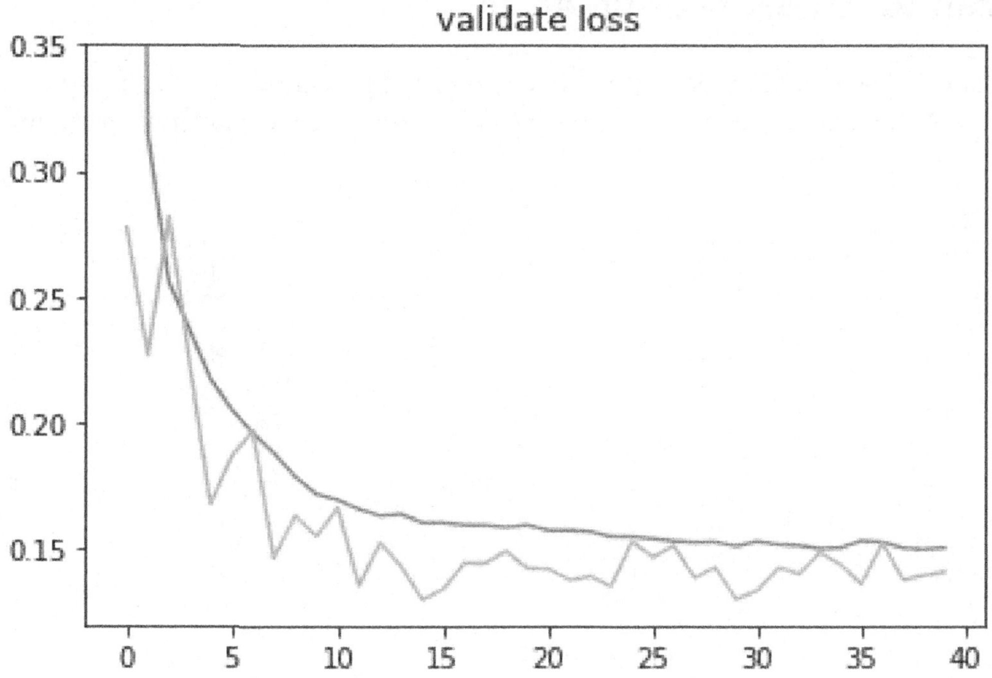

Modelo 2) STMV: En azul el Entrenamiento y naranja el set de Validación.

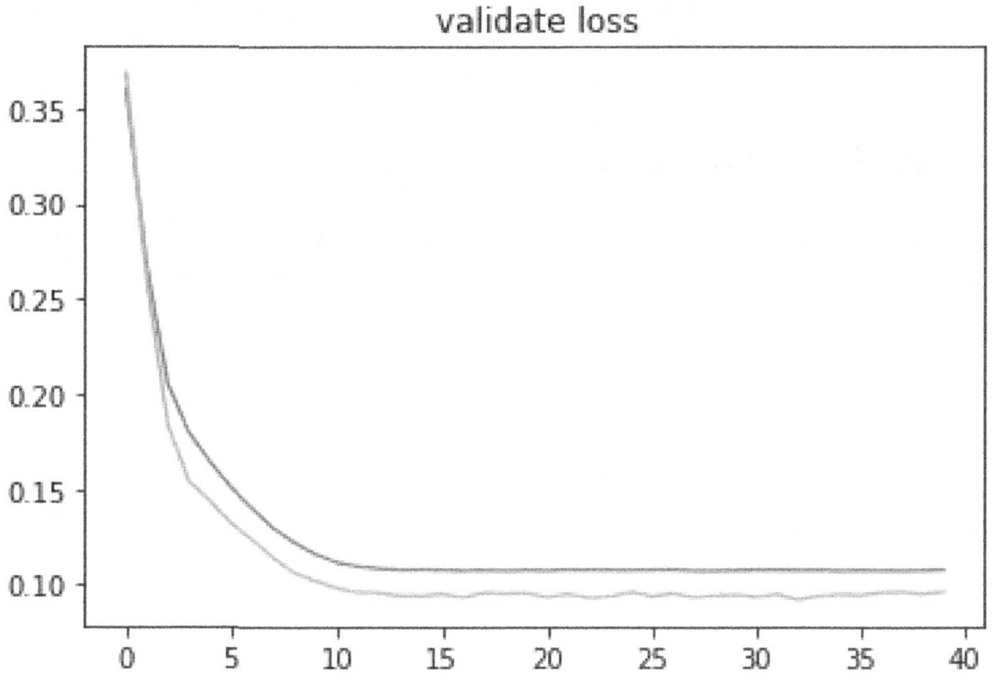

Modelo 3) STE: En azul el Entrenamiento y naranja el set de Validación.

Comparemos las Gráficas de Accuracy

Utilizamos la métrica de MSE, y vemos que nuevamente el modelo 1 y 2 se comportan similar y se sitúan sobre el 0.06 y el modelo 3 con Embeddings desciende hasta el 0.02 (indicando una mejora).

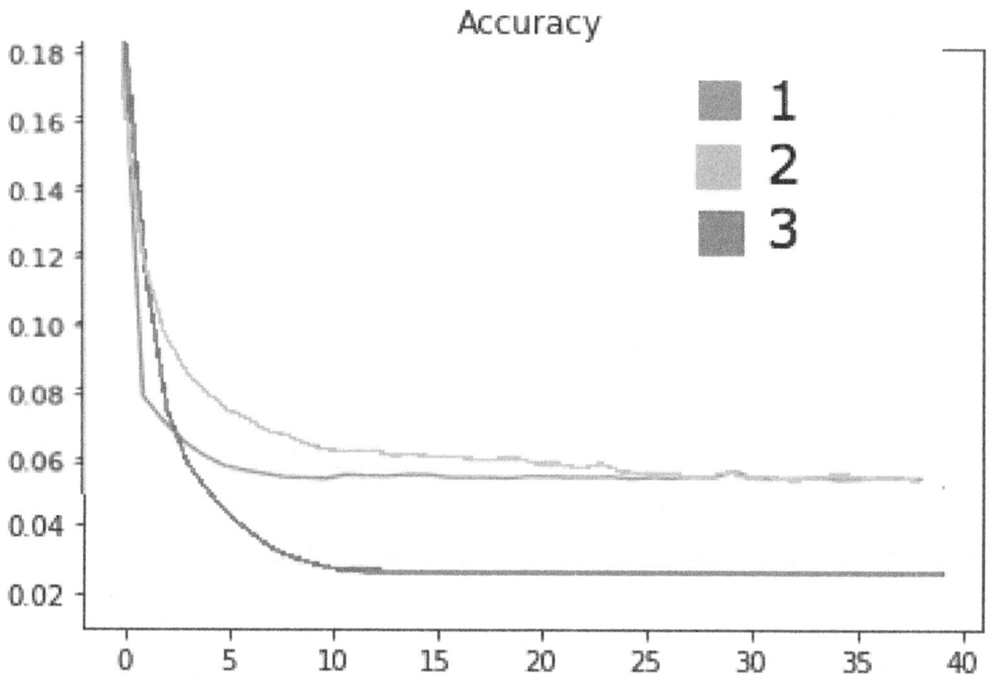

Comparamos los pronósticos y sus aciertos

Vamos a hacer una comparación visual, de los pronósticos realizados sobre el set de validación y marcar los aciertos. En azul, los puntos reales y en naranja las predicciones.

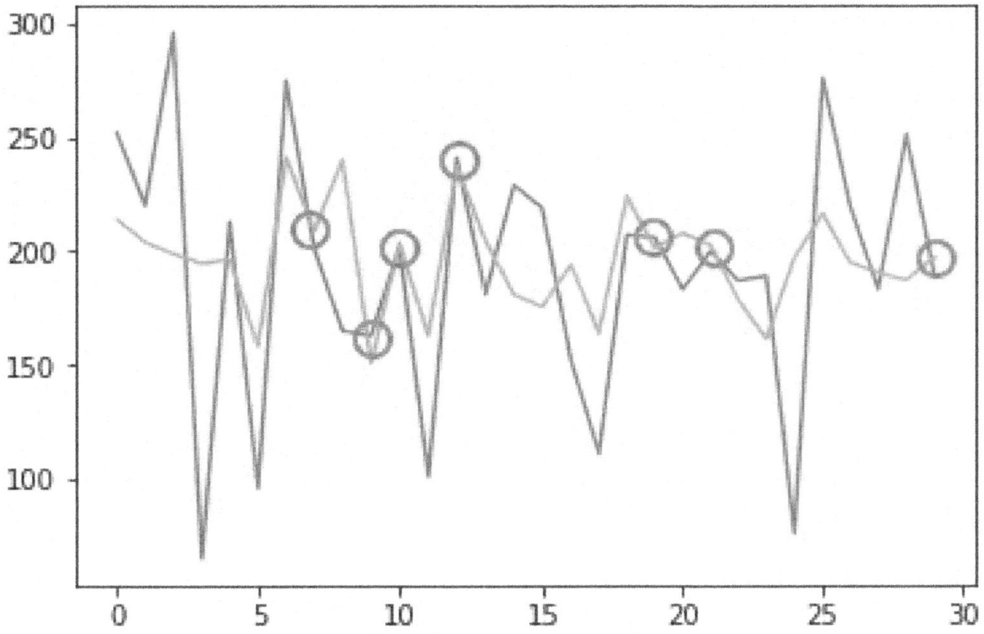

Modelo 1) ST1: con aciertos, pero pronóstico conservador

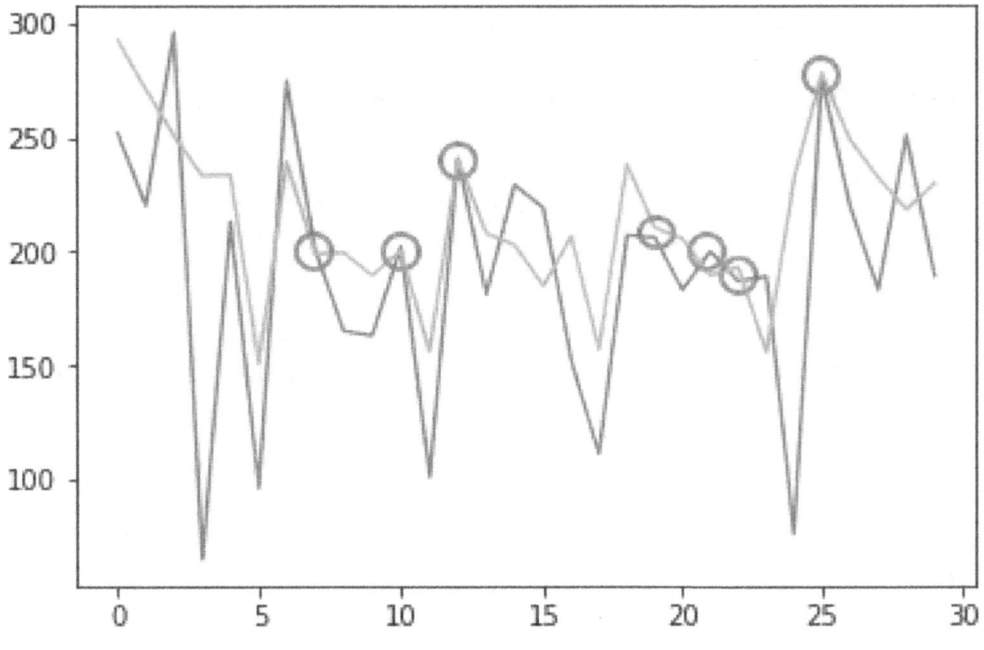

Modelo 2) STMV: Bastante similar al modelo 1 pero con algo mayor de amplitud.

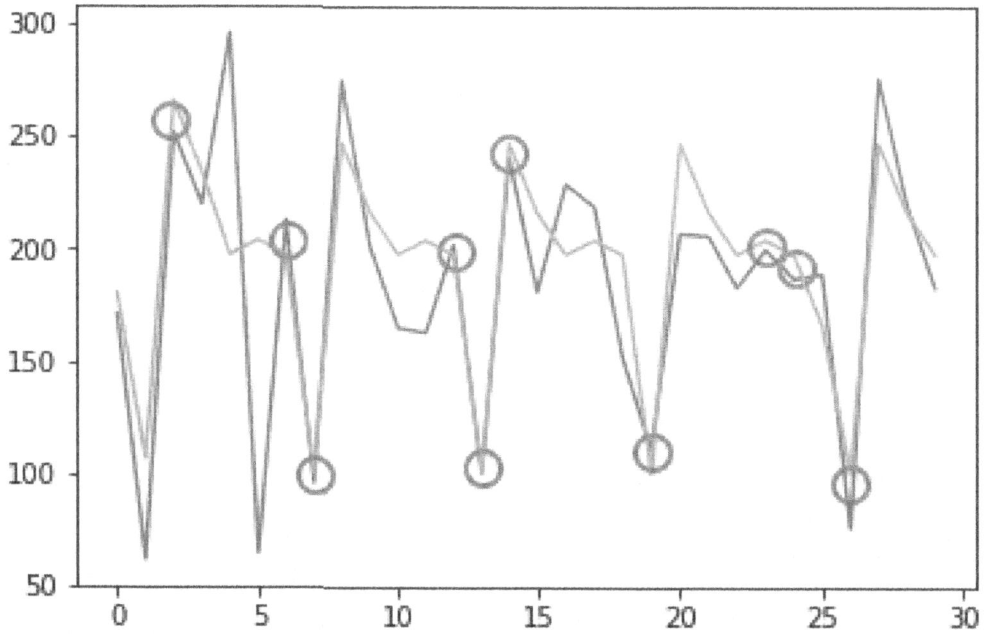

Modelo 3) STE: Los Embeddings proveen mayor flexibilidad a la curva de pronóstico y aciertos.

Podemos ver que la primera red es "más conservadora", manteniéndoselo en "la media" de 200 unidades, sin picos bruscos. El segundo modelo tiene algo más de amplitud en sus predicciones y la red neuronal que mejor se comporta es la tercera, que evidentemente **gracias a los Embeddings logra pronosticar mejor** los valores y vemos picos "más alejados" de la media de 200 que son *buenos aciertos.*

Resumen

Como primer conclusión podemos decir que mejoran las predicciones al agregar más variables de entrada a la red. Realmente notamos mejoría con nuestro modelo 3 al usar Embeddings en la red neuronal.

NOTA 1: recordemos que hay muchos de los parámetros para "tunear" que hemos fijado arbitrariamente. Al igual que en artículo anterior, animo al lector a variar esos parámetros en los 3 modelos para mejorarlos, empezando por la cantidad de EPOCHS=40 (aumentar a 100), ó la variable de PASOS que está en 7 (probar con 4 ó con 10).

NOTA 2: en el modelo de múltiples variables "hicimos un truco" tomando como variable adicional la fecha, pero realmente estaría bien tener otras variables con datos útiles.

Podemos ver cómo el Machine Learning, puede a partir de relativamente pocos datos, sacar de su galera nuevas herramientas y adaptar y mejorar el modelo. En este caso, sabemos que podemos utilizar las variables categóricas a través de Embeddings y mejorar sustancialmente los resultados obtenidos en una red neuronal.

Recursos Adicionales

- Código Modelo 1: Red Neuronal con una Variable[421]
- Código Modelo 2: Serie Temporal multiples variables[422]

- Código Modelo 3: Series Temporales con Embeddings[423]
- Archivo csv de entrada utilizado en los 3 modelos[424]

Otros Artículos recomendados (en inglés)

- Neural Networks Embeddings Explained[425]
- Multivariate Time Series Forecasting with LSTMs in Keras[426]
- An introduction to deep learning for tabular data[427]

[421]https://nbviewer.jupyter.org/github/jbagnato/machine-learning/blob/master/Series_Temporales_con_RRNN.ipynb
[422]https://nbviewer.jupyter.org/github/jbagnato/machine-learning/blob/master/Series_Temporales_Multivariate.ipynb
[423]https://nbviewer.jupyter.org/github/jbagnato/machine-learning/blob/master/Series_Temporales_Embeddings.ipynb
[424]https://raw.githubusercontent.com/jbagnato/machine-learning/master/time_series.csv
[425]https://towardsdatascience.com/neural-network-embeddings-explained-4d028e6f0526
[426]https://machinelearningmastery.com/multivariate-time-series-forecasting-lstms-keras/
[427]https://www.fast.ai/2018/04/29/categorical-embeddings/

Crea tu propio servicio de Machine Learning con Flask

Dale vida a tu IA

Ya tienes tu modelo[428], probado, funciona bien y está listo para entrar en acción. Entonces, ¿cómo lo desplegamos? Si es una solución que quieres ofrecer al público desde la nube, puedes implementar tu propio servicio online y ofrecer soluciones de Machine Learning!

Veamos cómo hacerlo!

Implementar modelos de Machine Learning

Muchas veces el modelo creado por el equipo de Machine Learning, será una "pieza más" de un sistema mayor, como por ejemplo una app, un chatbot, algún sistema de marketing, un sistema de monitoreo de seguridad. Y si bien el modelo puede correr en Python o R, es probable que interactúe con otro stack distinto de desarrollo. Por ejemplo, una app Android en Java ó Kotlin, algún sistema PHP en la nube ó hasta podría ser aplicaciones de escritorio o CRM. Entonces, nuestro modelo deberá ser capaz de interactuar y "servir" a los pedidos de esas otras herramientas.

Podríamos reescribir nuestro código en otro lenguaje (javascript, java, c...) ó si nuestro proceso ejecutara batch, podría ser una "tarea cron" del sistema operativo que ejecute automáticamente cada X tiempo y deje un archivo de salida CSV (ó entradas en una base de datos).

Pero, si nuestro modelo tiene que servir a otros sistemas en tiempo real y no podemos reescribirlo (incluso por temas de mantenimiento futuro, actualización ó imposibilidad de recrear módulos completos de Python) podemos desplegar nuestro modelo en una API accesible desde un servidor (que podría ser público ó privado) y mediante una clave secreta -si hiciera falta-.

Servir mediante una API

Una API es la manera más flexible que hay para ofrecer servicios online en la actualidad. Sin meterme en profundidad en el tema, podemos decir que lo que hacemos es publicar un punto de entrada desde donde los usuarios (clientes, apps, u otras máquinas) harán **peticiones de consulta, inserción, actualización o borrado** de los datos a los que tienen acceso. En nuestro caso, lo típico será ofrecer un servicio de Machine Learning de predicción ó clasificación. Entonces nos llegarán en la petición

[428] https://www.aprendemachinelearning.com/principales-algoritmos-usados-en-machine-learning/

GET ó POST las entradas que tendrá el modelo (nuestras features, ó lo que normalmente son las "columnas" de un csv que usamos para entrenar). Y nuestra salida podría ser el resultado de la predicción, ó una probabilidad, ó un número (por ej. "cantidad de ventas pronosticadas para ese día").

Para crear una API, podemos utilizar diversas infraestructuras ya existentes en el mercado que ofrecen Google, Amazon, Microsoft (u otros) ó podemos "levantar" nuestro propio servicio con Flask. Flask es un web framework en Python que simplifica la manera de publicar nuestra propia API (Hay otros como Django, Falcon y más).

Instalar Flask

Veamos rápidamente como instalar y dejar montado Flask.

- Instalar Anaconda[429] en el servidor ó en nuestra máquina local para desarrollo. (Para servidores también puedes usar la versión de mini-conda[430])
- Prueba ejecutar el comando "conda" en el terminal para verificar que esté todo ok.
- Crear un nuevo environment en el que trabajaremos `conda create --name mi_ambiente python=3.6`
- Activa el ambiente creado con `source activate mi_ambiente`
- Instalar los paquetes Python que utilizaremos: `pip install flask gunicorn` **NOTA**: para usuarios Windows, utilizar Waitress[431]

Hagamos un "Hello world" con Flask. Crea un archivo de texto nuevo llamado "mi_server.py[432]"

```
"""Creando un servidor Flask
"""

from flask import Flask

app = Flask(__name__)

@app.route('/users/')
def hello_world(nombre=None):

    return("Hola {}!".format(nombre))
```

Guarda el archivo y escribe en la terminal:

[429] https://www.aprendemachinelearning.com/instalar-ambiente-de-desarrollo-python-anaconda-para-aprendizaje-automatico/
[430] https://conda.io/miniconda.html
[431] https://docs.pylonsproject.org/projects/waitress/en/latest/
[432] https://github.com/jbagnato/machine-learning/blob/master/api_ml/mi_server.py

```
gunicorn --bind 0.0.0.0:8000 mi_server:app
```

una vez iniciado, verás algo así:

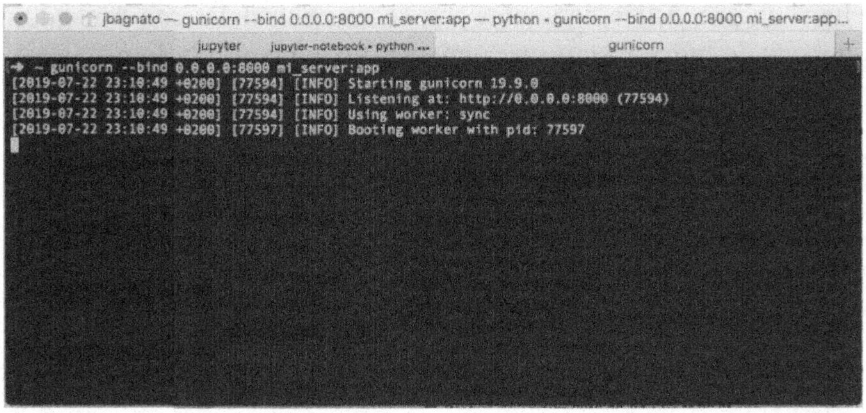

Entonces abre tu navegador web favorito y entra en la ruta `http://localhost:8000/users/juan`

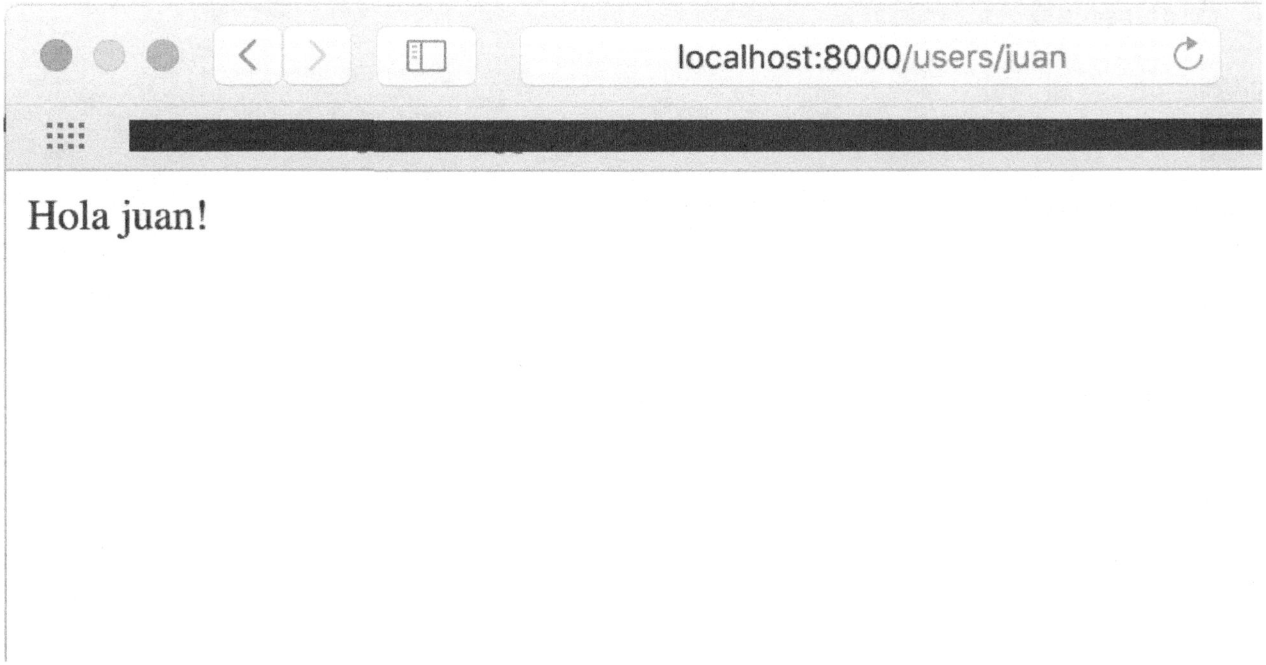

Con eso ya tenemos nuestro servidor ejecutando. En breve haremos cambios para poder servir nuestro modelo de Machine Learning[433] desde Flask al mundo :)

NOTA: Usuarios Windows, seguir estas instrucciones[434] para el módulo Waitress.

[433]https://www.aprendemachinelearning.com/7-pasos-machine-learning-construir-maquina/
[434]https://stackoverflow.com/questions/51045911/serving-flask-app-with-waitress-on-windows

Crear el modelo de ML

Hagamos un ejemplo de un modelo de ML basándonos en el ejercicio de Pronóstico de Series Temporales que hace un pronóstico de ventas con redes neuronales con Embeddings. Esta vez no usaremos una notebook de Jupyter, si no, archivos de "texto plano" Python:

```
import pandas as pd
import numpy as np
from sklearn.preprocessing import MinMaxScaler

from utiles import *

df = pd.read_csv('time_series.csv',  parse_dates=[0], header=None,index_col=0, names\
=['fecha','unidades'])
df['weekday']=[x.weekday() for x in df.index]
df['month']=[x.month for x in df.index]
print(df.head())

EPOCHS=40
PASOS=7

scaler = MinMaxScaler(feature_range=(-1, 1))

reframed = transformar(df, scaler)

reordenado=reframed[ ['weekday','month','var1(t-7)','var1(t-6)','var1(t-5)','var1(t-\
4)','var1(t-3)','var1(t-2)','var1(t-1)','var1(t)'] ]
reordenado.dropna(inplace=True)

training_data = reordenado.drop('var1(t)', axis=1)
target_data=reordenado['var1(t)']
cant = len(df.index)
valid_data = training_data[cant-30:cant]
valid_target=target_data[cant-30:cant]

training_data = training_data[0:cant]
target_data=target_data[0:cant]
print(training_data.shape, target_data.shape, valid_data.shape, valid_target.shape)
print(training_data.head())

model = crear_modeloEmbeddings()

```

```
continuas = training_data[['var1(t-7)','var1(t-6)','var1(t-5)','var1(t-4)','var1(t-3\
)','var1(t-2)','var1(t-1)']]
valid_continuas = valid_data[['var1(t-7)','var1(t-6)','var1(t-5)','var1(t-4)','var1(\
t-3)','var1(t-2)','var1(t-1)']]

history = model.fit([training_data['weekday'],training_data['month'],continuas], tar\
get_data, epochs=EPOCHS,
                    validation_data=([valid_data['weekday'],valid_data['month'],vali\
d_continuas],valid_target))

results = model.predict([valid_data['weekday'],valid_data['month'],valid_continuas])

print( 'Resultados escalados',results )
inverted = scaler.inverse_transform(results)
print( 'Resultados',inverted )
```

Ya logramos entrenar un nuevo modelo del que estamos conformes. Ahora veamos cómo guardarlo para poder reutilizarlo en la API!

Guardar el modelo; Serialización de objetos en Python

El proceso de serialización consiste en poder transformar nuestro modelo ML -que es un objeto python- en ceros y unos que puedan ser almacenados en un archivo y que luego, al momento de la carga vuelva a regenerar ese mismo objeto, con sus características.

Aunque existen diversas maneras de guardar los modelos, comentemos rápidamente las que usaremos:

- **Pickle** de Python para almacenar objetos (en nuestro caso un Transformador que debemos mantener para "reconvertir los resultados escalados" al finalizar de entrenar)
- **h5py** para el modelo Keras (podemos guardar el modelo completo ó los pesos asociados a la red)

```
import pickle

#definimos funciones de guardar y cargar
def save_object(filename, object):
    with open(''+filename, 'wb') as file:
        pickle.dump(object, file)

def load_object(filename):
    with open(''+filename ,'rb') as f:
        loaded = pickle.load(f)
    return loaded

# guardamos los objetos que necesitaremos mas tarde
save_object('scaler_time_series.pkl', scaler)
model.save_weights("pesos.h5")

# cargamos cuando haga falta
loaded_scaler = load_object('scaler_time_series.pkl')
loaded_model = crear_modeloEmbeddings()
loaded_model.load_weights("pesos.h5")
```

Podemos comprobar a ver las predicciones sobre el set de validación antes y después de guardar los objetos y veremos que da los mismos resultados.

Crear una API con Flask

Ahora veamos el código con el que crearemos la API y donde incorporaremos nuestro modelo.

Utilizaremos los siguientes archivos:

- server.py[435] - El servidor Flask
- test_api.py[436] - Ejemplo de request POST para probar la API
- utiles.py[437] - las funciones comunes al proyecto
- api_train_model.py[438] - entreno y creación del modelo, una red neuronal con Embeddings (del ejercicio de TimeSeries[439]).
- time_series.csv[440] - archivo con datos para el ejercicio

Vamos a la acción:

[435]https://github.com/jbagnato/machine-learning/blob/master/api_ml/server.py
[436]https://github.com/jbagnato/machine-learning/blob/master/api_ml/test_api.py
[437]https://github.com/jbagnato/machine-learning/blob/master/api_ml/utiles.py
[438]https://github.com/jbagnato/machine-learning/blob/master/api_ml/api_train_model.py
[439]https://www.aprendemachinelearning.com/pronostico-de-ventas-redes-neuronales-python-embeddings/
[440]https://github.com/jbagnato/machine-learning/blob/master/api_ml/time_series.csv

- Crearemos un método inicial que será invocado desde la url "predict"
- Cargaremos el modelo que entrenamos previamente
- Responderemos peticiones en formato JSON

```
"""Filename: server.py
"""
import pandas as pd
from sklearn.externals import joblib
from flask import Flask, jsonify, request

from utiles import *

app = Flask(__name__)

@app.route('/predict', methods=['POST'])
def predict():
    """API request
    """
    try:
        req_json = request.get_json()
        input = pd.read_json(req_json, orient='records')
    except Exception as e:
        raise e

    if input.empty:
        return(bad_request())
    else:
        #Load the saved model
        print("Cargar el modelo...")
        loaded_model = crear_modeloEmbeddings()
        loaded_model.load_weights("pesos.h5")

        print("Hacer Pronosticos")
        continuas = input[['var1(t-7)','var1(t-6)','var1(t-5)','var1(t-4)','var1(t-3\
)','var1(t-2)','var1(t-1)']]
        predictions = loaded_model.predict([input['weekday'], input['month'], contin\
uas])

        print("Transformando datos")
        loaded_scaler = load_object('scaler_time_series.pkl')
        inverted = loaded_scaler.inverse_transform(predictions)
        inverted = inverted.astype('int32')
```

```

        final_predictions = pd.DataFrame(inverted)
        final_predictions.columns = ['ventas']

        print("Enviar respuesta")
        responses = jsonify(predictions=final_predictions.to_json(orient="records"))
        responses.status_code = 200
        print("Fin de Peticion")

        return (responses)
```

Muy bien, podemos ejecutar nuestra API desde la terminal para testear con:

```
gunicorn --bind 0.0.0.0:8000 server:app
```

NOTA: Usuarios Windows, realizar la función similar de Waitress.

Y ahora hagamos una petición para probar nuestra API con un archivo Python y veamos la salida:

```
import json
import requests
import pandas as pd
import pickle
from utiles import *

"""Setting the headers to send and accept json responses
"""
header = {'Content-Type': 'application/json', \
                    'Accept': 'application/json'}

# creamos un dataset de pruebas
df = pd.DataFrame({"unidades": [289,288,260,240,290,255,270,300],
                    "weekday": [5,0,1,2,3,4,5,0],
                    "month":   [4,4,4,4,4,4,4,4]})

loaded_scaler = load_object('scaler_time_series.pkl')

reframed = transformar(df, loaded_scaler)

reordenado=reframed[ ['weekday','month','var1(t-7)','var1(t-6)','var1(t-5)','var1(t-\
4)','var1(t-3)','var1(t-2)','var1(t-1)'] ]
reordenado.dropna(inplace=True)

```

```
"""Converting Pandas Dataframe to json
"""
data = reordenado.to_json(orient='records')

print('JSON para enviar en POST', data)

"""POST <url>/predict
"""
resp = requests.post("http://localhost:8000/predict", \
                    data = json.dumps(data),\
                    headers= header)

print('status',resp.status_code)


"""The final response we get is as follows:
"""
print('Respuesta de Servidor')
print(resp.json())
```

Este ejemplo nos devuelve de salida:

```
{'predictions': '[{"ventas":194}]'}
```

Actualizar el modelo (según sea necesario!)

No olvidar que si nuestro modelo es dependiente del tiempo, ó de datos históricos, ó datos nuevos que vamos recopilando (nuevas muestras) deberemos reentrenar el modelo.

Eso se podría automatizar, re-ejecutando el archivo de entrenamiento y sobreescribiendo el archivo de los pesos modelo "h5py" que habíamos generado antes cada X días ó a raíz de otro evento que en nuestro negocio sea significativo y sea el detonador del re-entreno.

Resumen

En este artículo vimos que nuestro modelo de ML puede llegar a ser una pequeña pieza de un puzzle mayor y puede ofrecer soluciones a usuarios finales ó a otros subsistemas. Para poder ofrecer sus servicios podemos contar con diversas soluciones, siendo una de ellas el despliegue de una API. Podemos crear una API fácil y rápidamente con el web framework de Flask. Ya puedes ofrecer tus modelos al mundo!

NOTAS finales: Recuerda ejecutar los archivos en el siguiente orden:

1. Copia el archivo timeseries.csv con los datos del ejercicio en tu server.
2. Entrena el modelo y crea los archivos necesarios con `python api_train_model.py`
3. Inicia el server desde una terminal con gunicorn como vimos anteriormente. (Usuarios Windows con Waitress)
4. Ejecuta el archivo de pruebas desde otra terminal con `python test_api.py`

Recursos Adicionales

Descarga los archivos creados en este artículo

- Archivos en GitHub[441]

Otros artículos relacionados en Inglés

- Flask with embedded machine learning[442]

[441]https://github.com/jbagnato/machine-learning/tree/master/api_ml
[442]https://www.bogotobogo.com/python/Flask/Python_Flask_Embedding_Machine_Learning_1.php

Clasificación de Imágenes en Python

Crearemos una Convolutional Neural Network[443] con Keras y Tensorflow en Python para reconocimiento de Imágenes.

En este capítulo iremos directo al grano: veremos el código que crea la red neuronal para visión artificial. En el próximo capítulo explicaré bien los conceptos utilizados, pero esta vez haremos un aprendizaje Top-down[444] ;)

Ejercicio: Clasificar imágenes de deportes

Para el ejercicio se me ocurrió crear "mi propio dataset MNIST[445]" con imágenes de deportes. Para ello, **seleccioné los 10 deportes más populares del mundo** -según la sabiduría de internet- que son: Fútbol, Basket, Golf, Fútbol Americano, Tenis, Fórmula 1, Ciclismo, Boxeo, Beisball y Natación (enumerados sin orden particular entre ellos). Obtuve entre 5000 y 9000 imágenes **de cada deporte**, a partir de videos de Youtube (usando FFMpeg[446]). Las imágenes están en tamaño diminuto de 21x28 pixeles **en color** y son un total de **77.000**. Si bien el tamaño en pixeles es pequeño ES SUFICIENTE para que nuestra red neuronal pueda distinguirlas! (¿increíble, no?).

> El objetivo es que nuestra máquina "*red neuronal convolucional*[447]" aprenda a clasificar -por sí sóla-, dada una nueva imagen, de qué deporte se trata.

[443]http://www.aprendemachinelearning.com/como-funcionan-las-convolutional-neural-networks-vision-por-ordenador/
[444]https://classroom.synonym.com/difference-between-topdown-teaching-bottomup-teaching-12059397.html
[445]https://deeplearninglaptop.com/blog/2017/11/24/mnist/
[446]https://ffmpeg.org
[447]http://www.aprendemachinelearning.com/como-funcionan-las-convolutional-neural-networks-vision-por-ordenador/

Ejemplo de imágenes de los deportes más populares del mundo

Dividiremos el set de datos en 80-20 para entrenamiento y para test. A su vez, **el conjunto de entrenamiento también lo subdividiremos en otro 80-20** para Entrenamiento y Validación en cada iteración (EPOCH[448]) de aprendizaje.

[448]http://sgsai.blogspot.com/2015/02/epoch-batch-and-iteration.html

Una muestra de las imágenes del Dataset que he titulado sportsMNIST. Contiene más de 70.000 imágenes de los 10 deportes más populares del mundo.

Requerimientos Técnicos

Necesitaremos tener Python 3.6 y como lo haremos en una Notebook Jupyter,[449] recomiendo tener instalada una suite como Anaconda[450], que nos facilitará las tareas. Además instalar Keras y Tensorflow como backend.
Necesitarás descargar el archivo zip con las imágenes (están comprimidas) y decomprimirlas **en el mismo directorio** en donde ejecutarás la Notebook con el código. Al descomprimir, se crearán 10 subdirectorios con las imágenes: uno por cada deporte.

- Descarga las imágenes MNIST-Deportes 63MB[451] (no olvides descomprimir el .zip)
- Descarga la Jupyter Notebook con el código Python[452]

Vamos al código Python

Por más que no entiendas del todo el código sigue adelante, intentaré explicar brevemente qué hacemos paso a paso y en el próximo capítulo se explicará cada parte de las CNN[453] (Convolutional Neural Networks). También encontrarás al final varios enlaces con información adicional que te ayudará. Esto es lo que haremos hoy:

1. Importar librerías
2. Cargar las 70.000 imágenes (en memoria!)
3. Crear dinámicamente las etiquetas de resultado.
4. Dividir en sets de Entrenamiento, Validación y Test, preprocesamiento de datos
5. Crear el modelo de la CNN
6. Ejecutar nuestra máquina de aprendizaje (Entrenar la red)
7. Revisar los resultados obtenidos

Empecemos a programar!:

1- Importar librerías

Cargaremos las libs que utilizaremos para el ejercicio.

[449]http://data-speaks.luca-d3.com/2018/03/python-para-todos-2-jupyternotebook.html
[450]https://www.anaconda.com/download/
[451]https://github.com/jbagnato/machine-learning/raw/master/sportimages.zip
[452]https://github.com/jbagnato/machine-learning/blob/master/Ejercicio_CNN.ipynb
[453]http://www.aprendemachinelearning.com/como-funcionan-las-convolutional-neural-networks-vision-por-ordenador/

```
import numpy as np
import os
import re
import matplotlib.pyplot as plt
%matplotlib inline
from sklearn.model_selection import train_test_split
from sklearn.metrics import classification_report
import keras
from keras.utils import to_categorical
from keras.models import Sequential,Input,Model
from keras.layers import Dense, Dropout, Flatten
from keras.layers import Conv2D, MaxPooling2D
from keras.layers.normalization import BatchNormalization
from keras.layers.advanced_activations import LeakyReLU
```

2-Cargar las imágenes

Recuerda tener DESCOMPRIMIDAS las imágenes y ejecutar el código en el MISMO directorio donde descomprimiste el directorio llamado "*sportimages*" (contiene 10 subdirectorios: uno por cada deporte). Este proceso plt.imread(filepath) cargará a memoria en un array las 77mil imágenes, por lo que **puede tomar varios minutos** y consumirá algo de memoria RAM de tu ordenador.

```
dirname = os.path.join(os.getcwd(), 'sportimages')
imgpath = dirname + os.sep

images = []
directories = []
dircount = []
prevRoot=''
cant=0

print("leyendo imagenes de ",imgpath)

for root, dirnames, filenames in os.walk(imgpath):
    for filename in filenames:
        if re.search("\.(jpg|jpeg|png|bmp|tiff)$", filename):
            cant=cant+1
            filepath = os.path.join(root, filename)
            image = plt.imread(filepath)
            images.append(image)
            b = "Leyendo..." + str(cant)
            print (b, end="\r")
```

```
                if prevRoot !=root:
                    print(root, cant)
                    prevRoot=root
                    directories.append(root)
                    dircount.append(cant)
                    cant=0
    dircount.append(cant)

    dircount = dircount[1:]
    dircount[0]=dircount[0]+1
    print('Directorios leidos:',len(directories))
    print("Imagenes en cada directorio", dircount)
    print('suma Total de imagenes en subdirs:',sum(dircount))
```

```
leyendo imagenes de /Users/xxx/proyecto_python/sportimages/ Directorios leidos: 10
Imagenes en cada directorio [9769, 8823, 8937, 5172, 7533, 7752, 7617, 9348, 5053, 7\
124]
suma Total de imagenes en subdirs: 77128
```

3- Crear etiquetas y clases

Crearemos las etiquetas en labels , es decir, le daremos valores de 0 al 9 a cada deporte. Esto lo hacemos para poder usar el algoritmo supervisado[454] e indicar que cuando cargamos una imagen de futbol en la red, ya sabemos que corresponde con la "etiqueta 6". Y con esa información, entrada y salida esperada, la red al entrenar, ajustará los pesos de las neuronas. Luego convertimos las etiquetas y las imágenes en numpy array con np.array()

```
    labels=[]
    indice=0
    for cantidad in dircount:
        for i in range(cantidad):
            labels.append(indice)
        indice=indice+1
    print("Cantidad etiquetas creadas: ",len(labels))

    deportes=[]
    indice=0
    for directorio in directories:
        name = directorio.split(os.sep)
        print(indice , name[len(name)-1])
```

[454]http://www.aprendemachinelearning.com/aplicaciones-del-machine-learning/

```
            deportes.append(name[len(name)-1])
            indice=indice+1

    y = np.array(labels)
    X = np.array(images, dtype=np.uint8) #convierto de lista a numpy

    # Find the unique numbers from the train labels
    classes = np.unique(y)
    nClasses = len(classes)
    print('Total number of outputs : ', nClasses)
    print('Output classes : ', classes)
```

```
Cantidad etiquetas creadas: 77128
0 golf 1 basket 2 tenis 3 natacion 4 ciclismo 5 beisball 6 futbol 7 americano 8 f1 9\
 boxeo
Total number of outputs : 10
Output classes : [0 1 2 3 4 5 6 7 8 9]
```

4-Creamos sets de Entrenamiento y Test, Validación y Preprocesar

Nótese la "forma" (shape) de los arrays: veremos que son de** 21x28 y por 3** pues el 3 se refiere a **los 3 canales de colores** que tiene cada imagen: RGB (red, green, blue) que tiene valores de 0 a 255. **Preprocesamos el valor de los pixeles** y lo normalizamos para que tengan un valor entre 0 y 1, por eso dividimos en 255. Ademas haremos el "One-Hot encoding[455]" con to_categorical() que se refiere a convertir las etiquetas (nuestras clases) por ejemplo de fútbol un 6 a una salida de tipo (0 0 0 0 0 0 1 0 0 0) Esto es porque así funcionan mejor las redes neuronales para clasificar y se corresponde con una capa de salida de la red neuronal de 10 neuronas. NOTA: por si no lo entendiste, se pone un 1 en la "sexta posición" del array y el resto en ceros, PERO no te olvides que empieza a contar incluyendo el cero!!! por eso la "etiqueta 6" queda **realmente en la séptima posición**. Por último en este bloque, subdividimos los datos en 80-20 para test y entrenamiento con train_test_split() y nuevamente en 80-20 el de training para obtener un subconjunto de validación[456].

[455]https://machinelearningmastery.com/why-one-hot-encode-data-in-machine-learning/
[456]https://medium.com/simple-ai/how-good-is-your-model-intro-to-machine-learning-4-ec7289bb7dca

```
#Mezclar todo y crear los grupos de entrenamiento y testing
train_X,test_X,train_Y,test_Y = train_test_split(X,y,test_size=0.2)
print('Training data shape : ', train_X.shape, train_Y.shape)
print('Testing data shape : ', test_X.shape, test_Y.shape)

train_X = train_X.astype('float32')
test_X = test_X.astype('float32')
train_X = train_X / 255.
test_X = test_X / 255.

# Change the labels from categorical to one-hot encoding
train_Y_one_hot = to_categorical(train_Y)
test_Y_one_hot = to_categorical(test_Y)

# Display the change for category label using one-hot encoding
print('Original label:', train_Y[0])
print('After conversion to one-hot:', train_Y_one_hot[0])

train_X,valid_X,train_label,valid_label = train_test_split(train_X, train_Y_one_\
hot, test_size=0.2, random_state=13)

print(train_X.shape,valid_X.shape,train_label.shape,valid_label.shape)
```

```
Training data shape : (61702, 21, 28, 3) (61702,)
Testing data shape : (15426, 21, 28, 3) (15426,)
Original label: 0
After conversion to one-hot: [1. 0. 0. 0. 0. 0. 0. 0. 0. 0.]
(49361, 21, 28, 3) (12341, 21, 28, 3) (49361, 10) (12341, 10)
```

5 - Creamos la red (Aquí la Magia)

Ahora sí que nos apoyamos en Keras para crear la Convolutional Neural Network. En un futuro artículo[457] explicaré mejor lo que se está haciendo. *Por ahora "confíen" en mi*:

- Declaramos 3 "constantes":
  - El valor inicial del learning rate INIT_LR
  - cantidad de epochs y
  - tamaño batch de imágenes a procesar batch_size (cargan en memoria).
- Crearemos una primer capa de neuronas "Convolucional de 2 Dimensiones" Conv2D(), donde entrarán nuestras imágenes de 21x28x3.

[457]http://www.aprendemachinelearning.com/como-funcionan-las-convolutional-neural-networks-vision-por-ordenador/

- Aplicaremos 32 filtros (kernel) de tamaño 3x3 (no te preocupes si aún no entiendes esto!) que detectan ciertas características de la imagen (ejemplo: lineas verticales).
- Utilizaremos La función LeakyReLU[458] como activación de las neuronas.
- Haremos un **MaxPooling (de 2x2) que reduce la imagen** que entra de 21x28 a la mitad,(11x14) manteniendo las características "únicas" que detectó cada kernel.
- **Para evitar el overfitting**, añadimos una técnica llamada Dropout[459]
- "Aplanamos" Flatten() los 32 filtros y creamos una capa de 32 neuronas "tradicionales" Dense()
- Y finalizamos la capa de salida con 10 neuronas con activación Softmax, para que se corresponda con el "hot encoding" que hicimos antes.
- Luego compilamos nuestra red sport_model.compile() y le asignamos un optimizador (en este caso de llama Adagrad).

```
    INIT_LR = 1e-3
    epochs = 6
    batch_size = 64

    sport_model = Sequential()
    sport_model.add(Conv2D(32, kernel_size=(3, 3),activation='linear',padding='same'\
,input_shape=(21,28,3)))
    sport_model.add(LeakyReLU(alpha=0.1))
    sport_model.add(MaxPooling2D((2, 2),padding='same'))
    sport_model.add(Dropout(0.5))

    sport_model.add(Flatten())
    sport_model.add(Dense(32, activation='linear'))
    sport_model.add(LeakyReLU(alpha=0.1))
    sport_model.add(Dropout(0.5))
    sport_model.add(Dense(nClasses, activation='softmax'))

    sport_model.summary()

    sport_model.compile(loss=keras.losses.categorical_crossentropy, optimizer=keras.\
optimizers.Adagrad(lr=INIT_LR, decay=INIT_LR / 100),metrics=['accuracy'])
```

[458] https://en.wikipedia.org/wiki/Rectifier_(neural_networks)
[459] https://en.wikipedia.org/wiki/Convolutional_neural_network#Dropout

```
_________________________________________________________________
Layer (type)                 Output Shape              Param #
=================================================================
conv2d_1 (Conv2D)            (None, 21, 28, 32)        896
_________________________________________________________________
leaky_re_lu_1 (LeakyReLU)    (None, 21, 28, 32)        0
_________________________________________________________________
max_pooling2d_1 (MaxPooling2 (None, 11, 14, 32)        0
_________________________________________________________________
dropout_1 (Dropout)          (None, 11, 14, 32)        0
_________________________________________________________________
flatten_1 (Flatten)          (None, 4928)              0
_________________________________________________________________
dense_1 (Dense)              (None, 32)                157728
_________________________________________________________________
leaky_re_lu_2 (LeakyReLU)    (None, 32)                0
_________________________________________________________________
dropout_2 (Dropout)          (None, 32)                0
_________________________________________________________________
dense_2 (Dense)              (None, 10)                330
=================================================================
Total params: 158,954
Trainable params: 158,954
Non-trainable params: 0
```

6-Entrenamos la CNN

Llegó el momento! con esta linea sport_model.fit() iniciaremos el entrenamiento y validación de nuestra máquina. Pensemos que introduciremos miles de imágenes, pixeles, arrays, colores... filtros y la red se irá regulando sola, "aprendiendo" los mejores pesos para las más de 150.000 interconexiones para distinguir los 10 deportes. Esto tomará tiempo en un ordenador como mi Macbook Pro del 2016 unos 4 minutos.
NOTA: podemos ejecutar este mismo código pero utilizando GPU (en tu ordenador o en la nube[460]) y los mismos cálculos tomaría apenas 40 segundos.
Por último guardamos la red YA ENTRENADA sport_model.save() en un formato de archivo *h5py* que nos permitirá poder utilizarla en el futuro **SIN necesidad de volver a entrenar** (y ahorrarnos los 4 minutos de impaciencia!).

[460]https://colab.research.google.com/

```
    sport_train_dropout = sport_model.fit(train_X, train_label, batch_size=batch_siz\
e,epochs=epochs,verbose=1,validation_data=(valid_X, valid_label))

    # guardamos la red, para reutilizarla en el futuro, sin tener que volver a entre\
nar
    sport_model.save("sports_mnist.h5py")
```

```
Train on 49361 samples, validate on 12341 samples
Epoch 1/6 49361/49361 [==============================] - 40s 814us/step - loss: 1.51\
98 - acc: 0.4897 - val_loss: 1.0611 - val_acc: 0.7136
Epoch 2/6 49361/49361 [==============================] - 38s 775us/step - loss: 1.20\
02 - acc: 0.6063 - val_loss: 0.8987 - val_acc: 0.7717
Epoch 3/6 49361/49361 [==============================] - 43s 864us/step - loss: 1.08\
86 - acc: 0.6469 - val_loss: 0.8078 - val_acc: 0.7977
Epoch 4/6 49361/49361 [==============================] - 41s 832us/step - loss: 1.01\
66 - acc: 0.6720 - val_loss: 0.7512 - val_acc: 0.8180
Epoch 5/6 49361/49361 [==============================] - 36s 725us/step - loss: 0.96\
47 - acc: 0.6894 - val_loss: 0.7033 - val_acc: 0.8323
Epoch 6/6 49361/49361 [==============================] - 40s 802us/step - loss: 0.92\
58 - acc: 0.7032 - val_loss: 0.6717 - val_acc: 0.8379
```

Vemos que tras 6 iteraciones completas al set de entrenamiento, logramos un valor de precisión del 70% y en el set de validación alcanza un 83%. ¿Será esto suficiente para distinguir las imágenes deportivas?

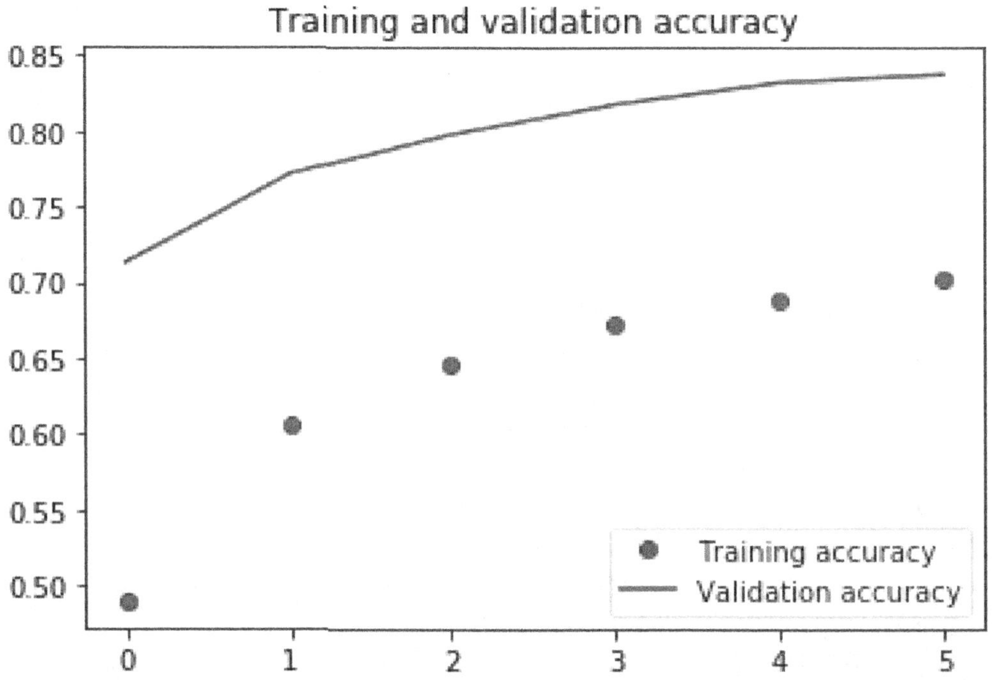
Training and validation accuracy
0.85
0.80
0.75
0.70
0.65
0.60
0.55
0.50
0
1
2
3
4
5
Training accuracy
Validation accuracy

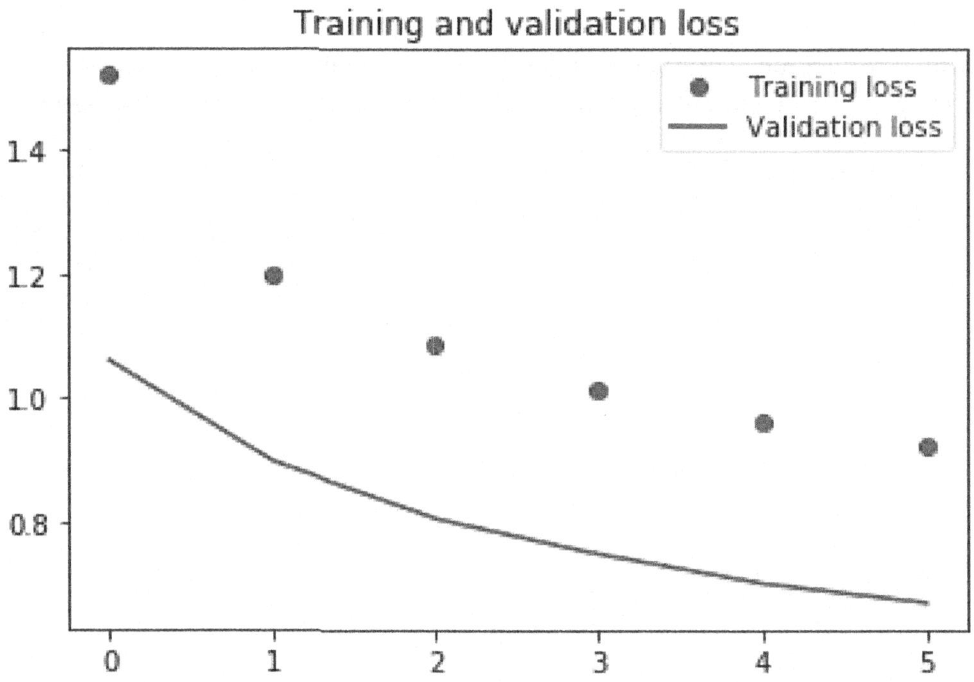
Training and validation loss
1.4
1.2
1.0
0.8
0
1
2
3
4
5
Training loss
Validation loss

7-Resultados de la clasificación

Ya con nuestra red entrenada, es la hora de la verdad: ponerla a prueba con el set de imágenes para Test que separamos al principio y que **son muestras que nunca fueron "vistas" por la máquina**.

```
test_eval = sport_model.evaluate(test_X, test_Y_one_hot, verbose=1)

print('Test loss:', test_eval[0])
print('Test accuracy:', test_eval[1])
```

```
15426/15426 [==============================] - 5s 310us/step
Test loss: 0.6687967825782881
Test accuracy: 0.8409179307662388
```

En el conjunto de Testing vemos que alcanza una precisión del 84% reconociendo las imágenes de deportes. Ahora podríamos hacer un análisis más profundo, para mejorar la red, revisando los fallos que tuvimos... pero lo dejaremos para otra ocasión (**BONUS**: en la Jupyter Notebook verás más información con esto!) **Spoiler Alert**: La clase que peor detecta, son las de Fórmula 1.

Resumen

Creamos una red neuronal "distinta": una red convolucional, que aplica filtros a las imágenes y es capaz de distinguir distintos deportes con un tamaño de entrada de 21x28 pixels a color en tan sólo 4 minutos de entrenamiento. Esta vez fuimos a la inversa que en otras ocasiones y **antes de conocer la teoría** de las redes específicas para reconocimiento de imágenes (las CNN) les **he propuesto que hagamos un ejercicio práctico**. Aunque pueda parecer contra-intuitivo, muchas veces este método de aprendizaje (en humanos!) funciona mejor, pues **vuelve algo más dinámica la teoría**. Espero que les hayan quedado algunos de los conceptos y los terminaremos de asentar en un próximo capítulo.

Los recursos

- Descarga el conjunto de 70.000 imágenes para entrenar la red en archivo comprimido[461] (ocupa 63MB)
- Descarga el código Python Completo, en Jupyter Notebook[462]

Más enlaces con información sobre las Convolutional Neural Networks:

[461] https://github.com/jbagnato/machine-learning/raw/master/sportimages.zip
[462] https://github.com/jbagnato/machine-learning/blob/master/Ejercicio_CNN.ipynb

- De la universidad de Stanford, una referencia indudable: CS231N CNN for Visual Recognition[463]
- Introducing Convolutional Neural Networks[464]
- Intuitively Understanding Convolutional Networks[465]
- Convolutional Neural Networks in Python with Keras[466]

---

[463]http://cs231n.github.io/convolutional-networks/
[464]http://neuralnetworksanddeeplearning.com/chap6.html#introducing_convolutional_networks
[465]https://towardsdatascience.com/intuitively-understanding-convolutions-for-deep-learning-1f6f42faee1
[466]https://www.datacamp.com/community/tutorials/convolutional-neural-networks-python#cnn

¿Cómo funcionan las Convolutional Neural Networks?

En este capítulo intentaré explicar la teoría relativa a las Redes Neuronales Convolucionales (en inglés CNN[467]) que son el algoritmo utilizado en Aprendizaje Automático[468] para dar la capacidad de "ver" al ordenador. Gracias a esto, desde apenas 1998[469], podemos clasificar imágenes, detectar diversos tipos de tumores automáticamente, enseñar a conducir a los coches autónomos y un sinfín de otras aplicaciones[470].

El tema es bastante complejo/complicado e intentaré explicarlo lo más claro posible. En este artículo doy por sentado que tienes conocimientos básicos de cómo funciona una red neuronal artificial multicapa feedforward (fully connected).

La CNN es un tipo de Red Neuronal Artificial con aprendizaje supervisado que procesa sus capas imitando al cortex visual del ojo humano para identificar distintas características en las entradas que en definitiva hacen que pueda identificar objetos y "ver". Para ello, la CNN contiene varias capas ocultas especializadas y con una jerarquía: esto quiere decir que **las primeras capas pueden detectar lineas, curvas y se van especializando** hasta llegar a capas más profundas que reconocen formas complejas como un rostro o la silueta de un animal.

Muchas imágenes

Recodemos que la red neuronal deberá aprender por sí sola a reconocer una diversidad de objetos dentro de imágenes y para ello necesitaremos una gran cantidad de imágenes -lease más de 10.000 imágenes de gatos, otras 10.000 de perros,...- para que la red pueda captar sus características únicas -de cada objeto- y a su vez, poder generalizarlo -esto es que pueda reconocer como gato tanto a un felino negro, uno blanco, un gato de frente, un gato de perfil, gato saltando, etc.-

[467]https://en.wikipedia.org/wiki/Convolutional_neural_network
[468]http://www.aprendemachinelearning.com/que-es-machine-learning/
[469]http://www.aprendemachinelearning.com/breve-historia-de-las-redes-neuronales-artificiales/
[470]http://www.aprendemachinelearning.com/aplicaciones-del-machine-learning/

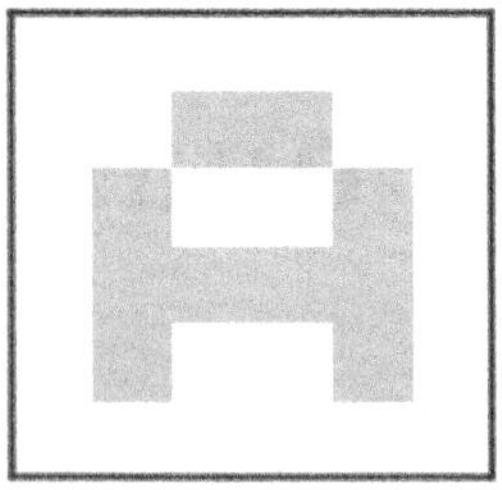

Una imagen...

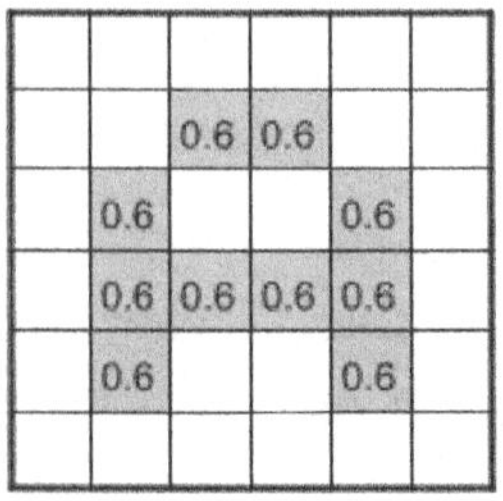

...es una matriz de pixeles.
El valor de los pixeles va de 0 a 255 pero se normaliza para la red neuronal de 0 a 1

Pixeles y neuronas

Para comenzar, la red toma como entrada los pixeles de una imagen. Si tenemos una imagen con apenas 28x28 pixeles de alto y ancho, eso equivale a 784 neuronas. Y eso es si sólo tenemos 1 color (escala de grises). Si tuviéramos una imagen a color, necesitaríamos 3 canales: red, green, blue y entonces usaríamos 28x28x3 = 2352 neuronas de entrada. Esa es nuestra capa de entrada. Para continuar con el ejemplo, supondremos que utilizamos la imagen con 1 sólo color.

No Olvides: Pre-procesamiento

Antes de alimentar la red, recuerda que como entrada nos conviene normalizar los valores. Los colores de los pixeles tienen valores que van de 0 a 255, haremos una transformación de cada pixel: “valor/255” y nos quedará siempre un valor entre 0 y 1.

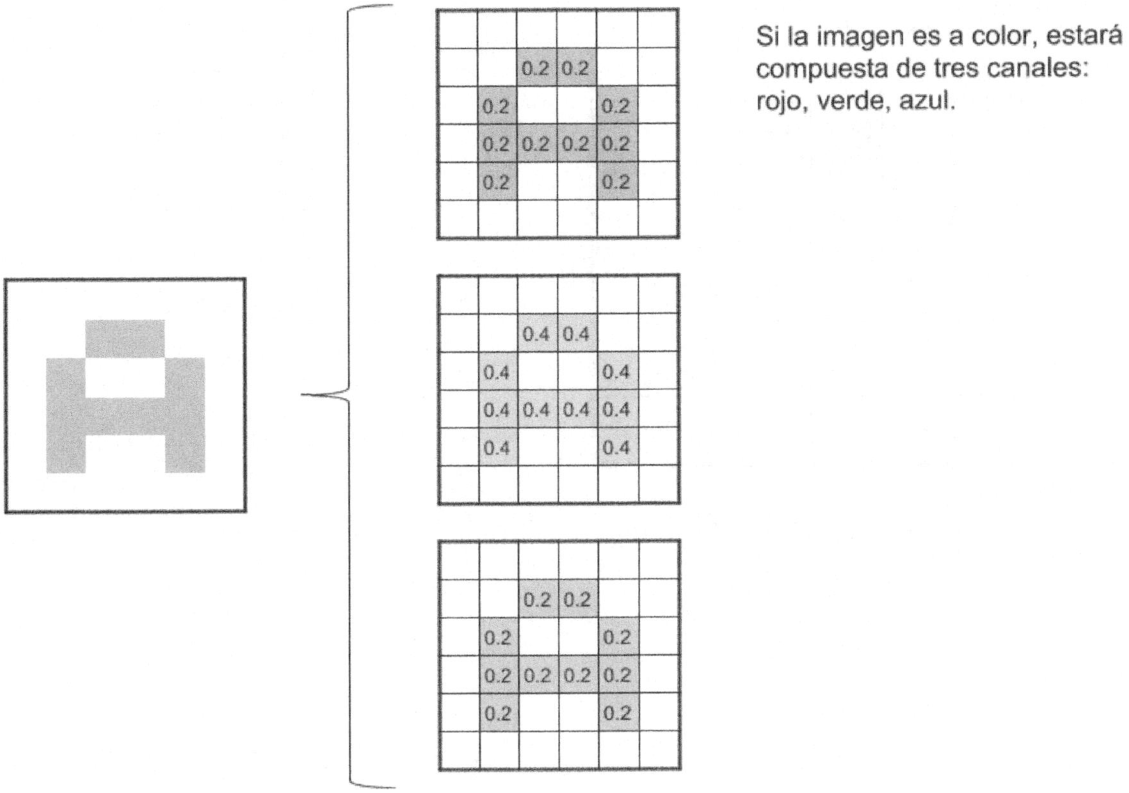

Convoluciones

Ahora comienza el "procesado distintivo" de las CNN. Es decir, haremos las llamadas "convoluciones": Estas consisten en tomar "**grupos de pixeles cercanos**" de la imagen de entrada e ir operando matemáticamente (producto escalar) contra una pequeña matriz que se llama *kernel.* Ese kernel supongamos de tamaño 3x3 pixels "recorre" todas las neuronas de entrada (de izquierda-derecha, de arriba-abajo) y genera una nueva matriz de salida, que en definitiva será nuestra nueva capa de neuronas ocultas.

NOTA: si la imagen fuera a color, el kernel realmente sería de 3x3x3: un filtro con 3 kernels de 3x3; luego esos 3 filtros se suman (y se le suma una *unidad bias*) y conformarán 1 salida (cómo si fuera 1 solo canal).

		0.6	0.6		
	0.6			0.6	
	0.6	0.6	0.6	0.6	
	0.6			0.6	

Imagen de entrada

1	0	-1
2	0	-2
1	0	-1

kernel

El kernel tomará inicialmente valores aleatorios(1) y se irán ajustando mediante backpropagation. (1)Una mejora es hacer que siga una distribución normal siguiendo simetrías, pero sus valores son aleatorios.

Filtro: conjunto de kernels

UN DETALLE: en realidad, no aplicaremos 1 sólo kernel, si no que tendremos muchos kernel (su conjunto se llama filtros). Por ejemplo en esta primer convolución podríamos tener 32 filtros, con lo cual realmente obtendremos 32 matrices de salida (este conjunto se conoce como "feature mapping"), cada una de 28x28x1 dando un total del 25.088 neuronas para nuestra PRIMER CAPA OCULTA de neuronas. ¿No les parecen muchas para una imagen cuadrada de apenas 28 pixeles? Imaginen cuántas más serían si tomáramos una imagen de entrada de 224x224x3 (que aún es considerado un tamaño pequeño)...

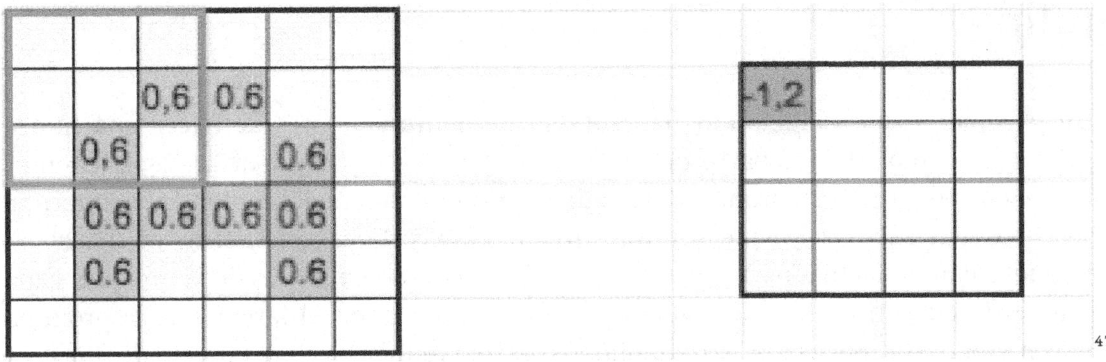

471

Aquí vemos al kernel realizando el producto matricial con la imagen de entrada y desplazando de a 1 pixel de izquierda a derecha y de arriba-abajo y va generando una nueva matriz que compone al mapa de features.
A medida que vamos desplazando el kernel y vamos obteniendo una "nueva imagen" filtrada por el kernel. En esta primer convolución y siguiendo con el ejemplo anterior, es como si obtuviéramos 32 "imágenes filtradas nuevas". Estas imágenes nuevas lo que están "dibujando" son ciertas características de la imagen original. Esto ayudará en el futuro a poder distinguir un objeto de otro (por ej. gato ó perro).

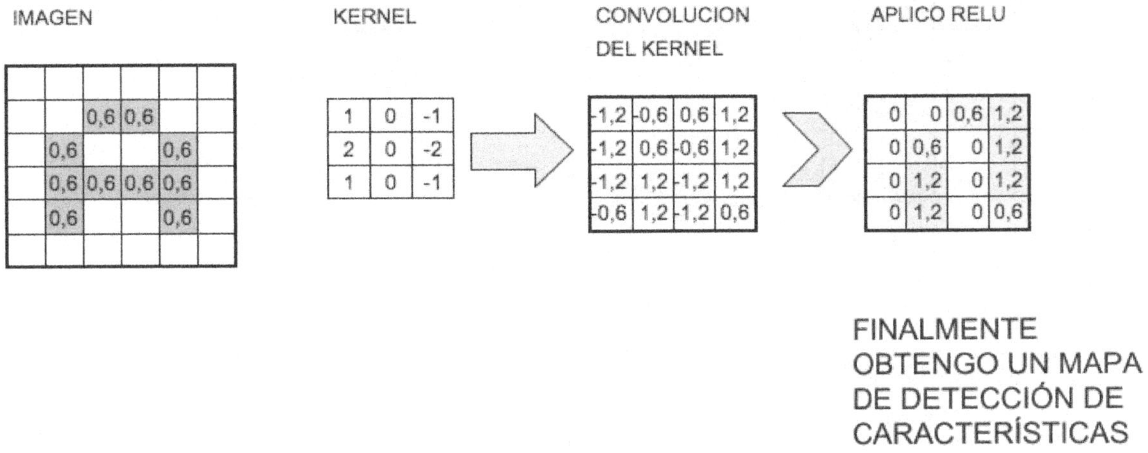

472

La imagen realiza una convolución con un kernel y aplica la función de activación, en este caso ReLu

La función de Activación

La función de activación más utilizada para este tipo de redes neuronales es la llamada ReLu[473] por Rectifier Linear Unit y consiste en f(x)=max(0,x).

[471] http://www.aprendemachinelearning.com/wp-content/uploads/2018/11/cnn_kernel.gif
[472] http://www.aprendemachinelearning.com/wp-content/uploads/2018/11/CNN-04.png
[473] https://en.wikipedia.org/wiki/Rectifier_(neural_networks)

Subsampling

Ahora viene un paso en el que reduciremos la cantidad de neuronas antes de hacer una nueva convolución. *¿Por qué?* Como vimos, a partir de nuestra imagen blanco y negro de 28x28px tenemos una primer capa de entrada de 784 neuronas y luego de la primer convolución obtenemos una capa oculta de 25.088 neuronas -que realmente son nuestros 32 mapas de características de 28x28- Si hiciéramos una nueva convolución a partir de esta capa, el número de neuronas de la próxima capa se iría por las nubes (y ello implica mayor procesamiento)! Para reducir el tamaño de la próxima capa de neuronas haremos un proceso de subsampling en el que reduciremos el tamaño de nuestras imágenes filtradas pero en donde **deberán prevalecer las características más importantes que detectó cada filtro**. Hay diversos tipos de subsampling, yo comentaré el "más usado": Max-Pooling

Subsampling con Max-Pooling

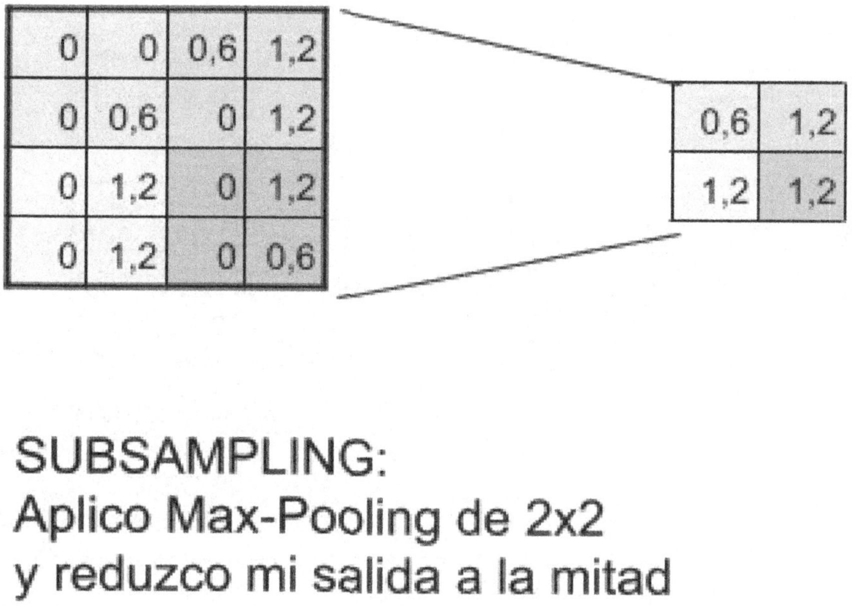

[474]

Vamos a intentar explicarlo con un ejemplo: supongamos que haremos Max-pooling de tamaño 2x2. Esto quiere decir que recorreremos cada una de nuestras 32 imágenes de características obtenidas anteriormente de 28x28px de izquierda-derecha, arriba-abajo PERO en vez de tomar de a 1 pixel, tomaremos de "2x2" (2 de alto por 2 de ancho = 4 pixeles) e iremos preservando el valor "más alto" de entre esos 4 pixeles (por eso lo de "Max"). En este caso, usando 2x2, la imagen resultante es

[474] http://www.aprendemachinelearning.com/wp-content/uploads/2018/11/cnn-05.png

reducida "a la mitad"y quedará de 14x14 pixeles. Luego de este proceso de subsamplig nos quedarán 32 imágenes de 14x14, pasando de haber tenido 25.088 neuronas a 6272, son bastantes menos y -en teoría- siguen almacenando la información más importante para detectar características deseadas.

¿Ya terminamos? NO: ahora más convoluciones!!

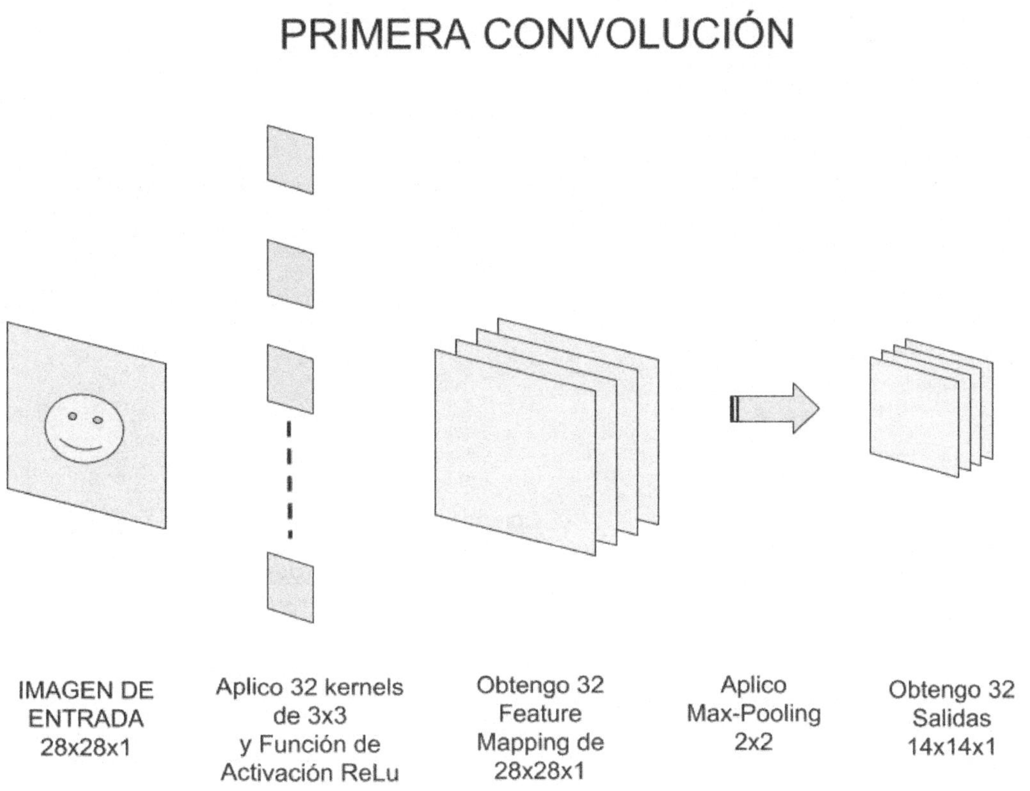

[475]

Muy bien, pues esa ha sido una primer convolución: consiste de una entrada, un conjunto de filtros, generamos un mapa de características y hacemos un subsampling. Con lo cual, en el ejemplo de imágenes de 1 sólo color tendremos:

1)Entrada: Imagen	28x28x1
2)Aplico Kernel	32 filtros de 3x3
3)Obtengo Feature Mapping	28x28x32
4)Aplico Max-Pooling	de 2x2
5)Obtengo "Salida" de la Convolución	14x14x32

La primer convolución es capaz de detectar características primitivas como lineas ó curvas. **A medida**

[475] http://www.aprendemachinelearning.com/wp-content/uploads/2018/11/cnn-06.png

que hagamos más capas con las convoluciones, los mapas de características serán capaces de reconocer formas más complejas, y el conjunto total de capas de convoluciones podrá "ver". Pues ahora deberemos hacer una Segunda convolución que será:

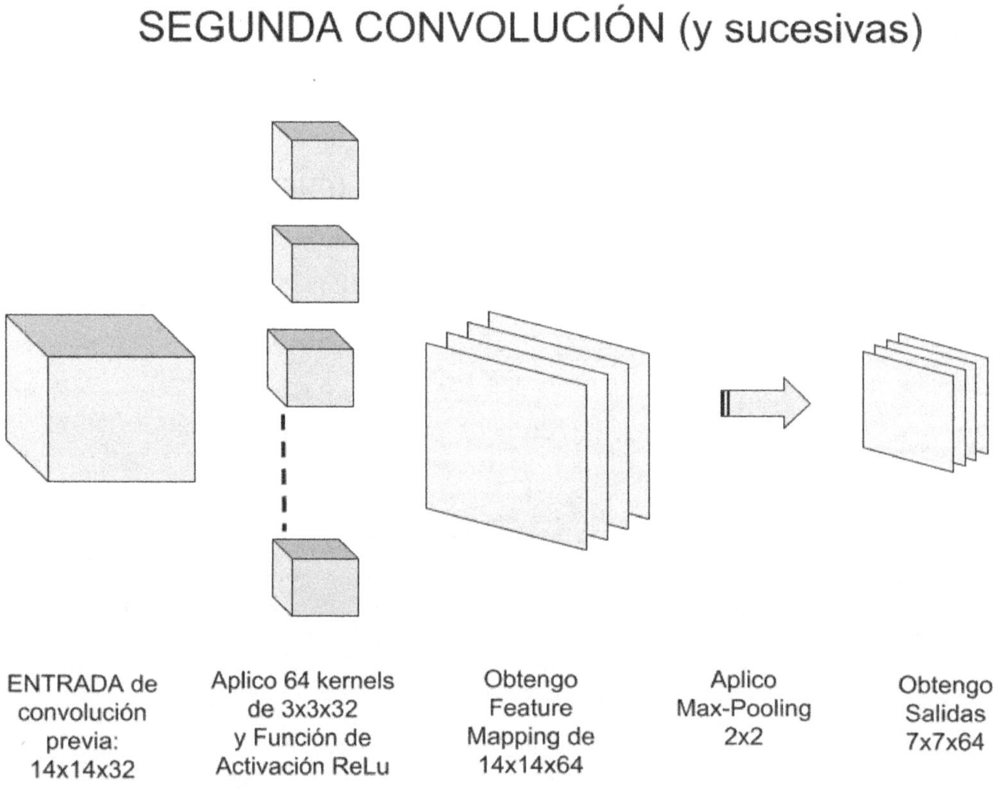

[476]

1)Entrada: Imagen	14x14x32
2)Aplico Kernel	64 filtros de 3x3
3)Obtengo Feature Mapping	14x14x64
4)Aplico Max-Pooling	de 2x2
5)Obtengo "Salida" de la Convolución	7x7x64

La 3er convolución comenzará en tamaño 7x7 pixels y luego del max-pooling quedará en 3x3 con lo cual podríamos hacer sólo 1 convolución más. En este ejemplo empezamos con una imagen de 28x28px e hicimos 3 convoluciones. Si la imagen inicial hubiese sido mayor (de 224x224px) aún hubiéramos podido seguir haciendo convoluciones.

[476] http://www.aprendemachinelearning.com/wp-content/uploads/2018/11/cnn-07.png

1)Entrada: Imagen	7x7x64
2)Aplico Kernel	128 filtros de 3x3
3)Obtengo Feature Mapping	7x7x128
4)Aplico Max-Pooling	de 2x2
5)Obtengo "Salida" de la Convolución	3x3x128

Llegamos a la última convolución y nos queda el desenlace...

Conectar con una red neuronal "tradicional"

Para terminar, tomaremos la última capa oculta a la que hicimos subsampling, que se dice que es "tridimensional" por tomar la forma -en nuestro ejemplo- 3x3x128 (alto,ancho,mapas) y la "aplanamos", esto es que deja de ser tridimensional, y pasa a ser una capa de neuronas "tradicionales", de las que ya conocíamos. Por ejemplo, podríamos aplanar (y conectar) a una nueva capa oculta de 100 neuronas feedforward.

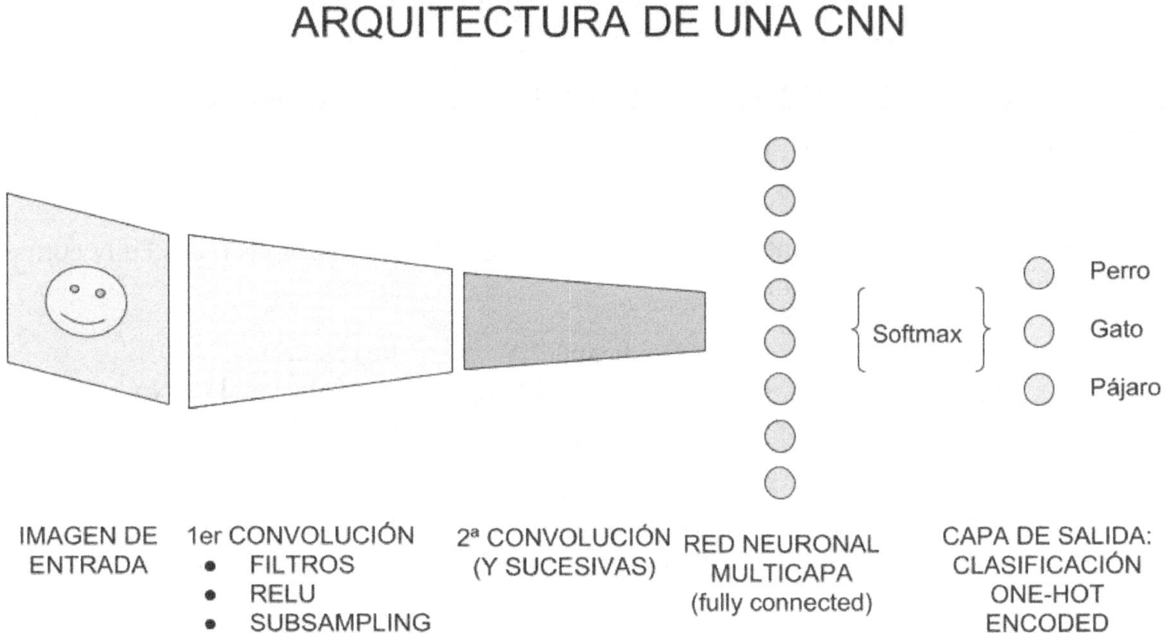

[477]

Entonces, a esta nueva capa oculta "tradicional", le aplicamos una función llamada Softmax[478] que conecta contra la capa de salida final que tendrá la cantidad de neuronas correspondientes con las clases que estamos clasificando. Si clasificamos perros y gatos, serán 2 neuronas. Si es el dataset Mnist numérico serán 10 neuronas de salida. Si clasificamos coches, aviones ó barcos serán 3, etc. Las salidas al momento del entrenamiento tendrán el formato conocido como "one-hot-encoding[479]" en el que para perros y gatos sera: [1,0] y [0,1], para coches, aviones ó barcos será [1,0,0]; [0,1,0];[0,0,1].

[477]http://www.aprendemachinelearning.com/wp-content/uploads/2018/11/CNN-08.png
[478]https://en.wikipedia.org/wiki/Softmax_function
[479]https://en.wikipedia.org/wiki/One-hot

Y la función de Softmax se encarga de pasar a probabilidad (entre 0 y 1) a las neuronas de salida. Por ejemplo una salida [0,2 0,8] nos indica 20% probabilidades de que sea perro y 80% de que sea gato.

¿Y cómo aprendió la CNN a "ver"?: Backpropagation

El proceso es similar al de las redes tradicionales en las que tenemos una entrada y una salida esperada (por eso aprendizaje supervisado[480]) y mediante el backpropagation mejoramos el valor de los pesos de las interconexiones entre capas de neuronas y a medida que iteramos esos pesos se ajustan hasta ser óptimos. PERO… En el caso de la CNN, deberemos **ajustar el valor de los pesos de los distintos kernels**. Esto es una gran ventaja al momento del aprendizaje pues como vimos cada kernel es de un tamaño reducido, en nuestro ejemplo en la primer convolución es de tamaño de 3x3, eso son sólo 9 parámetros que debemos ajustar en 32 filtros dan un total de 288 parámetros. En comparación con los pesos entre dos capas de neuronas "tradicionales": una de 748 y otra de 6272 en donde están TODAS interconectarlas con TODAS y **eso equivaldría a tener que entrenar y ajustar más de 4,5 millones de pesos** (repito: sólo para 1 capa).

Comparativa entre una red neuronal "tradicional" y una CNN

Dejaré un cuadro resumen para intentar aclarar más las diferencias entre las redes Fully connected y las Convolutional Neural Networks.

Característica	Red "tradicional" Feedforward multicapa	Red Neuronal Convolucional CNN
Datos de entrada en la Capa Inicial	Las características que analizamos. Por ejemplo: ancho, alto, grosor, etc.	Pixeles de una imagen. Si es color, serán 3 capas para rojo,verde,azul
Capas ocultas	elegimos una cantidad de neuronas para las capas ocultas.	Tenemos de tipo: * Convolución (con un tamaño de kernel y una cantidad de filtros) * Subsampling
Capa de Salida	La cantidad de neuronas que queremos clasificar. Para "comprar" ó "alquilar" serán 2 neuronas.	Debemos "aplanar" la última convolución con una (ó más) capas de neuronas ocultas "tradicionales" y hacer una salida mediante SoftMax a la capa de salida que clasifica "perro" y "gato" serán 2 neuronas.

[480]http://www.aprendemachinelearning.com/aplicaciones-del-machine-learning/#supervisado

Característica	Red "tradicional" Feedforward multicapa	Red Neuronal Convolucional CNN
Aprendizaje	Supervisado	Supervisado
Interconexiones	Entre capas, todas las neuronas de una capa con la siguiente.	Son muchas menos conexiones necesarias, pues realmente los pesos que ajustamos serán los de los filtros/kernels que usamos.
Significado de la cantidad de capas ocultas	Realmente es algo desconocido y no representa algo en sí mismo.	Las capas ocultas son mapas de detección de características de la imagen y tienen jerarquía: primeras capas detectan lineas, luego curvas y formas cada vez más elaboradas.
Backpropagation	Se utiliza para ajustar los pesos de todas las interconexiones de las capas	Se utiliza para ajustar los pesos de los kernels.

Arquitectura básica

Resumiendo: podemos decir que los elementos que usamos para crear CNNs son:

- **Entrada**: Serán los pixeles de la imagen. Serán alto, ancho y profundidad será 1 sólo color o 3 para Red,Green,Blue.
- **Capa De Convolución**: procesará la salida de neuronas que están conectadas en "regiones locales" de entrada (es decir pixeles cercanos), calculando el producto escalar entre sus pesos (valor de pixel) y una pequeña región a la que están conectados en el volumen de entrada. Aquí usaremos por ejemplo 32 filtros o la cantidad que decidamos y ese será el volumen de salida.
- **"CAPA RELU"** aplicará la función de activación en los elementos de la matriz.
- **POOL ó SUBSAMPLING**: Hará una reducción en las dimensiones alto y ancho, pero se mantiene la profundidad.
- **CAPA "TRADICIONAL"** red de neuronas feedforward que conectará con la última capa de subsampling y finalizará con la cantidad de neuronas que queremos clasificar.

No incluido

Quedan muchas cosas más que explicar sobre las CNN. Temas y definiciones como padding, stride, evitar overfitting, image-augmentation, dropout... o por nombrar algunas redes famosas ResNet, AlexNet, GoogLeNet y DenseNet, al mismísimo Yann LeCun... todo eso.. se queda fuera de este texto. Este artículo pretende ser un punto inicial para seguir investigando y aprendiendo sobre las CNN. Al final dejo enlace a varios artículos para ampliar información sobre CNN.

Resumen

Hemos visto cómo este algoritmo utiliza variantes de una red neuronal tradicional y las combina con el comportamiento biológico del ojo humano, para lograr aprender a ver.

- Understanding Convolutional Neural Networks[481]
- CS231n Convolutional Neural Networks for Visual Recognition[482]
- Introducing convolutional networks[483]
- Intuitively Understanding Convolutions for Deep Learning[484]
- Feature Visualization—How neural networks build up their understanding of images[485]
- Back Propagation in Convolutional Neural Networks[486]
- [https://medium.com/technologymadeeasy/

the-best-explanation-of-convolutional-neural-networks-on-the-internet-fbb8b1ad5df8)

---

[481]https://towardsml.com/2018/10/16/deep-learning-series-p2-understanding-convolutional-neural-networks/
[482]http://cs231n.github.io/
[483]http://neuralnetworksanddeeplearning.com/chap6.html#introducing_convolutional_networks
[484]https://towardsdatascience.com/intuitively-understanding-convolutions-for-deep-learning-1f6f42faee1
[485]https://distill.pub/2017/feature-visualization/
[486]https://becominghuman.ai/back-propagation-in-convolutional-neural-networks-intuition-and-code-714ef1c38199

Detección de Objetos con Python

Veremos de manera práctica cómo crear tu propio detector de objetos que podrás utilizar con imagenes estáticas, video o cámara. Avanzaremos paso a paso en una Jupyter Notebook con el código completo usando Keras sobre Tensorflow.

Agenda

Tenemos mucho por delante!

- ¿En qué consiste la Detección Yolo?
  - Algunos parámetros de la red
  - El proyecto propuesto
- Lo que tienes que instalar (y todo el material)
- Crear un dataset: Imágenes y Anotaciones
  - Recomendaciones para la imágenes
  - Anotarlo todo
  - El lego dataset
- El código Python
  - Leer el dataset
  - Train y Validación
  - Data Augmentation
  - Crear la red YOLO
  - Crear la red de Detección
  - Generar las Anclas
  - Entrenar
  - Revisar los Resultados
  - Probar la red!
- Conclusiones
- Material Adicional

¿En qué consiste la detección YOLO?

Vamos a hacer un detector de objetos en imágenes utilizando YOLO, un tipo de técnica muy novedosa (2016), acrónimo de "You Only Look Once" y que es la más rápida del momento, permitiendo su uso en video en tiempo real.

Esta técnica utiliza un tipo de red Neuronal Convolucional llamada Darknet para la clasificacion de imágenes y le añade la parte de la detección, es decir un "cuadradito" con las posiciones x e y, alto y ancho del objeto encontrado.

La dificultad de esta tarea es enorme!, poder localizar las áreas de las imágenes, que para una red neuronal es tan sólo una matriz de pixeles de colores, posicionar múltiples objetos y clasificarlos. YOLO lo hace todo "de una sola pasada" a su red convolucional. En resultados sobre el COCO Dataset detecta 80 clases de objetos distintos y etiquetar y posicionar 1000 objetos (en 1 imagen!!!)

NOTA : Este código se basa en varios trozos de código de diversos repositorios de Github y usa una arquitectura de YOLOv2 aunque YA Sé que es mejor la versión 3 y de hecho está por salir Yolo v4. Pero con fines didácticos la v2 nos alzanza.

Aquí comentaré varios parámetros que manejaremos con esta red y que debemos configurar.

(Algunos) Parámetros de la red

- Tamaño de imagen que procesa la red: este será fijo, pues encaja con el resto de la red y es de 416 pixeles. Todas las imágenes que le pasemos serán redimensionadas antes de entrar en la red.
- Cantidad de cajas por imagen: Estás serán la cantidad de objetos máximos que queremos detectar.
- etiquetas: estas serán las de los objetos que queramos detectar. En este ejemplo sólo detectaremos 1 tipo de objeto, pero podrían ser múltiples.
- epochs: la cantidad de iteraciones sobre TODO el dataset que realizará la red neuronal para entrenar. (Recuerda, que a muchas épocas tardará más tiempo y también aumenta el riesgo de overfitting)
- train_times: este valor se refiera a la cantidad de veces de entrenar una MISMA imagen. Esto sirve sobre todo en datasets pequeños pues haremos data augmentation sobre las imágenes cada vez.
- saved_weights_name: una vez entrenada la red, guardaremos sus pesos en este archivo y lo usaremos para hacer las predicciones.

El proyecto Propuesto: Detectar personajes de Lego

Será porque soy padre, ó será porque soy Ingeniero... al momento de pensar en un objeto para detectar se me ocurrió esto: Legos! ¿Quien no tiene legos en su casa?... Por supuesto que puedes crear tu propio dataset de imagenes y anotaciones xml para detectar el ó los objetos que tu quieras!

Lo que tienes que instalar

Primero que nada te recomiendo que crees un nuevo Environment de Python 3.6.+ e instales estas versiones de librerías que usaremos.

En consola escribe:

```
$ python -m venv detectaEnv
```

Y luego lo ACTIVAS para usarlo en windows con:

```
$ detectaEnv\Scripts\activate.bat
```

ó en Linux / Mac con:

```
$ source detectaEnv/bin/activate
```

y luego instala los paquetes:

```
    pip install tensorflow==1.13.2
    pip install keras==2.0.8
    pip install imgaug==0.2.5
    pip install opencv-python
    pip install h5py
    pip install tqdm
    pip install imutils
```

Aclaraciones: usamos una versión antigua de Tensorflow. Si tienes GPU en tu máquina, puedes usar la versión apropiada de Tensorflow.

Si vas crear tu propio dataset como se explica a continuación, deberás instalar LabelImg, que requiere:

```
    pip install PyQt5
    pip install lxml
    pip install labelImg
```

Si no, puedes usar el dataset de legos que provee el blog y saltarte la parte de crear el dataset.

Además otros archivos que deberás descargar:

- Archivo con Pesos iniciales de la red Darknet de Yolov2[487] (192MB)
- Código Python detección de imágenes[488] - Jupyter Notebook
- OPCIONAL: Dataset de lego[489]
- OPCIONAL crea y usa tu propio dataset de imágenes y anotaciones

[487] https://drive.google.com/file/d/1Q9WhhRlqQbA4jgBkCDrynvgquRXZA_f8/view?usp=sharing
[488] https://github.com/jbagnato/machine-learning/blob/master/Ejercicio_Object_Detection.ipynb
[489] https://drive.google.com/file/d/1-n5xUSkCOcyKwM0zvn3q353N87FCx_F2/view?usp=sharing

Crea un dataset: Imágenes y Anotaciones

Es hora de crear un repositorio de miles de imágenes para alimentar tu red de detección.

En principio te recomendaría que tengas al menos unas 1000 imágenes de cada clase que quieras detectar. Y de cada imagen deberás tener un archivo xml con un formato que en breve comentaré con la clase y la posición de cada objeto. Pero recuerda que al detectar imágenes podemos tener más de un objeto, entonces puedes tener imágenes que tienen a más de una clase.

Recomendaciones para las imágenes:

Algunas recomendaciones para la captura de imágenes: si vas a utilizar la cámara de tu móvil, puede que convenga que las hagas con "pocos megapixeles", pues si haces una imagen de de 5 MB, luego la red la reducirá a 416 pixeles de ancho, por lo que tendrá un coste ese preprocesado en tiempo, memoria y CPU.

Intenta tener fotos del/los objetos con distintas condiciones de luz, es decir, no tengas imagenes de gatitos siempre al sol. Mejor imágenes de interior, al aire libre, con poca luz, etc.

Intenta tener imágenes "torcidas"(rotadas), parciales y de distintos tamaños del objeto. Si sólo tienes imágenes en donde tu objeto supongamos que "mide 100pixeles" mal-acostumbrarás la red y sólo detectará en imágenes cuando sea de esas dimensiones.

Variaciones del mismo objeto: Si tu objeto es un gato, intenta clasificar gatos de distintos colores, razas y en distintas posiciones, para que la red pueda generaliza el conocimiento.

Anotarlo Todo

Muy bien, ya tienes tus imágenes hechas y guardadas en un directorio.

Ahora deberás crear un archivo XML donde anotarás cada objeto, sus posiciones x,y su alto y ancho.

El xml será de este tipo:

```
<annotation>
    <folder>lego</folder>
    <filename>croped12_231359.jpg</filename>
    <path>/detectaobjetos/images/lego3/croped12_231359.jpg</path>
    <size>
            <width>4512</width>
            <height>4512</height>
            <depth>3</depth>
    </size>
    <object>
            <name>lego</name>
```

```
            <bndbox>
                <xmin>909</xmin>
                <ymin>879</ymin>
                <xmax>3200</xmax>
                <ymax>4512</ymax>
            </bndbox>
        </object>
</annotation>
```

Y lo puedes hacer a mano... ó puedes usar un editor como labelImg.

Si lo instalaste con Pip, puedes ejecutarlo simplemente poniendo en línea de comandos labelImg. Se abrirá el editor y podrás

- seleccionar un directorio como fuente de imágenes
- otro directorio donde guardará los xml.

En el editor deberás crear una caja sobre cada objeto que quieras detectar en la imagen y escribir su nombre. Cuando terminas le das a Guardar y Siguiente.

El lego dataset

Si quieres puedes utilizar un dataset de imágenes que creé para este ejercicio y consta de 300 imágenes. Son fotos tomadas con móvil de diversos personajes lego. Realmente son 100 fotos y 200 variaciones en zoom y recortes. Y sus correspondientes 300 archivos de anotaciones xml

Dicho esto, recuerda que siempre es mejor más y más imágenes para entrenar.

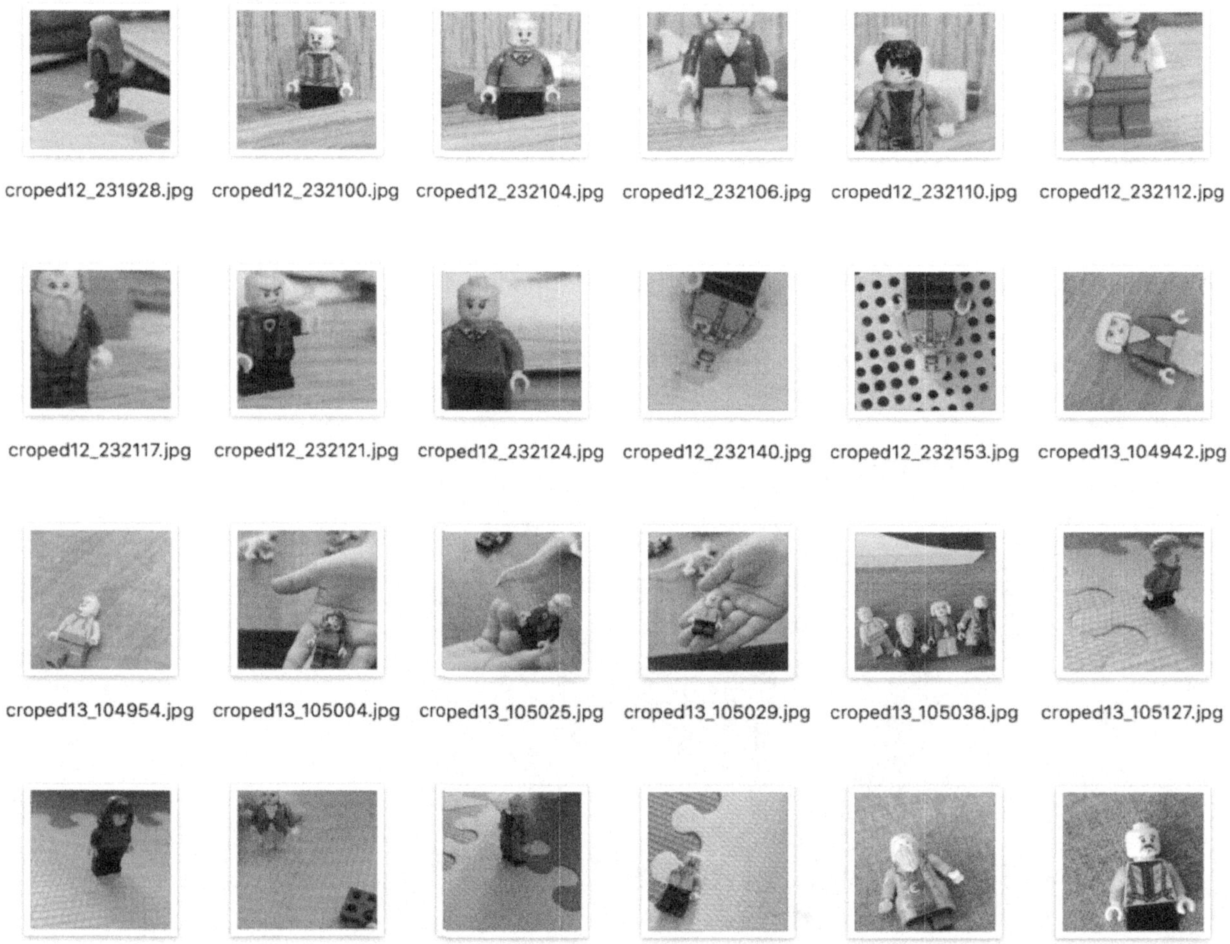

El código Python

Usaremos Keras sobre Tensorflow para crear la red!, manos a la obra.

En el artículo copiaré los trozos de código más importante, pero recuerda descargar la notebook Jupyter con el código completo desde Github[490].

Leer el Dataset

Primer paso, será el de leer las anotaciones xml que tenemos creadas en un directorio e ir iterando los objetos para contabilizar las etiquetas.

[490]https://github.com/jbagnato/machine-learning/blob/master/Ejercicio_Object_Detection.ipynb

```
xml_dir = "annotation/lego/"
img_dir = "images/lego/"
labels = ["lego"]
tamanio = 416
mejores_pesos = "red_lego.h5"

def leer_annotations(ann_dir, img_dir, labels=[]):
    all_imgs = []
    seen_labels = {}

    for ann in sorted(os.listdir(ann_dir)):
        img = {'object':[]}

        tree = ET.parse(ann_dir + ann)

        for elem in tree.iter():
            if 'filename' in elem.tag:
                img['filename'] = img_dir + elem.text
            if 'width' in elem.tag:
                img['width'] = int(elem.text)
            if 'height' in elem.tag:
                img['height'] = int(elem.text)
            if 'object' in elem.tag or 'part' in elem.tag:
                obj = {}

                for attr in list(elem):
                    if 'name' in attr.tag:
                        obj['name'] = attr.text

                        if obj['name'] in seen_labels:
                            seen_labels[obj['name']] += 1
                        else:
                            seen_labels[obj['name']] = 1

                        if len(labels) > 0 and obj['name'] not in labels:
                            break
                        else:
                            img['object'] += [obj]

                    if 'bndbox' in attr.tag:
                        for dim in list(attr):
                            if 'xmin' in dim.tag:
                                obj['xmin'] = int(round(float(dim.text)))
```

```
                        if 'ymin' in dim.tag:
                            obj['ymin'] = int(round(float(dim.text)))
                        if 'xmax' in dim.tag:
                            obj['xmax'] = int(round(float(dim.text)))
                        if 'ymax' in dim.tag:
                            obj['ymax'] = int(round(float(dim.text)))

        if len(img['object']) > 0:
            all_imgs += [img]

    return all_imgs, seen_labels

train_imgs, train_labels = leer_annotations(xml_dir, img_dir, labels)
print('imagenes',len(train_imgs), 'labels',len(train_labels))
```

Train y Validación

Separaremos un 20% de las imágenes y anotaciones para testear el modelo. En este caso se utilizará el set de Validación al final de cada época para evaluar métricas, pero nunca se usará para entrenar.

```
train_valid_split = int(0.8*len(train_imgs))
np.random.shuffle(train_imgs)
valid_imgs = train_imgs[train_valid_split:]
train_imgs = train_imgs[:train_valid_split]
print('train:',len(train_imgs), 'validate:',len(valid_imgs))
```

Data Augmentation

El Data Augmentation sirve para agregar pequeñas alteraciones ó cambios a las imágenes de entradas aumentando nuestro dataset de imágenes y mejorando la capacidad de la red para detectar objetos. Para hacerlo nos apoyamos sobre una librería imgaug que nos brinda muchas funcionalidades como agregar desenfoque, agregar brillo, ó ruido aleatoriamente a las imágenes. Además podemos usar OpenCV para voltear la imagen horizontalmente y luego recolocar la "bounding box".

```
### FRAGMENTO del código

iaa.OneOf([
    iaa.GaussianBlur((0, 3.0)), # blur images
    iaa.AverageBlur(k=(2, 7)), # blur image using local means with kernel
    iaa.MedianBlur(k=(3, 11)), # blur image using local medians with kernel
    ]),
    iaa.Sharpen(alpha=(0, 1.0), lightness=(0.75, 1.5)), # sharpen images
    iaa.AdditiveGaussianNoise(loc=0, scale=(0.0, 0.05*255), per_channel=0.5), # add \
gaussian noise to images
    iaa.OneOf([
        iaa.Dropout((0.01, 0.1), per_channel=0.5), # randomly remove up to 10% of th\
e pixels
        ]),
    iaa.Add((-10, 10), per_channel=0.5), # change brightness of images
    iaa.Multiply((0.5, 1.5), per_channel=0.5), # change brightness of images
    iaa.ContrastNormalization((0.5, 2.0), per_channel=0.5), # improve or worsen the \
contrast
```

Crear la Red de Clasificación

La red es conocida como Darknet y está compuesta por 22 capas convolucionales que básicamente aplican BatchNormalizarion, MaxPooling y activación por LeakyRelu para la extracción de características, es decir, los patrones que encontrará en las imágenes (en sus pixeles) para poder diferenciar entre los objetos que queremos clasificar.

Va alternando entre aumentar y disminuir la cantidad de filtros y kernel de 3x3 y 1x1 de la red convolucional.

```
#### FRAGMENTO de código, solo algunas capas de ejemplo

# Layer 1
x = Conv2D(32, (3,3), strides=(1,1), padding='same', name='conv_1', use_bias=False)(\
input_image)
x = BatchNormalization(name='norm_1')(x)
x = LeakyReLU(alpha=0.1)(x)
x = MaxPooling2D(pool_size=(2, 2))(x)

# Layer 2
x = Conv2D(64, (3,3), strides=(1,1), padding='same', name='conv_2', use_bias=False)(\
x)
x = BatchNormalization(name='norm_2')(x)
```

```
x = LeakyReLU(alpha=0.1)(x)
x = MaxPooling2D(pool_size=(2, 2))(x)

# Layer 3
x = Conv2D(128, (3,3), strides=(1,1), padding='same', name='conv_3', use_bias=False)\
(x)
x = BatchNormalization(name='norm_3')(x)
x = LeakyReLU(alpha=0.1)(x)
```

No olvides descargar y copiar en el mismo directorio donde ejecutes la notebook los pesos de la red Darknet[491], pues en este paso se cargaran para incializar la red.

Crear la Red de Detección

Esta red, utilizará la anterior (clasificación) y utilizará las features obtenidas en sus capas convolucionales de salida para hacer la detección de los objetos, es decir las posiciones x e y, alto y ancho. Para ello se valdrá de unas Anclas, en nuestro caso serán 5. Las Anclas son unas "ventanas", o unas bounding boxes de distintos tamaños, pequeños, mediano grande, rectangulares o cuadrados que servirán para hacer "propuestas de detección".

```
### Fragmento de código

        input_image     = Input(shape=(self.input_size, self.input_size, 3))
        self.true_boxes = Input(shape=(1, 1, 1, max_box_per_image , 4))

        self.feature_extractor = FullYoloFeature(self.input_size)

        print(self.feature_extractor.get_output_shape())
        self.grid_h, self.grid_w = self.feature_extractor.get_output_shape()
        features = self.feature_extractor.extract(input_image)

        # make the object detection layer
        output = Conv2D(self.nb_box * (4 + 1 + self.nb_class),
                        (1,1), strides=(1,1),
                        padding='same',
                        name='DetectionLayer',
                        kernel_initializer='lecun_normal')(features)
        output = Reshape((self.grid_h, self.grid_w, self.nb_box, 4 + 1 + self.nb_cla\
ss))(output)
        output = Lambda(lambda args: args[0])([output, self.true_boxes])
```

[491]https://drive.google.com/file/d/1Q9WhhRlqQbA4jgBkCDrynvgquRXZA_f8/view?usp=sharing

```
        self.model = Model([input_image, self.true_boxes], output)
```

En total, la red crea una grilla de 13x13 y en cada una realizará 5 predicciones, lo que da un total de 845 posibles detecciones para cada clase que queremos detectar. Si tenemos 10 clases esto serían 8450 predicciones, cada una con la clase y sus posiciones x,y ancho y alto. Lo más impresionante de esta red YOLO es que lo hace Todo de 1 sólo pasada! increíble!

Para refinar el modelo y que detecte los objetos que hay, utilizará dos funciones con las cuales descartará áreas vacías y se quedará sólo con las mejores propuestas. Las funciones son:

- **IOU**: Intersection Over Union, que nos da un porcentaje de acierto del área de predicción contra la "cajita" real que queremos predecir
- **Non Maximum suppression**: nos permite quedarnos de entre nuestras 5 anclas, con la que mejor se ajusta al resultado. Esto es porque podemos tener muchas áreas diferentes propuestas que se superponen. De entre todas, nos quedamos con la mejor y eliminamos al resto.

Entonces, pensemos que si en nuestra red de detección de 1 sólo clase detectamos 1 objeto, esto quiere decir que la red descarto a las 844 restantes.

NOTA: por más que haya separado en 2 redes: red YOLO y red de detección, realmente es 1 sóla red convolucional, pues están conectadas y al momento de entrenar, los pesos se ajustan "como siempre" con el backpropagation.

Generar las Anclas

Como antes mencioné, la red utiliza 5 anclas para cada una de las celdas de 13x13 para realizar las propuestas de predicción. Pero… ¿qué tamaño tienen que tener esas anclas? Podríamos pensar en 5 tamaños distintos, algunos pequeños, otros más grandes y que se adapten a las clases que queremos detectar. Por ejemplo, el ancla para detectar siluetas de personas serán seguramente rectangulares en vertical.

Pues según lo que quieras detectar conviene ajustar esos tamaños. Ejecutaremos un pequeño script que utiliza k-means y determina los mejores 5 clusters (de dimensiones) que se adapten a tu dataset.

Entrenar la Red!

A entrenar la red neuronal. Como dato informativo, en mi ordenador macbook de 4 núcleos y 8GB de RAM, tardó 7 horas en entrenar las 300 imágenes del dataset de lego con 7 épocas (y 5 veces cada imagen).

```
yolo = YOLO(input_size          = tamanio,
            labels              = labels,
            max_box_per_image   = 5,
            anchors             = anchors)
```

Al finalizar verás que se ha creado un archivo nuevo llamado "red_lego.h5" que contiene los pesos de la red creada.

Revisar los Resultados

Los resultados vienen dados por una métrica llamada *mAP* y que viene a ser un equivalente a un F1-Score pero para imágenes, teniendo en cuenta los falsos positivos y negativos. Ten en cuenta que si bien la ventaja de YOLO es la detección en tiempo real, su contra es que es "un poco" peor en accuracy que otras redes que son lentas, lo podemos notar al ver que las "cajitas" no se ajustan del todo con el objeto detectado ó puede llegar a confundir a veces la clase que clasifica. Con el Lego Dataset he logrado al rededor de 63 de mAP... no está mal. Recordemos que este valor de mAP se obtiene al final de la última Epoch sobre el dataset de Validación (que no se usa para entrenar) y en mi caso eran 65 imágenes.

Probar la Red

Para finalizar, podemos probar la red con imágenes nuevas, distintas que no ha visto nunca, veamos cómo se comporta la red!

Crearemos unas funciones de ayuda para dibujar el rectángulo sobre la imagen original y guardar la imagen nueva:

```
def draw_boxes(image, boxes, labels):
    image_h, image_w, _ = image.shape

    for box in boxes:
        xmin = int(box.xmin*image_w)
        ymin = int(box.ymin*image_h)
        xmax = int(box.xmax*image_w)
        ymax = int(box.ymax*image_h)

        cv2.rectangle(image, (xmin,ymin), (xmax,ymax), (0,255,0), 3)
        cv2.putText(image,
                    labels[box.get_label()] + ' ' + str(box.get_score()),
                    (xmin, ymin - 13),
                    cv2.FONT_HERSHEY_SIMPLEX,
```

```
                          1e-3 * image_h,
                          (0,255,0), 2)

    return image
```

Recuerda que utilizaremos el archivo de pesos creado al entrenar, para recrear la red (esto nos permite poder hacer predicciones sin necesidad de reentrenar cada vez).

```
mejores_pesos = "red_lego.h5"
image_path = "images/test/lego_girl.png"

mi_yolo = YOLO(input_size          = tamanio,
               labels              = labels,
               max_box_per_image   = 5,
               anchors             = anchors)

mi_yolo.load_weights(mejores_pesos)

image = cv2.imread(image_path)
boxes = mi_yolo.predict(image)
image = draw_boxes(image, boxes, labels)

print('Detectados', len(boxes))

cv2.imwrite(image_path[:-4] + '_detected' + image_path[-4:], image)
```

Como salida tendremos una nueva imagen llamada "lego_girl_detected.png" con la detección realizada.

Esta imagen me fue prestada por @Shundeez_official[492], muchas gracias! Les recomiendo ver su cuenta de Instagram que es genial!

[492]https://www.instagram.com/Shundeez_official/

lego 0.54493845
Shundeez_official

Imágenes pero también Video y Cámara!

Puedes modificar un poco la manera de realizar predicciones para utilizar un video mp4 ó tu cámara web.

Para aplicarlo a un video:

```
from tqdm import *

video_path = 'lego_movie.mp4'
video_out = video_path[:-4] + '_detected' + video_path[-4:]
video_reader = cv2.VideoCapture(video_path)

nb_frames = int(video_reader.get(cv2.CAP_PROP_FRAME_COUNT))
frame_h = int(video_reader.get(cv2.CAP_PROP_FRAME_HEIGHT))
frame_w = int(video_reader.get(cv2.CAP_PROP_FRAME_WIDTH))

video_writer = cv2.VideoWriter(video_out,
                               cv2.VideoWriter_fourcc(*'MPEG'),
                               50.0,
                               (frame_w, frame_h))

for i in tqdm(range(nb_frames)):
    _, image = video_reader.read()

    boxes = yolo.predict(image)
    image = draw_boxes(image, boxes, labels)

    video_writer.write(np.uint8(image))

video_reader.release()
video_writer.release()
```

Luego de procesar el video, nos dejará una versión nueva del archivo mp4 con la detección que realizó cuadro a cuadro.

Y para usar tu cámara: (presiona 'q' para salir)

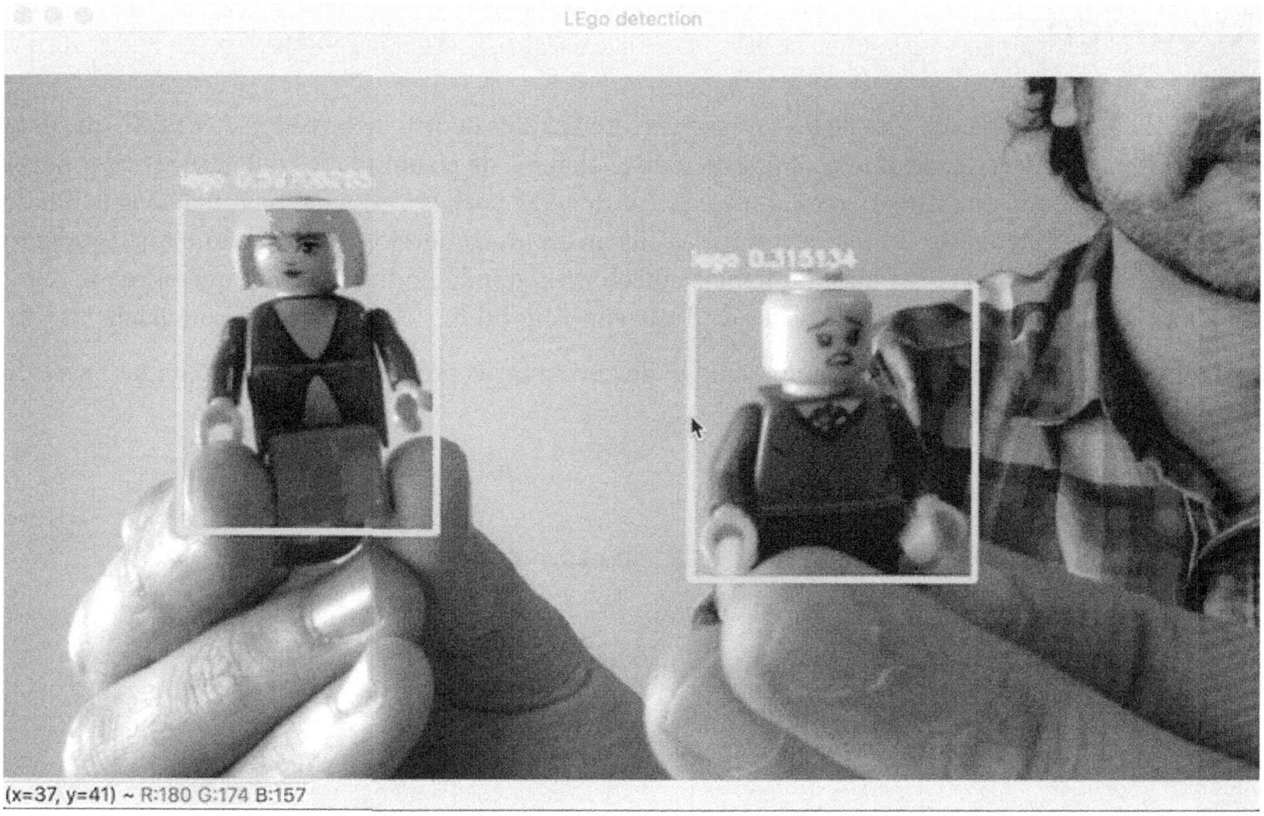


```
win_name = 'Lego detection'
cv2.namedWindow(win_name)

video_reader = cv2.VideoCapture(0)

while True:
    _, image = video_reader.read()

    boxes = yolo.predict(image)
    image = draw_boxes(image, boxes, labels)

    cv2.imshow(win_name, image)

    key = cv2.waitKey(1) & 0xFF
    if key == ord('q'):
        break

cv2.destroyAllWindows()
video_reader.release()
```

Resumen

Esta fue la parte práctica de una de las tareas más interesantes dentro de la Visión Artificial, que es la de lograr hacer detección de objetos. Piensen todo el abanico de posibilidades que ofrece poder hacer esto! Podríamos con una cámara contabilizar la cantidad de coches y saber si hay una congestión de tráfico, podemos contabilizar cuantas personas entran en un comercio, si alguien toma un producto de una estantería y mil cosas más! Ni hablar en robótica, donde podemos hacer que el robot vea y pueda coger objetos, ó incluso los coches de Tesla con Autopilot... Tiene un gran potencial!

Además en este capítulo te ofrece la posibilidad de entrenar tus propios detectores, para los casos de negocio que a ti te importan.

Recursos

Recuerda todo lo que tienes que descargar:

- Código Python completo en la Jupyter Notebook[493]
- Los pesos iniciales de la red[494] YOLOv2
- Set de imágenes y anotaciones Lego[495]

Y enlaces a otros artículos de interés:

- Object Detection[496]
- A Brief History of CNN in Image Segmentation[497]
- Beginers Guide to to implementing Yolov3 in Tensorflow[498]
- Practical Guide to Object Detection with Yolo[499]
- A very shallow overview of Yolo and Darknet[500]
- Yolo v2 object detection[501]

[493] https://github.com/jbagnato/machine-learning/blob/master/Ejercicio_Object_Detection.ipynb
[494] https://drive.google.com/file/d/1Q9WhhRlqQbA4jgBkCDrynvgquRXZA_f8/view?usp=sharing
[495] https://drive.google.com/file/d/1-n5xUSkCOcyKwM0zvn3q353N87FCx_F2/view?usp=sharing
[496] https://www.saagie.com/blog/object-detection-part1/
[497] https://blog.athelas.com/a-brief-history-of-cnns-in-image-segmentation-from-r-cnn-to-mask-r-cnn-34ea83205de4
[498] https://machinelearningspace.com/yolov3-tensorflow-2-part-1/
[499] https://www.analyticsvidhya.com/blog/2018/12/practical-guide-object-detection-yolo-framewor-python/
[500] https://martinapugliese.github.io/recognise-objects-yolo/
[501] https://www.geeksforgeeks.org/yolo-v2-object-detection/

Anexo I: Webscraping

Ejemplo Web Scraping en Python: IBEX35® la Bolsa de Madrid

En este artículo aprenderemos a utilizar la librería BeatifulSoap de Python para obtener contenidos de páginas webs de manera automática.

En internet encontramos de todo: artículos, noticias, estadísticas e información útil (¿e inútil?), pero ¿cómo la extraemos? No siempre se encuentra en forma de descarga ó puede haber información repartida en multiples dominios, ó puede que necesitemos información histórica, de webs que cambian con el tiempo.

Para poder generar nuestros propios archivos con los datos que nos interesan y de manera automática es que utilizaremos la técnica de **WebScraping**.

Contenidos:

- Requerimientos para WebScraping
- Lo básico de HTML y CSS que debes saber
- Inspeccionar manualmente una página web
- Al código! **Obtener el valor actual del IBEX35**®** de la Bolsa de Madrid**
- Exportar a archivo csv (y poder abrir en Excel)
- Otros casos frecuentes de "rascar la web"

> Puedes ver y descargar el código python completo de este artículo desde GitHub haciendo click aquí[502]

Requerimientos

Para poder usar esta técnica hay diversas librerías, pero utilizaremos una muy popular llamada Beautiful Soap. Como siempre, te recomiendo tener instalado el ambiente de desarrollo con Anaconda[503] que ya trae incluida la librería. Si no, lo puedes instalar desde línea de comandos con:

[502]https://github.com/jbagnato/machine-learning/blob/master/Ejemplo_WebScraping_Bolsa_y_Futbol.ipynb
[503]http://www.aprendemachinelearning.com/instalar-ambiente-de-desarrollo-python-anaconda-para-aprendizaje-automatico/

```
pip install BeautifulSoup4
pip install requests
```

Si bien utilizaremos una Jupyter Notebook para el código Python 3, podríamos ejecutar un archivo de texto plano ".py" desde nuestra Terminal.

Conocimientos básicos de HTML y CSS

Daré por sentados conocimientos de html y css. ¿Por qué? **Las páginas webs están hechas con HTML** y deberemos indicarle a nuestro "bot-spider" de qué etiquetas ó campos, deseamos extraer el contenido.

Repaso mínimo de HTML es:

```
<html>
<head><title>Titulo de pagina</title>
</head>
<body>
    <p> Soy un parrafo</p>
    <div>Soy un texto en un DIV</div>
    <table><tr><td>soy una celda dentro de una tabla</td></tr>
    </table>
</body>
</html>
```

Aqui Vemos las etiquetas básicas de HTML, es decir las de inicio y cierre y dentro de body el contenido de la página. Como ejemplo vemos un párrafo "p", un "div" y una tabla.

¿Y porqué CSS? en realidad no necesitamos estrictamente saber CSS, pero sí sus selectores, puesto que nos pueden ser de mucha ayuda. Lo básico para comprender selectores, usando este bloque de ejemplo es:

```
<html>
    <head></head>
    <body>
    <div class="contenedor">
        <div id="123" name="bloque_bienvenida" class="verde">
        Bienvenido a mi web
        </div>
    </div>
    </body>
</html>
```

Para poder seleccionar el texto "*Bienvenido a mi web*", tenemos diversas formas:

- la más directa será si la etiqueta tiene un **atributo id que es único** en el ejemplo "123"
- Podríamos buscar los nodos de tipo div, pero podría haber muchos y deberemos filtrarlos.
- Podemos filtrar un div con el atributo name = "bloque_bienvenida".
- Podemos **buscar por clase CSS**, en el ejemplo "verde".
- Muchas veces se combinan selectores, por ejemplo: dentro de la clase "contenedor", la clase "verde". O decir: "traer un div con la clase verde"

La librería de Beautiful Soap nos permite buscar dentro de los nodos del árbol de la página web, también conocido como DOM. Al final del artículo veremos como obtener el texto "Bienvenido a mi web" con diversos selectores (y en la Jupyter Notebook de Github[504]).

Inspección Manual de la web

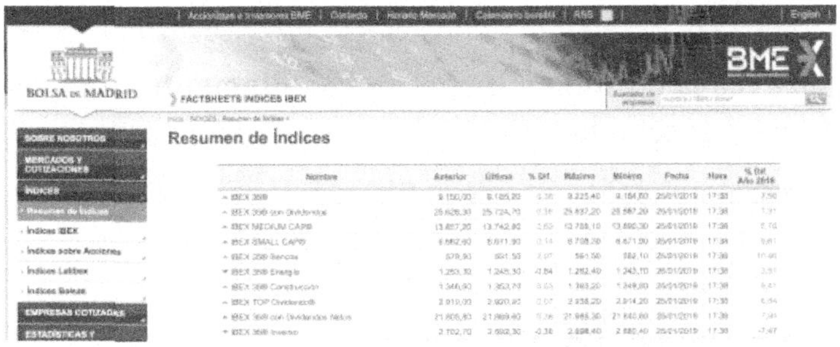

Esta es la web de la bolsa de Madrid[505], en donde nos interesa obtener el Indice del IBEX35®

Para el ejemplo inspeccionaremos la web de la Bolsa de Madrid[506]. **¿Qué es eso de inspeccionar?** Bueno, los navegadores web "modernos" (Safari, Firefox, Chrome) cuentan con una opción que nos permite ver el código html completo de la página que estamos viendo.

Además existe una opción de "inspección del código" que nos permite ver el HTML, Javascript, CSS y la web al mismo tiempo. Con ello buscaremos la manera de extraer el texto que nos interesa, si buscamos por id, por algún atributo, clase ó nodos.

Por lo general podemos inspeccionar haciendo click con el botón derecho del mouse sobre el área que nos interesa. Veamos cómo hacerlo con un gif animado :)

504 https://github.com/jbagnato/machine-learning/blob/master/Ejemplo_WebScraping_Bolsa_y_Futbol.ipynb
505 http://www.bolsamadrid.es/esp/aspx/Indices/Resumen.aspx
506 http://www.bolsamadrid.es/esp/aspx/Indices/Resumen.aspx

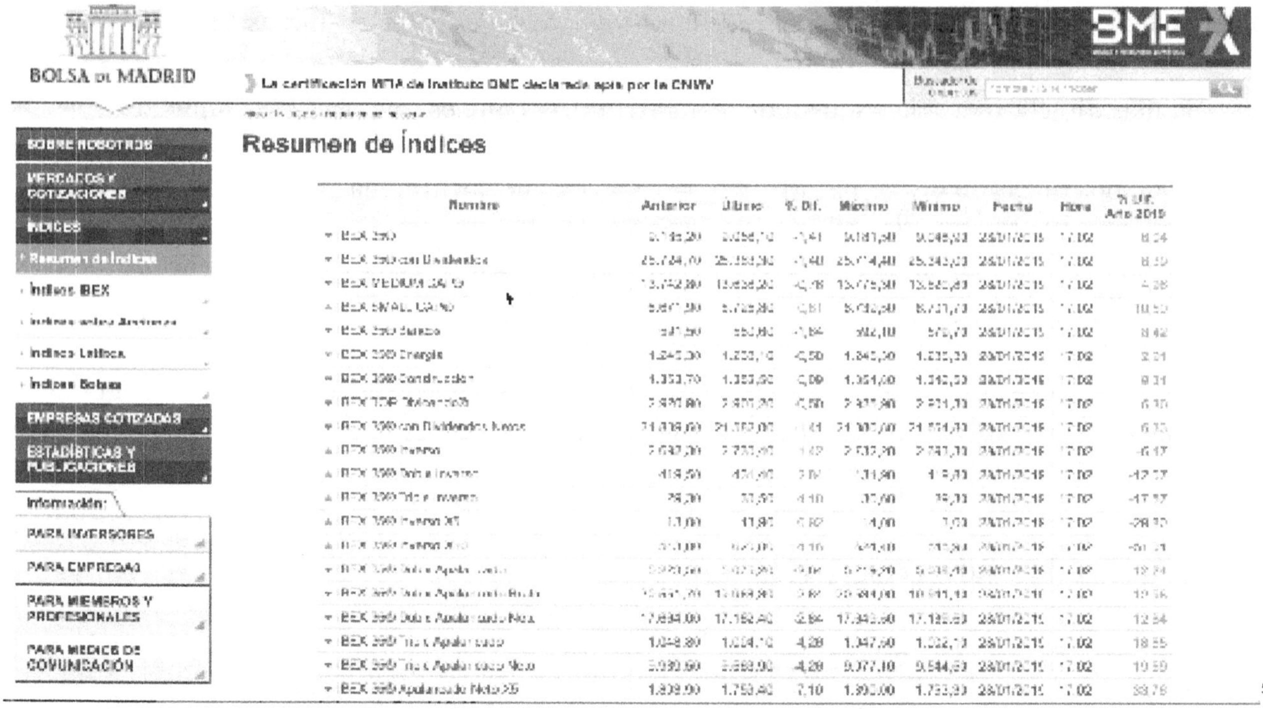

[507]

Al hacer clic derecho, aparece la opción de **Inspeccionar Elemento**. Así podemos ver las entrañas de la web en la que estamos navegando y pensar la mejor opción para extraer contenidos.

En nuestro caso nos interesa obtener el valor de la fila con nombre IBEX35® y el valor de la columna "último".

Código webscraping Python

Veamos en código cómo haremos para acceder a esa porción de texto.

Primero importamos las librerías Python que utilizaremos:

```
import requests
from bs4 import BeautifulSoup
import csv
from datetime import datetime
```

Indicamos la ruta de la web que deseamos acceder:

```
# indicar la ruta
url_page = 'http://www.bolsamadrid.es/esp/aspx/Indices/Resumen.aspx'
```

Y ahora haremos el request a esa ruta y procesaremos el HTML mediante un objeto de tipo BeautifulSoap:

[507]https://i1.wp.com/www.aprendemachinelearning.com/wp-content/uploads/2019/01/inspeccionar_web_safari.gif

```
# tarda 480 milisegundos
page = requests.get(url_page).text
soup = BeautifulSoup(page, "lxml")
```

Bien, ahora toca pensar la estrategia para acceder al valor. En nuestro caso nos interesa primero acceder a la tabla, y de allí a sus celdas. Por suerte la tabla tiene un id único!

```
# Obtenemos la tabla por un ID específico
tabla = soup.find('table', attrs={'id': 'ctl00_Contenido_tblÍndices'})
tabla
```

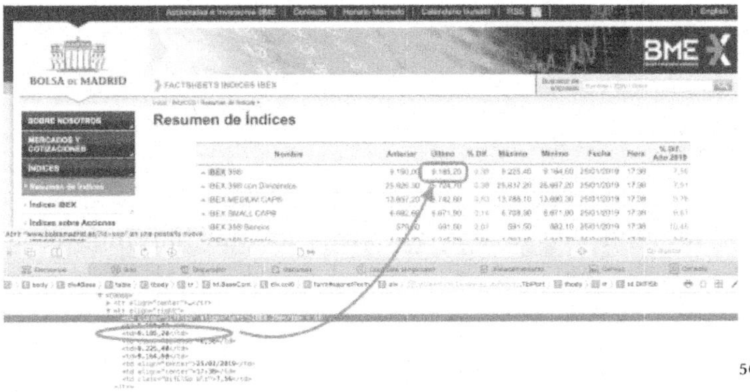

[508]

Aqui vemos el id de la tabla marcado en amarillo.
En rojo, se muestra la tercera celda de la primer fila a la que queremos acceder.

Bien, ahora dentro de la tabla y siendo que en este caso no tenemos un acceso directo a las celdas por ids únicos ni por clases, sólo nos queda iterar... Entonces, accederemos a la primer fila y obtendremos de las celdas el nombre del índice y su valor:

> NOTA: realmente es la segunda fila, pues hay un encabezado, por eso usamos el índice 1 y no el cero.

```
name=""
price=""
nroFila=0
for fila in tabla.find_all("tr"):
    if nroFila==1:
        nroCelda=0
        for celda in fila.find_all('td'):
            if nroCelda==0:
                name=celda.text
                print("Indice:", name)
```

[508]https://i0.wp.com/www.aprendemachinelearning.com/wp-content/uploads/2019/01/inspecciona_bolsa_mad.png

```
            if nroCelda==2:
                price=celda.text
                print("Valor:", price)
            nroCelda=nroCelda+1
    nroFila=nroFila+1
```

Veremos cómo salida:

```
Indice: IBEX 35®
Valor: 9.185,20
```

Ya sólo nos queda guardar los datos para usar en el futuro.

Guardar CSV y ver en Excel

Vamos a suponer que ejecutaremos este script una vez al día, entonces lo que haremos es ir escribiendo una nueva línea al final del archivo cada vez.

```
# Abrimos el csv con append para que pueda agregar contenidos al final del archivo
with open('bolsa_ibex35.csv', 'a') as csv_file:
    writer = csv.writer(csv_file)
    writer.writerow([name, price, datetime.now()])
```

Finalmente obtenemos el archivo llamado "bolsa_ibex35.csv" listo para ser usado en nuestro proyecto :)

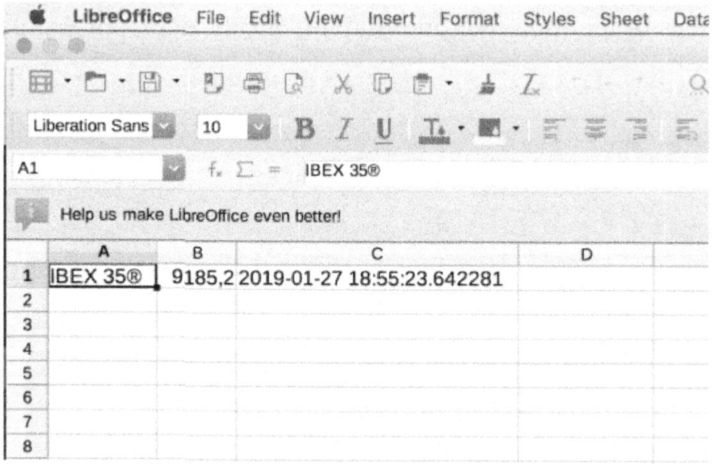

Podemos abrir el archivo csv en Excel, LibreOffice, SpreadSheets ó como archivo de texto plano.

Otros ejemplos útiles de Webscaping:

Veamos otros ejemplos de uso de BeatifulSoap para extraer contenidos con python.

Usemos el bloque **de ejemplo que usé antes** e intentemos extraer el texto *"Bienvenido a mi web"* de diversas maneras:

```
#Obtener por ID:
elTexto = soup.find('div', attrs={'id': '123'}).getText()
print(elTexto)
#Obtener por Clase CSS:
elTexto = soup.find('div', attrs={'class': 'verde'}).getText()
print(elTexto)
#Obtener dentro de otra etiqueta anidado:
elTexto = next(soup.div.children).getText() #con next obtiene primer "hijo"
print(elTexto)
```

Obtener los enlaces de una página web

Otro caso práctico que nos suele ocurrir es querer colectar los enlaces de una página web. Para ello, obtenemos las etiquetas "A" e iteramos obteniendo el atributo HREF que es donde se encuentran las "nuevas rutas", con posibilidad de hacer un nuevo request a cada una y extraer sus contenidos.

```
url_page = 'https://www.lifeder.com/cientificos-famosos/'
page = requests.get(url_page).text
soup = BeautifulSoup(page, "lxml")
contenido = soup.find('div', attrs={'class': 'td-post-content'})
items = contenido.find_all('a')
for item in items:
    print(item['href'])
```

En el archivo Jupyter Notebook de mi cuenta de Github[509] se ven estos ejemplos (y alguno más).

Resumen

Ahora sabemos cómo afrontar el proceso de obtener información de cualquier página web. Resumiendo el procedimiento básico que seguimos es:

1. Cargar la página en el navegador

[509]https://github.com/jbagnato/machine-learning/blob/master/Ejemplo_WebScraping_Bolsa_y_Futbol.ipynb

2. Inspeccionar e investigar el HTML
3. En Python: importar las librerías
4. Obtener la página, parsear el contenido con BeautifulSoap
5. Obtner el "trozo" de contenido que buscamos

* Mediante ID
* Mediante Etiqueta
* Mediante Clases CSS
* Otros Atributos
6. Guardamos los datos en csv

Repasando, cuando ya tenemos el contenido en un objeto "soap", solemos utilizar los métodos find() ó para múltiples etiquetas el find_all().

Si combinamos un script para webscraping, como en el ejemplo para capturar valores de la bolsa con el cron del sistema (ó con algún tipo de "repetidor de tareas del sistema") que nos permita ejecutar nuestro código cada "x" tiempo, podremos generar un valioso archivo de información muy a medida de lo que necesitamos.

Otro ejemplo "clásico" es el de la obtención automática de los resultados de partidos de fútbol y en el código de este ejemplo en Github[510], encontrarás cómo hacerlo.

> Obtener el Jupyter Notebook con código Python con este y más ejemplos de WebScaping[511]

[510]https://github.com/jbagnato/machine-learning/blob/master/Ejemplo_WebScraping_Bolsa_y_Futbol.ipynb
[511]https://github.com/jbagnato/machine-learning/blob/master/Ejemplo_WebScraping_Bolsa_y_Futbol.ipynb

Anexo II: Machine Learning en la Nube

¿Machine Learning en la Nube? Google Colaboratory con GPU!

Por increíble que parezca, tenemos disponible una cuenta gratuita para programar nuestros modelos de Machine Learning en la nube, con Python, Jupyter Notebooks de manera remota y hasta con GPU para poder aumentar nuestro poder de procesamiento.... gratis! sí sí... esto no es un "cuento del tío" ni tiene trampa!...

Machine Learning desde el Navegador

Primero lo primero. **¿Porqué voy a querer tener mi código en la nube?** Lo normal (¿ideal?) es que tengamos un entorno de desarrollo local[512] en nuestro propio ordenador, un entorno de pruebas en algún servidor, staging y producción. Pero... ¿qué pasa si aún no tenemos instalado el ambiente?, o tenemos conflictos con algún archivo/librería, versión de Python... ó por lo que sea no tenemos espacio en disco... ó hasta si nos va muy lento y no disponemos en -el corto plazo- de mayor procesador/RAM? O hasta por comodidad, está siempre bien tener a mano una web online, "siempre lista" en donde ya esté todo el software que necesitamos instalado. Y ese servicio lo da Google, entre otros proveedores. Lo interesante es que Google Colab[513] ofrece varias ventajas frente a sus competidores.

La GPU.... ¿en casa o en la nube?

¿Una GPU? ¿para que quiero eso si ya tengo como 8 núcleos? La realidad es que para el procesamiento de algoritmos de Aprendizaje Automático (y para videojuegos, ejem!) **la GPU resulta mucho más potente en realizar cálculos** (y en paralelo) sobre todo las multiplicaciones matriciales... esas que HACEMOS TOooooDO el tiempo al ENTRENAR nuestros modelos[514]!!! para hacer el descenso por gradiente ó Toooodo el rato con el Backpropagation de nuestras redes neuronales[515]... Esto supone una aceleración de hasta 10x en velocidad de procesado... Algoritmos que antes tomaban días y ahora se resuelven en horas. Un avance enorme.

[512]http://www.aprendemachinelearning.com/instalar-ambiente-de-desarrollo-python-anaconda-para-aprendizaje-automatico/
[513]https://colab.research.google.com
[514]http://www.aprendemachinelearning.com/7-pasos-machine-learning-construir-maquina/
[515]http://www.aprendemachinelearning.com/aprendizaje-profundo-una-guia-rapida/

Si tienes una tarjeta Nvidia con GPU ya instalada, felicidades ya tienes el poder! Si no la tienes y no tienes previsto invertir unos cuántos dólares en comprarla, puedes tener toda(*) su potencia desde la nube!

(*)NOTA: Google se reserva el poder limitar el uso de GPU si considera que estás abusando ó utilizando en demasía ese recurso ó para fines indebidos (como la minería de bitcoins)

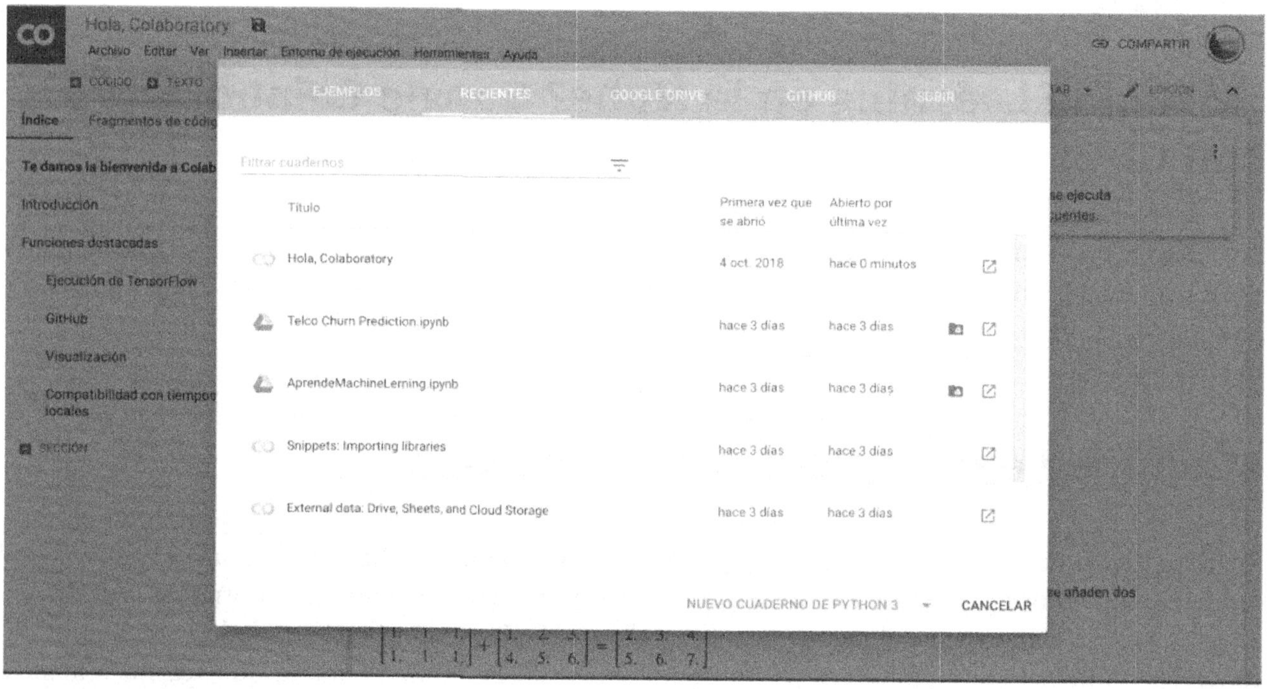

¿Qué es Google Colab?

Google Colab es un servicio en la nube, que nos provee de una Jupyter Notebook a la que podemos acceder con un navegador web sin importar si "en casa" usamos Windows, Linux o Mac. Tiene como grandes ventajas:

- Posibilidad de activar una GPU
- Podemos compartir el código fácilmente
- Está basado en jupyter notebook y nos resultará un entorno familiar
- Podemos crear libros en Python 2 ó en 3
- Tiene preinstaladas las librerías comunes usadas en datascience (deep learning) y la posibilidad de instalar otras que necesitemos
- Al enlazar con nuestra cuenta de Google Drive, podemos leer desde ahí archivos csv de entrada ó guardar imágenes de salida, etc.

¿Como se usa GoogleColab?

Primero que nada entramos y logueamos con nuestra cuenta de Google en Colaboratory[516]. Ahora ya podemos:

- Crear una nueva notebook:
  - Vamos a "Archivo -> crear nuevo cuaderno en Python 3"
- y habilitar GPU:
  - Vamos a "Entorno de Ejecución -> Cambiar tipo de entorno de ejecución" y elegimos "Acelerador por Hardware" GPU

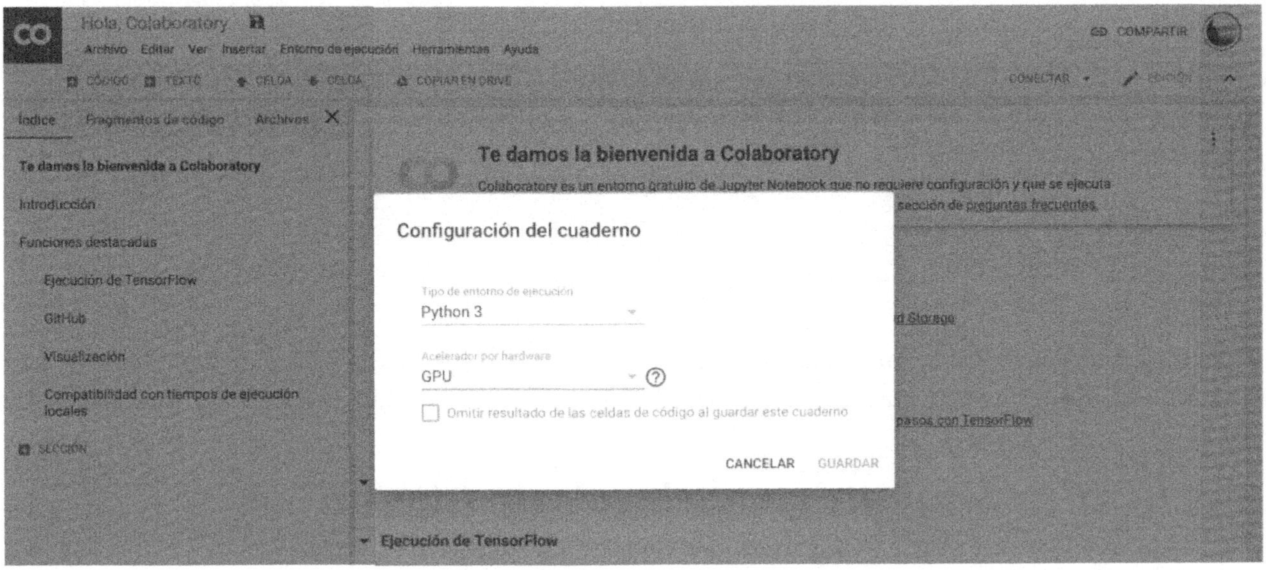

seleccionamos el uso de gpu en google colaboratory

Enlazar con Google Drive

Una ventaja de enlazar nuestra cuenta con Drive, es que nos facilita poder subir o descargar archivos. Para subir un archivo seleccionamos "Archivos" del panel izquierdo y damos al botón "subir" como se muestra en la imagen:

---

[516]https://colab.research.google.com

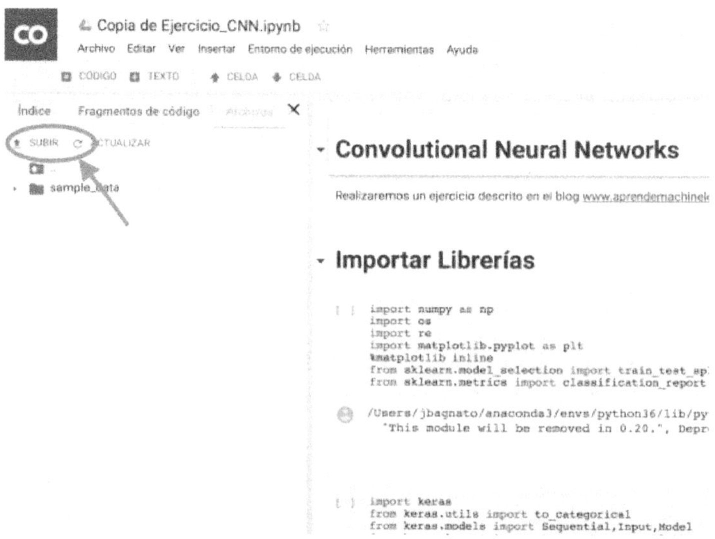

Pero si quieres poder usar cualquier archivo, por ej. csv que tengas en tu unidad de drive, deberas ejecutar en una celda:

```
from google.colab import drive
drive.mount('/content/drive/')
```

Te pedirá que hagas click a un enlace y escribas un código que te dará cuando autorices la app. Cuando vuelvas y hagas actualizar en el tab de archivos veras tu unidad montada y lista para usar !!

Ejecutar una jupyter notebook de Github

Vamos a abrir una Jupyter Notebook que contiene el ejercicio explicado en el artículo de Convolutional Neural Networks: Clasificar 70.000 imágenes deportivas[517]. Para ello, en el cuadro de "Abrir cuaderno":

[517]http://www.aprendemachinelearning.com/clasificacion-de-imagenes-en-python/

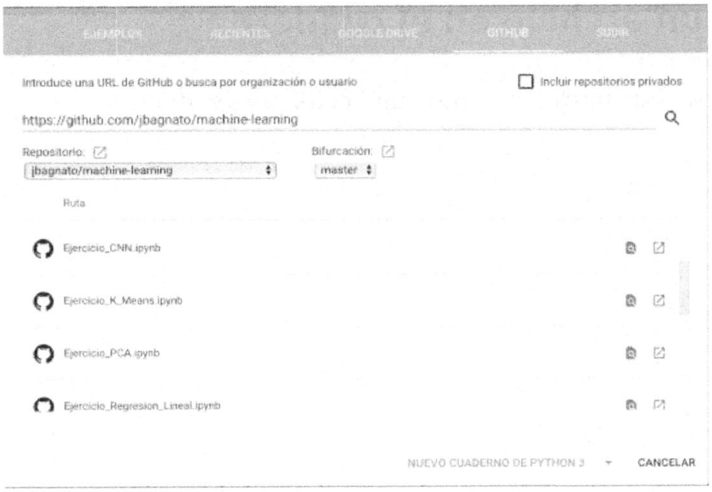

1. seleccionamos GITHUB,
2. copiamos la dirección del repositorio, en nuestro caso https://github.com/jbagnato/machine-learning/[518]
3. y le damos a la lupa de buscar.
4. Nos aparecerá el listado con los archivos del repo.
5. Y de allí seleccionamos el cuaderno llamado **Ejercicio_CNN.ipynb**

Veremos que tenemos el mismo Notebook pero en Google Colab :)

Descargar un recurso al cuaderno

CASI TODO LISTO… pero….. aún **nos queda algo antes de poder ejecutar**. En este ejercicio, necesitamos tener las 70.000 imágenes en sus directorios respectivos.

Para ello, primero descargaremos el ZIP. Creamos una celda nueva y ejecutamos:

- !wget https://github.com/jbagnato/machine-learning/raw/master/sportimages.zip

y veremos que aparece nuestro archivo zip en el listado (dale a "Actualizar" si hace falta)

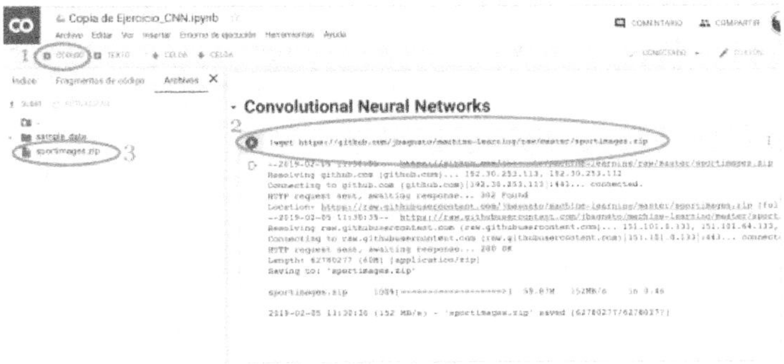

[518]https://github.com/jbagnato/machine-learning/

Descomprimir un archivo en el cuaderno

Y ahora deberemos descomprimirlo, creamos una celda y ejecutamos:

- !unzip -uq 'sportimages.zip' -d '.'

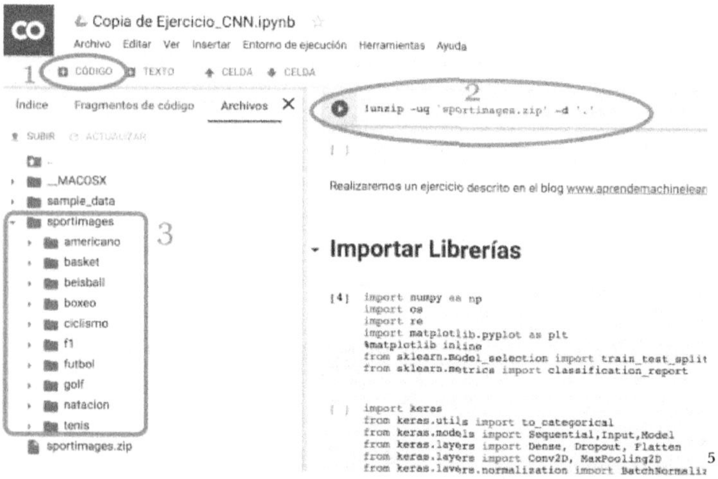

[519]

RECUERDA habilitar el entorno de ejecución con GPU como vimos antes. Ahora Ya podemos ejecutar todas las celdas y veremos qué rápido ejecuta la CNN con GPU, en comparación con CPU. Pasa de tardar 4 minutos a sólo 40 segundos.

Instalar otras librerías Python con Pip

Deberemos ejecutar por ejemplo: ** !pip install gensim **

Resumen

Hemos visto que tenemos la opción de tener nuestro ambiente de desarrollo local[520] pero también esta alternativa de poder programar, experimentar y trabajar en la nube. Gracias a este servicio podemos tener listo el ambiente en pocos minutos y aprovechar las ventajas que nos ofrece, sobre todo el uso de GPU que es un recurso del que no todos disponemos.

Otros Recursos

Otros artículos que explican el uso de Google Colab (en inglés):

[519]http://www.aprendemachinelearning.com/wp-content/uploads/2019/02/descomprimir_imagenes.png
[520]http://www.aprendemachinelearning.com/instalar-ambiente-de-desarrollo-python-anaconda-para-aprendizaje-automatico/

- Google Colab Free GPU tutorial[521]
- Google Colab for Beginners[522]
- Picking a GPU for Deep Learning[523]

---

[521]https://medium.com/deep-learning-turkey/google-colab-free-gpu-tutorial-e113627b9f5d
[522]https://medium.com/lean-in-women-in-tech-india/google-colab-the-beginners-guide-5ad3b417dfa
[523]https://blog.slavv.com/picking-a-gpu-for-deep-learning-3d4795c273b9

Anexo III: Principal Component Analysis

En este capítulo veremos una herramienta muy importante para nuestro kit de Machine Learning[524] y Data Science: **PCA para Reducción de dimensiones**. Como bonus-track veremos un ejemplo rápido-sencillo en Python usando Scikit-learn.

Introducción a PCA

Imaginemos que queremos predecir los precios de alquiler de vivienda del mercado. Al recopilar información[525] de diversas fuentes tendremos en cuenta variables como tipo de vivienda, tamaño de vivienda, antigüedad, servicios, habitaciones, con/sin jardín, con/sin piscina, con/sin muebles pero también podemos tener en cuenta la distancia al centro, si hay colegio en las cercanías, o supermercados, si es un entorno ruidoso, si tiene autopistas en las cercanías, la "seguridad del barrio", si se aceptan mascotas, tiene wifi, tiene garaje, trastero… y seguir y seguir sumando variables. Es posible que *cuanta más (y mejor) información, obtengamos una predicción más acertada*. Pero también empezaremos a notar que la ejecución de nuestro algoritmo seleccionado[526] (regresión lineal, redes neuronales, etc.) empezará a tomar más y más tiempo y recursos. **Es posible que algunas de las variables sean menos importantes y no aporten demasiado valor a la predicción**. También podríamos acercarnos peligrosamente a **causar overfitting**[527] al modelo.

> ¿No sería mejor tomar menos variables, pero más valiosas?

Al quitar variables estaríamos haciendo **Reducción de Dimensiones**. Al hacer Reducción de Dimensiones (las características) tendremos menos relaciones entre variables a considerar. Para reducir las dimensiones podemos hacer dos cosas:

- Eliminar por completo dimensiones
- Extracción de Características

Eliminar por completo algunas dimensiones no estaría mal, pero *deberemos tener certeza* en que estamos quitando dimensiones poco importantes. Por ejemplo para nuestro ejemplo, podemos suponer que el precio de alquiler no cambiará mucho si el dueño acepta mascotas en la vivienda. Podría ser un

[524]http://www.aprendemachinelearning.com/que-es-machine-learning/
[525]http://www.aprendemachinelearning.com/7-pasos-machine-learning-construir-maquina/
[526]http://www.aprendemachinelearning.com/principales-algoritmos-usados-en-machine-learning/
[527]http://www.aprendemachinelearning.com/que-es-overfitting-y-underfitting-y-como-solucionarlo/

acierto **o podríamos estar perdiendo información importante**. En la **Extracción de Características** si tenemos 10 características crearemos otras 10 características nuevas independientes en **donde cada una de esas "nuevas" características es una combinación de las 10 características "viejas"**. Al crear estas nuevas variables independientes lo haremos de una manera específica y las pondremos en un orden de "mejor a peor" sean para predecir a la variable dependiente. ¿Y la reducción de dimensiónes? te preguntarás. Bueno, intentaremos mantener todas las variables posibles, pero *prescindiremos de las menos importantes*. Como tenemos las variables ordenadas de "mejor a peores predictoras" ya sabemos cuales serán las más y menos valiosas. A diferencia de la eliminación directa de una característica "vieja", nuestras nuevas variables **son combinaciones de todas las variables originales**, aunque eliminemos algunas, **estaremos manteniendo la información útil de todas las variables iniciales**.

¿Qué es Principal Component Analysis?

Entonces **Principal Component Analysis es una técnica de Extracción de Características donde combinamos las entradas** de una manera específica y podemos eliminar algunas de las variables "menos importantes" manteniendo la parte más importante todas las variables. Como valor añadido, luego de aplicar PCA conseguiremos que todas las nuevas variables sean independientes una de otra.

¿Cómo funciona PCA?

En resumen lo que hace el algoritmo es:

- Estandarizar los datos de entrada (ó Normalización de las Variables)
- Obtener los autovectores y autovalores[528] de la matriz de covarianza
- Ordenar los autovalores de mayor a menor y elegir los "k" autovectores que se correspondan con los autovectores "k" más grandes (donde "k" es el número de dimensiones del nuevo subespacio de características).
- Construir la matriz de proyección W con los "k" autovectores seleccionados.
- Transformamos el dataset original "X estandarizado" vía W para obtener las nuevas características k-dimensionales.

Tranquilos, que **todo esto ya lo hace solito scikit-learn** (u otros paquetes Python). Ahora que tenemos las nuevas dimensiones, deberemos seleccionar con cuales nos quedamos.

[528]https://es.wikipedia.org/wiki/Vector_propio_y_valor_propio

Selección de los Componentes Principales

Típicamente utilizamos PCA para reducir dimensiones del espacio de características original (aunque PCA tiene más aplicaciones). **Hemos rankeado las nuevas dimensiones de "mejor a peor reteniendo información"**. Pero ¿cuantas elegir para obtener buenas predicciones, sin perder información valiosa? Podemos seguir 3 métodos:

Método 1: Elegimos arbitrariamente "las primeras n dimensiones" (las más importantes). Por ejemplo si lo que queremos es poder graficar en 2 dimensiones, podríamos tomar las 2 características nuevas y usarlas como los ejes X e Y.

Método 2: calcular la *"proporción de variación explicada*[529]*"* de cada característica e ir tomando dimensiones hasta alcanzar un mínimo que nos propongamos, por ejemplo hasta alcanzar a explicar el 85% de la variabilidad total.

Método 3: Crear una gráfica especial llamada scree plot[530] -a partir del Método 2- y seleccionar cuántas dimensiones usaremos por el método "del codo" en donde identificamos visualmente el punto en donde se produce una caída significativa en la variación explicada relativa a la característica anterior.

¿Pero… porqué funciona PCA?

Suponiendo nuestras características de entrada estandarizadas como la matriz Z y ZT su transpuesta, cuando creamos la matriz de covarianza ZTZ es una matriz que contiene estimados de cómo cada variable de Z se relaciona con cada otra variable de Z. Comprender como una variable es asociada con otra es importante! Los autovectores representan dirección. Los autovalores representan magnitud.** A mayores autovalores, se correlacionan direcciones más importantes.** Por último asumimos que a más variabilidad en una dirección particular se correlaciona con explicar mejor el comportamiento de una variable dependiente. Mucha variabilidad usualmente indica "Información" mientras que poca variabilidad indica "Ruido".

Ejemplo "mínimo" en Python

Utilizaré un archivo csv de entrada[531] de un ejercicio anterior[532], en el cual decidíamos si convenía alquilar o comprar[533] casa dadas 9 dimensiones. En este ejemplo:

- normalizamos los datos de entrada,
- aplicamos PCA

[529]https://en.wikipedia.org/wiki/Explained_variation
[530]https://medium.com/@bioturing/how-to-read-pca-biplots-and-scree-plots-186246aae063
[531]http://www.aprendemachinelearning.com/wp-content/uploads/2018/08/comprar_alquilar.csv
[532]http://www.aprendemachinelearning.com/comprar-casa-o-alquilar-naive-bayes-usando-python/
[533]http://www.aprendemachinelearning.com/comprar-casa-o-alquilar-naive-bayes-usando-python/

- y veremos que con 5 de las nuevas dimensiones (y descartando 4) obtendremos
  - hasta un 85% de variación explicada y
  - buenas predicciones.
- Realizaremos 2 gráficas:
  - una con el acumulado de variabilidad explicada y
  - una gráfica 2D, en donde el eje X e Y serán los 2 primero componentes principales obtenidos por PCA.

Y veremos cómo los resultados “comprar ó alquilar” tienen [icon name=”angle-double-left” class=”” unprefixed_class=““]bastante buena[icon name=”angle-double-right” class=”” unprefixed_class=””] separación en 2 dimensiones.

```
#importamos librerías
import pandas as pd
import numpy as np
import matplotlib.pyplot as plt
%matplotlib inline
plt.rcParams['figure.figsize'] = (16, 9)
plt.style.use('ggplot')
from sklearn.decomposition import PCA
from sklearn.preprocessing import StandardScaler

#cargamos los datos de entrada
dataframe = pd.read_csv(r"comprar_alquilar.csv")
print(dataframe.tail(10))

#normalizamos los datos
scaler=StandardScaler()
df = dataframe.drop(['comprar'], axis=1) # quito la variable dependiente "Y"
scaler.fit(df) # calculo la media para poder hacer la transformacion
X_scaled=scaler.transform(df)# Ahora si, escalo los datos y los normalizo

#Instanciamos objeto PCA y aplicamos
pca=PCA(n_components=9) # Otra opción es instanciar pca sólo con dimensiones nuevas \
hasta obtener un mínimo "explicado" ej.: pca=PCA(.85)
pca.fit(X_scaled) # obtener los componentes principales
X_pca=pca.transform(X_scaled) # convertimos nuestros datos con las nuevas dimensione\
s de PCA

print("shape of X_pca", X_pca.shape)
expl = pca.explained_variance_ratio_
print(expl)
```

```
print('suma:',sum(expl[0:5]))
#Vemos que con 5 componentes tenemos algo mas del 85% de varianza explicada

#graficamos el acumulado de varianza explicada en las nuevas dimensiones
plt.plot(np.cumsum(pca.explained_variance_ratio_))
plt.xlabel('number of components')
plt.ylabel('cumulative explained variance')
plt.show()

#graficamos en 2 Dimensiones, tomando los 2 primeros componentes principales
Xax=X_pca[:,0]
Yax=X_pca[:,1]
labels=dataframe['comprar'].values
cdict={0:'red',1:'green'}
labl={0:'Alquilar',1:'Comprar'}
marker={0:'*',1:'o'}
alpha={0:.3, 1:.5}
fig,ax=plt.subplots(figsize=(7,5))
fig.patch.set_facecolor('white')
for l in np.unique(labels):
    ix=np.where(labels==l)
    ax.scatter(Xax[ix],Yax[ix],c=cdict[l],label=labl[l],s=40,marker=marker[l],alpha=\
alpha[l])

plt.xlabel("First Principal Component",fontsize=14)
plt.ylabel("Second Principal Component",fontsize=14)
plt.legend()
plt.show()
```

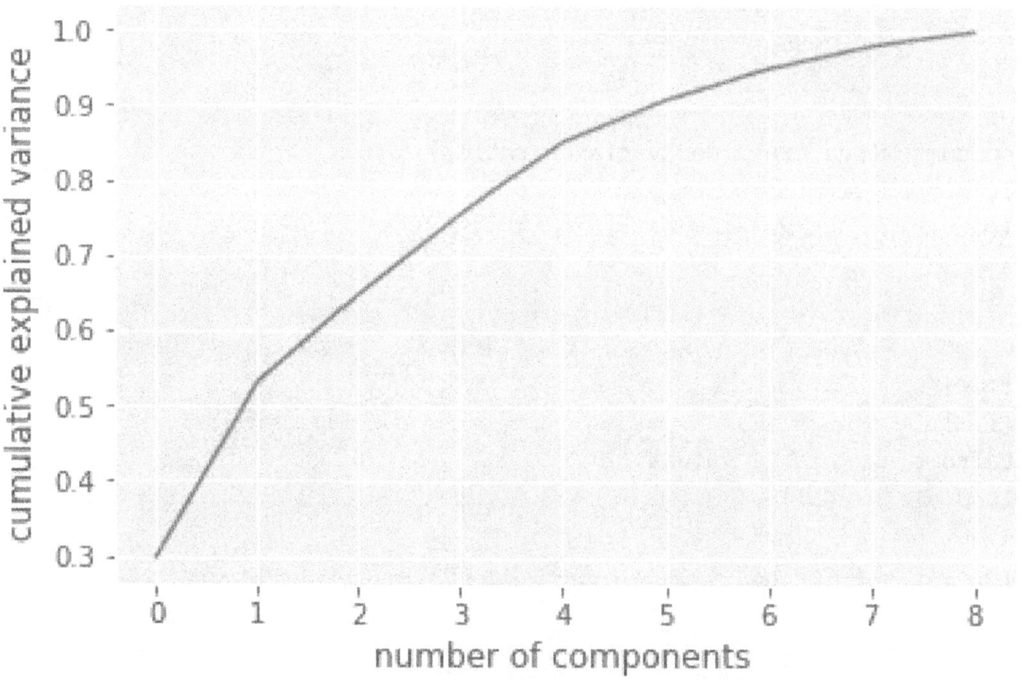

En esta gráfica de variabilidad explicada acumulada, vemos que tomando los primeros 5 componentes llegamos al 85%

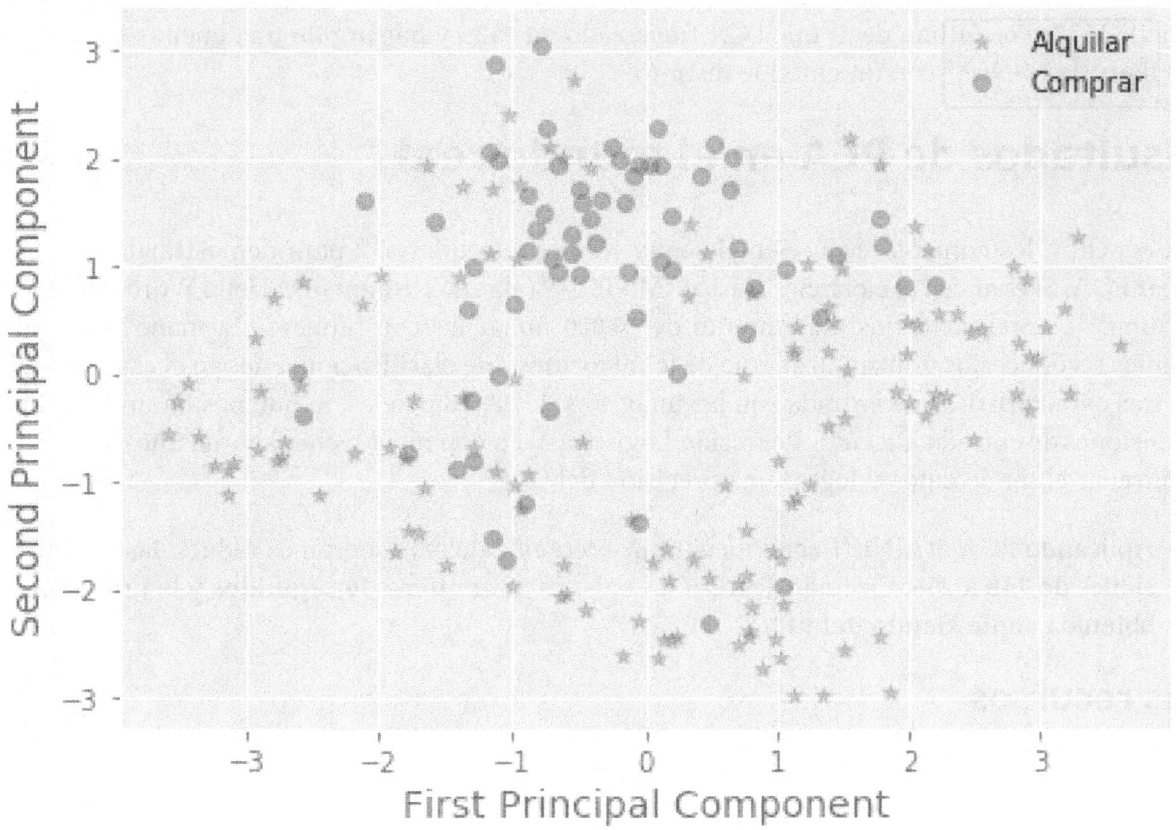

Aquí vemos que al reducir las 9 dimensiones iniciales a tan sólo 2 logramos darnos una idea de dónde visualizar nuestras predicciones para comprar o alquilar casa.

Resumen

Con PCA obtenemos:

1. una medida de como cada variable se asocia con las otras (matriz de covarianza)
2. La dirección en las que nuestros datos están dispersos (autovectores)
3. La relativa importancia de esas distintas direcciones (autovalores)

PCA combina nuestros predictores y nos permite deshacernos de los autovectores de menor importancia relativa.

Contras de PCA y variantes

No todo es perfecto en la vida ni en PCA. Como contras, debemos decir que el algoritmo de PCA es muy influenciado por los outliers[534] en los datos. Por esta razón, surgieron variantes de

[534]https://medium.com/@Social_Cops/how-to-find-and-deal-with-outliers-in-a-data-set-7ae971aaffa4

PCA para minimizar esta debilidad. Entre otros se encuentran: RandomizedPCA[535], SparcePCA y KernelPCA[536]. Por último decir que PCA fue creado en 1933 y ha surgido una buena alternativa en 2008 llamada t-SNE[537] con un enfoque distinto.

Resultados de PCA en el mundo real

Para concluir, les comentaré un ejemplo muy interesante que vi[538] para demostrar la eficacia de aplicar PCA. Si conocen el ejercicio "clásico" MNIST[539] (algunos le llaman el Hello Word del Machine Learning[540]), donde tenemos un conjunto de 70.000 imágenes con números "a mano" del 0 al 9 y debemos reconocerlos utilizando alguno de los algoritmos de clasificación. Pues en el caso de MNIST, nuestras características de entrada son las imágenes de 28x28 pixeles, lo que nos da un total de 748 dimensiones de entrada. Ejecutar Regresión Logística[541] en con una Macbook tarda unos 48 segundos en entrenar el set de datos y lograr una precisión del 91%.

> Aplicando PCA al MNIST con una varianza retenida del 90% logramos reducir las dimensiones **de 748 a 236**. Ejecutar Regresión Logística ahora toma **10 segundos** y la precisión obtenida **sigue siendo del 91%** !!!

Más recursos

- El ejercicio Python en mi cuenta de Github[542]
- Archivo csv de Entrada para el ejercicio[543]

Mas información en los siguientes enlaces (en inglés):

- Principal Component Analysis in Python[544]
- Dive into PCA[545]
- PCA with Python[546]
- PCA using python scikit-learn[547]
- In Depth: PCA[548]
- Interpreting PCA[549]
- [VIDEO] Dimensionality Reduction - Andrew Ng[550]

---

535 https://www.quora.com/What-is-randomized-PCA
536 https://towardsdatascience.com/kernel-pca-vs-pca-vs-ica-in-tensorflow-sklearn-60e17eb15a64
537 https://www.kdnuggets.com/2018/08/introduction-t-sne-python.html
538 https://towardsdatascience.com/pca-using-python-scikit-learn-e653f8989e60
539 https://en.wikipedia.org/wiki/MNIST_database
540 https://deeplearninglaptop.com/blog/2017/11/24/mnist/
541 http://www.aprendemachinelearning.com/regresion-logistica-con-python-paso-a-paso/
542 https://github.com/jbagnato/machine-learning/blob/master/Ejercicio_PCA.ipynb
543 https://raw.githubusercontent.com/jbagnato/machine-learning/master/comprar_alquilar.csv
544 https://plot.ly/ipython-notebooks/principal-component-analysis/
545 https://towardsdatascience.com/dive-into-pca-principal-component-analysis-with-python-43ded13ead21
546 https://medium.com/district-data-labs/principal-component-analysis-with-python-4962cd026465
547 https://towardsdatascience.com/pca-using-python-scikit-learn-e653f8989e60
548 https://jakevdp.github.io/PythonDataScienceHandbook/05.09-principal-component-analysis.html
549 http://benalexkeen.com/principle-component-analysis-in-python/
550 https://www.youtube.com/watch?v=rng04VJxUt4

Made in the USA
Las Vegas, NV
21 September 2026

54966253R00195